Jochen Missfeldt

Solsbüll

Roman

Mit einem Nachwort von
Kristof Wachinger

Rowohlt

Der Roman «Solsbüll» erschien zuerst 1989 im
Verlag Langewiesche-Brandt, Ebenhausen bei München.
Er wurde für diese Neuausgabe vom Autor durchgesehen.

Überarbeitete Neuausgabe
1. Auflage September 2017
Copyright © 2017 by Rowohlt Verlag GmbH,
Reinbek bei Hamburg
Das Motto stammt aus einem Gedicht von César Vallejo,
geschrieben am 10. November 1937
Satz aus der Adobe Garamond PostScript
bei Pinkuin Satz und Datentechnik, Berlin
Druck und Bindung CPI books GmbH, Leck, Germany
ISBN 978 3 498 04539 5

Stirb nicht, ich liebe dich so

Ich unter Birken

Alles liegen lassen. Wer ruft da. Die Blätter über mir rufen nicht. Sie gehen im Südwest hin und her, machen leise Blattgeräusche im Wind. Sie atmen ein und aus, Tag und Nacht.

Da ist ein Stück Himmel zwischen den Birkenästen. Zwei Kondensstreifen sind da. Der eine hat vorn einen Düsenjäger, der andere einen Jumbo. Der eine Kondensstreifen zerfällt, der andere zerfällt auch.

Es war der Vorarbeiter, der gerufen hat: Alles liegen lassen. Die bauen jetzt unsern Kanalanschluss. Die machen jetzt Mittagspause, die setzen sich jetzt ins Gras und trinken Bier.

Was klappert da. Es ist die uralte Gunde, unsere Dorfverrückte, die wie eine Wahnsinnige Rad fährt. Wer ist hier wahnsinnig. Wer ist hier normal. Voriges Jahr hat mir die Kieler Uni-Klinik wieder bescheinigt, dass ich, was die Gehirnströme betrifft, eine seltene Norm-Variante bin. Also fast normal. Das kann so bleiben bis an mein seliges Ende, wenn nicht noch etwas Schreckliches passiert.

Die Flugzeuge sind weg. Die Kondensstreifen sind breit und wolkig geworden. Es ist still, mittagsstill. Von der Bundesstraße herüber rauscht es, aber das stört nicht. Ich will keine Totenstille, ich will nur meine Ruhe. Wenn einer anruft, sagt, dass ich nicht da bin.

Wer hustet und spuckt da. Es ist Brase, unser kranker Nachbar. Er kann nicht mehr den Garten umgraben, das macht seine Frau Johanna. Aber er geht immer im Garten auf und ab. Er hat schöne halbrote Wurzeln. Er hat schöne wilde Primeln. Er hat schönen süßen Johannisbeersaft. Er hat auch einen Sohn, einen spät gezeugten halbwüchsigen, der kann schön singen, aber er ist behindert, geht in die Sonderschule.

Mondlose Träume mit Sternen zum Anfassen. Ich fürchte mich vor ewiger Dunkelheit und vor ewiger Helligkeit. Reiner Tag ist zu hell, reine Nacht ist zu dunkel. Ich schummle mich dazwischen durch, zwischen Hell und Dunkel. Ein Blick zurück: Die Milchstraße ist wie die Hunderttausend-Hügel-Landschaft um Solsbüll, nur leuchtend weiß, rot und blau. Von Hügel zu Hügel, von Aussicht zu Aussicht bin ich unterwegs. In den Tälern ruhe ich mich aus. Auf den Hügeln hole ich Luft. Ich komme an runden Sonnen vorbei, an Linsenwolken aus Sternenstaub, an gebogenen Lichtstrahlen, an sphärischen Dreiecken. Schwarzen Löchern weiche ich aus.

Eine Drehung in der Heide unter den Birken, und ich sehe den Lindenbruch im Solsbüller Moor. Ich sage dem Schwan, der da auf einem Teich schwimmt, guten Tag. Ein Pferd mit silbernem Zaumzeug nickt mir freundlich zu. Ein armer Teufel wird verbrannt, ein Andersgläubiger. Staub fällt, ein paar Blätter fallen.

Frösche beginnen zu quaken, Frösche von früher. Der Teich ist ein Bombenloch. Ein Bomber hat im Krieg eine Bombe verloren, ein Wummern ging durch die Luft, ein Beben ging durch die Erde, die Wände wackelten, weiter war nichts passiert. Das Bombenloch hat sich mit Wasser gefüllt. Nun wachsen da Binsen und Wasserkraut, obenauf schwimmt Entenflott. Frösche sind gekommen, Störche, Libellen.

An Sommerabenden finden Froschkonzerte statt. Ein Frosch-Chor sitzt im Teich und quakt die halbe Nacht, quakt ganze Romane. Manche hören nur Gequake, wollen kein Gequake hören, ziehen sich die Decke über den Kopf.

Es wird nicht nur gequakt, es wird auch gesummt. Mückenschwärme stehen in der Nachtluft an der Weißdornhecke. Die Mücken summen einen einzigen langen Ton, sie geben ein Unisono-Konzert. Nach einer Weile schütten sich die Mücken ein Hormon ins Herz und stellen von Wachen auf Schlafen um. Aber eine tut das nicht, sie will nicht oder kann nicht oder vergisst es. Sie kommt blutrünstig durch ein Fenster und sticht einen.

Die Froschmännchen umklammern die Froschweibchen. Einige geraten an das falsche. Einige reiten auf halb verwesten, die Männchen nehmen alles, was weich ist. Aber der Froschkönig entsteigt dem Bombenloch, stellt sich auf die dunklen Klumpen, die da treiben, und hebt seinen menschenähnlichen Zeigefinger, bewegt ihn hin und her. Ich verstehe nicht, was er meint, aber das macht nichts, er spricht: Geh nicht nur auf die Klumpen. Vergiss sie nicht, aber geh auch auf die Himbeeren, die Schlehen, die Hagebutten.

Das Konzert ist beendet, die Nacht ist vorbei. Viele Nächte sind vergangen, Jahre. Es kommt Motorengedröhn, Kettengeklapper. Ich erwache und reibe mir die Augen, trete das Federbett zweimal Richtung Fußende, stehe auf und schleiche aus dem Zimmer, vorsichtig den Flur längs bis zur Wäschemangel, wo die Dachluke ist. Ich klettere auf den Mangeltisch und stecke den Kopf zur Luke raus, tu mir dabei am Ohr weh. Die Luft ist frisch und kühl. Im Hof hüpfen Spatzen. Die Garage liegt in der Morgensonne. Sie ist offen, das Motorrad ist weg. Die Linden sind noch kahl, haben aber schon Knospen. Es ist Anfang Mai 45. Der Himmel ist blau und blank.

Die Engländer nähern sich mit Panzern und Jeeps Solsbüll-Mühle. Sie kommen von Westen, von Atzbüll, her, sind auf dem Weg nach Flensburg, eine endlose Kolonne.

Ein Jeep hält in der Hofeinfahrt. Seine lange, in weitem Bogen zurückhängende Antenne mit einer roten Fahne an der Spitze berührt die Lindenzweige. Der Jeepfahrer säbelt sich eine Weißbrotscheibe zurecht, schmiert rote Marmelade drauf, beißt hinein. Ein Panzer bremst die linke Kette, dreht links und stoppt. So könnte er auf die Doppeleiche von 1871 feuern. Der Panzerfahrer steckt den Kopf aus der Luke, der Kommandant sitzt im offenen Turm. Kopfhörer auf den Ohren, Mikrophon vor dem Mund. Er hält einen dampfenden Becher in der Hand, schiebt das Mikrophon zur Seite, nimmt einen Schluck. Die Panzer und die Jeeps auf der Straße bleiben stehen.

Aber nun kommt von der Kirche Sankt Ursula her ein Panzerspähwagen. Heraus springt einer mit Fotoapparat um den Hals. Er ruft dem Kommandanten etwas zu und winkt mehrmals mit dem Arm in Richtung Solsbüll. Die Pause ist beendet. Die Motoren springen wieder an. Der mit dem Fotoapparat stellt sich auf Thamsens Knick und nimmt den Apparat vors Gesicht. Er fotografiert die Doppeleiche, die Linden, die Hofeinfahrt, das Hebammenhaus, die aufgeklappte Dachluke mit meinem Kinderkopf darin.

Ich, Gustav, bin zu Hause.

Jenes gewaltige Ringen

Jenes gewaltige Ringen, so fing Meggersee nach der ersten Tasse Kaffee wieder an.

Gret lauschte ihm mit eingegrabenen Mundwinkeln. Doktor Otto von Meggersee, seit zwanzig Jahren Respektsperson im Hebammenhaus, erst für Großmutter Anne, jetzt für sie, hatte wirklich wunderbar das Reden raus. Aber irgendwas in ihr wehrte sich gegen diesen Mann, zum Beispiel, wenn ihm das Wort *jenes* über die Lippen kam.

Die Dramen, die Tragödien, jenes beispiellose schwere Ringen der Kämpfer, das Wollen der Führung zu gestalten, sagte er und beugte sich über den gedeckten Marmortisch, wischte Kaffeetropfen vom Schnauzer, griff nach einem braunen Kuchen.

Es ging in die dunkelsten Tage des Jahres. Der Kalender war auf Weihnachtsfrieden gestellt. Weihnachtsfriede sollte bleiben. Jeder Gast, manchmal war es ein Fremder, bekam Kaffee und Kuchen. Der nicht bewirtete Gast trägt den Weihnachtsfrieden aus dem Haus. Für diesen Notfall hatte Anne zwölf ausgehöhlte und mit Salz bestreute Zwiebeln auf das Gewürzbrett über dem Küchenherd gelegt. Jeden Abend kuckte sie da hin und kuckte in die Zukunft. Jeden Abend kurz vorm Zubettgehen tat sie das und wünschte, dass der Weihnachtsfriede bleibe. Heiligabend soll Sturm sein, sagte sie dreimal hintereinander und nahm die Kinnspitze abwärts. Sturm musste nämlich am Heiligabend die Lüfte aufwühlen, musste biegend und brechend durch die Bäume fahren, damit das nächste Jahr ein gutes Jahr wurde. Anne war kleingläubig und ängstlich geworden. Seit Wochen hatte es nicht geweht, die Luft war weiß und still gewesen, seit über einer Woche war es milde und neblig. Die Sonne war kaum aus den Wolken und über die Papp- und Strohdächer der Nachbarn gekommen. Nachts hatten die Hunde den zunehmenden Mond angekläfft. Eiskalt hatte er seine Runden gedreht.

Anne war auf dem Weg zum Bäcker, um braune und weiße Kuchen backen zu lassen. Rechts am Arm der Korb mit den zwei Sorten Teig, links an der Hand Enkelsohn Gustav. Von einem Jahr aufs andere plante Anne den nächsten Backtermin, den sie mit Bäcker Sprenger besprach. In sein Fettfleckparadies, sein schwarzes Bäckerbuch, hatte er den 12. Dezember 1945 eingetragen. Gustav wäre lieber zu Hause geblieben, hätte lieber am Kachelofen gesessen, hätte lieber heimlich Meggersee zugehört, von dessen Worten er kein einziges verstand.

Bei Hans Thamsen leuchteten die Scheunenfenster dottergelb. Sein Stall ging nach Westen, wo der Himmel rötlich war und schwarze Schlieren zusammenliefen. Thamsen warf den Kühen Heu vor die Mäuler. Er schaufelte Schrot aus der Futterkiste und streute es in die Futterrinne. Die Tiere kauten Heu und Schrot klein, dass es rauschte. Ihre Halsbügel und die Halsketten klirrten. Marie Thamsen saß an einer Braunen, die Erika hieß. Sie hielt einen Melkeimer zwischen den Knien und lehnte ihre Stirn an Erikas Fell. Gustav hätte lieber vor den violetten Kuhaugen rumgeturnt oder auf der Futterkiste gesessen und Schrot gekaut oder eine Zeigefingerspitze vom süßen Milchschaum aus dem Milchsieb geholt. Oder die Katzen gejagt.

In puncto Reden beschränkte sich Anne, wie auch ihre Tochter Gret, aufs Schweigen. Nicht nur hier auf der Straße. Auch im Haus gab es nichts zu reden. Höchstens mal zu schreien. Nach einem Schlaganfall und einer Gallenblasenoperation drehte Anne manchmal durch und zog Gret an den Haaren. War sie in Fahrt, riss sie auch mal dran. Als Meggersee heute ins Haus gekommen war, hatte sie ihm nichtssagend die Hand gegeben, ihn kaum angesehen, war schon im Mantel. Zu Gret hatte sie neulich gesagt: Wie heißt du noch. Am besten kannte sie ihre Toten, also Ehemann Gustav und Sohn Gustav. Dann die weitere verstorbene Verwandtschaft. Dann erst die lebende, darunter Enkelsohn Gustav, den hier.

Anne hielt die Lippen fest geschlossen, manchmal löste sie ihre Gebisshälften von Ober- und Unterkiefer, legte sie lose in den Mund. So redete sie mit sich und nahm Gustavs Hand fester. Der Korb rieb am Mantel. Sie rechnete die Zutaten für die Fettplätten nach: zweihundert Gramm Zucker, kleingeschnittene Vanillestangen, eine Prise Hirschhornsalz und Schmalz nach Belieben. Nach Belieben, das war ihr gutgehütetes Geheimnis. Sprenger hatte die beste Hitze. Butter, Mandel, Mehl, Safran macht den Kuchen geel. Sukkade, Sirup, Salz, Gott erhalts. So wie beim jährlichen Weihnachtsbacken fühlte sich Anne sonst nie. Ihr nervöses Herz fing gleich morgens an, ganz besonders nervös zu schlagen. Dieser Tag war ein Tag, an dem sie bei sich selbst zu Besuch war. War der Besuch beendet, dann ging das Herz wieder wie immer.

Der Halbmond stand in den Pfützen. Die Sterne stellten sich einer nach dem anderen vor. Der Himmel hatte das Abendrot verschluckt. Rechts der Straße die Telefonmasten, links die Strommasten, beiderseits Leitungen von Mast zu Mast. Anne schnupperte. Drei Gehöfte weiter grunzten die Haussauen. Wahrscheinlich lagen sie auf der Seite und hatten ihre Ferkel an den Zitzen. Gustav wäre lieber am Schweinetrog gewesen, hätte lieber den Ferkeln zugesehen, hätte lieber den Schweinegeruch gerochen, hätte lieber ins helle Stroh gespuckt.

Ein Radfahrer kam. Das Licht mal heller, mal dunkler, der Dynamo mal lauter, mal leiser. Der auf dem Fahrrad trat fest in die Pedale, warf den Oberkörper hin und her. Es war Matthias Gottke, der Milchkontrolleur, unterwegs von Hof zu Hof mit seinem mobilen Labor auf dem Gepäckträger, einem Holzkasten mit Flüssigkeiten und Reagenzgläsern drin. Gustav hätte lieber Matthias bei der Arbeit zugeschaut, wie er ein Reagenzglas ins mickrige Stall-Licht hob und das Gemisch prüfend betrachtete. Moin Moin.

Seit vier Jahren, also seit Weihnachten 41 zum fünften Mal, machte Anne auf dem Weg zu Bäcker Sprenger den Umweg über den Friedhof, um Tränen zu vergießen. Gustav hätte lieber Würfelzucker auf seinem silbernen Teelöffel in Milch getunkt und sich im Mund zergehen lassen. Aber Anne wollte ihn mithaben; und so ging er an ihrer Hand an den Dornenhecken entlang, hinter denen die Vorgärten und die Häuser von Solsbüll-Mühle lagen.

Die Franzosen, liebe Gret, sollten damals zermürbt werden, dass sie militärisch nichts mehr zu hoffen gehabt hätten, trug zu Hause Meggersee weiter vor, und während paar Kekskrümel übers Kinn sprangen, sagte er: Ach, was sind doch unsere Männer anno 14/15 mit Sturmgesängen in die Schlacht gezogen, siegreich wolln wir Frankreich schlagen, sterben als ein tapfrer Held. Jene Hingabe, man kann sich die Hingabe jener Männer ja gar nicht vorstellen.

Gret grub ihre Mundwinkel noch tiefer ein, Meggersee legte seine zehn Finger zu einem Dach aneinander.

Die sehnten sich doch nach Angriff, raus aus dem Maulwurfdasein, sagte er. Das sagte übrigens auch mein verehrter

General, der eigentlich ein kühler Mensch war und mit Lob sparte, aber dem ich dienen durfte, gleich zu Anfang von Verdun. Meggersee bekam Zittern und Wärme in die Stimme und fuhr fort: Damals war in der Heimat der Frontsoldat mit jenem schwarz-weißen Bändchen noch angesehen. Damals kehrte der Frontsoldat erhobenen Mutes zur Truppe zurück. Ich erinnere mich gut an meinen ersten Heimaturlaub. Diesmal war das dann alles ganz anders.

Gret und Meggersee saßen in der Besten Stube am Kachelofen, der von nebenan geheizt wurde. Nebenan war das Ess- und Kinderzimmer, waren Eckbank und Tisch und Stühle mit Herz in der Rückenlehne. Nebenan waren das Eckregal mit den Spielsachen und die gelbe Kachelofen-Seite. Hier in der Besten Stube war die braune Kachelofen-Seite. Ein Geschirr- und Bücherschrank war da aus dunkel gebeizter Eiche. Die Barrings, Die Ahnen und Das Wunschkind, solche Bücher standen da, Grets Biedermeiersofa mit Biedermeierstühlen gegenüber.

Warum Meggersee von Verdun redete und immer *jene* sagte, leuchtete Gret nicht ein. Wahrscheinlich hatte er es gelesen, seit seinem von der englischen Militärregierung auferlegten Praxisverbot – er war politisch belastet – las er ja wohl von morgens bis abends. Er hatte seine Beine übereinandergeschlagen, das längere über das kürzere, und aus dem Ohrensessel blickte er auf die vor die beiden Fenster gezogenen Gardinen und auf ein Ölbild dazwischen über dem Sofa: Hallig Gröde. Ein umherziehender Kunstmaler hatte Gret wenige Wochen nach der Kapitulation das Bild aufgeschwatzt. Dafür hatte er ihr einen Teller Erbsensuppe abgeschwatzt, den er dann auf der Eckbank auslöffelte und mit einem Kanten Schwarzbrot sauber wischte.

Die Beste Stube war nicht nur besonderen Anlässen und

Sonderfällen vorbehalten, Respektspersonen wie Meggersee, unverhofft auftauchenden Fremden, nie Wiederkehrenden, denen Gret Küche und Kinderzimmer nicht zeigen mochte. Manchmal saßen da auch Schwangere mit blass gewaschenen Gesichtern, Hände überm Bauch gefaltet, Mäntel geöffnet, so saßen sie da. Wenn Gret hereinkam, standen sie auf und zogen den Mantel aus, betteten sich auf die Couch, krempelten Umstandskleid und Unterhemd hoch, zeigten den Bauch. Da setzte sich Gret auf einen Stuhl, beugte sich vornüber und horchte mit ihrem schwarzen Hörrohr nach Herztönen. Die Schwangeren nahmen den Kopf hoch und horchten auch. Oder sie blieben versunken liegen und starrten an die Decke, weiß und ängstlich mit ihren zwei Leben. Gret griff sich den Hebammenkalender vom Telefontisch, Solsbüll 283, und schrieb schnell und unleserlich Namen, Vornamen, Gewicht, letzte Regel, Krankenkasse und Anschrift auf. Während sie notierte, sahen die Schwangeren zu den beiden Fenstern raus oder auf das Ölbild, das dazwischen hing.

Das Ofenheizen war Annes Zuständigkeit geblieben. Noch im Nachthemd rüttelte sie mit dem Schieber, um nach Glut von gestern zu sehen. Der Tag fing gut an, wenn noch Glut geblieben war. Das kleine Glück, das aus dem Ofen kommt. Anne holte feines Buschholz aus der Holzkiste neben dem Küchenherd, der Grude hieß. Das legte sie auf die restliche Glut, es loderte schnell, und nun kamen Briketts hinzu. Dann ging sie sich Kleid und Schürze anziehen, lief durch Waschküche und Stall und füllte die Kohlenschütte mit Stein- und Eierkohlen.

So war es auch heute gewesen. Heute hatte sie die Warmluftklappe zur Besten Stube aufgemacht. Nah an den Kachelofen heran kam der kniehohe Marmortisch, auf den Tisch kam das gute Porzellan, kam das Silber, kam die bunte Blechdose. Einen Ofen braune und weiße Kuchen hatte Anne vorab zu Hause gebacken, auch die Weihnachtspuppen waren schon fertig, Märchenfiguren und Bäume aus Zucker, Wasser und Mehl, mit einem gespitzten Streichholz rot bemalt. In einer Holzschale daneben die gesammelten Haselnüsse. Der alte Nussknacker, den Gret aus der untersten Schublade im Bücherschrank hervorgekramt hatte, stand neben Zucker und Sahne. Die Nuss kam ins Loch, die Schraube wurde gedreht, mit den Augen wurde geblinzelt, umso mehr, je näher die Schraube der Nuss kam. Es dauerte eine lange Minute, bis die Schale endlich auseinanderkrachte.

Dies war die schöne Weihnachtszeit. Die Tage waren kürzer, die Nächte waren länger, es war dunkler und rätselhafter. Annes Schreien war seltener und leiser. Grets Schweigen war tiefer und gründlicher, sie hörte und sah besser und fühlte stärker. Die Kinder, die sie vor Weihnachten holte, waren ihre liebsten und schönsten. Da hob sie einen armen besudelten Tropf, der nicht schreien wollte, an den Beinen in die Höhe und schlug mit der Hand gegen seinen Brustkorb. Was für ein schönes Kind, sagte sie dann. In der Weihnachtszeit lächelten die Neugeborenen öfter im Schlaf. Die Fontanelle hob und senkte sich kräftiger als sonst. Das Baden machte ihnen mehr Spaß, und sie waren weniger wund am Hintern. Die Mütter nahmen ihre Kinder geschickter an die Brust, und sie lächelten versunkener. So war es Jahr für Jahr.

Von all dem merkte Meggersee nichts. Er sah nicht Hallig Gröde, er achtete nicht auf den Weihnachtsglanz der Messing- und Kupfersachen, die hinter Glas über den Büchern standen, er roch nicht die frischgewaschenen Gardinen und polierten Möbel. Die braunen und weißen Weihnachtskuchen, von denen er abbiss, erinnerten ihn nur an seine Heldensagen.

Ach ja, unsere deutsche Geschichte, sprach er zu der

stumm in ihrer hellblauen Hebammentracht dasitzenden Gret.

Sie saß ein Stück entfernt und hielt ihre Linke auf die Rot-Kreuz-Brosche am Hals. Sie hörte zu, weil sie ihm immer zugehört hatte. Nicht dem, was er sagte, sondern dem, wie er sprach. Meggersees Rede hatte was vom Glanz ihres alten Silbers, auch was von ihren alten Weingläsern. Wunderschön handgeschliffen, hatte Meggersee mal im Sommer gesagt, als sie unter der Pergola daraus tranken – anscheinend hatte er sich gewundert, dass sie so etwas besaßen. Meggersee unterstrich mit flacher Hand, kreiste ein, machte Punkte mit der geschlossenen Faust, wenn er erzählte. Gret fand ihn trotz des kürzeren linken Beins ritterlich. Der Schnauzer, die dünnen Lippen, die eng anliegenden Ohren und die schmalen Hände gaben ihm etwas, das sie interessant fand: das Adelige, das Gebildete. Das war es.

Nun entfaltete er sein gut beträufeltes Kavalierstaschentuch. Es ist nun mal so, liebe Gret, sagte er. Das lange Brachliegen des Verstandes schränkt die Fähigkeit, Erfahrenes zu behalten, peinlich ein. So ist es doch, seien wir mal ehrlich, auch bei mir gewesen. Darum meine Beschäftigung mit der deutschen Geschichte. Es gibt da einen roten Faden, der sich durchzieht, man könnte fast sagen: bis hier auf den akkurat gedeckten Kaffeetisch. Ich meine die Düppeler Schanzen, dann 70/71, dann den großen Krieg, schweigen wir vom letzten. Er steckte das Kavalierstaschentuch wieder ein.

Wie so schön die Worte fließen, dachte Gret. Aber so schön doch auch wieder nicht, dachte sie gleich hinterher.

Anne hatte sich mit Enkelsohn Gustav auf dem Friedhof der Sankt-Ursula-Kirche vor das Ehrenmal gestellt. Eingemeißelt und goldübermalt stand da der Name ihres Sohnes

Gustav Hasse, gefallen 1941. Mit dem zweiten Gesicht sah sie, holzgeschnitzt in der Marienkirche zu Flensburg, den Namen ihres Mannes Gustav Hasse, gefallen 1915. Sie weinte.

Du weinst ja, sagte Gustav.

Sei still, sagte Anne.

Sie hatte in den letzten Wochen Haus und Hof gesäubert, Keller und Speisekammer aufgeräumt, nun war Großreinemachen in den Augen. Ihr Blick ging übers Ehrenmal zu den Lindenbäumen, die um den Friedhof herumstanden. Hinter den Linden war der Dorfteich. Zum ersten Mal las sie nun den Spruch unterm Steinkreuz:

> Den gefallenen und vermissten Söhnen zur Ehre. Der großen ernsten Zeit zum Gedächtnis. Kommenden Geschlechtern zur Stärkung der Treue zu Heimat und Vaterland.

Ihr Weinen ging in Schluchzen über. Sie fand den Spruch schön, auch wenn sie keinen Durchblick hatte, immerhin sagte sie zwei-, dreimal: Oh, nein, doch. Den Spruch am Ehrenmal hatte sich der Kirchenvorstand unter Pastor Möllers Führung ausgedacht, kaum dass der Krieg zu Ende war.

Gustav kannte seine eigenen Anfangsbuchstaben, G und H, die vielen anderen kannte er noch nicht. Er fuhr mit bloßen Händen an Todesdaten und Geburtsdaten der kleineren Grabsteine entlang, er fühlte Kälte und Härte behauener oder geschliffener Steine, kam bis zu den immergrünen Rhododendren, die zum Unterkriechen und Dableiben lockten. Also verschwand er. Also beschloss er, sich hier einen Augenblick für immer niederzulassen. Da hätte er im Sommer Schatten und im Winter ein Dach über dem Kopf. Da wäre es ruhig, denn die Menschen kamen und gingen leise. Die Toten sagten nichts, das hatte ihm Hinrich Goldschmidt, der Kirchendiener, versichert. Das leise Sprechen der Lebenden war Gustav vertraut, auch das Gewisper zwischen den Pyramidenzypressen. Hier, in den Rhododendren, hatte er das Kirchenschiff mit den mächtigen Mauern hinter sich, auch den Kirchturm mit dem vergoldeten Hahn. Von hinten konnte keiner kommen.

Um das Kirchenschiff herum erstreckten sich die von Hinrich Goldschmidt schön geharkten Sandwege, zickzack lagen die Zierstriche da, wie hingezaubert. An der Friedhofspforte fingen sie an, und am Haupteingang der Kirche hörten sie auf. Es kratzte und klöterte hell, wenn Hinrich mit der Harke durch den Sand fuhr. Dann war bald Sonntag, und jeden Sonntagmorgen schritt Pastor Möller über Hinrichs Werk, folgte dem Muster bis zum Eingang mit links geneigtem Kopf, die Hand am Beffchen, denn der Wind, der wehte jeden Tag.

Hinrich war erst zwanzig und schon Kirchendiener, der älteste Sohn von Harry C. Goldschmidt, dem Herrn auf Affegünt, der ihn dem Pastor so angepriesen hatte: Er kann was, aber bevor er Affegünt übernimmt, soll er ganz was anderes machen, das schadet ihm nicht. Gleich hinter den Rhododendren stand Hinrichs Geräteschuppen, seine Lebebude. Daneben lag der Abfallhaufen mit verwelkten Blumen und ausgedienten Kränzen. In der Lebebude waren seine Beile, Spaten und Harken. Auch Bank, Tisch und zwei Stühle waren darin, ein Wandschrank mit Tellern und Tassen. Auf dem Tisch lag ein rot-weiß kariertes Wachstuch, auf dem Wachstuch lag eine blaue Kachel mit einer weißen Windmühle, und auf der Windmühle stand eine Kaffeekanne. Hinrich Goldschmidt hatte auch eine Brennhexe, die er an ein zweifach gebogenes Ofenrohr angeschlossen hatte. In der Übergangszeit und im

Winter verbrannte er Tannenreisig und andere trockene Abfälle, um seinen Schuppen zu wärmen. Aber Feuer brauchte er das ganze Jahr. Morgens Kaffee, zwischen vier und fünf noch mal Kaffee. Dann legte er ein Filterblatt in den Aluminiumfilter und holte die Kaffeedose, die aus einem Care-Paket stammte, aus dem Versteck im Schrank. Zwei, manchmal drei Löffel Gemahlenes, es duftete schon ein wenig, Dampf kam aus dem Kessel, kleine Portionen Kochendes schwappten auf die Ofenplatte, dann den ersten Schuss in den Filter, und sogleich entfaltete der Kaffee seinen Duft in der Hütte und belebte Hinrichs Lebensgeister. Hinrich grunzte dann was oder flötete ein Lied bei geöffnetem Fenster. Er grunzte und flötete auch, wenn Gustav ihn ab und zu in seiner Lebebude besuchte. Hinrich schenkte ihm ein Stück Würfelzucker oder ließ ihn an der heißen Tasse schlürfen. Außer Moin und Tschüss redeten sie nichts miteinander.

Mein Vater liegt nicht hier, sagte sich Gustav unter den Rhododendren. Mein Vater ist in Russland gefallen, mein Großvater in Frankreich. Und Gret ist nicht meine Mutter, sie ist meine Tante. Meine Mutter ist im Bombenhagel von Hamburg verbrannt. Das konnte er richtig runterleiern. Nur wusste er kaum, was er runterleierte. Was bedeutet gefallen.

Er hörte einen Betrunkenen den Dorfkrug verlassen, den Eichenhof. Der musste hier vorbeikommen. Am Dorfteich kam immer ein kritischer Punkt für die Betrunkenen, da war die schlammigste Ecke im Dorf, wo ein voll Berauschter Schlagseite kriegen und ausrutschen konnte, noch kurz vorher lallen, dann kopfüber in den Pfuhl und versinken, immer tiefer hinein in das Gemisch aus Regenwasser und Kuhmist. Ein verfluchter Punkt war das, denn gegenüber wohnte die verrückte Gunde mit ihren Katzen, die ihr beim Fahrradfahren immer auf der Schulter saßen. Sie wusch sich nicht, sie kämmte sich nicht, sie stank. Wenn das Vieh unruhig war und mit den Halsketten klirrte oder wenn dem Teich schreckliches Gas entstieg und große Blasen schlug, dann sagten einige: Das macht Gunde. Sie machte aber gar nichts. Sie sprach jeden Morgen auf dem Müllplatz von Sankt Ursula vor und redete mit den Vögeln. Danach zog sie weiter zum Müllplatz in Brases Moor, wo sie Alteisen und Knochen sammelte. Das Zeug verkaufte sie an den Schrotthändler, der einmal die Woche kam.

Gustav schlich wieder zu Anne, roch Mottenpulver und Lavendel aus ihrem Mantel. Sie schnäuzte sich. Es war dunkler geworden. Gustav fühlte sich leichter in der Dunkelheit. Das Kreuz am Ehrenmal wog nur noch die Hälfte, und die Linden dahinter schwebten, so kam es ihm vor. Er wünschte sich einen Schluck heißen Fliederbeersaft oder eine Wärmflasche ins Bett, wollte schnell schlafen.

Es kamen Schritte, es kam ein Schlurfen. Es war nicht Hinrich, der da schlurfte. Es war der alte schüttelgelähmte Opa Brase, der da im Dunkeln über den Friedhof wollte. Opa Brase hatte keinen Blick mehr, sondern nur noch schwindlig machende Brillengläser, graue Flecken dahinter, die weh taten. Kleine Gräben in den Wegsand ziehend, so schleppte er sich an seinem Stock von einem Friedhofsende zum andern.

Wir müssen nun endlich, sagte Anne, als sie sich ausgeweint hatte.

Sie packte Gustav fest an der Hand, aber er riss sich wieder los, erschreckte sie noch mit: Ich bin der Geist aus dem Teich mit ner Fratze vonner Katze, stürmte dann um ein paar Gräber herum, dem Haupteingang zu, wo er die Luft anhielt und auf sie wartete, um ihre Hand zu nehmen. So gingen sie zu Bäcker Sprenger.

Während die braunen und weißen Kuchen in Bäcker Sprengers Backofen bei richtiger Hitze aufgingen, gelangte Meggersee anhand des roten Fadens durch die deutsche Geschichte zum Thema der holden Weiblichkeit. Ach, verehrte Gret, ich könnte da viel erzählen. Frankreich, Paris, sage ich immer. Einmal, es war 43, glaube ich, sitze ich mit einer Schönen, Yvonne hieß sie, auf der Chaiselongue. Wir blickten über die Dächer der abendlichen Stadt, Yvonne rückt nah und näher, das Herz schlägt schnell und schneller, ihre Augen schimmern.

Gret nahm die Hand vom Mund und machte ihr entschiedenes Gesicht. Mit einem Mal wusste sie, dass sie Meggersee nicht an sich ranlassen wollte.

Anne und Gustav traten in den Hausflur. Anne öffnete leise die Zimmertür, um sich zurückzumelden. Meggersee stand vor Gret, Gret stand vor Meggersee, es sah nach Wiedersehnsagen aus. Anne hatte schon kapiert. Meggersee hatte auch kapiert, als er nun doch in Grets Gesicht gesehen hatte und schlucken musste. Er spürte, so ist anzunehmen, sein kürzeres Bein.

Da klingelte das Telefon. Ein Ehemann war dran und sagte: Es ist so weit. Damit waren alle gerettet. Gustav freute sich auf eine Stunde Alleinsein am Kachelofen, bevor Anne ihn ins Bett schicken würde. Anne freute sich, dass Gret fortdurfte, weil sie fortmusste. Gret freute sich auf zwanzig Minuten Autofahrt und die anschließende Geburt. Meggersee war schon in seinem Kaschmirmantel. Gret hatte schon die Haube auf. Wo ist der Zündschlüssel. Gott sei Dank lag er gleich neben dem Telefon.

Liebe Gret, Meggersee sprach nun in seinem Arzt-Ton: Wenn Sie mich brauchen sollten, rufen Sie mich bitte an. Sie wissen ja, ich darf nicht, aber Not kennt kein Verbot.

Gustavs Leere

Ich habe Gustav, meinen Großvater, nie kennengelernt. Aus seinem Soldbuch Nr. 402 des Königlich Preußischen Reserve-Infanterieregiments 86 weiß ich: Gustav Hasse, 1,75 groß, schlank, dunkles Haar, trug kleinen Schnauzer. Aus den Gesprächen mit seinen noch lebenden Töchtern Gret und Rosa: Er sei Tischler gewesen, wie schon sein Vater, sei auf Wanderschaft von der Mark Brandenburg bis zum Kaukasus gekommen, habe für einen dort ansässigen deutschen Unternehmer teure Möbel getischlert. Sei wieder auf Wanderschaft gegangen und in Flensburg hängengeblieben. Habe als Tischler auf der Werft gearbeitet, habe Anne, geborene Harms, geheiratet und drei Kinder mit ihr gehabt: Rosa im August 1910, Gret im Dezember 1911 und Gustav im Januar 1915.

Im August 14 war er unterwegs an die Front. Er saß im Zug auf einer Holzbank im Vierte-Klasse-Abteil, fuhr über Neumünster, Hamburg, Osnabrück weiter nach Düren. Güterwagen rollten aus der anderen Richtung vorbei, unrasierte Feinde schauten aus den Türen, niedergeschlagen. Es war heiß. Mittags gegen zwölf lief Gustavs Zug in Düren ein. Er stieg mit Gepäck und Gewehr aus, suchte Schatten, fand ihn an der Dürener Bahnhofswand, lehnte sich an, las: Düren, und: Kathreiner Malzkaffee. Hier, auf seinem Gepäck hockend neben seinem Gewehr, notierte er mit verbundener Hand ein Gefühl der Leere in seinen Taschenkalender.

Kam diese Leere, die er bei seiner Ankunft in Düren verspürte, von der Lokomotive, die ihn schneller gezogen hatte, als er laufen konnte. Kam sie von den Niedergeschlagenen im Gefangenentransport. Kam sie von den Bäumen, von den schnittreifen Kornfeldern, von den Bahndammblumen unterwegs. Kam sie von den immerzu gleichen Bewegungen der im Abteil sitzenden Soldaten. Oder kam sie vom Sonnenaufgang, den er stumpf und mit üblem Geschmack im Mund mehr schlecht als recht gesehen hatte.

Warum die Sonne so rot ist, wenn sie aufgeht, warum sie größer und roter ist, wenn sie untergeht. Warum das Licht sich dann rot über die Luft ergießt. Ein Blatt Zeichenpapier aus Gustavs Block: Gustav gab einen Spritzer Wasser drauf, tropfte aus der Pinselspitze zwei rote Tropfen, die dann rosenfingrig verliefen, das Rot wurde blasser und weniger und weniger. Vielleicht wurde hier gar nicht gemalt. Vielleicht war sein Leben nur so eine Art Verdünnung, Gustav selber ohne Augen. Nichts hatte er gesehen, nicht den Huflattich, nicht die Hungerblumen am Bahndamm, nicht die Sumpfdotterblumen im Graben; keine Goldammer, nicht das in Erz gegossene Eidechsenmännchen auf dem warmen Schotter. Roter Mohn, leuchtend blaue Glockenblumen, um die Wette blühende Reseden, pures Leinkraut-Gold, ein Würger, ein Neuntöter, Erdbienen und Sandwespen am Bahndamm entlang, ein Schwalbenschwanz über den Schienen: Nichts von alledem hatte Gustav gesehen.

Möglicherweise war es eine Leere der Langeweile, wozu die per Eisenbahn hergestellte Einheit Deutschlands ihren Beitrag geleistet hatte. Kein Pass, kein Koffervorzeigen, jeder ein Deutscher, einheitliche Maße und Gewichte, Handel und Wandel. Möglicherweise auch ein als Leere kaschiertes Grauen vor dem unerhörten und ungeheuren technischen Wunderwerk, das da als Eisenbahn dahindonnerte.

Betrachten Sie den Bahnhof als Durchgangsstätte auf dem Wege zur Pflicht, Männer – das hatte der Leutnant zu Gustav und dessen Kameraden gesagt, kurz vor dem Einsteigen in Flensburg, die Lok ganz weit vorn unter Dampf. Sauhaufen, hatte der Leutnant noch gestern gebrüllt, bei den letzten Marschier-Manövern auf dem Kasernenhof. Aber am Bahnhof hatte er bloß viele Grüße vom Kaiser bestellt, und die Alten und Jungen, Männer und Frauen, die sich am Bahnsteig drängten, lauter Deutsche, schrien Hurra. Nur Anne schrie nicht. Sie stand stumm und starr, mit glatt zurückgekämmten Haaren, Knoten im Nacken, Arme unter der Schürze, Augen im Kopfsteinpflaster, im Gepäck, im Trinkwasserbrunnen. Gustav hatte seinen Arm um ihre Schultern gelegt, sah Prellböcke, Werkstatt und Weichenstellergebäude. Noch fünf Minuten bis zur Abfahrt. Jede Minute dauerte drei. Alles, was er hätte sagen müssen, sagte er nicht. Nur Anne sagte was: Kuck mal, die Tauben. Die flatterten und pilgerten um die Schnörkel am Gesims, pickten an nackten, verrußten Sandsteinmännern.

Gustav hatte nichts falsch machen wollen. Sein Recht auf Zittern und Zagen – Anne hatte an seiner Schulter geschluchzt und geschnieft –, sein Recht auf Durchdrehen, sein gutes Recht auf Amok also, das hatte er nicht wahrgenommen.

Anne winzig und arm. Kleiner Kerl, hörte sie ihren Gustav sagen. Nichts war da von schmerzlicher Anmut, geschweige denn von einem Anflug Üppigkeit und Begierde. Nur hektische Flecken in ihrem etwas zu breiten Gesicht und ihr Entengang, wenn sie ein paar Schritte machte. Gustav hatte nicht unersättlich heißhungrig an ihren Lippen gehangen und Anne nicht an seinen. Beide offenbar herzlos, beide heruntergekommen und dünn und gleichgültig, weil sie sich des Abschieds schämten. Kein markerschütterndes Schreien aus Annes Mund, kein Aus-tiefer-Not-schrei-ich-zu-dir, kein verrücktes Gekreische, in dem sich das ganze Leben noch einmal zusammenrafft. Anne hatte nicht vor Liebe gebrannt und war nicht zusammengebrochen. Nur zwischen Schniefen und Schluchzen die allernotwendigste Luft holen, gerade so viel, wie man zum Weiterleben braucht.

Ob es Sparsamkeit aus Angst gewesen war. Ob es diese Sparsamkeit gewesen war, deretwegen Gustav später das Gefühl von Leere notierte. Oder waren es die komischen dunklen Wolken gewesen, die über den Flensburger Augusthimmel zogen. Ob Annes Herz mit all dem angefüllt war, dies der Grund war für ihre Hand auf dem Herzen. Ob Anne sich nun auf ein Sparflammenleben einstellte.

Vierte Kompanie, Zug besetzen, hatte der Leutnant durch die Hurra-Tüte befohlen, dass Anne sich an die Ohren fasste. Bewegung im Haufen, Uniformröcke straffen, Lederkoppel stramm ziehen. Die Eisenbeschläge der Knobelbecher erklingen, der Trinkwasserbrunnen plätschert, die Bahnhofstauben picken, keiner sieht und hört das. Anne hatte die Hände von den Ohren genommen und hielt ein Taschentuch vors Gesicht.

Pass auf die Kinder auf, hatte Gustav mit einem Kloß im Hals gesagt.

Die Kompanie in Zehnergruppen ab in Richtung vierte Klasse, Gustav als Letzter.

Komm uns heil wieder, so Anne unterm Taschentuch mit gepresster Stimme.

Um zwölf hatte die Lokomotive weißen Dampf abgelassen. Der Lokführer im Lokführerfenster, Blick auf den Bahnsteig. Der Heizer in der Kohle. Wasserstandszeiger, Manometer, Ventilräder sauber geputzt. Die Lokräder, ein Schrei von irgendwo von irgendwem, schnell hintereinander Erdbebenstöße in der Lok, ein Anfall Entschlossenheit und Tatkraft. Abfahrt nach Düren.

Wer schlägt Gustavs Kopf gegen die Schienen. Wo ist der Sprechchor, der zu neunstimmigem Schluchzen und Jammern anhebt und das Schluchzen und Jammern um die Welt gehen lässt. Nichts kann zu Ende erzählt werden. Alles ist nur immer Anfang. Zu Ende erzählen hieße, nie mehr erzählen müssen. Anne war nach Hause gegangen.

Ob dieser schreckliche Anfang es gewesen war, der Gustav in Düren das Gefühl der Leere eingab, wer weiß. Die Ereignisse waren an ihm entlanggehetzt, er konnte nicht folgen, hatte nicht die nötige Zeit, auch nicht das nötige Wissen, was ihm aber auch nichts genützt hätte. Gustav das Schaf, das brav folgte. Gustav das Schaf, das nun in Düren saß.

Was vorher war. Gustavs und Annes Zweieinhalbzimmerwohnung in Flensburg, Duburger Straße 5, vierter Stock rechts. Wir blicken in die Küche, auf Kohleherd und Spülstein. Viergeteiltes Fenster in der Mitte, Tisch, zwei Stühle davor. Offene Regale mit Geschirr und Lebensmitteldosen. Aufschriften in gedruckter Sütterlin-Schrift, Zucker, Mehl, Kakao, Salz. Gustav in der Uniform eines Königlich Preußischen Musketiers rechts am Tisch, Anne in der vom Bahnhof her bekannten Schürze am Herd. Morgenlärm im Mietshaus. Die Tür von der Wohnung nebenan geht auf. Hunde stürzen bellend die Treppe runter. Wollt ihr wohl leise sein, ruft der katholische Nachbar, vierter Stock links. Anne zieht einen Topf über die Herdplatte.

GUSTAV (Ellenbogen auf dem Tisch, Kinn in der Hand.) Es wird heute warm.
ANNE Die Grütze ist gleich fertig.
GUSTAV Wenns bloß nicht so warm wird. Baden mit den Kindern in Wassersleben wäre mir lieber. Sogar die Werft

wäre mir lieber, sogar der Kaukasus, wo es ja auch ganz schön heiß war.

ANNE (Dreht sich mit rot geweinten Augen um, kommt mit Grütztopf und Kaffeekanne rüber, füllt Gustavs Teller, schenkt Kaffee ein.) Da ist Milch. Warum sie dich geholt haben, Gustav. Du bist doch nicht mehr der Jüngste, und die Arbeit auf der Werft ist so wichtig, heißt es immer.

GUSTAV Die brauchen jeden Mann an der Front, hat der Leutnant gesagt. (Begütigend.) Es geht über Neumünster, hat der Leutnant gesagt.

ANNE Neumünster, dabei bleibts doch nicht. Da könntest du ja jedes Wochenende nach Hause. Es geht an die Front. Da wird geschossen, Gustav.

GUSTAV (Nimmt einen Löffel Grütze und einen Schluck Kaffee.) Mal sehn. Wird alles nicht so heiß gegessen wie gekocht. Ich bin ja nur Reservist.

ANNE Reservisten werden auch totgeschossen.

Gustav wischt sich mit dem Handrücken über Mund und Schnauzer, Anne ringt ihre Hände in der Schürze und lässt die Unterlippe hängen. Gustav steht auf, geht ins Kinderzimmer, streichelt Gret und Rosa, flüstert: Vater muss weg und kommt bald wieder. Bevor er sein Käppi aufsetzt, sagt er zu Anne: Ich und der Kaiser, wir werdens schon schaukeln. Dem katholischen Nachbarn begegnet er auf der Treppe. Der ist vom Hunde-Ausführen zurück und sagt: Alles Gute, Herr Hasse, 70/71 haben wir es denen gezeigt. Nun zeigen Sie es denen man. Wirklich alles Gute, Herr Hasse.

Tochter Gret kann sich an diesen Tag nicht erinnern. Sie habe immer den Kopf woanders gehabt, sei oft weggelaufen, habe immerfort gesagt: Gret kommt gleich, weswegen Anne sie im Hinterhof an einen Pflaumenbaum anzubinden pflegte. So wohl auch an diesem Tag. Gustav, Annes Sohn, sei noch in Abrahams Wurstkessel gewesen, also noch nicht auf der Welt. Rosa erzählt, sie sei in einer Kinderhorde mitgelaufen, immer neben marschierenden Soldaten her. Ob Gustav, also ihr Vater, dabei war, das wisse sie nicht. Sie erinnere sich aber an eine Kugelakazie und an ein abgrundtiefes Schluchzen hinter der Kugelakazie und an einen Streifen bunter Blumen vor dem Haus Duburger Straße 5 und an die damit verbundene alleraußergewöhnlichste Glückseligkeit. Auch an einen Abzählvers für das Spiel: Kaiser, Kaiser, wie viel Schritte darf ich tun, erinnere sie sich.

Wer will Marmelade haben,
muss dafür zum Kaiser traben.
Einmal Mut, einmal Mann,
rundherum und du bist dran.

Das mit Stockflecken versehene Foto dieses Tages zeigt eine Lindenbaumreihe. Nach letzten Exerzier-Übungen hatte sich Gustavs Zug unter Führung des Leutnants fotografieren lassen. Auch ein hölzernes Übungsgestell zur körperlichen Ertüchtigung der Soldaten zeigt das Foto. Zwei senkrecht stehende Balken, ein dritter in drei Metern Höhe drübergelegt, schräg eingesetzte Stützen in den Winkeln. Eine Leiter rechts, zwei Kletterstangen in der Mitte, angenagelte Trittstufen links. Davor Gustav mit seinen Kameraden: achtzehn Soldaten der vierten Kompanie, Reserve-Infanterieregiment 86. Die hintere Reihe stehend, die vordere kniend, zwei Schulter an Schulter Liegende ganz vorn. Der Leutnant auf Abstand links. Alle im Garnisons-Wachanzug: Pickelhaube, Oberlippenbart, zwei Patronentaschen, Gewehr und Stiefel mit Sohlennägeln.

Gustav in der hinteren Reihe, Zweiter von links. Er sieht am besten aus. Wie wenn die Lindenbaumreihe auf seinen Schultern ruhte. Wie wenn sein Kopf daran lehnte. Gustav ist nicht der Größte, und er hat eigentlich keine richtige Uniformfigur, aber die Uniform steht ihm am besten. Auch hat er wegen seiner zusammengewachsenen Augenbrauen nicht den stieren Infanteristenblick der anderen. Er blickt einfach so gerade heraus, offen und wehrlos: Töte mich, wenn es sein muss. Sein Mund hat ein rätselhaftes Lächeln. Nie sah ich schönere Hände einen Karabiner umfassen. Ist es das Lächeln, sind es die Hände, ist es die gutsitzende Uniform, ist es das Offene und Wehrlose in seinen Augen, weswegen er mir so gefällt. Sicher ist er auch friedsamer als die anderen gewesen, die Knollnasigen, die Fettleibigen, die Hohlwangigen neben und vor ihm. Denen sehe ich schon den Tod ins Gesicht geschrieben. Gustavs Lächeln ist unauslöschlich.

Ob Anne wirklich bei der Verabschiedung am Flensburger Bahnhof dabei war, weiß ich nicht. Vielleicht wurde Gustavs Regiment am 7. August 1914 in aller Hast zusammengetrommelt und kam von Flensburg für drei Wochen in die kleine Garnison Solsbüll, an der Eisenbahnlinie Flensburg–Kiel. Gustav hat sich von Anne möglicherweise nur nach Kummerby verabschiedet. Die Regimentsaufzeichnungen berichten von ein paar herrlichen Tagen dort, von einem Sommer ohnegleichen, vom kräftigen Hunger der Reservisten, der mit weltbekannten schleswig-holsteinischen Spezialitäten von den Kummerbyer Bauern gestillt wurde. Möglich, dass Anne ihren Gustav schon in Kämpfe verwickelt sah, als er noch eine dreiviertel Eisenbahnstunde von ihr entfernt tagsüber den letzten Schliff bekam und abends, nach einem guten Essen und paar Bier, todmüde mit folgenden Sätzen ins Stroh fiel:

Von jeher ist die Treue eine der vornehmsten Tugenden unseres Volkes gewesen und hat sich wahrlich oft genug bewährt. Gilt das Manneswort nicht mehr, dann herrschen Hinterlist und Feigheit. Der Soldat hat sich als kriegsfertig, mutig und tapfer, also todesverachtend zu erweisen. Zwar hat jeder einen Schweinehund im Leibe, er darf ihn aber nicht rauslassen.

Was geblieben ist: Gustavs Lächeln. Ein Mondgesicht übrigens, ein Mondgesicht mit Männer- und Frauenhaar, je nachdem, wie die Erde es ansieht.

Hing das Gefühl der Leere, das Gustav in Düren notierte, mit dem Mond zusammen, von dem er nachts auf der Strecke, noch vor Sonnenaufgang, auf der Holzbank im Vierte-Klasse-Abteil geträumt haben könnte. Denn der Mond begleitete das im Zug durch die Nacht hineilende Reserve-Infanterieregiment 86. Alle großen Krieger haben geweint und gezittert. Anne im Mond stand am Himmel, fiel und tauchte unter den Horizont, tat das dreimal. Anne im Mond rief Gustav, auch Gustavs Kameraden wurden mit den Stimmen ihrer Frauen oder Verlobten oder Freundinnen gerufen. Gustav sprang auf. Die Sonne war nämlich aufgegangen. Gustav bekam keinen Ton raus, seine Kehle klemmte, die Luft reichte nicht, oder er drehte durch, was weiß ich, die Finger seiner rechten Hand gerieten zwischen Abteiltür und Rahmen, und er schrie auf. Der Leutnant erschien und befahl Ruhe und Ordnung. Ein Verband wurde angelegt, der Zug rasselte weiter. Einatmen, hoch der Ton. Ausatmen, und wieder runter. Als wäre nichts gewesen. Der Lokführer lehnte im Lokführerfenster und genoss noch den letzten Rest Nacht. Der Heizer pennte in der Kohle.

Was war mit Gustav. Was hatte er wirklich gedacht.

Gustavs Leere vor dem Sturm

Die in Gustav eingefallene Leere verließ ihn nicht. Mit den Notizen in der Tasche stand er von seinem Sturmgepäck-Sitz auf, spürte sommerliche Luft, vielleicht war Kühle vom Ostseebad dabei, von der Flensburger Förde, der Ausflugs-dampfer Alexandra auf seinem Weg nach Glücksburg, im Ufersand eine halb vergrabene Milchflasche, kleine Wellen liefen dagegen und spülten drüber. Aber der Teergeruch von den Schwellen des Dürener Bahnhofs war stärker. Gustav überquerte die Geleise, hörte seine Tritte im Schotter, fühlte das Gewehr im Kreuz. Ein Tornisterriemen rutschte ihm über die Schulter. Augen rechts: Deutschland. Die Augen links: Frankreich. Heckenrosenduft stieg von den blühenden Heckenrosen auf, stieg in seine Nase. Bienen bei der Arbeit, tausend allerwinzigste Luftkissen trugen sie.

Gustav blieb vor einer mannshohen Reklamewand ste-hen, darauf Dr. Dralles Birkenhaarwasser-Sprüche gegen sprödes, brüchiges Haar: Deutscher, ehre und unterstütze deutsche Wissenschaft und deutschen Fleiß. Dr. Dralle hatte auf verschiedenen Weltausstellungen viele Goldmedaillen gewonnen. Auf dem Plakat darunter las Gustav: Die un-widerstehliche Lockung, und sah einen gut aufgeräumten deutschen Schützengraben, in dem vier deutsche Infanteris-ten auf bahnbrechende Weise Krieg führten. Sie trugen stoff-bezogene Pickelhauben, Feldflaschen hingen an ihren Leib-riemen. Der erste schwenkte einen Cognac-Schwenker, der zweite hockte auf einer Kiste Asbach Uralt, der dritte hielt eine Riesenflasche Asbach, an den Gewehrlauf gebunden, hoch über den Schützengraben. Der vierte, Hände in den Hüften und hintenübergebeugt, lachte sich kaputt. Siehe da, am Horizont brachen aus einem Dickicht fünf schwankende Gestalten hervor, Franzosen wohl, waren schon am Kippen, hatten die Arme schon erhoben, hatten schon verloren. Gefasst, vereinnahmt und überantwortet, da geben die vier deutschen Musketiere einen Asbach aus. Gustav nahm einen Schluck Lauwarmes aus der Feldflasche. Er wickelte den Verband von der pulsierenden verletzten um die gesunde Hand und wieder zurück. Verblüht nicht zu früh, verblüht erst, wenn ich nicht mehr da bin, so Gustav in Gedanken an die Wildrosen, deren Duft er wieder und wieder und tief einzog.

Eine Lok ließ Dampf ab und hämmerte mit einem Gestänge. Gustavs Kameraden saßen feldmarschmäßig gekleidet auf dem Bahnsteig. Da spielte eine Raucherrunde Siebzehnundvier. Einer schlief mit dem Kopf auf der Zeltbahn. Ein anderer döste an seinem Gewehr. Aus der Sonne lief ein Lazarettzug ein. Die Lok wurde abgekuppelt, eine neue angekuppelt. Krankenschwestern mit Kannen und Schüsseln stiegen aus. Verbundene und unverbundene Köpfe tauchten in den Zugfenstern auf. Dadrinnen lagen flach Atmende mit Bauchschüssen, Fiebernde mit Granatsplittern in den Beinen. Mensch, Meggersee, rief Gustav plötzlich einem mit verbundenen Armen zu, der aus dem Fenster schaute. Er lief hin. Es war aber nicht Meggersee. Der Zug setzte sich in Bewegung. Der Unbekannte winkte ihm einfach so, hob seine unverletzte Rechte zur Faust und rief: Solang ein Tropfen Blut noch glüht. Gustav stand da mit Händen in den Taschen und sah dem Zug nach, der in der Kurve mit einem letzten Klickediklack verschwand. Dann war Stille.

(Tagebuch) Es ging kein Zug mehr. Die Abfahrt einen Tag verschoben. In der Blindenanstalt, wo wir gegessen und über-

nachtet haben, gab es einen Schlag Erbsensuppe mit Pferde-
fleisch ins Kochgeschirr. Am anderen Morgen ging der Zug
pünktlich um sieben ab, Richtung Westen. In Herbesthal,
Grenzstation, für den Rest des Tages und die folgende Nacht
haltgemacht. Alle im Abteil kümmerlich zusammengekauert,
geklappert und nicht geschlafen. In aller Frühe begann das
große Rangieren. Unser Wagen wurde an- und abgekuppelt
und hin- und hergeschoben. Zwei Züge mit Elitekorps sind
vorübergebraust, einer vormittags, einer nachmittags. Wir
Reservisten haben Ruh. Eine Nacht blieben wir noch auf der
Bahn. Nissen, Abraham und Uhl haben sich müde gemau-
schelt und waren schlechter Laune. Sollen Skat spielen, hab
ich gesagt. Wir kommen uns vor wie bestellt und nicht abge-
holt. Wir schickten Bock, der Postbote ist, auf Erkundung.
Die haben uns vergessen, sagte der Bahnmensch. Unser Wagen mit dreizehn Mann war aus Versehen dagelassen worden.
Wir kriegten den nächsten planmäßigen Zug nach Namur,
wo wir uns beim Versprengtenkommando melden sollten.
Nun sind wir in Namur, nun braucht man uns nicht. Ich
dachte, ich hätte Meggersee im Verletztentransport gesehen;
war er aber nicht. (Ende Tagebuch)

In der Schreibstube des Versprengtenkommandos legte der
Leutnant seinen Zeigefinger an den Mund. Sind wir doch für
da, sagte er beschwichtigend und wedelte mit Gustavs Ge-
such: Bitte um Hilfe bei der Suche nach meinem Regiment.
Im Krieg findet sich alles wieder, Hasse, sprach er weiter. In
der täglichen Fragestunde von zehn bis zwölf quetschte der
Leutnant die Neuversprengten aus und legte für jeden eine
Akte an. Nachmittags studierte er die Akten, manchmal ließ
er einen Altversprengten ranholen zur weiteren Klärung. Er
telefonierte und korrespondierte mit seiner nächstoberen
Dienststelle. Manchmal hatte er Glück, dann hatte er das

passende Regiment für den passenden Versprengten. Den zitierte er herbei und sagte: Passt. Der bekam dann seine Papiere und wurde am nächsten Tag in den täglich durchs Lager rollenden Zug gesetzt. Länger als sechs Wochen blieb keiner. Fand der Leutnant nichts Passendes, dann kriegten die Regimenter mit der größten Nachfrage was ab. Da waren die Versprengten Fremde unter Fremden, meldeten sich in fremder Mundart und starben beim nächsten oder übernächsten Treffer. Oder ein Fremder tröstete sie: Nichts passiert, sei froh, bald bist du zu Hause, Kamerad.

Gustavs Akte war angelegt und stand im Schrank unter dem Buchstaben H. Er hauste zusammen mit Abraham, Bock, Nissen und Uhl in der Sattelkammer eines Pferdestalls. Es gab da aber keine Sättel und kein Zaumzeug, auch keine Pferde in den Boxen. Da lag Stroh, da schliefen sie. Über den staubigen Hof ging es zur Kommandantur, wo der Chef, der Leutnant und der Spieß in einem geräumten Gesindehaus ihr Lager aufgeschlagen hatten. In der Nähe floss ein kleiner Bach, der sich in Richtung Maas weiterschlängelte, an der Hufschmiede, an der Stellmacherei, am weiß gestrichenen Herrenhaus vorbei, jetzt Offizierscasino, hinein in einen von Schwänen besetzten Teich und wieder hinaus, am Treibstofflager und Wildschweingehege entlang, dann durch ein niedriges Gehölz und so weiter. Von der Sandsteinterrasse an der Sonnenseite des Herrenhauses ging eine breitgeschwungene Sandsteintreppe zum Teich hinunter. Oder man ging durch eine der drei Doppeltüren von der Terrasse in den Speisesaal, wo verdiente Männer in Öl hingen, gewaltige Rahmen um sie herum, sonst nichts.

Drei Mahlzeiten pro Tag nahmen damals die Offiziere im Speisesaal ein. Abends spielten sie im Raum nebenan Billard, oder sie saßen noch einen Raum weiter am Kamin. Den zündeten die Ordonnanzen aber nicht an, stattdessen begossen sie die Bananen- und Gummibäume im Wintergarten, wo auch Kakteen in original französischem Wüstensand unterm Fenster gediehen. Küche und Kammern lagen auf der Wetterseite des Schlosses. Auf dieser Seite war auch der offizielle Eingang, eine schwere Eichentür. Eine schlosseigene Lindenallee führte dort hin, ein heller Platz war davor, in dem hellen Platz ein kreisrunder Rasen. Dann stand man im Schatten auf einem Podest vor der Eichentür. Man legte die Hand an die schön kühle Mauer. Man trat ein und hängte seine Sachen auf.

Die Deutschen hatten nur das untere Stockwerk beschlagnahmt. Oben wohnte die Marquise, der alles gehörte. Ihre Angestellten und Arbeiter waren mit ihren Familien auf Befehl der Deutschen ins nächste Dorf gezogen. Sie hatte nur noch Kammerdiener und Köchin. Höchst selten ließ sie sich blicken. Wie sie wohl den Krach aushielt, wenn es unten im Speisesaal drunter und drüber ging. Nachmittags, immer so gegen fünf, schritt sie in einem langen weißen Kleid zum Teich, wo die Schwäne übers Wasser geschwommen kamen und nach Brocken schnappten. Sie war schlank und blass und unbekannten Alters.

Auf Gustavs Dienstplan stand geschrieben: Exerzieren, morgens einmal, nachmittags einmal. Das Gewehr 98 war vorschriftsmäßig aufzunehmen und abzusetzen. Beim Auseinanderlaufen waren die Ohren zu spitzen, denn beim Wörtchen Achtung war Front zu nehmen und auf die Fußstellung zu achten. Kneifen Sie die Arschbacken zusammen, Hasse, rief der Landwehrunteroffizier Hörstel, früher Lehrer in Thorn / Westpreußen, jetzt frontuntauglicher Unteroffizier ohne rechten Arm und mit dem Exerzieren betraut. Uhl war betrunken und unrasiert. Beim Abzählen wartete er zu lange, seine Lippen machten einen verbogenen Mund, den Namen des Unteroffiziers sprach er falsch aus. Das wird ein Nachspiel haben, brüllte Hörstel beim Wegtreten. Mit sich selbst überlassenen Fingern ging Uhl ans Gewehrreinigen, und halben Sinnes schoss er sich in den Bauch. Der Arzt konnte nichts machen und gab Morphium. Drei Tage lebte Uhl noch, in der Sattelkammer. Er röchelte und stöhnte leise. Gustav träufelte ihm Wasser auf die Lippen, Uhl verdrehte dankbar seine Augen. Uhl war immer froh gewesen, dass er bei den Versprengten war.

Ich hab was für Sie, Hasse, sagte Hörstel nach Uhls Beerdigung, Sie sind doch Tischler. Da melden Sie sich sofort in der Stellmacherei, da gibt's genug Arbeit. An der Stellmacherei floss der Bach, da war der kleine Bahnhof, da gab es auch eine Verladerampe.

(Tagebuch) Gestern ist Uhl beerdigt worden. Armer Kerl. Ich hab endlich vernünftige Arbeit. Zehn Eisenbahnwaggons sind gekommen, die sollen in Küchen- und Liegewagen umgebaut werden. Bauholz ist auch mitgekommen. Es liegen aber sowieso mehrere Meter Bretter in der Stellmacherei. Habe Hammer, Kneifzange und Säge erhalten. Aber der Zollstock ist doch das Wichtigste. Wir bauen Betten, Tische, Stühle, und die werden in die Wagen eingebaut. Es soll ein Lazarettzug werden. Wenn dieser fertig ist, soll noch einer drankommen. Hobel- und Sägespäne sind mal wieder was Schönes für Augen und Nase. Statt Gewehrreinigen mache ich mit dem Stallbesen die Werkstatt sauber zu Feierabend. Gehe nach dem Tagewerk immer gerne noch mal durch die Wagen, um alles zu beriechen. Hatte eine Postkarte aus Flensburg. Wir bekommen Zuwachs. Sonst nichts Neues. (Ende Tagebuch)

Gustav sehnte sich nach Anne, aber er sehnte sich auch

an die Front. Wäre er da oder dort gewesen, dann hätte alles seine Richtigkeit gehabt.

(Tagebuch) Meggersee ist hier im Versprengtenlager aufgetaucht. Wir haben uns nett begrüßt, aber per Sie. Er ist Offiziersaspirant und zählt zu den Offizieren. Sonst ist das hier so ein Zwischending. Habe zwar meine geregelte Arbeit und muss nicht mehr exerzieren und nicht Wache stehen, aber wenn ich ehrlich bin, vermisse ich doch das Regiment. Die hier wissen ja nicht mal, wo die Front ist. Wir dürfen nichts Dienstliches nach Hause schreiben. Nach dem Unfall mit Uhl haben sie uns alle Munition abgenommen. Bock ist als Ordonnanz im Casino gelandet und darf Offiziere bedienen. Abraham und Nissen stehen Wache am Treibstofflager. Heute waren wir zum Feldgottesdienst, und bei der Gelegenheit haben wir uns das zerstörte Namur angesehen. Die Einschläge haben aus den Häusern Ruinen gemacht. Ein Flickschuster saß da ohne Dach über dem Kopf bei der Arbeit und sah uns an. (Ende Tagebuch)

Dann kam der letzte Sonnentag im Versprengtenlager, ein Sonntag. Die Sonne sank über Kommandantur, Herrenhaus und Treibstofflager hernieder und hinter dem Wald hinab. Eine Reihe Militärautos parkte am Casino. Wieder mal war Grund zum Feiern. Wieder mal war eine größere Stadt gefallen. Wir wissen bloß noch nicht, welche, rief Bock, der die Botschaft nebst zwei Flaschen Asbach Uralt brachte. Laut Tagebuch zog Gustav sich in die Sattelkammer zurück, während Abraham und Nissen weiter Karten spielten. In Wirklichkeit war er am Misthaufen hinterm Pferdestall gewesen und hatte gepinkelt. Die Offiziere im Speisesaal waren schnell in Schwung gekommen, und das erste leergetrunkene Glas flog an die Wand. An der Bar heckten drei besonders unternehmungslustige Herren, Leutnant Eckstein und die zwei Offiziersaspiranten von Meggersee und Steiger, Schlachtpläne aus und verließen den Saal durch die mittlere Terrassentür. Sie wollten Wildschweine jagen.

Die Marquise hatte sich von ihrem Kammerdiener Badewasser heiß machen lassen. Sie schalt ihn, weil er nicht ordentlich heißes Wasser zuschüttete.

Gustav hatte sich am Misthaufen erleichtert und begab sich wieder in die Kartenrunde. Nissen öffnete die Flasche, und der erste Schluck wurde auf den frisch beerdigten Uhl getrunken. Mach kein so verdrossenes Gesicht, sagte Nissen und hielt Gustav die Flasche zur zweiten Runde hin.

Die Draufgänger von der Bar drückten sich am Treibstofflager vorbei und pirschten sich ans Wildschweingehege heran, wo sie den Maschendrahtzaun im ersten Anlauf nahmen.

Wolken waren aufmarschiert und hatten die Umgebung verdunkelt. Es fing zu tröpfeln an, und der Wind fuhr durch die Einfahrt zur Lindenallee herein. Die Blätter ganz oben kriegten zuerst was ab. Schnell waren sie vom Staub befreit, Wasser lief nun, wie es wollte, lief weiter runter, lief in die tiefen Regionen. Wolken und Regen herrlich in Fahrt. Auch der Wind war zu rühmen, denn schon war er viel weiter. Schon hatte er alle Bäume ergriffen und blies die ganze Allee entlang. Den Kartenspielern vor dem Pferdestall fegte er die Karten vom Tisch. Sie bezogen in der Sattelkammer eine Ausweichstellung und steckten drei Kerzen an.

Die Herren Jäger standen im Gehege mit mehr oder weniger blonden, vom Wind durcheinandergewirbelten Haaren. Der Wind rüttelte schon an den Bretterhaufen vor der Stellmacherei, orgelte schon im Schornstein der Kommandantur. So begann der Herbst.

Die Marquise wollte von Wind und Wetter nichts wissen. Ein paar Schlieren zogen über ihr Fenster. Sie beendete das Bad. Man reichte ihr ein grünes Handtuch. Die Köchin hatte das Abendessen in kleinen Töpfen über kleinen Feuern bereitet, der Kammerdiener hatte aufgetragen. Die Marquise trug ein langes Kleid mit einer perlenbesetzten Brosche an der Brust. Sie musterte sich im Spiegel ihrer Ahnen, flüsterte leise den Namen ihres Herrensitzes, Jambes-Vélaine, zog die Augenbrauen hoch, und ein kurz eingeschaltetes Lächeln zog über ihr Gesicht. Der Tisch war für sie allein. Kammerdiener und Köchin nahmen das Nachtmahl in der Küche am Küchenfenster ein, überblickten von da Pferdestall, Treibstofflager, Wildschweingehege und Teich. Die Marquise hob ein Teeglas an ihren Mund.

Nacht legte sich übers Schwarzwild. Die drei Jäger gingen generalstabsmäßig vor. Offiziersanwärter Steiger erkor sich in dieser Sache zum Anführer und befahl den beiden anderen Treibstöcke in die Fäuste.

Schweine vor, kommandierte er.

Leutnant Eckstein, dem es zu bunt war, rief: Alles schön und gut, Leute, aber ich scheide aus. Eckstein verließ das Gehege.

Der Leutnant ist sich wohl zu fein, rief ihm Steiger hinterher.

Die Schwarzröcke standen zusammengedrängt in der hintersten Ecke und trampelten auf der Stelle. Steiger und Meggersee schlugen ihre Knüppel in den Dreck und gaben Hetzlaut. Da brach der einzige Keiler aus der Rotte, stürmte geradewegs auf die beiden Treiber los, die nahmen den nächsten Weg zum Zaun und sprangen hinein, blieben drin hängen. Der Keiler zog sich zurück. Die beiden befreiten sich aus den Drahtmaschen. Sie strichen sich mit lehmigen Fingern durchs Haar, schüttelten Regen und Lehmspritzer von der Uniform und begaben sich in die Waschküche, wo noch warmes Wasser im Waschkessel war.

Oben am Küchenfenster saß der Kammerdiener gegenüber der Köchin und brach ein Stück vom Käse ab, schob Brocken um Brocken in den Mund, kaute abwesend mit Blick aus dem Fenster. Dann hatten Köchin und Kammerdiener gegessen und verdauten still. Die Marquise vor ihrem leeren Teeglas lächelte wieder.

Gustav, Abraham und Nissen waren richtig ins Spielen geraten. Sie droschen das Blatt auf eine Futterkiste, und zwischendurch hoben sie einen. Nissen hatte Haare auf den Zähnen, Gustav gab Kontra, Abraham mischte am besten. Es hat sich schon mal einer totgemischt, sagte Gustav, nahm seine Karten auf und war gut dran mit den ersten beiden Buben und einer Pikflöte, woraus er einen Grand machte, den er von oben nach unten runterspielte. Gottergeben bedienten Abraham und Nissen. Draußen ging der Wind. Gustav lachte aus Freude über den Sieg, seine Augen waren schön und groß und blau, und er ließ sich von Abraham einen Grand mit Zweien, gespielt drei, Schneider vier, Schwarz fünf, notieren. Dann sagte er: So spielt man mit Studenten.

Die Speisesaal-Wogen schlugen nun oben bei der Marquise hörbar an. Teils krümmten sich die da unten in grundloser Albernheit, teils hatten sie Grund zum Lachen, teils saßen sie aus Gründen erstklassiger Kinderstube mit erstklassigen Manieren vor den hochadeligen Gedecken. Der kleine Bock beeilte sich mit Nachschub. Ein schmaler Leutnant malträtierte das Klavier an der Wand zum Wintergarten, dazu erklang ein unstimmiger Chor: Lieb Vaterland, magst ruhig sein. Die französische Offensive war zurückgeschlagen worden oder Antwerpen gefallen, Genaues wusste man noch nicht. Auf Kommando standen alle auf, denn einer musste auch hier kommandieren, und prosteten dem Kaiser zu. Wer wollte nicht die mit genialer Umsicht geleiteten deutschen Truppen loben. Wer wollte nicht weitere herrliche Taten kommen sehen. Draußen blies der allmächtige Gott den Wildschweinen Eicheln und abgerissene Äste um die Ohren. Steiger und Meggersee traten, gereinigt, gelüftet und gebürstet aus dem Waschraum hervorgegangen, an den Ecktisch, und Steiger sagte: Morgen dasselbe noch mal.

Bei den Skatbrüdern war das Maß voll. Betrunken öffnete Abraham ein Fenster in den Herbst und begann mit dem Unsinn. Die Spielkarten flogen raus und flatterten weg, der Tornister flog, Feldflasche, Kochgeschirr, Messer, Gabel, linker Schuh, rechter Schuh flogen, alles, was Flügel hatte, flog raus, nur das Gewehr 98 war heilig und wurde nicht angetastet. Im Handumdrehen standen Gustav, Abraham und Nissen nur noch in Unterhose und Unterhemd da.

Plötzlich erschien der Landwehrunteroffizier Hörstel, den das Geschrei und Geklapper hellhörig gemacht hatten. Erwisch ich euch doch tatsächlich in flagranti, brüllte er mit der guten Hand am Koppel. Wisst ihr überhaupt, was in flagranti heißt. Wohl wahnsinnig geworden. Das hat man nun von seiner Gutmütigkeit, schrie er. Ich kann euch helfen, Leute. Er ließ antreten und abzählen. Gustav war der Letzte, Nummer drei. Kein guter Stern stand über dem Spektakel. Hörstel gab die Kommandos. Da waren die Knochen schnell wieder gerade, der Kopf schnell wieder klar. Er zog seine drei Männer durch den Dreck, und seine drei Männer taten ihre Pflicht. Das wird ein Nachspiel haben, rief Hörstel, als er sie nach hinten in die Sattelkammer wegtreten ließ. Fünf Tage bei Wasser und Brot, schätzte er. In der Kommandantur war unter der Schreibstube ein schimmeliges Loch ohne Licht, die Arrestzelle.

43

Gustav warf sich auf seinen Strohsack und döste mit Magendrücken und Herzklopfen. Abraham und Nissen sägten sich schon durch den Schlaf der Gerechten. Hörstel würde morgen dem Leutnant die besonderen Vorkommnisse aus dem Wachbuch melden, und der Leutnant würde sie dem Hauptmann melden. Wir haben da einen Fall, würde der Leutnant sagen, ich schlage sechs Tage Dicken vor. Der Hauptmann würde dann die Missetäter anhören und schuldig sprechen und mit fünf Tagen Arrest bestrafen. Dann ab ins Loch und mit den Ratten auf Du und Du.

Bei Gustav kamen Worte über die zitternden Lippen. Oh, meine Kinder Rosa und Gret, flüsterte er in die Dunkelheit über dem Strohsack. Mehr flüsterte er nicht, und Abraham und Nissen schnarchten blöde. Er fuhr sich mit den Fingern aus dem Schopf in die Stirn und landete in den Augen, er wollte keine Tränen. Aber das Schluchzen hatte schon im Bauch begonnen, drang durchs Zwerchfell und dann in die Brust, die Arme, die Hände, in die Zunge und in die Lippen.

Zwischen den Wänden des Herrensitzes war Ruh. Über den Firsten tobte der Sturm und peitschte der Regen. Der Kommandeur hatte Zapfenstreich blasen lassen. Soldaten müssen nach Hause gehn und nicht so lang bei den Mädchen stehn. Zu Bett, zu Bett, zu Bett. Während dieser sechs Takte räumte Bock im Speisesaal die Tische ab. Sturm und Regen hatten gesiegt und alle nüchtern gemacht. Die Offiziere verließen zusammengedrückt das Casino, zogen den Mund unter ihrer Schirmmütze fester ins Gesicht und gingen, die Hand am Treppengeländer, raus und runter ins Freie. Landwehrunteroffizier Hörstel saß bei einer flackernden Kerze vornübergebeugt in Ausübung des Dienstes, seine Schultern hoben und senkten sich.

Die Marquise hatte ihre beiden Domestiken verabschiedet

und ins Bett geschickt. Sie streckte und reckte sich. Sie setzte ein trutziges Lächeln auf und schlüpfte in den Mantel. Sie wickelte ihren Kopf in ein Tuch. Sie verließ das Haus, ging den kürzesten Weg über den Hof, passierte den Pferdestall, die Stellmacherei und Gustavs halbfertige Lazarettwagen. Sie kam an den Teich. Sie verweilte einen Augenblick und nahm Kurs auf das bereitliegende Treibstofflager, wo nun auch die Wochenendwachen vom Schlaf übermannt worden waren in einer von hunderttausend Dornenranken überwachsenen Remise. Sie öffnete den Verschluss des erstbesten Kanisters und verschüttete alles Benzin. Sie holte eine brennende Petroleumlampe unter ihrem Mantel hervor und warf sie hinein. Schon hatte das Feuer Benzin geleckt, der Wind stand günstig.

Taghell war die Nacht. Der Regen war nur ein Tropfen auf den heißen Stein. Hörstel war kopflos und überfordert. Die himmelhoch auflodernden Flammen verzehrten seine Kommandos. Keiner löschte, alles floh. Es hat keinen Zweck, riefen die Flüchtenden mit ein wenig Habe unterm Arm. Das Herrenhaus in Flammen. Der Pferdestall ohne Pferde, der Gesindebau ohne Gesinde in Flammen. Die Stellmacherei, die Hufschmiede in Flammen. Die Pfosten vom Wildgehege in Flammen. Das Schwarzwild brennend im Wald. Die Schwäne brennend auf dem Teich. Die Marquise stand da mit ihrem Mund und ließ nicht ab von ihrem Lächeln. Tags darauf wurde sie verhaftet, zwei Tage später verurteilt, drei Tage später in eine Anstalt verbracht, weil sie sich eines Augenblicks der Verwirrung schuldig gemacht hatte.

Während ich hier

Der Wecker klingelt, sechs Uhr. Jeden Morgen saure Mühsal. Wer steht auf, du oder ich. Ich schlafe, oder ich schlafe nicht. Ich habe geträumt, aber ich weiß nicht mehr, was. Oder ich träume, dass ich es weiß, also schlafe ich. Aber ich weiß nicht genau, ob ich schlafe, also bin ich wach, und schon weiß ich: Bloß nicht aufstehen. Das wäre gut, nicht aufstehen zu müssen, denn nichts ist schrecklicher als aufstehen. Nichts ist schrecklicher, als in die Senkrechte zu kommen und das eigene Gesicht im Spiegel zu sehen.

Ich muss mit spitzen Fingern die Decke zu fassen kriegen, ich trage kein Schlafanzug-Oberteil, muss den Moment, wenn der weiße Arm über die Decke kommt, überstehen. Die Kälte unterm Dach. Die Kälte auf der Haut. Ich werde die Decken zurückschlagen müssen, erst die Wolldecke, dann das Federbett. Die Hand, die das Federbett und die Wolldecke zu fassen kriegen sollte, versagt. Also in der Falle. Ich stelle mir das erste Wasser aus dem Warmwasserhahn eiskalt vor. Ich stelle mir den ausgegangenen Kachelofen in der Küche eiskalt vor. Ich stelle mir den Ramschladen in der Küche vor.

Unterdessen ist es sechs Uhr fünfzehn. Und nun ist es, als klopfte einer an, obwohl in Wahrheit gar keiner anklopft. Einer sagt: Es ist so weit. Es ist der Anstaltsgeistliche. Er sagt: Mein Sohn, dein Stündlein hat geschlagen, hast du noch einen Wunsch. Er lächelt. Er trägt übrigens meinen langen schwarzen Schal um den Hals, die Enden mit den Troddeln gehen ihm bis an die Knie. Er hat auch meinen Hut auf. Er hat Pferdezähne wie Fernandel und hat auch sein Pferdelächeln. Nun winkt er mich mit dem Zeigefinger auf. Ich muss hoch. Ich schlage Wolldecke und Federbett zurück. Wer von uns beiden hat die Nachttischlampe angemacht. Hab ich wohl. Ein Blick nach rechts: Ruth ist unter allen Decken verschwunden und hört und sieht nichts.

Der schwarze Balken da oben ist einer von den vieren, die das Dach tragen. Da hängt an einem Messinghaken mein Bademantel von der Bundeswehrkleiderkasse, mein Hut hängt da, mein Schal hängt da, meine weißen Wollsocken hängen da. Schnell in die Hausschuhe, schnell in den Bademantel und in dieser unvollständigen Ausrüstung mit eingezogenem Kopf am Bad vorbei, es fehlt ein Pantoffel, es fehlt der Bademantelgürtel. Der linke Fuß trifft kalt auf, und der Bademantel fließt mit den offenen Enden von mir ab. Die halte ich mit der Linken zusammen, mit der Rechten fahre ich das Treppengeländer runter.

Wären die Kinder doch bloß schon erwachsen und aus dem Haus und brauchten nicht jeden Morgen den Schubs in die Schule. Dann müsste ich nicht jeden Morgen so rumlaufen. Dann müsste ich nicht jeden Morgen mit gespielter Freundlichkeit ans Kinderbett und dreimal flüstern: Hallo, süßer Schatz, du musst aufstehen, es ist schon Viertel nach sechs durch. Das kostet Kraft, ich muss mich erst mal aufraffen und tief durchatmen, bevor ich was sage.

Wer muss die Kinder kriegen, wer muss die Kinder hüten, fällt mir ein. Wer soll waschen, kochen, einkaufen – typische Frauenfragen fallen mir ein. Morgens schläft und träumt die Frau des Hauses. Ist ja irgendwie auch gerecht. Wir machen das umschichtig. Diese Woche bin leider ich dran.

Die Zentralheizung geht erst um sieben Uhr los. Ungenutzt liegt der Öltank draußen vor der Tür unter der Erde.

Der Ofen, ja, der Ofen, das ist ein warmes Ding. Wenn er brennt. Es fehlt aber an gehacktem Holz.

Wo bin ich. Ich halte mit der Linken den Bademantel zu, mit der Rechten gehe ich in der Küche erst an den Geschirrschrank, dann an den Kühlschrank, dann an den Brotschrank. Ich laufe hin und her vom Tisch zur Spüle, vom Herd zum Abreißkalender, der gestern wieder mal nicht abgerissen worden ist. Hab ich die Kinder nun mit Hallo, süßer Schatz, geweckt, oder hab ich sie nicht geweckt. Doppelt genäht hält besser, so denkt der treusorgende Vater, denn die Gören kommen nicht hoch. Und abends kommen sie nicht ins Bett. Abends hinkt kein Hund, der allzu wahre Spruch des guten alten Eberhard Odelmann. Wie er lächelte, und wie recht er hatte, wenn er lächelte.

Papi, ich bin im Badezimmer, plaudert die Mittlere aus dem Badezimmer.

Papi, kraulst du mich noch ein bisschen, ruft die Jüngste aus den Federn.

Okay, ich steh schon auf, heute kein Frühstück für mich, sagt die Älteste. Tür zu, sagt sie auch noch.

Ihr könnt mir doch alle den was weiß ich runterrutschen, brülle ich in mich hinein und muffele es noch einmal richtig vor mich hin.

Folgende Lage: Ich hab den Wasserkessel für den Pfefferminztee übergesetzt, den meine Älteste morgens immer wünscht, ich hab die Kaffeemaschine laufen für die Mittlere, die mit ihren siebzehn Kaffee will. Ich hab heiße Milch für die Jüngste, die nur so ihren Kakao mag. Kraulen fällt heute aus, ruf ich der Jüngsten ins Zimmer. Schade, ruft sie zurück, steht auf und beginnt mit der Katzenwäsche. Ihren Kakao hab ich ganz vergessen, der steht noch im Schrank. Ich sehe sie schon am Tisch sitzen und mich anblicken, und ich sehe sie schon schmale Lippen machen, sehe mich aufstehen und die Kakaodose holen. So nicht, Tochter. Um so gerechter, dass ich dich nicht kraule. So denke ich im schlecht beleuchteten Flur und zwirble an meiner rechten Augenbraue.

Ich kann ein Lied von all dem singen. Ich kann auch ein Lied von meiner bitter erlebten Kriegs- und Nachkriegszeit singen. Musste ich nicht auch aufstehen. Musste ich nicht Nacht, Kälte und Schulspeisung über mich ergehen lassen. Und da war ich noch viel kleiner als ihr. Ihr werdet euch noch umsehen, wenn auch ihr eines Tages.

Ich eile nun wieder mit der Rechten voran in die Küche und nehme den Wasserkessel von der Herdplatte, gieße den Kaffee in die Warmhaltekanne, nehme den Kakao aus dem mittleren Regal des Vorratsschranks und erschrecke bis auf die Knochen, denn das große Gestell meiner Jüngsten ist durch die Tür getreten und steht hinter mir. Mir wird der Boden unter dem linken Fuß zu heiß, schnell die Kakaodose direkt vor ihren Teller geknallt: Da, werdet selig beim Frühstück. Ich greife mir den Plastikkorb, um Brennholz und Briketts zu holen. Der Ofen muss in Gang.

Mein lieber Mann, hast du schon mal im Bademantel ohne Bademantelgürtel, ohne Schlafanzugoberteil und nur auf einem Pantoffel Brennholz gehackt. Ich meine morgens, wenn es finster ist wie jetzt und ein furchtbarer Wind weht, wie er nur hier oben zwischen den Meeren weht. Die Halligen haben landunter, die Fähre nach Föhr hat ihren Betrieb eingestellt, der Sturm hat einen Möbelwagen vom Autozug Niebüll–Westerland runtergeblasen, Gott sei Dank ist nichts passiert. Hohl und mit enormen Bässen wie aus einer teuren Hifi-Anlage tönt es in den Tannen und Fichten, die der Wind gleich fressen wird. Graue Masse stürzt die Dächer entlang. Noch regnet es nicht, aber warte nur, bald. Seit Monaten keine weißen Wolken mehr gesehen. Seit Jahren von der Sonne entwöhnt.

Ich greife zum erstbesten Stück Erlenholz und haue mit der Axt zu. Erlenholz ist wegen seiner guten Faserverbindungen sehr haltbar, ist das Pantoffelmacher-Material. Ich haue noch mal zu. Du brauchst eine Spaltaxt, hat mir mein Freund Hans Siemsen im Sommer gesagt, als wir unter meinen Moorbirken über alternative Heizstrategien sprachen. Ich hab mir aber keine gekauft, keine Zeit und kein Geld. Jetzt hab ich mir von ihm eine zum Geburtstag gewünscht, denn die Axt hier ist alt und stumpf, und in dieser Dunkelheit kann man nicht zielen.

Der Bademantel ist nun in den Luftstrom geraten, und die Enden knattern wie killende Segel. Wenn ich die Arme zum Schlagen hochnehme, braust es unter meinen Achseln hindurch. Meine Kopfhaut schmerzt von den Haaren, die gegen den Strich geweht werden. Aber in erster Linie fehlt hier das Licht, und zwar die Birne, die seit Tagen kaputt ist. Versprich mir, dass du nichts mit elektrischen Sachen machst, weise Worte meiner lieben Ruth. Also muss es dunkel bleiben. Es dämmert noch nicht, und ich haue daneben oder treffe, wie es gerade kommt.

Übrigens ist das Holz noch feucht, obwohl ich trockenes bestellt habe. Der Holzmann hatte mir Eiche versprochen, aber Esche und Erle gebracht, auch Fichte ist darunter, die im Ofen knackt. Ich nehme die Wanne mit den Scheiten an mich, lege ein paar Briketts drauf und trage sie ins Haus.

Während ich den Ofen vom Flur aus mit Papier und Holz auffülle, kommt Schnattern und Lachen aus der Küche. Pfefferminztee, Kaffee, Kakao wird da getrunken. Montag morgen zehn vor sieben und – die Woche nimmt kein Ende, zitiert die Jüngste aus ihrer Sprüchesammlung. Die Mittlere greift schon zur zweiten Tasse, die Älteste frühstückt wider bessere Vorsätze. Ich werd euch was. Ich werd euch was fragen. Ich werd euch fragen, wo beim Ofen-Anzünden die dicken und wo die dünnen Scheite hingehören, und vor allem: Wo gehört das Papier hin, oben oder unten, na bitte. Aber die Töchter kommen mir zuvor und fragen aus einem Munde: Papi, kannst du uns zur Bushaltestelle fahren. Es weht so.

Bist du schon mal in so einem Aufzug wie ich Auto gefahren. Es geht. Ich nehme also den Schlüssel vom Schlüsselbord und fahre schweigend meine drei Schönen durch Sturm und Dunkelheit.

Hoffentlich ist das Feuer angegangen, hoffentlich ist inzwischen Ruth aufgestanden. Der Ofen bullert, aber sonst ist Stille. Endlich eine Tasse Kaffee, endlich die Zeitung, endlich wach. Lass sie schlafen. Ich lese ein Viertelstündchen, dann noch eins. Ich weiß nicht genau, was ich bisher getan habe. Ich bin noch im Bademantel, aber ich trage schöne weiße Wollsocken und Gummistiefel, die ich zum Autofahren angezogen habe. Da kommt der Postbote und klingelt. Ich öffne ihm die Tür und erhalte einen Brief aus Klagenfurt. Ruth ist mit ihren Bildern dort, hatte ich ganz vergessen. Sie hat eine Ausstellung in der Galerie am Heilig-Geist-Platz, wo man in die Ursulinengasse eintritt. Es ist wunderschön hier, aber es ist anstrengend, schreibt sie, die Karawanken zum Greifen nah, der Himmel blau über blau. Ach, denke ich, liebster Schatz, du wirst dich wundern, wenn du nach Hause kommst.

Gustavs Sturm

Die schönen Tage von Jambes-Vélaine waren vorüber. Säuerlicher Geruch entströmte den angekokelten Eichenbohlen und Dielenbrettern. Hier und da Glutreste und Schwelfeuer. In der Luft hingen oder ragten gekreuzte Dachsparren vom Stall, vom Schloss und vom heiligen Kirchlein, das erst nach dem Brand hinterm Treibstofflager zum Vorschein gekommen war.

(Tagebuch) Alles abgebrannt, Herrensitz und Hauptquartier ein Haufen Asche. Meggersee bin ich zweimal über den Weg gelaufen. Herr Hasse, sagte er, nicht bloß: Hasse. Das rechne ich ihm hoch an. Ihn haben sie in eine Radfahrerabteilung versetzt. Wie Sie wissen, ich bin Frischluftfanatiker, so verabschiedete er sich von mir. (Ende Tagebuch)

Wann war das. Welche gefallene Stadt war gefeiert worden. Sollte es Antwerpen gewesen sein, dann war es Oktober 14, denn am 9. Oktober 1914 läuteten die Glocken in ganz Deutschland wegen Antwerpen. In Jambes-Vélaine hatte niemand was läuten hören; es war nur tüchtig gefeiert worden. Gustav schrieb in sein Kalendertagebuch, übrigens schon mit dem Vordruck 1915/16: Freitag, 9. Oktober, und Sonnabend, 10. Oktober 1914. Heute ist große Aufregung. Alles ist gespannt auf die amtliche Bestätigung. Dann soll gefeiert werden.

Verwirrend sind drei Daten. Laut Regimentsgeschichte ist Gustav am 22. August 1914 von Flensburg, Bahnhof Weiche, ausgezogen. Im Tagebuch sitzt er aber schon am 13. August im Zug. Ich glaube seinem Tagebuch. Sein Soldbuch nennt den 31. August mit Flensburg im Stempel, dazu die unleserliche Unterschrift des Kompanieführers. Wurde das, vordatiert oder nachträglich eingetragen, aus Flensburg nach Jambes-Vélaine hinterhergeschickt von Anne oder von der Flensburger Dienststelle des 86-er Regiments. So könnte es gewesen sein.

Da lag er, Gefreiter Hasse, nüchtern, auf Stroh im abgebrannten Pferdestall, neben nachtschwarz verrußten Wänden, kein Dach, nur den Himmel überm Kopf. Nach Wochen des Wartens – bitte ich Herrn Feldwebel, uns bei der Suche nach unserem Regiment behilflich zu sein. Nach Wochen des Glücks – mit dem neuen Zollstock gemessen, frisches Fichtenholz geschnitten und gerochen. Nach Wochen der Taubheit – weiß nicht, was ich nach Hause schreiben soll, wir bekommen Zuwachs. Da lag er, Gefreiter Hasse, mit Pulswärmern und Pullover, von Anne gestrickt. Kurz nachdem der Leutnant Gustavs Regiment in Frankreich ausfindig gemacht hatte, schrieb der an Anne: Wie ich Dir neulich schon mitteilte, werden wir wohl nächstens fortkommen, wohin, wissen wir nicht, Dienstliches dürfen wir nicht schreiben. Pakete darfst Du vorläufig nicht schicken. Nun wein man nicht immerzu, das hat keinen Zweck, und mir machst Du es nicht leichter. Da lag er, Gefreiter Hasse, Monatssold 18,90 Reichsmark, Schuhgröße 42, meine Schuhgröße.

Gustavs Regiment war nach Plan per Bahn vorangeeilt und an einem verregneten Augusttag in Belgien ausgeladen worden. Sogleich schossen Freischärler erste Kriegsgrüße. Pferde gingen durch, Marschkolonnen gerieten ineinander, umgestürzte Wagen verstopften die Straße, Fensterglas klirrte, Gardinen brannten. Regimentszahlmeister Scharf suchte Deckung unter einem Proviantwagen, wo auch ein anderer Deckung gesucht hatte. Komm raus, du feiger Feldwebel, schrie der eine den anderen an, lass deinen Zahlmeister da unterkriechen. So begann für die 86-er der Krieg. Hauptmann May fiel als erster Offizier des Regiments. Der Gefreite Girot riss die Truppe vorwärts mit dem Spruch: So leben wir, so leben wir, so leben wir alle Tage. Die belgische Bevölkerung stellte Eimer mit Trinkwasser auf die Straße, aber die Belgier mussten zuerst davon kosten. Hier gute Leute, nicht schießen, stand an den Türen. Weiße Lappen hingen aus Fenstern und Dachluken. Ermüdung und Schlappmachen gab es für die 86-er nicht; trotz der vielen Fußkranken war die Stimmung ausgezeichnet, was das Regiment nebst donnerndem Hurra beim Überschreiten der französischen Grenze meldete.

In Frankreich ging es langsamer vorwärts. Die Franzosen waren aus anderem Holz geschnitzt. Wälder mit übermannshohem Gesträuch mussten durchkämmt werden, und es ging durch Sumpf und Schilf. Endlich trafen die 86-er in Lassigny ein. Der Operettenkrieg, wie die Regimentsgeschichte scherzeshalber schrieb, war zu Ende. Die Grabenkampfzeit begann.

(Tagebuch) Aus der Bestrafung nach dem Strafexerzieren ist nichts mehr geworden. Hörstel hat wohl vergessen, uns zu melden in dem allgemeinen Durcheinander. Ich habe meine Sachen gerettet, die andern auch. Nach dem Brand haben Abraham, Nissen et moi noch mal den Lazarettzug besichtigt. Über die Hälfte unserer Arbeit ist vernichtet. Die heilen Betten haben wir in den Operations- und Küchenwagen verfrachtet. Mir geht der Geruch von dem Verbrannten nicht aus der Nase. Auf einmal gabs nichts mehr zu essen. Nissen ergatterte in einem Hühnerstall auf dem Weg nach Dinant zwei Hühner. Die Köpfe betäubte er mit dem Seitengewehr und schlug sie dann ab. Abraham und ich haben gerupft, ausgenommen und gekocht. Abraham hat im runtergebrannten Casino zwei gefüllte Salzstreuer gefunden. Das Porzellan war alles kaputt. Ich hab mir einen silbernen Teelöffel eingesteckt, was verboten ist. Jetzt sind wir endlich in Lassigny bei unserem 86-er Regiment angekommen, auf vielen Umwegen, alles per Bahn. Wir sind der vierten Kompanie zugeteilt, unser Kompanieführer ist Oberleutnant Eckstein. Er wurde übrigens befördert. Das Ruhelager ist Cuy, zwei Stunden Fußmarsch von den Stellungen vor Lassigny. (Ende Tagebuch)

Es war schon mitten im Dezember. Die 86-er arbeiteten in Schnee und Regen, Lehm und Kalk. Unterstände befestigen und wohnlich machen, so war befohlen worden. Drei bis vier Lagen kreuzweise gelegter Baumstämme, darüber Pflastersteine aus den Straßen von Lassigny als Schutz gegen Granaten und Bomben. In Cuy richtete das Regiment eine Sägerei ein. Gustav sägte und tischlerte wieder. Abraham und Nissen fällten im nahen Wald Eichen und Buchen und schleppten sie ran.

Manchmal, wenn die Deutschen auf Patrouille zu den feindlichen Franzosen gingen und Handgranaten in die Gräben warfen, um zu töten, kamen sie mit Brot, Butter, Parfüm, Schokolade wieder. Davon gaben sie den Einheimischen im Dorf ab. Die revanchierten sich mit Wäschewaschen und Kaffeekochen. Die Gräben verliefen doppelt und dreifach an der Sonnenseite von Lassigny. Sie waren mit Stichgräben untereinander verbunden. Die darin gebauten Unterstände hießen Im kühlen Grunde, Gewitterbude, Flensburg, Südsee und Mi könt ji all. Einige waren nah an den Feind vorgeschoben, der hundert oder zweihundert Meter weiter in seinen eigenen Gräben saß. Auch der schanzte tagsüber, nachts klopfte er Pfähle ein. Der sang und hustete und kommandierte: Feu, und lachte. Noch hielten sich Zerstörung und Wiederaufbau die Waage. Die anfallenden Verwundeten waren so einigermaßen zu verkraften. Die Toten auch. Das Regiment hatte einen Friedhof am Ortsausgang angelegt.

Nach zwei verregneten Wochen versank Gustavs Grabenabschnitt mit dem Unterstand Südsee in Schlamm und Wasser. Südsee meldete abgesoffnen Unterstand, abgesoffnen Stollen. Kompanieführer Eckstein sah sich die Sache an und sagte: Saustall ist nichts dagegen, und: Arbeit sucht sich selbst Arbeit. Gustav, Abraham und Nissen spuckten befehlsgemäß in die Hände. Es hieß Kopfsteine wieder abräumen, Balken und Bretter wieder rausreißen, den alten Handwerker-Schlachtruf Hau ruck wieder ertönen lassen. Ein Entwässerungssystem wurde gebaut, die Gräben wurden breiter gemacht und mit Holz verkleidet, Lattenroste wurden auf den Boden gelegt, kritische Blicke wurden draufgeworfen. Südsee war nun Beste Stube. Zwei Öfen standen da, sauber gespaltenes Brennholz lag daneben, draußen lag noch mehr. Je nach Wind zog der Rauch besser oder weniger gut ab. Postkarten klebten an den Wänden, ein Kaiserbild hing überm Ofen, ein Tisch mit sechs Stühlen stand da. Es gab zwei Waschgelegenheiten, eine vor und eine hinter der Tür. Zum Schluss verfasste Kompaniechef Eckstein ein Gedicht, das in einen Rahmen kam und neben dem Kaiser aufgehängt wurde.

Auf Waldesgrund, gegen Wetter gefeit,
dient dieses Haus der Gemütlichkeit.
Feldgraue Arbeit für Feldgrau erdacht,
ohne Aufputz, ohne Prunk und Pracht.
Doch, lieber Gast, glaub es voll und ganz,
es ist der Geist, der gibt den Glanz.

Auch die nach Knoblauch riechenden Häuser in Cuy ließ Eckstein einer gründlichen Reinigung unterziehen – wohnliche Stuben, gelüftete Schlafzimmer, anständige Betten, gescheuerte Fußböden, blitzsaubere Höfe, einwandfreie Brunnen. Eckstein brachte seinen Leuten schöneres Leben in netterer Umgebung bei, wies auf die staunende Bevölkerung hin, die nun überall die hegende und pflegende Hand des deutschen Soldaten zu spüren bekam. Mit Genehmigung des Regimentskommandeurs ließ er ein deutsches Denkmal setzen: vier große Findlinge aneinander- und übereinandergelegt mit nichts drauf. In Cuy gab es ein Kino und die Regimentsmusik. Bis auf weiteres nach jeder Morgentoilette Entlausen befohlen. Manneszucht und Gesundheit haben sich gebessert, meldete das Regiment an die Brigade, die Brigade meldete es an die Division, die Division meldete es ans Armeekorps.

(Tagebuch) Bei den Versprengten war doch alles besser. Das hier ist die reine Schinderei. Wir werden jetzt immer öfter beschossen. Vielleicht vermuten sie Reserven in Lassigny, das sie langsam in Schutt und Asche legen. Die Einwohner sind evakuiert worden. Nur alte Leute mit kleinen Bündeln unterm Arm oder mit einem Karren an der Hand sind losgezogen. Ich habe keinen weinen sehen. Das Wetter ist die ganze Zeit schlecht. Wir versinken trotz aller Umbauarbeiten in Wasser und Morast. Alles umsonst. Ich stehe gerade vor Südsee und wasche mir die Hände, da kommen zwei Granaten angezwitschert und sausen aufs Dach. Nichts passiert, aber Splitter und Fensterscheiben sind mir um die Ohren geflogen. Abraham, der neben mir stand, bekam auch ein paar Spritzer ab. Im Ruhelager Cuy lassen die uns keine Ruhe. Immer wieder ist jemand betrunken. Dann müssen wir strafexerzieren. Unser Kompanieführer hat uns deswegen böse geschimpft und Besserung verlangt. Aber da wird wohl nichts draus. Alkohol ist hier die Lieblingsspeise. Sonst gibt es Kohlsuppe, immer wieder Kohlsuppe und Rübenmarmelade, immer wieder Rübenmarmelade. Sonntags gibt es zur Abwechslung mal Backobst. (Ende Tagebuch)

Zwei Tage vor Heiligabend war für Gustav, Abraham und Nissen Weihnachtsfeier in der Kirche zu Cuy. Der Regimentskommandeur Oberstleutnant von Tippelskirch betrat barhäuptig die heilige Stätte, ging langsam durch die Reihen nach vorn, nahm die drei Stufen zum Altarraum, drehte sich um und sah an allen vorbei. Es leuchtete jeweils ein Schulterstern auf geflochtenem Untergrund. Hinter ihm strahlte ein aus den Wäldern von Cuy herbeigeschaffter deutscher Tannenbaum mit Wachslichtern aus der Heimat.

Gott hat es zugelassen, so begann er, dass der Feind uns zwingt, dieses Fest hier zu feiern. Sein Zeigefinger deutete auf den Steinboden, Gustav rutschte auf der Bank ein Stück nach vorn und hatte einen Märztag an der Flensburger Förde im Auge und im Ohr. Aufbrechende Erde, hervorbrechende Krokusse, gelbe und blaue, erste Vogelstimmen. Wir sind überfallen worden, so der Kommandeur weiter. Und wir wehren uns. Gustav rutschte das vorgerutschte Stück wieder zurück und wollte einen Märztag nun auch in die Nase kriegen, wollte die Erde riechen. Aber er roch nur Kirche und Uniform, die überall gleich riechen. Wir gedenken derer, die schon ihre schwere Pflicht im Läuterungsbrand erfüllt haben. Gustav wusste nicht, was das sein sollte. Ich weiß, liebe Kameraden, der milde Weihnachtston und das wilde Kriegshandwerk erzeugen einen ärgerlichen Klang in unseren Ohren. Aber es muss durchgestanden sein, denn Halbes tun heißt Ganzes aufs Spiel setzen.

Die Stellung vor Lassigny ist laut Regimentsgeschichte die schönste und ruhigste, die das Regiment jemals gehabt hat, Lassigny, was für ein Städtchen. Die wundervolle Lage, die herrliche Luft hatten es im Frieden zu einem Badeort gemacht. Ein Scharfschütze setzt mit einem Kopierstift zu einem weiteren Strich auf seiner Abschussliste an, sinkt dann mit einem kleinen Loch in der Stirn vornüber und lässt den Stift fallen.

Nach Lassigny, Kameraden. Eckstein befahl aufgepflanztes Seitengewehr, befahl Handgranaten und Keulen ans Koppel. Kühle kroch aus dem Lehm in die Stiefel. Die vierte Kompanie lässt keinen Fußbreit Landes, da es auf jeden Meter ankommt, ermahnte Eckstein.

Nissen war betrunken. Gustav und Abraham nahmen ihn zwischen sich. Er bellte in den Dreck: Ich will nach Hause. Nissen war nicht albern und großmäulig wie Betrunkene sonst. Er schwieg und schwankte nur noch. Gustavs linker Stiefel drückte, der rechte scheuerte an der Ferse. Gemäß Dienstunterricht für den Infanteristen des Deutschen Heeres hätte er das melden müssen, denn die Kampffähigkeit des Infanteristen hängt in erster Linie ab von seiner Marschfähigkeit und diese vom Zustand seiner Füße und dieser vom Zustand seines Schuhwerks.

Schon saß Eckstein in Lassigny am Fernsprecher und meldete dem Regiment: Ein Mehlsack und drei zarte Tauben, das hieß, ein Toter und drei Leichtverwundete. Dieser Tag kostete noch drei Offiziere und zwanzig Mann, und vierzig Mann gingen verschütt, das heißt, waren vermisst.

(Tagebuch) Habe mich zusammen mit Abraham und unserem Feldwebel freiwillig gemeldet, um zwei Offiziere auszugraben, die tief im Dreck steckten. Für die andern wieder strafexerzieren wegen Nissen. Wir sind mit reichlicher Verpflegung ab, und die erste Nacht ging es gleich an die Arbeit. Einen kriegten wir mit vieler Mühe so weit frei, dass wir ihm seine Sachen abnehmen konnten, nur seine Beine waren noch fest. Dann war es Tag, und wir mussten zurück und schlafen. Am nächsten Abend ging es wieder an die Arbeit. Die haben wieder einen Volltreffer hingesetzt, und die Minierhölzer sind ganz zersplittert und der Leutnant ganz zerdrückt, dass es unmöglich war, ihn herauszuarbeiten. Aus dem zersplitterten Holz machten wir ein Kreuz mit seinem Namen. Abraham geht übrigens mit der gleichgültigsten Miene im Granatfeuer Zünder und Führungsringe sammeln, wofür es ein paar Pfennig Finderlohn gibt. Wenn ihn aber unser Feldwebel wegen ein paar Kleinigkeiten zur Rede stellt, zittert er am ganzen Körper. Strafexerzieren ist für ihn das Schlimmste. (Ende Tagebuch)

Endlich einmal heraus aus den Trichtern und Gräben in den frischen, freien Bewegungskrieg, so sprach Oberstleutnant von Tippelskirch unter dem schneeweiß von Schrapnellen geflockten Himmel, am 10. Januar 1915, gleich zu Dienstbeginn bei der Verabschiedung der vierten Kompanie. Die war nach Soissons hinbefohlen, Gustav, Abraham und Nissen dabei. Bei Soissons saßen die Deutschen auf Höhe 132 unter schwerster französischer Artillerie und konnten nicht mehr. Die 86-er mussten aushelfen. Meine besten Wünsche begleiten Sie bei den weiteren Kämpfen, so schloss der Kommandeur seine Abschiedsrede, legte seine Hand zum Gruß an die Mütze, machte kehrt und ging.

Auf, Männer, keine Müdigkeit vorschützen, Bewegung, Männer. Es muss nun mal gegangen sein, sagte Eckstein zu seinen Männern.

(Tagebuch) In der Bahn. Dunkle Januartage. Regen, Sturm, Schnee. Abraham, Nissen et moi zusammen in einem ungeheizten Abteil. Wie es heißt, sollen wir nur aushelfen, und dann sollen wir wieder zurück. Wir sind durch das Ailette-Tal gefahren, wo es im Sommer schön sein muss. Um acht Uhr morgens ausgeladen, dann zwei Stunden Fußmarsch nach Terny-Sorny, wo wir im Schlosspark kampierten. Dann noch mal ein Fußmarsch und Alarmunterkunft in einer Seifensteinhöhle bezogen. (Ende Tagebuch)

Hier war der Franzose auf Rufweite und schoss aus allen Rohren. Gustav kam ins Gedrängel, denn alle wollten schnell in die Höhle. Kammern und Wege öffneten sich im Halbdunkel. Ein runder Schacht stieg fünfzig Meter hinauf ans Tageslicht. Darunter standen die Feldküchen. Rauch und dicke Luft zogen ab. Ein bunt zusammengewürfelter Haufen kampierte hier. Von überall hatte das in der Klemme sitzende dritte Armeekorps Hilfe angefordert. Auch Pferde. Die traten mit den Hufen und schnaubten leise. Es tropfte von Decken und Wänden. Flackernde Wachslichter standen auf Mauervorsprüngen. Einer spielte Ziehharmonika, deren Blasebalgschatten an der Höhlenwand hin und her ging. Gustav hatte einen Platz gefunden, er legte sich auf schimmeliges Stroh, beobachtete die Schatten und hörte der Ziehharmonika zu. Keiner sang. Irgendwo mussten Nissen und Abraham sein. Dann erscholl ein Befehl, und der Ziehharmonika-Schatten verschwand. Sturmgepäck fertig machen. Gustav rollte Mantel und Zeltbahn ein und packte die eiserne Ration ins Kochgeschirr. Tagebuch, Soldbuch und den gestohlenen Silberlöffel legte er in die Mütze, die Mütze in den Tornister. Der Tornister blieb mit den anderen unwichtigen Sachen hier.

Bepackt mit 150 Patronen, zwei Handgranaten und zwei

leeren Sandsäcken, mit Spaten, Drahtschere und Helm ohne Spitze, so traten sie draußen vor der Höhle an. Um neun Uhr abends hieß es: Los. Einer ging hinter dem andern in Regen und Schnee durch dick und dünn. Mörserbatterien feuerten unten im Grund. Gustav hielt sich am Schanzzeug seines Vordermannes fest. Wenn der fällt, fall ich mit, dachte er. Munitionskolonnen und Sanitätswagen überholten, verspritzten Schlamm. Unter aufsteigenden Leuchtkugeln sahen zerschossene Bäume herüber. In einem Hohlweg ging es im Gänsemarsch steil nach unten in eine weitere Höhle, die genau unter Höhe 132 lag; da wurden im Frieden Champignons gezüchtet, weswegen die Höhle Champignonhöhle hieß. Hier verbrachten die 86-er ein paar letzte Stündlein.

Es roch nach Moder und Spiritus. Schlecht verbundene Verwundete lagen da; es tropfte auf ihre Wolldecken. Eckstein befahl: Hinlegen und schlafen. Einige Offiziere saßen mit angezogenen Knien an der Wand. Oberstleutnant von Geilo, der neu berufene Kommandeur der zusammengewürfelten Truppe, sagte am Felsengestein: Es kommt nicht darauf an, in welchem Lebensalter man stirbt. Wenn man immer seine Pflicht tut, ist man immer reif zum Sterben.

Nur das kleine Wäldchen hinter dem Zuavengraben sollte genommen werden. Möglichst viele Spaten und schwarz-weiß-rote Fähnchen für die eigene Artillerie einstecken. Dann raus. Da gab es gleich die ersten Toten und Verwundeten. Der Wind pfiff, Eisschauer schlugen in die Totenfelder. Für zwei Sekunden brach ewige Stille aus. Dann fing es wieder an.

Irgendwie ging es vorwärts. Es war nur das Wäldchen zu nehmen, aber bis dahin war es noch weit. Erst mal musste ein Graben gestürmt werden, wo der Franzose saß. Gustav, Abraham und Nissen saßen in dem Graben davor. Da waren sie schon hingestürmt, hatten geschrien und geschossen, was der Karabiner 98 hergab. Da waren welche, Tote und Tornister, die Deckung boten. Einer schrie einen Befehl, einen Todesschrei, einen Angstschrei. Hass war längst ausgegangen, Hass war gar nicht erst richtig da gewesen, keiner hatte Hass, nur Angst hatten alle. Gustav lag im Dreck, öffnete seine Augen, sah seine Knobelbecher, steckte seine Handgranaten ans Koppel. Abraham und Nissen waren da, er hätte sie am liebsten umarmt. Das ist zu schaffen, Gustav, sagte Abraham, wischte Muttererde vom Gewehrkolben, sieht nach zweihundert Metern aus. Alle drei, Hände am Grabenrand, Helme schief auf dem Kopf, warfen einen Blick auf das vor ihnen liegende Wäldchen, auf den Zuavengraben. Unterhalb des Wäldchens war was. Feldblau gekleidete Franzosen, die sich aus Löchern erhoben und rüberkamen. Gustav sank hintenüber, erkannte die Asbach-Uralt-Reklame von Düren. Nissen nahm einen Schluck Cognac aus der Feldflasche. Abraham hielt die Stellung.

Da schleppte sich einer halb totgeschossen über die Straße, weiter zu einem Hang, blieb da liegen. Man sah nicht, ob Franzose oder Deutscher. Nissen, der sich mit den Fingern im Gewehr verhakte und nicht zum Schuss kam, warf einem anstürmenden Blaurock zwei Kreideklumpen ins Gesicht und rettete vorerst Abrahams Leben.

Dies ist kein Film, denn die drei sterben nun wirklich. Von einer handbreit über den Boden geschossenen Maschinengewehrgarbe getroffen, flog Gustavs Helm vom Kopf, und Gustavs Kopf lehnte sogleich an Nissens schon lebloser Schulter. Abraham sah das, hob Gustavs Kopf und schrie Nissen an: Nun mach doch was. Aber Nissens Herz ging nicht mehr, sein funktionstüchtiges Gewehr 98 lag ihm im Schoß. Abraham legte einen Verband über das Blut, das aus Gustavs Kopf lief, von überall her und nach überall hin. Gustav hatte den alles verzehrenden Blick auf Abraham gerichtet, den Blick des unerbittlichen, ernsthaften Abschieds, der des Todes ist. So lag er still an der Grabenwand, seine schmalen Hände sauber gespült in einer klaren Regenwasserpfütze. Anders Abraham, der nun aus dem Graben kletterte und, wie um etwas zu suchen, umherlief und dann, in kleinste Teile zerlegt, auseinanderflog.

Himmel und Erde hatten sich vereint und wieder getrennt. Die Feinde hatten aufgehört, also Feierabend, Schluss. Es gab folgendes Bild in einem stillen Augenblick: zerrissene Brotbeutel, verbeulte Feldflaschen, eiserne Rationen, ein Familienfoto in einem Stiefel. Nackte, nur mit Helm Bekleidete in den Bäumen des Wäldchens.

Pause mangels Soldaten und mangels Munition. Schon luden sie nach, und andere Soldaten schleppten neue Munition heran.

Alles hört auf mein Kommando, brüllte jemand.

Wollt ihr wohl raus aus den Löchern, das brüllte ein Vorgesetzter, dessen Vorgesetzter gerade gefallen war.

Einige schafften es. Gustav hatte es nicht geschafft. Zufall. Da lag er, leicht und kalt, Hände in der Regenwasserpfütze, Augenbrauen immer noch zusammengewachsen.

Nach dem Sturm

Beim Sturm auf das Wäldchen am 12. Januar 1915 fielen ein-
undsiebzig Mann vom Reserve-Infanterieregiment 86. Der
deutsche Angriff kam dem französischen um Minuten zuvor
und war erfolgreich, meldete das Regiment. Eine glänzende
Waffentat unserer Truppen unter den Augen ihres Aller-
höchsten Kriegsherrn, meldete das Wolff'sche Telegraphen-
Bureau. Der Kommandierende General des dritten Armeekorps schickte die übriggebliebenen 86-er mit warmen
Worten in die Etappe und verlieh Kompanieführer Eckstein,
der seinen Leuten tapferer als die anderen Kompanieführer
vorangestürmt war, das Eiserne Kreuz. Am 18. Januar rückte das Regiment wieder in Cuy ein. Eine Ehrenpforte empfing die Zurückkehrenden, die aus dem Tritt waren und mit
hängenden Köpfen an den zuschauenden einheimischen
Franzosen vorbeitraten. Da liefen die Tränen.

Am 22. Januar schrieb die vierte Kompanie einen Brief
mit Trauerrand, in Schönschrift und mit unleserlicher Unterschrift des neuen Kompanieführers: Und mache Ihnen
die traurige Mitteilung, dass Ihr Mann, Gefreiter Hasse, am
12. Januar 1915 in der Schlacht bei Soissons für unser Vaterland gefunden hat. Der Schreiber hatte vergessen, den Tod
beim Namen zu nennen, und der Kompanieführer hatte den
nicht vermisst, oder er hatte blind unterschrieben, weil so
viele Beileidsbriefe zu schreiben gewesen waren. Der Schreiber hatte aber gewissenhaft Gustavs Tagebuch und seinen
silbernen Löffel in die Post gegeben und abgeschickt.

Während der ausgezeichnete Eckstein sich im Regimentsstab einarbeitete, sprach sich Gustavs Tod herum. Auch der nun im Fort St. Héribert tätige Hörstel verfasste einen Brief an Anne: Gestern verbreitete sich bei den Versprengten das Gerücht, Ihrem Mann sei ein schweres Unglück zugestoßen. Wir arbeiteten damals an einem Lazarettzug und wohnten in einem Eisenbahnwagen. Er fühlte sich hier immer unglücklich und wollte immer zu seiner Truppe. Er wollte kein Drückeberger sein. Er hat immer viel von Ihnen erzählt sowie von den Kindern. Heute erwächst mir die traurige Aufgabe, Ihnen im Namen meiner Kameraden mitzuteilen, wie sehr wir Ihren Mann geschätzt haben und wie uns das Unglück erschüttert. Verzeihen Sie mir bitte das Ungewöhnliche meines Handelns, aber in solchen Zeiten darf man sich nicht schämen auszusprechen, was man auf dem Herzen hat. Noch eins. Ich weiß, wie es mir ging, als mein einziger Bruder gefallen war, und möchte Sie deshalb bitten, mir nicht zu antworten. Ich habe auch nicht jedem Fremden geantwortet, der sich mir aufdrängte. Seien Sie bestens gegrüßt von Ihrem Walther Hörstel.

Hörstel, der ebenfalls das Wort Tod vermied, hat Gustavs Eisenbahnwohnung erfunden. Aus einer von Gustav ins Tagebuch gekritzelten Stallordnung geht hervor, dass er während der Versprengtenzeit zusammen mit Abraham und Nissen in der Sattelkammer des Pferdestalls von Jambes-Vélaine wohnte. Hörstel hatte sein Dienst- und Schlafzimmer in der Kommandantur. Gustav berichtete von der Sattelkammer, vom verwaisten Pferdestall und von einer nur auf Papier eingeteilten Stallwache, von Rauchverbot und unbefugtem Lärmen, vom Verhalten bei Feueralarm, alles für den Fall, dass mal wieder Pferde da wären.

Gustavs Regiment und seine vierte Kompanie blieben bestehen, vier Jahre lang. Er hätte noch vier Geburtstage erleben können, vier Frühlinge Krokusse, vier Sommer baden, vier Herbste Äpfel, vier Winter Schlittschuh laufen. Lücken, die der Tod riss, wurden immer wieder aufgefüllt mit neuen Männern aus dem heimischen Wehrbezirk und neuen Versprengten.

Dann wollte die Heimat nicht mehr. Unsere Gewehrmündungen blieben bis zuletzt nach Westen gerichtet, schreibt die Regimentsgeschichte. Aber das Ende kam näher. Die Verpflegung wurde von Tag zu Tag schlechter, die Zahl der zurückgelassenen Fahrzeuge und Geschütze von Tag zu Tag größer, die Stimmung von Tag zu Tag gedrückter. Pferdefutter wurde aus den Strohdächern gerissen. Es hingen schon englische Fahnen in französischen Dörfern. Die Einwohner riefen den zurückweichenden Deutschen nach: Compliments aux Anglais, Messieurs. Hier musste der nun als Hauptmann im Regimentsstab tätige Eckstein wieder mal einen seiner Leute zurückpfeifen, den Offiziersaspiranten Steiger, Führer der großen Bagage, damals in Jambes-Vélaine der Erste im Wildschweingehege. Steiger hatte es zwar bis zum Vizefeldwebel gebracht, aber die Offizierslaufbahn hatte ihm Eckstein verbaut, weil er in der Somme-Schlacht, Oktober 16, einen englischen Gefangenen erschossen hatte. In Notwehr, wie Steiger behauptete. Eckstein glaubte ihm nicht, konnte aber nicht das Gegenteil beweisen und schrieb ihn aus charakterlichen Gründen für die Laufbahn, die Allerhöchstes bedeutet, untauglich.

Den Rückzug schildert die Regimentsgeschichte als Auszug der Kinder Israels, weil plötzlich Kühe die Truppen begleiteten. Ein Kriegswunder geschah: Plötzlich gab es wieder Milch. Plötzlich kam Fleisch in die Feldküche. Es konnte nicht so viel gegessen werden, wie mitgeschleppt wurde. Nun, kurz vor dem Ende, wurden auch alle Magazine geöffnet. Es konnte nicht so viel geschossen werden, wie Patronen da waren. Es wurden wahnsinnige Pläne geschmiedet. Holzwolle wurde bestellt, keiner wusste, warum. Die Männer sollten noch einmal ganz sauber sein und entlaust werden, so der Befehl des Regimentsarztes. Dann aber flogen Munitionswagen in die Luft. Was sonst noch dastand, wurde in Brand geschossen. Soll ich bei Torschluss noch eins an den Kopf kriegen, so dachte der brave Mann. Es ist viel Blut geflossen und viel Nervenkraft geopfert worden, alles Scheibenhonig, so dachte Eckstein im Regimentsstab und passte auf, dass Wildschwein-Steiger, wie der von seinen Kameraden genannt wurde, nichts Dummes machte.

Eine Nachricht traf ein, die nicht gleich bekannt gegeben werden durfte, der Divisionsbefehl vom 10. November 1918: Der Deutsche Kaiser und der Kronprinz sind zurückgetreten und haben auf die Krone verzichtet. Sie wollen dem deutschen Volk nicht hinderlich sein bei der Erlangung des äußeren und inneren Friedens. Vorstehendes sei den Mannschaften durch Offiziere in geeigneter Weise, das heißt unter Ermahnung zu Ruhe und Besonnenheit und Erinnerung an die Pflichten gegenüber dem Vaterlande, vorzulesen.

Jede Verbrüderung mit dem Feinde war strengstens verboten, denn die Leute standen mit trockner Kehle da und wollten mit dem Feind anstoßen. An der Front brannten schon Freudenfeuer. Leuchtkugeln flogen hoch, Schüsse gingen in die Luft. Der Regimentskommandeur ließ noch einmal an sich vorbeimarschieren. Gott sei Dank, diese Scheiße ist vorbei, dachte sich der brave Mann beim Vorbeimarsch und schöpfte Hoffnung. Ich habe meine Pflicht getan und bin stolz drauf, dachte sich der Regimentskommandeur, und sein Adjutant Eckstein dachte genauso. Dann wurden Vertrauensleute gewählt, sogenannte Räte. Es ging zu Fuß in neun Tagesmärschen über die Grenze nach Deutschland zurück, wo das Regiment deutsche Fahnen an die Wagen und Eichenlaub an die Helme steckte. Haben wir doch verdient.

Köln veranstaltete an seinem heiligsten Ort einen Empfang mit Musik und Liebesgaben. Auch das Sauerland war in freudiger Erwartung, komplimentierte allerdings die 86-er gleich nach dem Eintreffen am 11. Dezember in den Zug nach Flensburg, weil auch noch andere Regimenter durchgeschleust werden wollten.

Am 13. Dezember kam das Regiment ohne Gustav wieder in Flensburg an: 83 Offiziere, 343 Mann, 28 Pferde. Vor vier Jahren war es von hier mit Gustav ausgezogen: 83 Offiziere, 3190 Mann, 240 Pferde. Rechne mal nach. Falsch gerechnet. Richtig gerechnet hatte das Regiment in den vier Jahren über 12 000 Tote, Verwundete, Vermisste.

Es ging auf Weihnachten zu. Die Flensburger Norddeutsche Zeitung meldete die Fortdauer des milden, veränderlichen Wetters mit Niederschlägen und lebhaften Westwinden. Es ging auch auf Frieden zu. Das Gänse-Angebot war erstaunlich günstig. Radfahren war wieder erlaubt. Der Kaiser machte einen Selbstmordversuch, hieß es, der Versuch schlug fehl. Im Stadttheater lief Rotkäppchen und der böse Wolf. Das Lichtspielhaus Norden brachte die Tragödie Naemi, die blinde Jüdin. Die Parfümerie Clausen warb mit feinen Kopfbürsten für schönes Haar. Das Photographische Atelier F. Arndt dichtete auf Weihnachten hin die folgende Anzeige:

Die Männer draußen nicht mehr streiten.
Daheim nun sieht man stilles Leiden.
Wie mancher Liebe hat die Weihenacht
in heller Freude mit uns zugebracht.

Er wird nun niemals wiederkehren.
Drum werden wir ihn doppelt jetzt verehren.
Sein Bild vom Felde, noch so klein,
man bring es nach dem Photoheim.
Dort wird es groß und schön erstehen
und dann mit Liebe auf uns sehen.

Zwischen drei und vier Uhr nachmittags bogen von der Roten Straße her Marschmusik, Huf- und Knobelbechergetrappel um die Ecke. Eine vieltausendköpfige Menge hatte auf dem Südermarkt, der mit Fahnen und Girlanden geschmückt war, seit Mittag gewartet. Jubel und Tränen brachen aus. Anstelle von Anne weinte ihre Halbschwester Lotte. Die hatte einen Platz am Haupteingang der Nikolaikirche, deren Glocken feierlich erklangen. Anne wohnte nicht mehr in Flensburg, sondern in Solsbüll, genauer: in Solsbüll-Mühle. Morgen wollte Lotte zu Anne fahren und ihr davon erzählen.

Die Offiziere ritten heran, die Truppen nahmen Aufstellung. Die Stadtvertreter standen unter Zylinder. Bürgermeister Poppe hielt für den erkrankten Oberbürgermeister die Begrüßungsansprache, die so begann: Stolz sein können Sie, erprobte Krieger. Am Ende ließ er unser tapferes, liebes Reserve-Infanterieregiment 86 hochleben und übergab dem stellvertretenden Regimentskommandeur den Lorbeer unbesiegter Heldentruppen.

Dann, so schreibt die Regimentsgeschichte, begrüßte ein Vertreter des Soldatenrates, ein Jüngling, der nie die Front gesehen hatte, die Heimkehrer. Die Regimentsgeschichte schwindelt hier, denn bei diesem Vertreter handelte es sich, wie ich aus sicherer Quelle weiß, um den Unteroffizier Siegfried Siemsen, der 1916 vor Verdun einen Arm eingebüßt hatte. Seit einigen Wochen war er Redakteur beim Solsbüller Boten.

Unter vertrauten Klängen, Schleswig-Holstein meer-umschlungen, marschierten die Truppen, begleitet von fah-nenschwingenden Jungen und Mädchen, durch den Holm, die Große Straße, die Norderstraße und die Duburger Stra-ße, vorbei an dem Haus, in dem Anne und Gustav gewohnt hatten, bis zum Gymnasium, wo ein Organisationsstab, in dem auch der angehende Arzt Otto von Meggersee tätig war, das Reserve-Infanterieregiment 86 auflöste.

Otto von Meggersee

Wer im Solsbüller Land, wo es, wenn auch flach, tausendmal bergauf und bergab geht, hinter Busch und Buckel
wohnt, der sieht nicht weit. Zu Busch und Buckel kommt
im Sommer oft der Dunst, im Herbst, Winter und Frühjahr oft der Nebel. Zu Dunst und Nebel kommt der Rauch
vom Herdfeuer aus den Schornsteinen, auch der Dampf
aus den Waschküchen. Außerdem sind die Wege gekrümmt
und unergründlich. Wie oft ist Otto von Meggersee senior
auf Patientenbesuchen mit seinem Einspänner im Morast
versackt.

Otto von Meggersee junior meinte, das Solsbüller Land
habe vor zwanzigtausend Jahren seine Gestalt empfangen:
lauter kleine Brötchen. Damals hatten wir Eis aus dem
Norden, das fünfhundert Meter dick lag und sich über uns
wegwälzte. Ich erinnere mich noch genau an jenen strengen
Winter 29/30, als sich im gewaltigen Urstromtal der Solsbüller Au die Eismassen türmten, sagte er später des Öfte-
ren. Über die Eiszeit, über die Zeit danach, über Krieg und
Frieden, über Leben und Tod, über Mensch und Unmensch
dachte Meggersee ähnlich wie sein Vater. Otto von Meggersee senior war der erste Arzt überhaupt hier in der Gegend.
Der liebte Höfisches, ließ sich Mademoiselle und Madame
auf der Zunge zergehen, trug ausländische Stoffe, rauchte
Brasil-Zigarren und trank Madeira-Punsch. Er war es, der
dachte und sprach, was die Leute von Solsbüll dachten und
hören wollten. Beide, Otto von Meggersee senior und Otto
von Meggersee junior, waren Dr. med.

Als das Eis schmolz und unter Stöhnen und Ächzen auseinanderbrach, schoss Wasser durch Ritzen und Brüche, Bäche und Ströme wurden geboren. Schön und grau lag da das Land; Eis auf Eis und Stein auf Stein. Dann fegte Schnee im Sturmwind und bedeckte Schlucht und Hügel. Flocken fielen an windstillen Tagen, schön und weiß lag dann das Land. Scheußliche Sommer kamen, auf Regen folgte Regen, überall Dreck. Millionen Kubikmeter Sand und Geröll wälzten sich herbei, blieben liegen, wälzten sich weiter. Flüsse gurgelten, fraßen Grund und Boden. Steine gingen auf tausend Jahre lange Schleppfahrt, polterten im Flussbett, schlugen gegeneinander, zerbrachen. Es rauschte von oben herab. Blitze zuckten kreuz und quer, alle Wetter tosten durch die Lüfte, zogen sich in raue Gegenden zurück, kehrten wieder und wieder, jedes Jahr mit kleiner gekörntem Hagel. Aber niemand sah, niemand hörte, niemand fühlte, was durch Mark und Bein gegangen wäre. Hier gab es noch niemanden.

Langsam kamen lieblichere Zeiten. Moos, Silberwurzkraut, Polarweiden und Zwergbirken wuchsen. Rentiere und Moschusochsen zogen umher. Füchse schnürten hinter Maulwürfen her und schnappten sich manchmal einen. Kohlweißlinge gaukelten durch die Luft, landeten auf Wildrosenblüten, klappten mit den Flügeln. Rehmütter säugten Rehkinder. Wildschweine trabten durchs Gehölz und schabten ihre Schwarten an rissigen Stämmen, wühlten, grunzten, suchten Eicheln. Bienen summten im Heidekraut, nahmen sich Nektar, machten sich Honig. Über säuerlich duftenden Buchenwäldern dehnte sich ein frischer Himmel. Kuckuck und Lerche riefen übers Moor. Damals war hier noch so viel Wald, dass die Eichhörnchen das ganze Solsbüller Land, von Baum zu Baum springend, überqueren konnten. Über den Eichhörnchen segelten weiße, frisch aufgetürmte Wolken von West nach Ost und verschwanden in der Ferne, neue kamen aus der Ferne an, ein ständiges Kommen und Gehen.

Da kam auch der liebe Gott vorbei und sah, dass es gut war, und schuf die Sage von dem Sack Erde, den er hier gesiebt und ausgestreut hatte. Er sah die Hügel, er sah die Solsbüller Au, die breit wie der Mississippi und unergründlich tief wie der Blautopf bei Blaubeuren war. So ähnlich erinnerte sich übrigens Meggersee selbst: Unermessliche Tiefen, reißende Fluten und lebensgefährliches Baden in der Jugendzeit, wovon heute keine Rede mehr sein kann. Der Boden der Tatsachen, auf dem der junge Doktor steht, kann nicht anders, er ist dünn und brüchig.

Zurück zum lieben Gott. Ein paar Viechern, die Nachwuchs bekommen hatten und zartestes Gras rupften, streichelte er gerade die schönen Hälse, da sah er die ersten Solsbüller. Er meinte es gut mit den Solsbüllern und sagte nichts, ging weiter Richtung Kiel und Lübeck.

Ach, wenn doch immer Sommer wäre. Ein Mann und eine Frau legten sich ins Heidekraut, das violett blühte. Zu Füßen des Heidbergs, der höchsten Erhebung hier, gleich neben der Solsbüller Au, legten sie sich hin. Sie blickten den Heidberg hinauf, weiter zu den Wolken, die schlank und weiß über sie hinwegzogen. Es dufteten tausend Sträucher Heckenrosen. Den Bienen floss der Nektar in Strömen entgegen, und an den Liebenden vorbei plätscherte die Solsbüller Au. Grünzeug trieb auf ihr dahin, von der Sonne beglänzt. In einer fremden Sprache sagten die beiden sich was ins Ohr. Er fuhr ihr mit der Zunge über die Nase, auch über den Mund. Sie mochte das gern. Sie sagte nichts. Sie machte die Augen zu. Er leckte ihr die Augen. Welch ein Tag da unten im Heidekraut, unten am Heidberg neben der Solsbüller Au. Es war nachmittags um vier, die beiden waren allein, sie waren nackt und schön und schämten sich nicht. Sie schliefen miteinander eine köstliche Zeit und erschufen sich neu. Dann standen sie auf. Der Mann war ärgerlich, dass es schon so spät war, die Frau wär gern im Heidekraut geblieben.

Diesen letzten Teil Solsbüller Frühgeschichte habe ich nicht von Meggersee, denn Meggersee wusste nicht, was das ist, sich neu erschaffen. Wohl aber verstanden das unsere Altvordern, weshalb sie die Stelle, an der sich die beiden geliebt hatten, heiligsprachen.

Die Altvordern waren die Ersten überhaupt hier in der Gegend. Sie bauten Hütten, hüteten Kühe, machten Heu. Ihre Kinder kosteten von den zart zu beißenden und sauer schmeckenden jungen Buchenblättern. Feiertags wie werktags fuhren Schiffe mit oder ohne Segel die Solsbüller Au hinauf; fuhren da vorbei, wo heute das Mühlenwehr nicht mehr steht und der Wasserfall nicht mehr rauscht; fuhren vorbei an der Kirche von Solsbüll-Mühle, vorbei an deren Friedhof, entschwanden in der Abendsonne Richtung Westen.

Solsbüll-Markt, ein paar Kilometer stromabwärts, war bald ein viel besuchter Ort, des heiligen Quellwassers wegen, wegen des Moores und der Teiche. Hier wurden große Steine hergewälzt und liegen gelassen, hier wurde den Göttern geopfert. Gern gedachte Meggersee der uralten Zeiten seiner Urahnen, gern hätte er damals tatenfroh gelebt, hätte sich mit Riesen und Zwergen unterhalten, hätte Münzen und Spangen dem Moor geopfert, hätte sich nicht viel dabei gedacht. Da hätte er auch ein junges Mädchen aus dem heiligen Wasser gefischt.

Wer wollte leugnen, dass es auch schlechte Zeiten gab. Meggersee wollte das nicht. Bauchweh und Pest gingen übers Land, ganze Landstriche lagen unter Leichentüchern, das Meer verschlang Menschen, darunter einmal vierhundert

Edle, das muss man sich mal vorstellen. Täglich Brot gab es für lebenslange Knechtschaft. Der Teufel warf mit Steinen. Wo er traf, da sprudelte eine Schwefelquelle hervor.

Schlechte Zeiten auch für die Buchenwälder, deren Herrlichkeit Stück für Stück weniger wurde. Der Herzog verbrannte Tausende Kubikmeter Holz in seinen Schlosskaminen. Auch die Solsbüller Bauern holzten ab, damit sie es warm hatten, und der Solsbüller Bäcker besorgte sich sein Backholz, wenn der herzogliche Förster auf Reisen war.

Meggersee berichtete über Wallensteins und Tillys Söldnerscharen, jene, die ungehobelt durch das Solsbüller Land zogen und auf unsere Kosten lebten. Er berichtete von Mutter und Kind, die aus dem Fenster ihrer ärmlichen Kate in Solsbüll-Mühle den Tod des Vaters beweinten. Polen, Türken, Kosaken, alles haben wir hier in Solsbüll gehabt. Ausgeplündert hat man uns, ausgepresst und ausgebrannt. Wie haben wir uns geängstigt, wie ausgemergelt sahen wir aus.

Gut tat da die von hoher Begeisterung getragene Versammlung in der Solsbüller Kirche im Frühjahr 1848, als es um deutsch oder dänisch ging. Mit der Waffe in der Hand will ich Haus und Herd beim Hall des Hornes oder beim Dröhnen der Sturmglocken verteidigen, so schworen die Solsbüller. Der Geist der Einigkeit griff um sich. Reden erschollen an Straßenecken und Theken. Landsturm wurde aus dem Boden gestampft. Das war etwas für die Jungen, sie ließen Pflug und Egge stehen. Aber auch die Alten waren mit von der Partie. Beim Üben fiel so mancher hin, was ein kriegerisches Bild abgab. Malermeister Petersen alias Peter Maler, der auf Wanderschaft in Preußen gewesen war, ließ seine Gesellen und Lehrlinge raschen Schrittes hin- und hermarschieren. So marschieren die Preußen, rief er. Aber der ganze Aufstand brachte weniger, als man denken konnte. Die Solsbüller waren nicht lange genug und nicht heftig genug und nicht allgemein genug zu begeistern, waren zu schnell aus der Puste. Folglich ging die Runde an die Dänen.

Wie wir unter den Dänen zu leiden gehabt haben, kann sich keiner vorstellen, so Meggersee. Die zogen unmittelbar entlang der Solsbüller Au die Sprachgrenze; Solsbüll-Markt sprach deutsch, und Solsbüll-Mühle sprach dänisch. Die Dänen mischten sich aber auch über die Sprachgrenze hinaus ein. Pastor Brix, der die hochgemute Versammlung in der Solsbüller Kirche hatte abhalten lassen, bekam vom dänischen Propst die ausgesprochen schwierige Stelle Johannes eins, Vers eins auf. Brixens Katechisieren misslang, weswegen er als untüchtig entlassen und aus seinem Amte zwei Meilen weiter nach Pleistrup vergrämt wurde, wo er zugrunde ging und starb. Sein Nachfolger, der dänische Pastor Clementsen, sprach bei Brixens Beerdigung am offenen Grab die Worte: Da liegt das Mensk in sein swarzes Kist, ihr habt ihn gekannt, ich hab ihn gekannt. Der mit den Siegern fühlende deutsche Ministerialdirektor Regenburg sagte an anderer Stelle: Diese Generation taugt nichts, die nächste wird dänisch und glücklich. Den Regenburg hatten die Solsbüller übrigens durch Abnehmen der Kopfbedeckung zu grüßen, aber die Solsbüller taten das nicht. Ihre Kinder schickten sie ohne Mützen los; und die Männer hatten stets ihre Frauen neben sich, die ihnen vor der Begegnung mit dem vaterlandslosen Gesellen den Hut vom Kopf nahmen, während sie selbst ihre Hände an den Zügeln oder in den Taschen beschäftigten.

Sogar den guten dänischen König Friedrich ließen die Solsbüller ihren Stachel fühlen. Bei seiner Visite aß er in Pastor Clementsens Pesel Pellkartoffeln und Speck mit den Fingern. Es schmeckte, die Finger wurden abgeleckt, es gab einen kurzen Mittagsschlaf. Zum Wachwerden servierte die Pastor-Köksch dem König die zweite Tasse Kaffee mit der Bemerkung: Ach, krieg man noch'n Schlatt, Majestät. Sie war die einzige freundliche deutsche Person heute, denn nun kamen die Solsbüller herein, keiner nahm ein Blatt vor den Mund, jeder meckerte, jeder machte den König ärgerlicher. Er holte sich auch noch eine Erkältung, weil es nass und kalt und zugig war. Wenig später starb er auf seinem Glücksburger Schloss.

Als endlich mit Preußens Hilfe die Stunde der Befreiung schlug, vergriffen sich umgehend die Pleistruper und die Solsbüller an Pastor Clementsen und seinen zwei Töchtern und trieben alle drei über die Solsbüller Au nach Dänemark.

Von da an ging es hier unermüdlich aufwärts; die später auf Denkmälern so genannte große ernste Zeit brach an. Die Solsbüller brachten es zu Wohlstand, Ansehen und höheren Preisen. Frühaufsteher und Liebhaber rauer Handtücher waren erfolgreicher, kamen mehr zur Geltung. Die Geselligkeitsvereine Frohsinn und Humor wurden gegründet. Die Eisenbahn sollte her. Dagegen protestierten die Pferdezüchter aus Pleistrup, weil sie niedrige Pferdepreise befürchteten, und die Solsbüll-Mühler und Kummerbyer Bauern, weil sie eine schädliche Konkurrenz für ihr Korn befürchteten. Letzten Endes kam es aber, wie es kommen musste. Es erschien ein Aktienverkäufer, der den Landbesitzern Aktien antrug und dafür den Himmel auf Erden versprach. Später ehrten die Solsbüller diesen Mann mit einem Grabstein, auf dem noch heute zu lesen steht: Jesus tröstet die Elenden.

Eines Tages dampfte von der Pleistruper Seite her, dicke schwarze Schwaden aus einem Blecheimer in den Himmel blasend, eine Lokomotive mit einem vierachsigen Eisenbahnwagen heran. Grün geschmückt hielt der kurze Zug am

Bahnhof. Die Lok ließ weißen Dampf ab und pfiff. Alles, was Beine hatte, war da. Böllerschüsse krachten, der Zug rumpelte wieder los und entschwand in den Feldern der Solsbüll-Mühler und Kummerbyer Kornbauern.

Ab sofort verbreitete die Eisenbahn Stadtluft in Solsbüll-Markt und machte daraus die Kleinstadt, die es heute noch ist, während Solsbüll-Mühle, ursprünglich eher der bedeutendere von den zwei Orten, in den Hintergrund geriet, hinter Au und Wasserfall.

Von jeher war in Solsbüll am Sonntag nach Jacobi der erste Markttag gewesen. Brautschau, Viehhandel, Kirchgang, dies waren die wichtigsten Vorhaben; von den nicht so wichtigen gab es mehr als drei. Mit der Eisenbahn nahm der Solsbüller Markt einen gewaltigen Aufschwung. Bereits im kaiserreichen Jahr 1888 quollen Menschenmassen aus Extrazügen, schoben sich vom Bahnhof durch die Marktstraße, stürmten auf den Markt, warfen sich an Schießbuden in die Schlacht, drängten sich in die Schankzelte. Auf dem größten und beliebtesten wehte seit vielen Jahren ein blau-weiß-roter Wimpel, es gehörte der Familie Goos.

Meggersees erste Kindheitserinnerung war so ein Tag am Rande des Marktes im Jahre 1899, man schrieb dreizehn Jahre Eisenbahn. Ein Markttag, wie ihn die Solsbüller kennen: Regen, Sonne, Hagelschlag. Meggersee war als dreijähriger Knirps von zu Hause ausgerissen und die Bismarckstraße runtergelaufen. An der Möbelfabrik lag viel Holz, auch an Erichsens Bürsten- und Pinselfabrik. Am Güterbahnhof viel Kuhmist und Schweinemist, da war Viehverladen, Kühe muhten, Schweine quiekten.

Viehhändler Nathan sagte zu Postsekretär Jensen: Kuck mal, Jensen, mein Extrazug mit Kühe und Schweine nach

Hamburg, sechsundzwanzig Waggons. Is dat wat oder is dat nix.

Das ist wohl was, sagte der dünne Jensen, der einen abgescheuerten Anzug mit ausgebeulten Knien und ausgebeulten Ellenbogen trug, während Nathan seinen umfänglichen Bauch mit einer Viehhändlerschürze, die mal weiß gewesen war, festhielt, Zylinder aufhatte und Zigarre rauchte.

Elf oder zwölf Jahre später, es war wohl 1911, verlud Nathan Zuchtrinder nach Odessa und sagte zu Jensen fast dasselbe von damals, und Meggersee war wieder dabei. Meggersee hielt sich seit frühester Jugend gern am Bahnhof auf. Von Solsbüll aus in alle Welt und alle Welt nach Solsbüll, so sprach er noch als erwachsener Mann.

1914, am ersten Markttag des Jahres, ging es ähnlich zu wie 1888 oder 1899 oder 1911. Wieder Extrazüge, in Solsbüll-Mühle wurden zweihundert Fuhrwerke auf der Durchfahrt nach Solsbüll gezählt. Das Wetter typisch Solsbüller Marktwetter. Wer richtig hinsah, entdeckte einen schwarzblauen Himmel mit unschön aufgequollenen Wolken, die von Westen kamen und gen Osten eilten und Regen oder Hagel abließen. Kalte Windstöße fuhren in die Schießbudenfiguren. Hagel traf auch den achtzehnjährigen Meggersee, der gerade eine Negerpuppe schoss. Aber nicht nur das Wetter ärgerte und drückte diesmal. Meggersee berichtete von Ahnung und Atembeklemmung, von dunklen Wolken, die niemanden nass machten, sondern nur Schatten warfen. Zwar waren viele Leute da, aber es ging nicht viel rund, die Karusselle waren schwach besetzt. Nur die Schankzelte waren voll. Überall große Neugierde, Gerüchte vom Krieg.

Meggersee lauschte seinem Onkel, dem Reichstagsabgeordneten Ludwig von Qualen, im Schankzelt des Solsbüller Hofes: Es wird ein schwerer Gang werden, aber ich vertraue auf unsere Armee. Ähnlich sprach und vertraute übrigens Dr. von Meggersee senior, von Qualens Hausarzt und Schwager. Er hatte dessen Schwester Mariechen im Jahre 1890 zwanzigjährig vom Fleck weg geheiratet.

Hier ist nun der Ort, das Geheimnis der Herkunft der Meggersees zu lüften. Otto von Meggersee senior war das uneheliche Kind des Fräuleins Annette von Qualen, was keiner wissen durfte, was aber jeder hinter vorgehaltener Hand flüsterte. Annette von Qualen war eine junge Dame vom Gut Pleistrup, die während der dänischen Besatzungszeit von einem dänischen Polizisten angerempelt worden war, weil sie beim Kirchgang ein Kragenband mit den schleswig-holsteinischen Farben getragen hatte. Sie sah sich mehrere Tage zur Wiederherstellung ins Bett gezwungen. Ein zur Entschuldigung abkommandierter dänischer Offizier verliebte sich gleich beim ersten Besuch in sie, und sie verliebte sich in ihn. Als dessen Vorgesetzte von solch deutsch-dänischer Verbindung Wind bekamen, kommandierten sie ihn zurück und weiter nach Grönland, wo sich seine Spur im Schnee verlief.

Dass der unehelich geborene Knabe nicht den Namen seiner Mutter bekam, hing mit der Qualen'schen Familienehre zusammen. Annette musste ihren Sohn hergeben und adoptieren lassen. So kam er zu den Meggersees, armer Kleinadel aus Kummerby, die da etwas außerhalb das ziemlich heruntergewirtschaftete Gut Güldenholm besaßen. Für die Familie von Meggersee war die Adoption ein gutes Geschäft, denn Güldenholm kam dank Pleistruper Mitgift wieder auf einen grünen Zweig, und Sohn Otto war eine schöne Dreingabe. Er war gut in der Schule und sollte deswegen mal Akademiker werden, am liebsten Arzt.

Rund fünfundzwanzig Jahre Praxis lagen bei Kriegsausbruch 1914 bereits hinter Dr. von Meggersee senior. Er hatte den von zu Hause mitgebrachten Wohlstand noch gemehrt, er hatte Gesundheit gestiftet, er hatte Ansehen gewonnen. Er war ein glühender Anhänger des Kaiserhauses geworden. Sein Blick ging weit über den Kaiser-Wilhelm-Kanal nach Süden, über die Elbe hinaus bis nach Afrika und China. Seine Ehe mit Mariechen von Qualen, einer Nichte seiner leiblichen Mutter, blieb kinderlos. Sohn Otto wurde adoptiert, nachdem Mariechens umsichtiger Bruder, der Reichstagsabgeordnete, ihn in einem Kinderheim gesehen und mitgenommen hatte.

Adoptivsohn Otto hatte übrigens einen ähnlichen Blick wie Vater Otto, weit über den Kaiser-Wilhelm-Kanal hinaus. Aber im August 14, seinem letzten Schuljahr, eilte er zu den Fahnen, zu den Waffen. Die ersten Rekrutentage verbrachte er bei der vierten Kompanie des Reserve-Infanterieregiments 86 in der Solsbüller Garnison, wo er den fast doppelt so alten Gustav Hasse kennenlernte. Jener wundervolle Geist damals, so Meggersee. Es haperte bei uns Freiwilligen doch an allen Ecken und Enden. Und so ein älterer Reservist war als älterer Kamerad Gold wert.

Nach dem Zwischenspiel beim Versprengtenkommando in Jambes-Vélaine saß er bald auf dem Fahrrad in der Radfahrabteilung der 46. Reservedivision. An einem Sommermorgen radelte er mit seinen Kameraden in der sommerlich fetten flandrischen Landschaft durch eine in vollem Grün stehende Ahornallee. Ihm schlug das Herz höher. Die Belgier zur Linken und zur Rechten taten, als verstünden sie nichts. Es ist so eine Sache, wenn man ins erste Gefecht rückt. Aus einem mit Bedacht gestellten Hinterhalt kurz hinter Roulette knallten Heckenschützen die Radfahrer einen nach dem andern ab. Es gab nicht viel Hin und Her, es gab kein Geschrei. Während Meggersee wie durch ein Wunder unverletzt entkam und sich querfeldein ins Städtchen zurückmogelte, lagen die andern über ihren Fahrrädern und dachten schon nicht mehr darüber nach, was für ein kurzer Weg es vom Leben zum Tod ist. Aber auch Meggersee dachte nichts dergleichen. Er fiel erschöpft neben einem in Brand geratenen Nachschubwagen hin, geriet selbst ein wenig in Brand. Er wurde gelöscht, aufgesammelt und hochgehoben. Er sprach und aß nichts und sah aus wie vom Leben abgeschnitten. Die Ärzte sagten: Nervensache, und er wurde als Sonderfall in die Heimat geschickt.

In der Heimat trat Dr. von Meggersee senior seinem vom Frontleben gezeichneten Adoptivsohn mit stolzen Adoptivvateraugen entgegen, und Adoptivmutter Mariechen strahlte, als sie ihren Liebling in die Arme schloss. Der Vater stellte beim Sohn neben der Nervensache eine Senkniere fest und ließ dasselbe bei einem Militärkollegen in Flensburg nochmals feststellen. Im Dezember 1915 wurde Otto von Meggersee junior aus dem Militärdienst entlassen und ging bald darauf nach Kiel, um Medizin zu studieren wie sein Vater.

Kein Feuer, keine Kohle

Streng, gerecht und freundlich wäre alles gewesen, wenn es anders gewesen wäre. Es wäre da ein wilder Garten mit wilden Rosen gewesen. Heiße Sommer und kalte Winter wären da gewesen. Aber jämmerlich feige kommt das Unglück von hinten. Immer ist es kalt, im Sommer wie im Winter.

Schritte auf der Treppe. Klopfen an der Tür. Anne schlief nicht in dieser langen blassen Sommernacht 1916, dieser kürzesten Nacht, die wie die war, die kein Ende hatte. Die Kinder schliefen nebenan; Rosa sechs, Gret fünf, Gustav eins. Als es wieder klopfte, gab Anne sich einen Ruck und kam hoch. Sie trat ans Fenster. Sie wartete auf das dritte Mal Klopfen, blickte in den grauen Hinterhof und auf die grauen Hinterhofmauern der Duburger Straße, blickte über die niedrigen Pappdächer der Holz- und Kohlenschuppen in den Sommernachthimmel. Das Abendrot hatte dem Morgenrot noch Rot übrig gelassen.

So war es auch damals auf dem Johannisfest am Johannistag gewesen, draußen in Wassersleben an der Flensburger Förde, auf dem schönsten Johannisfest ihres Lebens: Sie hatte Gustav kennengelernt. Das Johannisfeuer brannte im Johannisgarten. Die Mädchen sprangen da durch oder drüber weg. Gustav stand am Feuer und schaute zu. Anne versengte sich nicht das Kleid und verbrannte sich nicht die Füße. In ihrem Johannisübermut balgte sie sich mit Gustav. Gustav hielt sie mit beiden Händen umschlossen, hob sie, dass sie den Boden nicht mit den Füßen berühren konnte.

Ich lass dich nicht los. Wenn ich loslasse, fällst du.

Untersteh dich, sagte Anne.

Gustav ließ los, Anne fiel hin. Anne balgte für ihr Leben gern.

Damals war sie noch nicht schwanger geworden. Das geschah erst in der lauen Novembernacht auf Totensonntag. Ganz in der Nähe der Johannisfeuerstelle geschah es; es war noch Asche da, Anne und Gustav gingen eingehakt im Gleichschritt da durch, beide fröstelnd, beide bekamen Asche an die Schuhe. Im August des folgenden Jahres, 1910, wurde Rosa geboren.

Anne scheuerte sich mit dem Nachthemd über den Rücken, der sie an einer Stelle juckte. Es klopfte zum dritten Mal, lauter und entschlossener. Sie warf sich in den Bademantel und ging die Tür zum Treppenhaus öffnen. Ein junger Zigeuner stand da und drehte seinen Hut in der Hand.

Sind Sie die Hebamme.

Anne nickte und knallte die Tür zu. Sie fürchtete sich vor den Zigeunern, die unten am Hafen kampierten.

Ich hol Polizei, schrie der Zigeuner.

Eine halbe Stunde später donnerte es an der Tür: Aufmachen, Polizei. Nun machen Sie man auf, Frau Hasse. Die Stimme klang freundlich und einheimisch. Anne ergab sich. Sie schlüpfte in ihr Hebammenkleid, setzte sich die Haube auf und schrieb auf einen Zettel eine Nachricht für das Kindermädchen Mete. Mit der Hebammentasche in der Rechten folgte sie dem Zigeuner. Der Polizist begleitete die beiden bis zum Hafen. Dort, wo das Zigeunerlager begann, verabschiedete er sich. Da standen die Wohnwagen, da standen die Pferde im Stroh. Weiter hinten, wo der Ausflugsdampfer Alexandra lag, sah Anne ein paar Fischer ihre Boote besteigen und hinausrudern.

Nun man erst mal raus aus den Plünnen, sagte Anne zu

der Zigeunerin, die angezogen auf einem Stuhl im Wohnwagen saß und Pfeife rauchte.

Zinna hat kein Geld, sagte die zu Anne.

Ihr Mann hatte schon den Kanonenofen unter Feuer und einen Wasserkessel drauf; er wartete auf Befehle. Zinna ließ ihren Mann die Pfeife weiterrauchen und entkleidete sich mit Annes Hilfe bis auf Hemd und Bluse. Sie setzte sich wieder auf einen Stuhl, denn es gab kein Bett in der Herberge, und Zinna streckte die Beine von sich. Sie hatte genug Wehen, stellte Anne fest, ein bis zwei Esslöffel Vorwasser waren schon abgegangen und bildeten auf dem staubigen Wohnwagenboden eine winzige Lache. Die ersten Wehen hörten auf, Zinna konnte Luft holen.

Wir haben kein Geld, sagte sie noch mal.

Ihr Mann legte Holz nach, es fing an zu qualmen und in den Augen zu beißen. Er kochte die Nabelschere und das übrige Besteck aus.

Die Wehen kamen wieder. Anne registrierte eine Normalgeburt und sah den Kopf kommen, der von jeder Wehe weiter ausgetrieben wurde und in jeder Wehenpause ein Stück zurückwich.

Unter Schmerzen, mit Stöhnen von Wehe zu Wehe, erzählte Zinna aus Annes Vergangenheit und Zukunft. Sie schrie nicht, sie biss auch nicht die Zähne aufeinander, sie warf auch nicht den Kopf hin und her, wie es bei Gebärenden üblich ist. Ihre Knie begannen zu zittern, sie fühlte Wadenkrämpfe kommen. Du heißt Anne, du bist ein guter Mensch, sagte Zinna, während es in dem winzigen Wohnwagen langsam nach Waschküche aussah und der Kanonenofen-Rauch in Nase und Schlund biss. Der Kopf stand im Durchschneiden. Presswehen und Schmerzen waren auf dem Höhepunkt. Du nimmst es genau und lügst nicht, sagte Zinna mit klarer

Stimme. Es werden Männer in deine Nähe kommen, die es nicht so genau nehmen und lügen. Pass auf, dass dich keiner unterkriegt.

Dann schlüpfte der Rumpf. Anne fing das Kind auf.

Das Nachwasser, gemischt mit ein wenig Blut, floss in einen Eimer. Zinna legte sich nun auf Zeitungspapier und Wolldecke nieder. Anne hatte für solche Fälle immer ein paar alte Nummern der Flensburger Norddeutschen Zeitung im Hebammenkoffer. Auf die Zeitung zwischen Zinnas Schenkel legte sie das frischgeborene Kind. Es war ein Junge, der ordentlich schrie, ohne dass Anne einen Klaps geben musste. Die Nabelschnur lief noch durch Zinnas weit geöffneten Schoß bis zur Gebärmutter. Für die Nachgeburt musste Zinna nicht mehr pressen, denn der Ofenqualm hatte sie so in die Nase gebissen, dass sie niesen musste, so kam die Nachgeburt wie von selbst und lag neben dem Kind. Ein flacher rotbrauner Schwamm, sehr nahrhaft, er sollte den Hunden zum Fraß vorgeworfen werden. Während Anne die Nachgeburt auf Unversehrtheit der Lappen und eine glatte Oberfläche untersuchte, begann Zinna zu frösteln. Der Ehemann brachte zwei Decken und steckte ihr die Pfeife wieder in den Mund. Wärme und Wonne nach der Geburt kamen über Zinna, begannen an der Haut und gingen bis tief in die Seele, das sah Anne.

Der Zigeunervater strahlte, als er seinen Stammhalter mit verschrumpeltem Gesicht und hellrosa Haut, mit Flaum und Wollhaaren an den Schultern auf Annes Armen sah. Schandor Wenzel, so stellte er sich Anne nun vor. Unser Sohn soll Bili Wenzel heißen.

Bili Wenzel, der nun von seiner Mutter abgeschnitten war, schrie kräftig weiter, öffnete die Augen, pinkelte und entließ aus dem Hintern eine Ladung grünschwarzes Kindspech.

Anne sagte zu Schandor Wenzel: Da habt ihr aber ein schönes Kind.

Sie tauchte es in das warme Badewasser einer Zinkwanne, die Schandor hingestellt und gefüllt hatte. Der kleine Wenzel war ruhig, Anne ließ ihm ein wenig warmes Wasser übers Gesicht laufen.

Pass auf, dass sie dich nicht unterkriegen, sagte Zinna nun wieder leise und mit geschlossenen Augen und zog an der Pfeife.

Anne hatte ihr den Sohn unter die Decke gegeben und packte den Hebammenkoffer.

Trink jeden Morgen Weißdornblütentee und Mistelblütentee, sagte Zinna. Sie sprach noch Annes nervösem Herzen, ihrem Blutdruck und ihrer Gallenblase zu. Du hast drei gute Kinder, sagte sie zum Abschied, nun geh, mein Herz.

Schandor kam mit bis vor die Tür, sagte: Wiedersehn und danke schön, wir haben kein Geld.

Anne roch mehr Hafen als vorhin, sah die Fischer zurückkehren, hörte Fuhrwerke übers Pflaster rumpeln. Die Sonne war groß und blank und wärmte schon. Anne umklammerte den Hebammenkoffergriff, wollte ihn nie aus der Hand lassen. Sie ging den Weg, den sie gegangen war, als sie ihren Ehemann Gustav vor bald zwei Jahren an die Front verabschiedet hatte. Sie hatte ihm nachgeschaut und ihn aus den Augen verloren, er war unter seinen Kameraden verschwunden. Ein Haufen Soldaten ohne Gesichter war in den Zug gestiegen. Hatte sie ihn gekannt. Hatte sie ihn geliebt. Ja, sie hatte ihn gekannt und geliebt. Sie vermisste ihn jetzt so. Sie sagte leise ins Kopfsteinpflaster: Ich vermisse dich so. Warum hatte Zinna ihn nicht einmal erwähnt. Warum hatte sie nur von den kommenden Männern gesprochen. Anne vermutete: Weil er tot ist, weil er so weit weg ist.

Sie vermisste Gustav, weil er so schön erzählt und so schön berlinert hatte. Wenn er abends von der Werft nach Hause kam und sie beide in der Küche zusammensaßen und gemeinsam aus dem Fenster auf die Pappdächer und in den Buchenpark des Rumfabrikanten Pott und Söhne sahen, dann hatte er von Joachimsthal erzählt. Vom Werbellinsee, von den Karpfen, die er zu Silvester holen musste, von den Schwestern Ida und Minna, vom Bruder Emil, von der kleinen unehelichen Martha und von seinem Vater, der Möbeltischler gewesen war. Und von seinem Großvater, der schon als Kind regelmäßig drei Monate Sommerfrische bei einem Hegereiter in Nordfriesland verbracht hatte wegen seiner Lunge. Wo man doch überall hinkommt, wo die Leute doch überall herkommen, was man doch überall sieht und wie schön es doch überall ist. Das waren Worte von Gustavs Vater und Großvater gewesen, die auch Gustav geheißen hatten.

Mit diesen Gedanken im Kopf kehrte Anne nach Hause zurück. Die drei Kinder, das Kindermädchen Mete und ihr Vater, Opa Harms, saßen beim Frühstück auf den Stühlen, die Gustav im Hinterhof getischlert hatte. Anne bedachte, wie nach und nach die ganze Einrichtung zustande gekommen war, der Kacheltisch für die Küche, Kommode, Schrank und Tisch für die Beste Stube. Anne fand nun, es ist kein schlechter Morgen. Sie streichelte das Holz, das von Gustavs geschickten Händen die glatte Oberfläche bekommen hatte oder ein Muster oder eine Farbe. Dies alles war ihr von ihm geblieben, auch seinen gedrechselten Wanderstock hatte sie noch.

Sie überlegte, wie viele Kinder sie in ihrem Bezirk Flensburg-Duburg inzwischen geholt hatte: vier Jahre Hebamme und nicht eine Totgeburt, Kaiserschnitte kamen ins Krankenhaus. Einige Kinder waren nach der Geburt gestorben, ohne erkennbare Krankheit, im Kindbett, einfach so. Aber über dreihundert waren ans Licht der Welt gezogen worden und am Leben geblieben. Sie hatte einiges Geld damit verdient, nun bekam sie eine Kriegerwitwenrente, bekam auch mal was von Opa Harms, der in Flensburg ein kleines Baugeschäft hatte und in bescheidenem Wohlstand lebte.

Eine Stimme sprach: Du hast drei Kinder, du hast einen Vater, du hast ein Kindermädchen, du kommst über die Runden. Hatte sie das selber gesagt oder Opa Harms oder wer. Ein Blick über die Möbel, ein Blick in Opa Harms' gute Augen, das war genug, und Annes Entschluss stand fest. Sie unterschrieb in der Küche ein Papier vom Gesundheitsamt: Frau Anne Hasse übernimmt den Hebammenbezirk Solsbüll-Land. Rosa und Gret saßen auf Opa Harms' Schoß, und er kratzte sie mit seinem drei Tage alten Bart, während er Anne zunickte.

Noch spritzte es Dreck, gemischt mit Fleisch und Blut an allen Fronten. Anne war sechsundzwanzig Jahre alt, als sie an einem der letzten Septembertage 1916 in das Hebammenhaus nach Solsbüll-Mühle zog. Opa Harms hatte zwei Pferdefuhrwerke aufgetrieben und zwei Arbeiter aus seinem Baugeschäft abgestellt. Die Hasse-Familie inklusive Kindermädchen Mete fuhr per Bahn bis eine Station vor Solsbüll, nach Kummerby. Von da schob Mete Gustav im Kinderwagen, Gret und Rosa gingen an der Hand der Mutter, mit der anderen Hand trugen sie ihre Kinderkoffer. Es war die Straße von Kummerby nach Solsbüll über Solsbüll-Mühle, die sie gingen, ein Schotterweg an Knicks und Koppeln entlang. Kein Wald ist da, nur Wiesen und Felder, dazwischen das Rinnsal Kummerbyer Au, das von hier nach Süden fließt und bei der Solsbüller Wassermühle in die Solsbüller Au mündet.

Als sie auf der Goldackerhöhe waren, sah Anne die ersten beiden Häuser von Solsbüll-Mühle. Sie meinte erst, Solsbüll-Mühle bestehe überhaupt nur aus diesen zwei Häusern, weil keine anderen zu sehen waren, bloß noch ein blauer Himmel darüber. Aber an der nächsten Wegbiegung sah sie mehr, den Kirchturm und die anderen Häuser. Und weiter hinten war das Städtchen Solsbüll zu ahnen. Da war sie als Hebamme nicht mehr zuständig, aber das Dorf hier und das Umland um beide Orte herum, das war ihr Bezirk.

Nun ist es nicht mehr weit, Kinder.

Es gab kein schöneres Haus in Solsbüll-Mühle als das Hebammenhaus. Reetgedeckt, gelb geklinkert, Giebel mit Fenster, fünf Linden davor, drum herum ein Garten mit einer blühenden Laube. Die Pferdefuhrwerke standen schon da. Anne ging zuerst in den Garten um die angegilbten Johannisbeerbüsche herum, schritt das Spargelbeet ab, das stand schön im Kraut. Dann ging sie ins Haus.

Was riecht hier so komisch, fragte sie, als sie auf dem Terrazzoboden im Flur stand.

Gret sagte mit ihrer dünnen Stimme: Ich riech nichts.

Rosa sagte: Was soll hier komisch riechen.

Gustav fing im Kinderwagen zu schreien an.

Anne sagte: Er kann den Geruch nicht ab.

Mete klappte das Verdeck hoch und schob den Kinderwagen unter den nächsten Apfelbaum. Da schrie er weiter. Mete sagte: Ach was, er hat Hunger, ihr mit eurer Nase. Sie gab ihm die Flasche, und Gustav hielt den Mund.

Die Kinder bezogen ein Zimmer unterm Dach. Von da oben sahen sie in den Garten und auf einen Feldweg, der sich zwischen Knicks nach Westen Richtung Atzbüll wand. Mete bekam oben das Mansardenzimmer mit Blick auf Hof und Straße. Anne nahm das Zimmer neben der Besten Stube, es hatte zwei Fenster, die von wilden Rosen umwachsen waren und zum Garten gingen. Sie legte sofort mit Bohnerwachs los, auch die Holzfußböden bekamen Wachs, sodass der alte Geruch in einer Stunde aus dem Haus war und Gustav reingeholt werden konnte. Opa Harms schenkte zum Einzug eine neue Kommode mit großem Spiegel. Die kam in der Besten Stube zwischen die beiden Fenster zur Straße, und im Spiegel spiegelte sich eine vielblättrige Palme, die von Thamsens, den Bauern nebenan, gebracht worden war und auf einem schulterhohen Blumenständer stand. Da konnten sich die Kinder drunterstellen und Urwald spielen.

Mete war eine entfernte Verwandte, sie hieß Hallgren mit Nachnamen und hatte schwedische Vorfahren. Sie war blond, trug ihr Haar streng nach hinten gekämmt und hatte eine wunderbare Stimme, unvergesslich für die Kinder. Mete weckte mit dieser schönen Stimme jeden Morgen Rosa und Gret und sagte: Wascht euch, Kinder, zieht euch an. Manchmal fügte sie hinzu: Eure Mutter ist nicht da, sie holt ein Kind. Jeden Morgen entzündete sie eine Handvoll Stroh im Schornsteinloch der Küche, und das Feuer wummerte leise. Sie hörte einen Augenblick dem Feuer zu, dann tat sie Feuer in den Eisenherd, und auf dem Eisenherd kochte bald die Buchweizengrütze, die Rosa und Gret stehend am Kacheltisch auslöffeln mussten. Und nun kommst du dran, mein Gustav, sagte sie, nahm Gustav hoch und trug ihn auf dem Arm vor dem Eisenherd hin und her.

Anne fand ihren Lieblingsplatz in der Küche, auf der Bank am Kacheltisch. Von dort sah sie an der Pumpe vorbei zwischen den Linden hindurch auf die Straße, die nach Goldacker führt. In der Nähe waren mal Ausgrabungen gewesen, es waren Broschen, Bronzebeile und Trinkgefäße gefunden worden. Über Goldacker hinaus sah Anne nicht; hinter

Goldacker kam Kummerby, und weit hinter Kummerby, immer den Bahndamm längs, kam Flensburg. Da war sie geboren und aufgewachsen. Da hatte das Photographische Atelier Arndt zum ersten Mal ihr Bild abgenommen. Da war das Johannisfest gewesen. Da hatte sie Gustav kennengelernt. Auf der Küchenbank am Kacheltisch malte sie sich aus, wie einer über Goldacker gerannt oder aus Goldacker herausgekrochen kommt und seinen Hut schwenkt: Hallo, Anne, ich bin es, Gustav, ich bin wieder da. Manchmal sah sie ihn kommen. Dann kamen Flecken in ihr Gesicht, und schöne Angst ging vom Mund zum Magen und noch weiter runter. Aber Gustav kam nicht. Sie weinte, sie schüttelte den Kopf, sie sagte: Oh, Gustav, ich vermisse dich so.

Anne war arm, weil sie Gustav verloren hatte; sie war doppelt arm, weil sie immerzu alles verloren glaubte, was vermisst war. Vermissen und Weinen hörten nicht auf. Sie weinte vor jedem Grabstein, den sie kannte. Sie weinte bei Willkommen und Abschied. Sie hatte geweint, als ihre Kinder kamen, auch bei der Taufe. Sie weinte jedes Mal, wenn sie ein Neugeborenes hochhielt und mit einem Klaps auf den Po zum Schreien brachte. Du bist aber ein Schreihals, sagte sie dann, nahm den Schreihals nahe an sich ran, um seinen Geruch in die Nase zu kriegen. Auch darüber weinte sie, und die entbundene Mutter weinte mit. Das ließ Anne aber nicht zu weit gehen, schnell nahm sie Kamm und Bürste und ging zu Ruhe und Ordnung über, machte die erste Frisur auf dem Kinderkopf, wo die Fontanelle mit dem Pulsschlag auf und nieder ging. Dann strahlte die Mutter, und Anne strahlte mit.

Anne war kaum zu Hause und immer per Pferdekutsche unterwegs, die sie in Solsbüll-Mühle beim Getränkehändler Heinrich Brase alias Hein Selter mietete. Manchmal kamen die werdenden Väter auch mit eigenem Gefährt, manchmal liehen sie sich Pferd und Wagen bei ihren Nachbarn oder Herrschaften aus und holten Anne ab. Mit knirschenden Rädern ging es von Schwangerer zu Schwangerer, von Geburt zu Geburt, von Wochenbett zu Wochenbett. Durch Pfützen, Matsch und Schnee ging es, den Winter um die Ohren, den Sommer in der Nase. Pferdeapfel- und Pferdeschweißgeruch, der köstliche Geruch frischgeborener Lebewesen, egal ob Kind, Katze oder Hund, der Geruch von frischer Suppe auf dem Küchenherd einer Wöchnerin, der Geruch von Kaffee und Kuchen, wenn die Nachbarinnen zum Kindskiek kamen, der Geruch von Zigaretten, Zigarren, Pfeifen der dumm rumstehenden Männer, wenn Anne sich an die Arbeit machte. Da war sie die Herrin des Lebens. Da schlug sie den Tod aus dem Felde. Da rief sie so einem Mann auch mal ein derbes Wort zu, hätte ihn am liebsten gepufft, sich mit ihm gebalgt. Erst spätabends kam sie nach Hause oder erst in der Nacht, und oft musste sie in derselben Nacht wieder raus und ließ sich den ganzen folgenden Tag nicht zu Hause blicken.

Den Antrittsbesuch bei Dr. von Meggersee senior, der in und um Solsbüll der einzige Doktor und Geburtshelfer war – im Krankenhaus operierte er die Kaiserschnitte –, hatte sie immer wieder hinausgeschoben, bis sie ihn eines Tages nicht mehr hinausschieben konnte. An diesem Tag machte sie vor seiner Praxis in der Bismarckstraße halt und zog an der Glocke.

Ja, Frau Hasse, sagte er, ich freue mich, dass Sie hier nun niedergelassen sind und wir nun zusammenarbeiten werden. Ich hab es von meinem Sohn schon gehört. Und das mit Ihrem Mann tut mir wirklich leid. Er und Otto waren im August 14 zusammen in der Solsbüller Kaserne gewesen, als das Regiment in der Solsbüller Gegend zusammengestellt wurde.

Anne wusste davon nichts. Sie begann wieder zu weinen, brachte nur ein Taschentuch heraus. Ihr war, als hätte sie es doch gewusst.

Mein Sohn Otto meint, sagte Dr. von Meggersee, Ihr Mann und er hätten richtig Freundschaft geschlossen. Übrigens kam Otto krank aus dem Feld zurück und musste Gott sei Dank nicht mehr hin. Nun studiert er in Kiel und soll mal in meine Fußstapfen treten.

Als Anne sich zwei Minuten später von ihm an der Haustür verabschiedete, sah sie durch die offene Wohnzimmertür den Tod im Lehnstuhl sitzen, auf seinem Schoß saß Mariechen von Meggersee.

Es geht ihr schlecht, sagte der Doktor. Wir müssen sie füttern. Es hat mich gefreut, Frau Hasse.

Anne trat mit dem Taschentuch in der Hand aus dem Haus und bestieg die Mietkutsche, die an der Treppe auf sie wartete.

Während sie in Solsbüll-Land Fuß fasste, erkundeten die Kinder das Gelände ums Hebammenhaus herum. Nach Norden durften sie nicht weiter als bis nach Goldacker und nach Süden nicht über Kirche und Gemeindewiese hinaus. Die Wassermühle war strikt verboten. Gret lief ums Haus und sang: Warum ist da Luft. Rosa lief hinterher und sang: Darum ist da Luft. Sie rannten zu ihrem Zimmer hoch, öffneten das Giebelfenster zum Garten und sahen die Atzbüller Kirchturmspitze. Dann krabbelten sie zum Dachfirst hoch und rutschten eine Bahn ins Strohdach, hinunter bis auf das Pappdach der Waschküche, das in der Sonne warm und klebrig war und schön nach Teer roch. Die Waschküche hatte Anne gleich nach dem Einzug anbauen lassen. Einmal in der Woche kam, aus der Nachbarschaft, Maria Louisa Pankuweit zum Waschen. Wenn die Pankuweit Waschtag hatte, kaufte Mete bei Bäcker Sprenger ein Weißbrot, das sie in dicke Scheiben schnitt, mit Butter und Johannisbeermarmelade bestrich und mit Maria Louisa und den Kindern verspeiste.

Der Krieg war aus. Als 1919 die Frühjahrsstürme einsetzten, schenkte Anne dem vierjährigen Gustav einen Hund, eine mittelgroße, sehr robuste Promenadenmischung. Gret übergoss ihn mit einem Strahl Pumpenwasser und taufte ihn Roland. Ich hab ihn Roland getauft, schrie sie. Sie hat ihn Roland getauft, schrie Rosa, und Gustav schrie: Roland, komm her.

Das war nach einem Regenguss gewesen, als Roland sowieso schon nass war. Der Wind war gegangen, war aus den Ohren fort. Nur Regenwasser rann in kleinen Bächen vom Strohdach runter, rann in einen klaren Bach, der unter den Fenstern entlangfloss. Gustav stand in Holzschuhen im Trockenen und sah Regenwasser in Regenwasser laufen, sah tausend bunte kleine Steine, die da freigespült und bunt nebeneinander und aufeinander lagen. Roland saß neben ihm, zitternd, fuhr sich mit der Zunge ums Maul und gähnte ab und zu. Noch nie hatte Gustav so ein Regenwasser und solche kleinen bunten Steine gesehen, noch nie hatte er Regenwasser in Regenwasser hineinfallen hören. Noch nie hatte er Wind gehört, wie er bläst, wie er wieder still ist. Mete rief mit ihrer dunklen Stimme: Gustav, hierher, Roland, du bleibst im Flur. Dann nahm sie Gustav zum Mittagsschlaf in ihr Mansardenzimmer zu sich unter die Bettdecke, um ihn zu wärmen. Sie wiegte ihn ein mit ihrem Lieblingslied: Kein Feuer, keine Kohle kann brennen so heiß als heimliche Liebe, von der niemand nichts weiß, von der niemand nichts weiß.

Gustav lebte in den kleinen bunten Steinen, in dem Regen, in dem Wind, in Metes Lied, in Metes Wärme. Er lebte aber auch in Josefs Wärme. Josef war russischer Kriegsgefangener bei Thamsens und arbeitete dort wie ein Sohn. Josef war dunkel und schmal. Keiner wusste, wo er herkam. Aus dem Kaukasus, vermutete Anne. Keiner wusste, warum er seinen Abtransport verpasst hatte. Man munkelte, wegen Mete. Aber vielleicht auch wegen Thamsens, die ihn gern behalten wollten. Die mochten ihn. Jeden Tag hatte er pünktlich Feierabend zu machen. Sonntags hatte er Arbeitsverbot, nur die Tiere musste er versorgen, und nachmittags musste er dem Prediger zuhören, der in Thamsens Bester Stube zu den versammelten Entschiedenen Christen sprach. Die Hasse-Kinder durften im Nebenzimmer dabei sein. Sie hörten aber nicht zu, sondern spielten mit dem jüngsten Thamsen-Sohn Hans, der in Gustavs Alter war: Ich sehe was, was du nicht siehst. Einmal, bei einer Sonntagspredigt, kroch Gustav auf allen vieren in Thamsens Beste Stube, er kroch bis zu Josef hin, Josef nahm ihn auf den Schoß.

Josef war gut zu Blumen und Sträuchern und Bäumen und Tieren. Besonders gut war er zu den beiden dicken Belgiern, die in den ersten beiden Pferdeboxen standen. Er gab ihnen nicht nur Futter und striegelte sie jeden Tag, sondern unterhielt sich auf Russisch mit ihnen. Josef schlief auf dem Strohsack in der Knechtekammer hinter den beiden Boxen. Manchmal schlief Gustav den Nachmittagsschlaf bei ihm, und Mete musste ihn dann holen. So lernten Mete und Josef sich kennen, und dann hatten sie was miteinander. Thamsens wussten davon, Anne wusste davon, aber sie sprachen nie darüber, und wenn sie darauf angesprochen wurden, dann wussten sie von nichts. Es war so, dass Thamsens für Josef beteten und Anne mit ihrer Hebammenliebe über die beiden wachte. Anne betrachtete Mete ohne Eifersucht. Für so was bin ich zu alt, sagte sie, ohne daran zu denken, dass sie nicht zu alt für so was war und von so was doch eine Ahnung hatte.

In einer stockfinsteren Nacht wurden Josef und Mete auseinandergerissen. Keiner weiß, was passiert war. War etwa ein Befehl gekommen. Thamsens hatten einen Verdacht in Richtung Solsbüll. Da war gedroht worden: Wir bringen diesen Russen um. Josef brach Hals über Kopf auf, weil er um sein Leben fürchtete. Er klopfte Anne vom Garten her aus dem Schlaf, und Anne wollte erst nicht öffnen, sie war noch schlaftrunken, hatte geträumt. Aber dann kam sie hoch und weckte die andern. Es war ein Abschied, bei dem nur Josef weinte. Keiner glaubt an Abschied, wenn er nachts aus dem Schlaf gerissen wird. Aber Josef hatte gar nicht erst geschlafen, er musste dran glauben, ihm liefen die Tränen. Er nahm noch einmal Gustav auf den Arm. Mete begleitete ihn bis Goldacker, wo er Richtung Kummerby in der Dunkelheit verschwand. Und dann weinte auch Mete.

Am nächsten Morgen schrie Gustav wie am Spieß, als Mete ihm die Buchweizengrütze vorsetzte und er ihr verweintes Gesicht sah. Mete gab keinen Ton von sich. Schreiend lief Gustav zu Thamsens, wo Marie Thamsen ihm aus der Küche mit einem Schmalzbrot winkte und rief: Kumm her, Brotknuust gifft Knöf. Aber Gustav sah und hörte nichts, er lief schreiend in den Pferdestall. In Josefs Kammer schrie er: Josef. Es waren aber nur die beiden dicken Belgier da, die mit ihren weichen Nüstern in den Fresstrog bliesen und mit dem Schweif nach Fliegen schlugen.

Zirkus

Der erste Mann, der sich, wie von der Zigeunerin Zinna ge-
weissagt, in Annes Nähe begab, war Hanne Detleffsen, Pantoffelmacher aus Kummerby. Anne lernte ihn im Sommer
1919 auf dem Solsbüller Markt kennen, den man in den
Kriegsjahren 15 bis 18 hatte ausfallen lassen.

Obwohl überall noch Armut und Elend war und Väter
und Söhne fehlten, ging es beim ersten Markt nach dem
Krieg zu wie in alten Zeiten. Die Schulkinder hatten vormittags geschwänzt und liefen nachmittags immer noch da
rum. Sonderzüge waren gekommen, Hunderte zogen die
Bismarckstraße zum Marktplatz rauf, die Pferdehändler
rauchten Zigarren und tranken Korn, besiegelten Kauf und
Verkauf mit Handschlag.

Anne ließ am Solsbüller Hof anhalten und ausspannen.
Sie war auf dem Weg nach Hause, kam aus Pleistrup von
einer Wöchnerin. Auf der Hinfahrt hatte sie sich schon vorgenommen: Auf der Rückfahrt hältst du da an. Als sie am
Markt eintraf, heulte gerade die Dampfmaschine von Schlü-
ters Rutschbahn. Es gab Feuerfresser und Schwertschlucker,
den Mann mit der unzerreißbaren Zunge und die dickste
Frau der Welt und das Kalb mit fünf Beinen. Orchestrion-
Engel, die Sprünge hatten und an allen Ecken und Kanten
geleimt waren, bewegten, was noch zu bewegen war: Ein
Kopf drehte sich hin und her, ein Arm ging auf und ab, aber
die Blicke der Engel kamen aus schwarzen Löchern. Hässlich,
die Puppen, dachte Anne. Sie mochte auch die Musik nicht
sehr, die rausgeschmetterte Pfeifenmusik.

Es fing zu tröpfeln an; schon prasselte ein Regenschauer nieder. Sie fand Unterschlupf im Tingeltangel-Zelt von Tante Goos. Da stand Detleffsen am Tresen und machte ihr gleich schöne Augen. Schnell saßen die beiden an einem Tisch, schnell fing er mit ihr zu albern und zu scherpeln an, schnell puffte Anne ihm eins mit der Faust. Er sagte: Olala, und hob die Augenbrauen. Schon gab er saure Rippen und Bier aus. Dann gingen sie zwischen zwei Schauern eine Runde über den Markt. Detleffsen schenkte Anne sein Honigkuchenherz, das er seit ein paar Stunden unter seiner grünen Jacke trug. Er begleitete sie bis zum Solsbüller Hof, und dort hätten sie sich, während der Kutscher anspannte, beinahe noch mal gebalgt. Anne stieg auf. Es ging im Zuckeltrab über die Solsbüller Au, es ging an der Wassermühle vorbei und über den Wasserfall, wo das Wasser in ihr klopfendes Herz rein- und wieder rausrauschte.

Im Herbst desselben Jahres war die Petroleumlampenzeit vorbei. Ein kleines Elektrizitätswerk kam dahin, wo Rosa und Gret während des Krieges Rübenschnitzel und Brennnesseln abgeliefert hatten. Kurz nachdem das Hebammenhaus Strom bekommen hatte, zog Detleffsen bei Anne ein. Er brachte sein Bett mit und stellte es neben Annes Bett. Er brachte auch eine Wagenladung Erlenholz und sein Werkzeug mit: Beitel, Säge, Klemmbock. In der Waschküche richtete er seine Pantoffelmacher-Werkstatt ein. Wenn die Pankuweit zum Waschen kam, ging er mit seinen Pantoffeln über Land.

Ach, schweig mir von Hanne Detleffsen. Er war kein schlechter Kerl, und man soll ihm nicht unrecht tun. Aber Anne kriegte nach mehreren undeutlichen Gefühlen ein deutliches, als er bei einem Abendbrot mit der Faust auf den Tisch haute, weil Gustav nicht essen wollte wie er.

Rosa und Gret essen so anständig, sagte er in einem Ton, der die Faust entschuldigen sollte.

Das mag ich nicht, Hanne Detleffsen, schrie Anne, sprang auf, rannte ins Wohnzimmer und setzte sich schluchzend auf das Sofa.

Was hat sie bloß, so Detleffsen leise und mit einem Blick durchs Nadelöhr auf Mete. Mete zuckte die Schultern, sie kam mit ihm eigentlich ganz gut zurecht.

Rosa und Gret mochten ihn nicht, sie sprachen nur von Herrn Detleffsen und redeten ihn auch so an. Einmal machte er Stielaugen, als Rosa und Gret sich zum Baden in der Waschküche auszogen. Rosa lief zur Tür und knallte sie zu. Gret schrie kurz auf, machte sich ein Stück kleiner, legte das rechte Bein über das linke. Rosa sagte: Herr Detleffsen, das Schwein. Er lief an seinem Koffer vorbei und aus dem Haus. Hinten im Garten rannte er am Spargelbeet auf und ab. Darüber erstattete Mete am nächsten Tag Bericht, weil Rosa und Gret den Mund nicht aufmachen mochten. Anne schloss die Lippen fest und schwieg eisern, ihr Herz klopfte vor Schreck und Unglück. Währenddessen saß Detleffsen an seinem Klemmbock in der Waschküche und schnitt an einem Paar Holzpantoffeln, die er sich am Spargelbeet für Gustav ausgedacht hatte; Gustav sah zu, wie er mit dem Beitel ins Holz ging und die Pantoffeln langsam was wurden.

Als Gustav damit rumlief und sagte: Die hab ich von Herrn Detleffsen, fiel eine kleine Last aus Annes großer Herzenslast, und bei nächster Gelegenheit sagte sie zu ihm: Die sind ja ganz gut geworden. Damit war sie ihm wohl ein Stück zu nahe gekommen, denn sie kriegte einen Geruch in die Nase, den sie vorher bei ihm noch nicht gerochen hatte. Sie sagte es gerade heraus: Was riechst du komisch. Detleffsen zuckte mit den Schultern und zeigte mit beiden Handtellern zum

Himmel. Er wollte gern gut riechen, aber er konnte nicht. Im Solsbüller Kaufhaus Wunderwelt hatte er sich mit einmal Parfüm und einmal Rasierwasser eingedeckt. Aber Annes Nase hatte nicht in seinem Sinne reagiert. Immer, wenn er in ihre Nähe kam und sein falsches Hengstaroma steigen ließ, gab sie sich eine kleine Drehung, um gewappnet zu sein. Sie sah ihn nicht an.

So kam es, dass Anne ein paar Monate nach Detleffsens Einzug das gemeinsame Schlafzimmer räumte und seinen Koffer reisefertig in den Flur stellte. Ihre Drohung: Ich kann jederzeit ohne dich, war mehrmals ausgesprochen worden, und ebenso mehrmals war seine Antwort gekommen: Abwarten, abwarten.

Den hab ich kennen, lieben und hassen gelernt, sagte Anne einmal zu sich selber. Und immer war sie froh, wenn sie die Haustür von außen zumachte oder er seinen Reisetag hatte. Zwischen den beiden stand es auf des Messers Schneide, und auch die Kinder und sogar Mete und sogar Opa Harms in Flensburg warteten auf den Tag, an dem alles anders werden würde.

Der Tag, an dem im Hebammenhaus alles anders wurde, war ein Freitag in der Eisheiligenzeit. Rosa und Gret standen am Kacheltisch in der Küche und löffelten ihre Buchweizengrütze. Mete rührte in einem Topf am bullernden Eisenherd. Anne war gerade von einer Geburt zurückgekommen und hatte sich schlafen gelegt. Detleffsen lag noch in den Federn, und Gustav gähnte sich wach. Er musste erst später in die Schule.

Die Angst vor dem zähen Brei, die Brei-Angst, die in kleinen Portionen runtergeschluckt werden musste. Die Angst fing im Mund an. Gret hatte sie im Mund, sie verbrannte sich die Zunge. Es war die Angst vor der Schule, es war die Angst vor Lehrer Traul Traulsen, der die Vier-Klassen-Schule von Solsbüll-Mühle unter sich hatte. Traulsen redete die Schüler in der dritten Person an, er hatte immer den Fiedelbogen seiner Geige in der Hand, er war hässlich, er hatte unten an seinem Adlergesicht einen Spitzbart.

Dieser Freitag mit der Angst war ein zugiger Tag. Es war kalt. Die Schafskälte stand noch bevor. Ein Schauer jagte den anderen, und bei jedem zweiten hagelte es. Rosa und Gret kamen nass und durchgefroren in der Schule an. Der Ofen, den Traulsen morgens immer anheizte und während der Schulstunden mit Torfsoden fütterte, brannte nicht so wie sonst. Traulsen kümmerte sich mehr um Feuer und Torf als um die Kinder. Er ließ wegen des Rauchs die Fenster öffnen, und nun betraten die Eisheiligen den Raum.

Grets Banknachbarin war eine Raffinierte, sie sagte: Du, Gret, sag Traulsen, dass ich Geburtstag hab.

Dies meldete Gret wunschgemäß mit vor Kälte zitternder Stimme.

Aber Traulsen gratulierte nicht, sondern fuhr aus der Haut. Lügen tut sie auch noch, schrie er Gret an und zog ihr eins mit dem Fiedelbogen über Schulter und Rücken. Ab in die Ecke.

Gret musste oft in die Strafecke neben dem Ofen. Heute stand sie da, bis alles Blut aus dem Kopf war. Dann fiel sie um.

Traulsen zupfte an seinem Bart, es zuckte ihm um die Augen. Er sah Rosa an, die in der ersten Reihe saß. Komm, Rosa, sagte er, sammel sie auf.

Du bist ja ganz benaut, sagte Anne zu Gret nach dem Mittagessen.

Ach nichts, redete Gret an Anne vorbei. Ich geh nach oben.

Rosa ging mit. Sie hatte den Geschmack von angebrannter Magermilch im Mund, Metes Petersiliensauce schmeckte immer so. Gret knipste die neue Lampe an, zog sich aus und legte sich auf den Tisch unter das elektrische Licht. Sie schloss die Augen und ließ ihren Rücken von der Glühbirne aufwärmen, während Rosa sich am Fenster an die Hausaufgaben machte. Unten in der Küche saßen Gustav und Roland am Schornstein und sahen zu, wie Mete Wäsche legte. Detleffsen saß in der Waschküche am Klemmbock, Anne saß am Küchenfenster. Sie fuhr sich ab und zu mit dem Zeigefinger über Nase und Lippen, roch daran und betrachtete von innen die Außenwelt.

Zwischen zwei Regenschauern, als die Sonne sich zeigte und Licht auf alles warf, sagte Anne plötzlich: Hol mal einen Eimer Wasser. Mete ergriff den Eimer, der am Schornstein stand, und wollte raus an den Brunnen. Du doch nicht, du Tüffel, ich, raunzte Anne und lachte, entriss Mete den Eimer und sprang hinaus an die Pumpe im Hof unter den Linden. Sie hatte nämlich, als die Sonne über Goldacker schon leuchtete und es hier noch finster war, eine Beerdigung entdeckt, die als schwarzer Wurm herangekrochen kam. Die musste hier vorbei, denn der Weg zu Sankt Ursula führte nirgendwo anders längs. Sie hängte den Eimer über die Pumpe. Dann lehnte sie sich erst mal an und kreuzte die Arme über der Brust.

Während der Trauerzug aus Richtung Kummerby im Küchenfenster erschien, entdeckte Rosa, die eigentlich an den Schularbeiten saß, oben im Giebelfenster den seit einer Woche angekündigten dänischen Zirkus Jeppesen. Der kam über den Atzbüller Weg aus Richtung Atzbüll und musste ebenfalls am Hebammenhaus vorbei, weil der Atzbüller Weg gerade hier in die Kummerbyer Straße mündete. Zigeuner, italienische Artisten, Zebras, Kamele, Affen – das konnte man noch nicht sehen, aber das weiß man doch. Rosa weckte Gret aus ihren Träumereien unter der Glühbirne und rief Gustav nach oben. Mete, die vom Flur gesehen hatte, was Anne von der Pumpe sah, rannte hinter Gustav die Treppe rauf, ging aber in ihr Mansardenzimmer und setzte sich mit ihrem halb fertiggestrickten Pullover ans Fenster; von dort überblickte sie Hof und Straße. Detleffsen kriegte von alledem nichts mit. Er saß in der Waschküche und schnitzte.

Anne begann zu pumpen, langsam, damit der Eimer nicht zu schnell voll wurde. Gäule in schwerem Zaumzeug vor dem schwarzen Leichenwagen, der Kutscher in Gehrock und mit Zylinder auf dem Bock, daneben der Liekfolgbeder, ein Schuljunge, der in seinen Händen das Kreuz mit dem gewichtigen Familienkranz hielt. Der Leichenzug zog sich hin, Anne musste auf das Pumpen achten, denn es kam noch mehr Pferdegetrappel mit noch mehr Wagen, darauf saßen Männer in teurem Schwarz unter schwarzen Zylindern, Frauen in teurem Schwarz unter schwarzen Hüten hinter schwarzen Schleiern. Als am Ende die trauernden Fußgänger in billigem schwarzem Sonntagsstaat kamen, standen die ersten Zirkuswagen an der Kummerbyer Straße, um Richtung Sankt Ursula und Gemeindewiese weiterzufahren. Die Zirkusleute zogen den Hut. Die Kinder stürzten nun die Treppe runter, standen in der Haustür, sahen Anne an der Pumpe, sahen die Beerdigung, sahen den Zirkus. Mete sah alles von oben, während sie strickte. Detleffsen sah unentwegt nur seine Pantoffeln. Gustav hielt Roland am Halsband fest, Rosa lutschte an ihrem einen Zopf, und Gret hielt ihren rechten Schuh in der Hand. Annes Eimer war voll und lief über, es plätscherte zu ihren Füßen.

Sie kannte den Toten, der da zu Grabe gefahren wurde, es war der reichste und dickste Bauer aus Kummerby, nun im Eichensarg, von Lilien, Rosen und immergrünen Kränzen erstickt. Anne hatte mal ein Kind bei einer seiner Tagelöhnerfrauen geholt. Er hatte sich geweigert, Pferd und Wagen zu schicken, und seinem Tagelöhner gesagt: Einer Hebamme, die ihr Kindermädchen mit einem russischen Kriegsgefangenen verkuppelt, bin ich überhaupt nicht behilflich. Soll sie sehen, wie sie herkommt, sagen Sie ihr das.

Der Zirkus Jeppesen kam nun wieder in Bewegung und folgte der Beerdigung in gebührendem Abstand. An der Sankt-Ursula-Kirche bog der Trauerzug in den Friedhof ein. Die Jeppesen-Leute fuhren daran vorbei bis zur Gemeindewiese. Da stellten sie ihren Tross ab und ließen die Tiere heraus.

Die Kinder waren hinterhergegangen. Sie sahen bunt bemalte Wagen mit schmucken Fenstern, dahinter weiße Gardinen und davor Blumen in Blumentöpfen, die den Eisheiligen zum Trotz blühten. Kleine Kristalle glitzerten in der Sonne, Gold- und Silberflitter schwebte im Wind. Muskulöse Männer rissen derbe Witze und lachten bei der Arbeit, und in einer Pause kamen Frauen mit Bier, Würstchen und Kartoffelsalat. In kurzer Zeit stand alles in Pracht: die Arche Noah nach der Landung, paarweise die Tiere um die Arche herum, und zwischen den Tieren die Familie Noah aus Dänemark. Der Rotblonde musste der Zirkusdirektor Jeppesen sein, die Kleine seine Frau, zierlich und brünett, eine Italienerin. Alles wohl eine riesige Familie mit nahen und entfernten Verwandten. Auch Zigeuner waren dabei, die sich für die Zirkusnummern auf Indianer oder Neger schminkten. Die Frau mit den langen Zöpfen, die allein hinterm Wohnwagenfenster saß und häkelte, war eine von ihnen. Sie rauchte Pfeife und hatte goldene Ringe an den Fingern und goldene Armbänder an den Handgelenken.

Gustav stand zwischen zwei Wagen, wo die Eisheiligen kalt

und elend durchbliesen. Er dachte an Metes Wärme und an ihr Lied. Mete hatte heute über Zirkus und Beerdigung seinen Mittagsschlaf vergessen. Also wärmte er sich notdürftig an den Zirkuswagen, am Zelt und an den Tieren. Die Pferdetruppe bestand aus einfachsten Gäulen, die Hundetruppe aus einem Spitz und etlichen Promenadenmischungen. Zwei Affen waren da, mit Grimassen und roten Ärschen. Gustav schämte sich deswegen und fasste sich mit der Rechten an den Hintern.

Gret warf einen Blick in den Zigeunerwagen, als die Wagentür offen stand. Da saß die Zigeunerin mit Häkelzeug in der Hand. Der Zigeuner, der da immer rein- und rauslief, hatte aber schon wieder die Tür zugemacht, und Gret stellte sich den Zigeunerwagen als Puppenstube vor, alles winzig und kariert und gemütlich und warm.

Rosa hatte Tiere gefüttert, mit ein paar Brotresten aus dem Brotschrank und mit ein paar Zuckerstücken aus eigener Tasche. Jetzt fror sie. Sie sammelte Gustav ein und rief Gret zu: Mete wartet mit dem Abendbrot.

Ich komm gleich hinterher, rief Gret zurück. Sie wollte die Puppenstube noch eine Weile länger im Kopf behalten.

Es war spät. Es war aber noch nicht dunkel. Das Mühlenrad stand still im Mühlengrund. Claus Selken, der Mühlenpächter, war per Fahrrad auf dem Weg nach Hause, einen Mehlsack auf dem Gepäckträger, ein Mehlgesicht auf dem Hals. So fuhr er an der Zigeunerfrau, die hinterm Wohnwagenfenster saß, vorbei, auch an Gret, die immer noch da stand und jetzt auch fror.

Der Tod, hörte sie die Zigeunerin zu ihrem Zigeunermann sagen.

Es ist nicht der Tod, mein Herz, antwortete der, hustete und legte seiner Zigeunerfrau die Hand auf den Kopf.

Gret hatte genug gehört und gesehen. Sie fing zu laufen an, immer hinter Claus Selkens Schutzblechgeklapper her. Sie kriegte wieder rote Lippen und warme Backen und atmete ein paarmal tief ein und aus, bevor sie die Haustür öffnete. Ich hab keinen Hunger, rief sie kurz in die Küche, lief die Treppe hoch und warf sich aufs Bett. War die Zigeunerfrau eine Zauberin. War das überhaupt Deutsch gewesen, was sie gesprochen hatte. Vorm Einschlafen sah sie den Zirkusdirektor die Dressurpeitsche schwingen und damit knallen, aber es war nichts zu hören. Manch wilder Gaul, so fing sie noch einen Satz an und versuchte, ihn auf die Lippen zu kriegen. Mit einem Kopf voller halbfertiger Sätze schlief sie ein.

Schritte ums Haus. Klopfen an der Haustür. Anne hörte im Traum Josef ans Fenster klopfen und sah die beiden dicken Belgier mit ihren schön blasenden Nüstern im Kaukasus in kaukasischen Pferdeboxen stehen, wo sie die Spreu vom Weizen trennten. Es war aber nicht Josef, der da klopfte, sondern einer von den Jeppesen-Leuten.

Kommen Sie, hustete er Anne ins Gesicht.

Anne erkannte ihn an der Stimme wieder, und er erkannte Anne wieder. Es war Schandor Wenzel, der sie vor ein paar Jahren in Flensburg zur Geburt rausgetrommelt hatte.

Dass es die Frau von damals sein sollte, konnte Anne kaum glauben, als sie im Wohnwagen stand. Erst dachte sie: Das ist der Großvater, weil sie einen Herrenanzug trug und der schwangere Bauch nicht zu sehen war. Die Frau war in die Breite gegangen, aber Anne erkannte sie an der Pfeife und an den Zöpfen.

Da sagte die Zigeunerin: Du bist die Frau von damals.

So klein ist die Welt, aber wie heißt sie noch, dachte Anne. Nun man erst mal raus aus den Plünnen, Zinna, sagte sie, und Zinna weinte, weil Anne sie beim Namen nannte.

Diesmal gab es ein Bett, Schandor hatte gut eingeheizt, es qualmte nicht, es biss nicht in der Nase und kratzte nicht im Hals. Schandor hatte ausgefegt und aufgeräumt, das kochende Wasser für Annes Instrumente stand schon auf dem Ofen.

Zinna hatte eine Fehlgeburt, die schnell und schmerzlos ging. Es kam ein weicher und welker Kindskörper zur Welt, mit schlaffen Gelenken, schlotternden Kopfknochen, aufgetriebenem Bauch. Zinna war gerade über den fünften Monat.

Ich hab es gewusst, sagte sie zu Anne. Ich hab immer gefroren, ich wurde nicht dicker, ein Stein war in meinem Bauch, der fiel hin und her.

Du musst dich zwei Wochen schonen, sagte Anne.

Sie packte ihren Hebammenkoffer. Zinna fühlte sich von einer Last befreit. Schandor wollte noch in derselben Nacht nach Hamburg aufbrechen, um das tote Kind von einem katholischen Pfarrer bestatten zu lassen.

Dein Mann ist gegangen, sagte Zinna zu Anne. Ich hab es gespürt, als das tote Kind da war. Wir haben kein Geld.

Als Anne zu Hause das Flurlicht anknipste, war Detleffsens Koffer verschwunden, sein Bett lag unberührt. Anne roch aber Detleffsen noch überall. Er kommt mir nicht wieder her, flüsterte sie immer wieder, während sie durch die Zimmer ging und aus jedem Zimmer ein Stück weniger bedrückt rauskam. Schließlich stellte sie ihren Hebammenkoffer an Detleffsens Kofferplatz. Sie starrte eine Weile auf den Koffergriff und auf das Kofferleder, dann schloss sie die Haustür zweimal ab.

Ein paradiesischer Maimorgen tat sich nach dem kalten Vortag am Himmel auf. Detleffsen war mit den Eisheiligen über alle Berge, keiner weiß, wohin, ist auch egal. Anne, Mete und die Kinder schliefen noch. Die Vögel in den Büschen und in den Linden waren wach und sangen. Wie schön flogen an diesem Sonnabendmorgen die Wolken dahin, wie nah lag der Himmel dahinter.

In aller Frühe, nach einem Traum, in dem Anne die Hauptrolle spielte, hatte Opa Harms in Flensburg den ersten Zug genommen. Er fuhr bis Kummerby, von dort machte er seinen Fußmarsch nach Solsbüll-Mühle. Bei Affegünt spuckte er in die Kummerbyer Au, auf der Goldackerhöhe, von wo man die beiden ersten Häuser sieht, winkte er mit dem Hut. Frühmorgens, wenn die Hähne krähn, das sang er von weit. Roland bellte im Flur. Gret und Rosa hörten Roland bellen und den Großvater singen. Anne hörte ihren Vater durchs offene Gartenfenster. Gustav und Mete hörten die Mädchen die Treppe runterstürzen. Opa Harms hingen Gret und Rosa schon am Hals, und Roland lief schon um die drei bellend und wedelnd herum, als Anne herauskam und ihren Vater ungekämmt und weinend umarmte. Dann rannte sie zu Bäcker Sprenger und holte zwanzig Brötchen. Mete machte Feuer, band sich eine weiße Schürze um, kochte Kaffee.

Sie standen oder saßen alle um den Kacheltisch in der Küche beim Frühstück.

Gret fragte: Wie lange bleibst du, Opa.

Übers ganze Wochenende, sagte Opa Harms.

Das klang, als bliebe er für immer. Das klang wie jeden Morgen zwanzig Honigbrötchen. Das klang wie Metes weiße Schürze und wie Rolands wedelnder Schwanz. Das klang wie keine Angst vor Lehrer Traulsen.

Rosa und Gustav gingen den kürzesten Weg zur Schule, während Gret noch einen Umweg über die Gemeindewiese machte und dem Zirkus einen Besuch abstattete. Sie betrat deswegen die Schule eine halbe Stunde zu spät durch den

Künstlereingang. Traulsen war gerade in Fahrt und sprach gegen die Zigeuner, gegen die Dänen und gegen die Franzosen, die zwar keine Zirkusleute waren, aber irgendwie in den gleichen Topf gehörten. Sie alle erinnerten ihn nämlich an die Weimarer Republik. Und er ließ seine Schüler aus einem Munde Versailles schreien, was den Kindern immer Spaß machte.

Also von da kommt sie, fauchte er Gret an, die ihren Umweg der Wahrheit entsprechend meldete. Das sieht ihr ähnlich, das ist der richtige Umgang für sie, aus ihr wird mein Lebtag nichts.

Gret, wie aus der Pistole geschossen, rief ihm ins Gesicht: Aber wenn du tot bist.

Sie hielt sich beide Arme über den Kopf, weil Traulsen nun zuschlagen würde, und Traulsen schlug zu und schickte sie in die Strafecke. Heute fiel sie aber nicht um, denn sie ließ hinter geschlossenen Augen ein paar Zirkusleute auftreten.

EINE ALTERNDE SEILTÄNZERIN Goldmädel, steh nur fest hin, aus dir wird noch mal was.

EINE ÄLTERE FRANZÖSISCHE REITERIN (In langschäftigen Stiefeln, mit falschen Haaren und finsterem Blick, dass man keine Lust hat, sie anzuschauen.) Du musst dich drehen, biegen, strecken – biegen, strecken, drehen – strecken, drehen, biegen.

(Ein abgerichtetes Pferd wiehert Gret zu. Ein bockender Esel tritt, typisch französisch, Traul Traulsen mit beiden Hinterhufen in den Arsch.)

FRANZKARL VON SANDEN (Ein schöner junger Mann unbekannten Reichtums.) Ich halte zu dir, Greti. Magst sein, wer du magst, und mag geschehen, was immer geschieht.

(Opa Harms erreicht im Laufschritt die Schule und ist aus

der Puste. Gret und Franzkarl von Sanden geben sich die Hand.)

OPA HARMS Hast einen braven Mann, Gret. (Er wendet sich Franzkarl von Sanden zu.) Da haben der Herr Baron aber eine teure Frau zur Gemahlin.

Während Gret mit dieser Vorstellung ihre Ohnmacht besiegte und Traulsen Rosa für Fleiß und Folgsamkeit lobte, steckte sich zu Hause Gustav ein Stück Schokolade von Opa Harms in den Mund, rollte Mete am Kacheltisch in der Küche Fleischklöße für die Frische Suppe und weinte Anne sich an der Schulter ihres Vaters, der neben ihr auf dem Plüschsofa saß, Detleffsen von der Seele.

Schade, dass er schon weg ist, sagte Opa Harms, ich hätte mir heute die Schuhe fester geschnürt und die Jacke übergeworfen, dann wär ich zu ihm in die Waschküche gegangen. Und dann. Opa Harms sah auf sein Hemd und zupfte ein paar Fusseln ab.

Paradiesischer Maitag ist keine Übertreibung, er hatte sich wirklich wunderbar aufgetan. Die schönen weißen Wolken des Morgens segelten noch schöner und weißer am Nachmittag. Sie segelten auf richtigem Kurs über Annes Hebammenhaus und die mannshoch gewachsene Laube hinweg, wo sich alle Hasses versammelt hatten. Mete kam mit der weißen Kaffeekanne und den Honigbrötchen. Opa Harms, in Hosenträgern, rieb sein unrasiertes Kinn an den Kindergesichtern. Die Kinder fanden es schön, einen Großvater zu haben. Das Blut floss ihnen warm durch die roten Wangen, die Sonne schien ihnen warm in die Haare, der Johannisbeersaft und die Brötchen rutschten ihnen köstlich durch die Hälse. Aus tiefster Tiefe neu geboren. Als die Rede auf

Detleffsen kam, prusteten und kicherten sie bis in die Nach-
bargärten, die offenen Fenster, die vorgezogenen Gardinen,
die Besten Stuben.

Still, sagte Anne, wollt ihr wohl.

Ein Warner aus G.

Das Solsbüller Vortragswesen nahm im parlamentarischen Zeitalter einen ungeheuren Aufschwung. Mit Ausnahme des Ingenieurs Talbot von der AEG, der empfahl, sich zum Kochen mehr des elektrischen Stromes zu bedienen, sprachen alle Referenten über den letzten Krieg: Graf Luckner über seine Seeräuber-Abenteuer bei Kreuz- und Kaperfahrten, Admiral Grashoff, in dessen Haus in einem Flensburger Vorort Rosa als Hausmädchen diente, über den U-Boot-Krieg, der fast den Sieg herbeigeführt hätte, der Marinegeschichtler und Kapitän zur See Bruch über die, bei genauerer Betrachtung, siegreiche Schlacht am Skagerrak und über seine persönliche Rettung, kurz bevor der Blanke Hans ihn verschlingen konnte, der Oberpfarrer Kreuzer über göttlichen Beistand auf dem Schlachtfeld See. Die meisten Redner traten mehrmals mit demselben Thema auf und hatten im Solsbüller Hof immer volles Haus, weil die Leute vom siegreichen Reden nicht genug bekommen konnten.

Aber von noch so viel nachträglicher Begeisterung wurde keiner satt. Leere Schubfächer und Regale gähnten in den Geschäften. Es gab nur was von der Hand in den Mund. Die Schachtel Zündhölzer war tausendmal teurer als vor dem Krieg, die Packung Zigaretten auch. Opa Harms verkaufte 1923 seine zehn Häuser in Flensburg für siebenhundertsiebzig Billionen Mark, nachdem sich seine sieben Töchter und Söhne wegen des Testaments in die Haare gekriegt hatten. Zehn Tage später bekam er für das Geld noch sieben Oberhemden in Friedensqualität. Er starb.

Ebenfalls starb Dr. von Meggersees Frau Mariechen. Es gab eine großartige Beerdigung, die der Doktor sich leisten konnte, weil Arztpraxis und Gutsbetrieb in diesen Zeiten die ideale Kombination waren. Ärmlich aber war das Geläute. Bei der Bestattung auf dem Friedhof von Solsbüll-Mühle läutete nur die eine übriggebliebene Glocke von 1675; die andere, eingeschmolzen im Winter 1917, hatte im Frühjahr 1918 nach einem französischen Volltreffer ihr Leben als Kanone ausgehaucht. Der Eichenhof in Solsbüll-Mühle hätte nicht ausgereicht für Leichenvolk und anschließendes friedensmäßiges Essen. Der Solsbüller Hof in Solsbüll musste her.

An einem Tag im Herbst 1923, als die Wolken dünn waren und in Fetzen nach Südosten flogen, war Viehhändler Julius Nathan in seinem Einspänner auf dem Weg von Solsbüll nach Güldenholm, um ein Dutzend Rinder zu kaufen. Das Pfund Rindfleisch kostete zwanzigtausend Reichsmark. Unter seinem Lodenmantel trug er einen Pfeffer-und-Salz-Anzug, er rauchte wie üblich Zigarre, ab und zu drückte er den Hut auf dem Kopf wieder fest. Neben ihm lag seine Aktentasche. Er ließ an den Sandsteinengeln der Güldenholmer Hofbrücke vorbeitraben und hielt an der Treppe des Herrenhauses. Oben standen Dr. von Meggersee senior und sein Verwalter Hannes Hansen, ein tüchtiger junger Landwirt aus Schwedeneck im Dänischen Wohld.

Denn suchen Sie sich man die Braten aus, mein lieber Nathan, begrüßte ihn Meggersee senior mit Handschlag.

Während Viehhändler und Verwalter durch den Kuhstall gingen, blieb Meggersee senior beim Einspänner und strich mit der Hand über den Pferdehals. Er kannte sich mit Pferden aus, war jahrelang selber Einspänner gefahren. Nun stand ein Mercedes-Benz im Stall. Meggersee hatte den gesunden Pferdegeruch in der Nase und ließ ihn in seine Gedanken hinein. Er wischte sich ein paar Schweißtropfen von der Stirn und schwankte ein wenig, griff mit der Rechten in die Pferdemähne, um sich zu halten. Er sah, wie der Herbstwind in Nathans offene Aktentasche fuhr und Geldscheine rauswehte. Millionen Reichsmark flogen durch die Luft, obwohl ein ganz anderes Zahlungsmittel vereinbart war. Meggersee sah das Geld an den Riesenkastanien, die um Güldenholm herumstanden, sah es runterfallen und ein weiches Bett aus Geld machen. Da sich hinlegen und einschlafen. Nathan und Hansen mussten ihn stützen und ihm beim Reingehen helfen. Sie betteten ihn auf die Couch im Wintergarten. Die Mamsell machte den Schlipsknoten auf und öffnete den Kragen.

Das vereinbarte Zahlungsmittel war ein fast neues Motorrad, das in Nathans Schuppen stand, eine Mabeco, Zweizylindermotor mit 749 Kubikzentimeter Hubraum von Siemens & Halske. Die Maschine war das ideale Geschenk für Sohn Otto, der gerade mit seiner Facharztausbildung bei Professor Stöckel in Kiel fertig geworden war.

Schon steckte der junge Doktor, der über Wehen, Wetter und Mondphasen promoviert hatte, in einem strammen Lederanzug. Schon blies ihm der kalte Solsbüller Fahrtwind ins Gesicht, schon klatschten ihm Regentropfen auf die gummigeränderte Motorradbrille. Schon trat er dem Bund der Frontsoldaten bei, dem auch Nathan angehörte, und unternahm mit diesen Stahlhelm-Leuten Motorradausflüge, die ihn durch ganz Deutschland führten, nach Königsberg, Berlin, München, an Geld fehlte es ihm ja nicht.

Aber mit dem Motorrad fuhr er auch kreuz und quer durch das Solsbüller Land, fuhr von Patient zu Patient, den Arztkoffer hinten auf dem Gepäckträger. Wurde er an ein Krankenlager gerufen, war er schneller da, als der Vater je hatte da sein können. Er war ein ausgezeichneter Arzt, es machte ihm Freude zu helfen, und alle mochten ihn, Kranke wie Gesunde, sie rühmten seinen beruflichen Eifer. Aber diesbezüglich war er bescheiden: Ich hab ja meine Mabeco, die ist nun mal schnell.

Auf der Mabeco begann er zu reden. Da hörte er sich selber reden zum schönen Viertakt-Klang des Motors. Den mochte er von Anfang an, und nachdem er sich an seine Stimme gewöhnt hatte, mochte er die auch. Eines Tages sagte er froh in den Fahrtwind: Ja, meine Stimme kann sich hören lassen. Er dachte sich eine Einladung und eine Tagesordnung aus. Er bat ums Wort und um Ruhe im Saal. Zu Punkt eins, der Lage im Lande, führte er dann aus: Liebe Landsleute, unser Herz ist voll von dieser nachtschwarzen Zeit des Elends und der Unterdrückung. Wir wollen nicht eher ruhen und rasten, als bis Elend und Unterdrückung durch unseren eisernen Willen und durch unsere nie versiegende Liebe zu unserem über alles geliebten deutschen Vaterland von uns genommen sind. Wir wollen fest sein und hart bleiben. Ich warne vor jeglicher demokratischer Weichheit, denn nur so können wir unseren Ehrenplatz im Reigen der großen Völker einnehmen. Ihm kam es nicht darauf an, dass die Gedanken stimmten. Stimmen musste der Redefluss. Wenn der stimmte, entstand das, was ihm so köstlich war, sein Hochgefühl. Das trug ihn ratternd über Stock und Stein. Weitere Tagesordnungspunkte interessierten gar nicht mehr. Zum Abschluss erbat er nochmals das Wort. Er sagte unter viel Beifall und Hochrufen: In diesem Sinne lasst uns auseinandergehen, und die Blaskapelle der Freiwilligen Feuerwehr spielte das Deutschlandlied.

Meggersee hielt an, stellte den Motor ab und lehnte seine Maschine gegen einen Baum. Er zog seine Ledersachen aus, nahm den Arztkoffer vom Gepäckträger und klopfte an die Haustür von Patient Traul Traulsen, bis vor kurzem Lehrer in Solsbüll-Mühle. Dem war es in letzter Zeit immer schlechter gegangen. Vagabunden hatten bei ihm eingebrochen und die Speisekammer leergeräumt. In der Schule hatte er mehr als früher Zeter und Mordio geschrien, mehr denn je mit seinem Fiedelbogen zugeschlagen. Aber weniger denn je war bei seinem Unterricht herausgekommen. Es summte in seinem Kopf. Der Schulrat hatte ein Gespräch mit ihm geführt. Bald danach war ein Brief aus der Landeshauptstadt gekommen, der seine vorzeitige Pensionierung verfügte. Dies alles erfuhr der junge Doktor, als er an Traulsens Bett saß und ihm den Puls fühlte. Das Herz taugte nicht mehr viel. Meggersee ließ ein paar Tropfen da. Dann politisierten der Kranke und der Gesunde noch ein wenig. Sie hatten das gleiche Gefühl und die gleiche Stimmung. Und wenn sie sich auch nicht darüber im Klaren waren, worum es eigentlich ging, so wurden sie doch beide fromm in dem Glauben, dass sie sich einig waren und recht hatten.

Es muss etwas geschehen, ächzte Traulsen.

Gewiss muss etwas geschehen, sagte Meggersee. Wir machen was, Herr Traulsen. Und wenn Sie wieder gesund sind, machen Sie mit.

Es geschah nun das Folgende. Meggersee äußerte sich in einem abgekarteten Leserbrief-Spiel als Erster. Ein Redakteur der Flensburger Norddeutschen Zeitung spielte mit und druckte Meggersees Zuschrift. Nur eine Partei, so war da zu lesen, die mit echter deutscher Begeisterung für die vaterländischen Ideale kämpft, lässt noch hoffen. Die bisherigen Rechtsparteien haben versagt, eine Theaterpolitik im Reichstag genügt nicht. Wenn jetzt die Großindustrie damit droht, ihre Arbeiter auf die Straße zu setzen, so muss diese Behandlung den für sich und seine Familie um Brot besorgten Arbeiter schwer in seinem Stolz kränken und zu Maßnahmen reizen, die nicht im Interesse des Volkes liegen können. Ich warne aber vor den Gewerkschaften. Niemand soll die Gewerkschaften unterschätzen. Ich warne davor. Ich fordere die Rückkehr zu einem patriarchalischen Verhältnis in allen Betrieben. Das heißt, ich fordere ein soziales, verantwortungsbewusstes Empfinden beim Arbeitgeber, andererseits aber auch Arbeitsfreudigkeit und persönliches Interesse am Gedeihen des Betriebes beim Arbeitnehmer. Ein Warner aus G.

Dem Warner aus G. herzlichen Dank dafür, dass er den Geist des Nationalsozialismus zu uns gebracht hat. So schrieb ein paar Tage später der ehemalige Offiziersaspirant Steiger in seinem Beitrag in derselben Zeitung. Das Verhalten der Großindustrie und des Großgrundbesitzes, so Steiger weiter, hat die Spaltung der Rechtsparteien zustande gebracht. Deshalb ist die Gründung einer hiesigen Ortsgruppe der Nationalsozialistischen Partei unbedingt erforderlich geworden. Es gibt hier bei uns schon viele Gesinnungsgenossen, weshalb ich den Warner aus G. bitte, die Gründungsversammlung alsbald einberufen zu wollen. Dem Warner aus G. sei allerdings ins Stammbuch geschrieben: Mit einem neuen patriarchalischen Verhältnis wird es nicht getan sein. Allen, die noch nicht gehört haben, worum es wirklich geht, sei hiermit gesagt: Der Nationalsozialismus bekämpft das internationale jüdische Großkapital, das uns in den Krieg und ins Elend gestoßen hat. Darum fordern wir die Aufhebung des Schanddiktats von Versailles. So ist dem armen Deutschland die Wehrhoheit zurückgegeben, welche die allgemeine Wehrpflicht zur Folge haben und das Elend der Arbeitslosen beseitigen wird. Denn aus sämtlichen Schichten unseres Volkes rücken gleich drei Jahrgänge ein, die Arbeitslosigkeit ist dann behoben. Es wäre zu wünschen, dass die Partei zu einer gewaltigen wächst. Die Hoffnung ist gegeben, denn es wird überall in Deutschland dringend nach Ortsgruppen verlangt. Vorläufig soll es uns nicht kümmern, wer regiert. Das eine aber steht fest: Wir wollen einen Mann der Tat.

Sie fingen klein an. Zu dem am 9. Mai 1925 abends um acht Uhr in Rabes Gasthof stattfindenden Vortrag des Herrn Stadtrat Lohse, Altona, über das Thema: Was will Adolf Hitler, wurden alle Parteigenossen herzlich eingeladen, Freunde der Bewegung, hieß es, seien willkommen. Der Besuch war mäßig, es erschienen neun Personen: cand. jur. Heinrich Steiger; Dr. med. Otto von Meggersee; Hanne Detleffsen, der drei Dörfer weitergezogen war, nun wieder Pantoffelmacher in Kummerby; Tete Tutensen, Friseurobermeister aus Solsbüll; Oswald Pankuweit, Landarbeiter aus Solsbüll-Mühle; Harry C. Goldschmidt, Großbauer auf Affegünt; und zum Ortsvorsitzenden wurde der Studienrat Axel Voss aus Solsbüll, zu seinen Stellvertretern wurden der Musiklehrer und Leiter des Solsbüller Orchesters Peter Pankok und der Oberlehrer i. R. Traul Traulsen aus Solsbüll-Mühle gewählt. Den richtigen Weg zum Guten, so Voss in seiner kurzen Rede nach der Wahl, finden wir zwischen beiden Polen, auf der einen Seite SPD und Kommunisten, auf der anderen die Staatsordnung. Wir wollen wieder einen Heiland des Volkes, einen starken, gesunden, echt deutschen Mann, einen Mann, der nicht im Dunstkreis der Großstadt groß geworden, sondern dem die reine Bergluft oder der frische See- und Heidewind um die Stirn geweht ist, von Kindheit an, also einen, den wir wahrhaft lieben können.

Studienrat Voss wurde aber schon bald auf Verlangen der Lehrerschaft wegen seiner politischen Agitation unter den

Schülern sowie wegen homosexueller Beziehungen seines Amtes enthoben und musste Solsbüll verlassen. Nun übernahm der angesehene Meggersee den Vorsitz, da Pankok und Traulsen nur Stellvertreter bleiben wollten. Als Erstes feuerte er den Kassenführer Hanne Detleffsen, diesen, wie er sagte, windelweichen, gewissenlosen Halunken, der sich aus den Mitgliedsbeiträgen bereichert habe. Zusammen mit Steiger, der ab 1926 die Solsbüller SA führte und 1927 nach zwei Anläufen das Assessor-Examen bestand und die Rechtsanwaltslizenz erhielt, bewirkte er einen Aufstieg der Partei in Solsbüll, wie er in Deutschland seinesgleichen suchte. Während die Sozialdemokraten mal langsamer, mal schneller in ihren Untergang marschierten und am Ende nur noch über einen müden Haufen Stammwähler verfügten, gewannen die Nationalsozialisten zuletzt über fünfzig Prozent aller Stimmen.

Mit Motorrad und Auto und stets brodelnden Reden war Meggersee überall unterwegs. Wo Geld fehlte, da schoss er aus eigener Tasche zu. Wenn ein höherer Parteimensch zu bewirten war, dann tat er es. Er bezahlte einen Mittagstisch für die Kinder arbeitsloser Parteigenossen. Und Steiger zog in seinem Rechtsanwaltsbüro geschickt an allen möglichen Fäden und lotste Redner aus Deutschlands Gauen her. Das heißt, Graf Luckner, Kreuzer, Bruch und Grashoff erhielten Konkurrenz. Der seit 1925 in Schleswig-Holstein tätige Gauleiter Lohse sprach über den Raubzug der internationalen Hochfinanz von Versailles bis Genf. Der friesische Pastor a. D. Münchmeyer, nun im Dienst des Antisemitismus, sprach über die Sklavenpeitsche des Weltkapitals. Gegen den lief seitens der Landeskirche ein Verfahren wegen Amtsmissbrauchs, das zu seinem Rücktritt aus dem geistlichen Stand führte, nicht aber zum Ende seiner Rednertätigkeit. Was rausmuss, muss raus. Münchmeyer gehöre zu den mitreißendsten Rednern, er sei der lebende Beweis für deutsche Aufrichtigkeit und Innerlichkeit, so Meggersee.

Auch Adolf Hitler sollte nach Solsbüll kommen. Meggersee telefonierte deswegen mit Gauleiter Lohse, und der schrieb einen Brief an Hitlers Privatsekretär Rudolf Hess mit der Bitte um schnellste telefonische Zusage, denn die zuständigen Stellen hätten bereits einem Hitler-Auftritt zugestimmt, trotz des noch offiziell geltenden Redeverbots. Dann musste Meggersee leider einen Rückzieher machen, denn das preußische Innenministerium in Berlin lehnte nach nochmaliger Prüfung aus sicherheitspolitischen Gründen ab. Als die Absage aus Solsbüll kam, hatte der Führer gerade seinen kleinen Kreis um sich versammelt und sagte: Ich muss mich fragen, fasst man das dort als Spott oder Spaß auf. (Heiterkeit.) Glauben Sie mir, meine Herren, den Herren da oben wird der Spaß noch vergehen. Dafür werde ich sorgen. Und wenn nicht ich, dann wird es die rote Meute tun.

An Führers statt sprach im Solsbüller Hof am 17. März 1929 der Pastor a. D. Münchmeyer, den Meggersee kurzfristig bekniet hatte. Der Propaganda-Meisterschaft Meggersees war es zu verdanken, dass auch bei der Münchmeyer-Versammlung nicht das kleinste Plätzchen frei blieb. Steiger begrüßte die Anwesenden und den Redner; er entschuldigte den Ortsvorsitzenden, der einen dringenden Fall im Krankenhaus hatte. Er muss mal wieder schnippeln. (Heiterkeit, Bravorufe.) Der Pastor a. D. begann mit: Deutsche Schicksalsgenossen und Schicksalsgenossinnen. Er reklamierte das Volksbegehren gegen den Young-Plan als unsere Sache, um dann nacheinander die Juden, die sozialdemokratische Republik, die nicht unsere Sache ist, und Frankreich runterzumachen. Zu guter Letzt riss er allen anderen Parteien die Maske vom Gesicht. Als Gegenredner meldete sich niemand, obwohl dazu ausdrücklich eingeladen worden war. Während Steiger am Schluss die neue Ortsgruppenfahne hochhielt, die dank der Spendenfreudigkeit der Ortsgruppenmitglieder erworben worden war, sagte er: Der Sozialdemokrat Herr Siegfried Siemsen wäre von allen hier gern gesehen worden.

Der hatte im Blumenzimmer mitgehört. Er hatte auch die Münchmeyer-Worte vorm Auseinandergehen mitgehört: Ob Judenpack, ob zugewandertes Gesindel, ob rote Ballonmütze oder bürgerlicher Zylinder – treibt die Schurken zu Paaren und jagt sie mit eisernem Besen hinaus. Das zündete und fachte das Volk an, und alle sprangen von den Stühlen, jeder wollte draußen der Erste sein und sehen, ob schon was los war.

Nach draußen gegangen war auch Siegfried Siemsen, der Siemsen, der – seit Verdun einarmig und mit dem EK 2 ausgezeichnet – im Dezember 1918 die zurückkehrenden 86er im Namen des Soldatenrats begrüßt hatte. Er hielt sich vor der Durchfahrt des Solsbüller Hofes, wo ein paar Pferde im Stroh standen und Heu fraßen, an seinem Fahrrad fest. Ganz gern hätte er, nachdem ihn die Nationalsozialisten dazu aufgefordert hatten, seine Meinung gesagt, aber getreu den Beschlüssen der Partei verzichtete er darauf, die Versammlung seiner politischen Gegner interessant zu machen und ihnen die Kasse zu füllen. Gegenüber der sozialdemokratischen Reichsbanner-Jugend, die immer wieder stürmisch Abrechnung mit den Nazis forderte, hatten die erfahrenen Genossen sich durchgesetzt. Mit dem Weitblick des Alters sagten sie: Die nationalsozialistische Bewegung trägt schon jetzt den Keim des Untergangs in sich.

Kaum waren die ersten Versammlungsteilnehmer draußen an der frischen Luft, da fiel der Ausdruck Volksverräter, womit Siegfried Siemsen gemeint war. Falls dieser Ausdruck nicht gefallen sein sollte, so muss Siemsen angenommen haben, dass er gefallen war, denn er fühlte sich genötigt, Gipfel der Unverschämtheit und Aufgeblasene Dummköpfe zurückzurufen. Aufgeblasen rief er übrigens deswegen, weil Münchmeyer mit der Urheberschaft des Volksbegehrens geprotzt hatte. Bester Herr Siemsen, Münchmeyer hat die allgemeine Parteiauffassung wiedergegeben, und der öffentliche Vortrag einer allgemeinen Parteiauffassung kann niemals Aufgeblasenheit sein. Also bekam Siemsen von zwei Leuten einen Schubs und fiel um, wobei sein Fahrrad sich schützend auf ihn legte.

Es war stockdunkel, abends um halb zehn. Jedermann konnte überall zuschlagen, keiner wurde erkannt. Auch latschten welche mit ihren klobigen Tretern über Siemsen hinweg, der von unter dem Fahrrad seine Kameraden vom Reichsbanner Schwarz-Rot-Gold herbeischrie. Aus dem beleuchteten Hauseingang kamen hochgehobene Stühle. Raus, raus, rief es drinnen und draußen, und die Schlägerei brach los. Die Polizei trat erst auf, als der Tumult für alle Beteiligten an ein befriedigendes Ende gelangt war und die Menge sich verlief. Siemsen hatte Ruhe, kam hoch und machte sich mit seinem Fahrrad aus dem Staub, während die Polizei zwei allerletzte Streithähne auseinanderriss und aus Motorradreifen geschnittene Riemen aufsammelte und beschlagnahmte. Auch ergatterte sie eine Anzahl halbmeterlanger Holzkeulen aus bestem Erlenholz, angefertigt und geliefert von Hanne Detleffsen, der sich mit hundert Stück aus seiner Pantoffelmacher-Werkstatt wieder lieb Kind bei Meggersee gemacht hatte, von dem er wegen der Parteikasse rausgeschmissen worden war.

Während die Reichsbanner-Leute auf dem Nachhauseweg halb Rache schworen, halb nicht und während Siegfried Siemsen in Solsbüll-Mühle von seiner Frau Käthe die Kratzer und blauen Flecken behandelt sowie Bratkartoffeln, Speck und Spiegelei auf den Tisch gebracht bekam, ließ Steiger seine SA-Leute – unverletzt oder verletzt spielt keine Rolle – in Marschordnung antreten und Richtung Rabes Gasthof marschieren. Der Weg zu Rabe führte an der Bürsten- und Pinselfabrik Erichsen vorbei. Erichsens waren Juden, wovon es in Solsbüll nur eine kleine Handvoll gab. Da war noch die Familie des Viehhändlers Nathan, der zeitweise dem Vorstand des örtlichen Stahlhelm angehört und mit dem jungen Meggersee Motorradfahrten unternommen hatte. Und schließlich waren da die Riehls, eine Mühlenarbeiterfamilie: Eduard Riehl war 1919 als Stadtrat-Kandidat der Unabhängigen Sozialdemokratischen Partei durchgefallen. In Solsbüll gab es weder jüdische Geschäfte noch eine Synagoge. Die paar Juden fielen nicht auf, im Rathaus wurden sie korrekt behandelt, ansonsten lebten sie mit einem Hauch von Hass, mit dem man leben kann.

Steiger ließ seine Truppe vor der Bürsten- und Pinselfabrik halten. Der zum Teil verletzten Formation schrie er mit kräftiger Kommandostimme ins Gesicht: Links um.

Es folgte Gemurmel in den Reihen.

Ich kann heute aber nicht so lange.

Ich bin ziemlich erledigt.

Eigentlich stinkt mir das Ganze.

Ruhig, Kameraden, heute gibt's noch was.

In dem Gemurmel war dann auch noch Getrappel wie in einem Sauhaufen.

Elender Sauhaufen, schrie Steiger, nicht mal richtig Links um machen und den Mund halten könnt ihr. Das klingt ja, wie wenn ne Ziege aufs Trommelfell scheißt.

Womit er bewirkte, dass alle lachten und wieder hinter ihm standen.

Oben im ersten Stock wohnte der Guttempler-Bruder des jüdischen Fabrikbesitzers Moritz Erichsen, Dr. Friedel Eckstein, der ab August 1914 beim Reserve-Infanterieregiment 86 als Oberleutnant dabei gewesen war. Eckstein hatte Steiger damals die ungünstige Beurteilung geschrieben, sodass der nicht Offizier geworden war. Eckstein, Oberstudienrat am städtischen Gymnasium, war Mitglied der Demokratischen Partei. Nun flog Steinhagel in seine Fenster, denn Steiger hatte geschworen: Die Eckstein-Schande wird getilgt. Scherben fielen runter. Das Licht oben ging aus. Eine Tür schlug zu. Die Steinschmeißer johlten. Ein Trupp, mit Pinsel und Farbe bewaffnet, schmierte: Verrecke, an die Gartenpforte. Der Rest nahm unter Leitung von Parteigenosse Pankok Aufstellung und sang zur Melodie unserer Nationalhymne folgendes Lied:

Friedel, Friedel, du verrecke
für das deutsche Vaterland,
dass man dich nie mehr entdecke
und verscharrt liegst unterm Sand.
Friedel, Friedel, du musst sterben,
bist das Unglück hier im Land.
Friedel, Friedel, du verrecke
für das deutsche Vaterland.

Dann befahl Steiger wieder: Antreten, und: Morgen dasselbe noch mal, Abmarsch und Marschziel Rabes Gasthof. Dort hatte Hanne Detleffsen alle Vorkehrungen für das nun fällige Besäufnis getroffen: Tische zusammenstellen, Schnapsgläser auf ein Tablett und schon mal zapfen lassen. Steiger sorgte zunächst dafür, dass die Verletzten ordentlich verbunden wurden. Das könnte ja eigentlich unser Doktor machen, sagte er, aber ihr müsst auch verstehen, dass unser Doktor heute fehlt; er ist eben ein feiner Mensch.

Bei der ein paar Tage später stattfindenden Mitgliederversammlung reichte mal wieder der Platz nicht aus. Gastwirt Rabe sah in seiner Kasse viel klingende Münze und spekulierte hinter der Theke: Entweder die Gaststube vergrößern oder einen Saal anbauen oder beides. Vorsitzender Meggersee kündigte im Punkt zwei der Tagesordnung die Einrichtung einer Parteigeschäftsstelle an, die sich wegen des Mitgliederzuwachses vernotwendigt habe. Unter Verschiedenes sagte er Hanne Detleffsen seinen Dank für die sehr nützlichen Erlenholzknüppel; wegen des Fehlbestandes nach der Münchmeyer-Versammlung müssten allerdings welche nachgemacht werden.

Gern, Parteigenosse Dr. von Meggersee.

Und nun, als Höhepunkt der Tagesordnung, verkündete Meggersee für den diesjährigen Solsbüller Markt das große Ereignis: Unser Führer wird zu uns sprechen. Am Schluss ließ er eine Spendenliste rumgehen, weil zwei weitere Fahnen angeschafft werden sollten: Sodass wir insgesamt auf drei Stück kommen.

Roland beißt den Führer

Ein Jahr verging. In Wahrheit wusste keiner, ob ein oder zwei oder wie viele Jahre überhaupt vergingen. Der genaue Zeitraum lag im Dunkeln.

Wir müssen die Sache generalstabsmäßig anpacken, sagte Otto von Meggersee zu Hildegunde Steinbeiß, die, damals ganz jung, die rechte Hand seines Vaters in der Praxis Bismarckstraße gewesen war. Der alte Meggersee lag inzwischen neben seiner Frau im Familiengrab. Hilde, Sie besorgen zwei Rollen weiße Tapete und je achtmal Bleistift, Radiergummi und kariertes Papier bei Schreibwaren Schlüter. Und die Patienten halten Sie mir vom Hals, Sie wissen schon, die Ausnahmefälle.

Dienstmädchen Wilma zog auf Geheiß den Wohnzimmertisch aus und nahm das Käte-Lassen-Bild von der Nordwand weg.

Denn da sollen die Tapeten hin, damit ich was draufmalen kann, so Meggersee.

Zur ersten Sitzung, die er einberufen hatte, erschienen um acht Uhr abends die acht Mann, die er in seinem Generalstab haben wollte. Er hatte bei der Berechnung der Stärke auf ein Standardwerk zurückgegriffen: Schlachten des Weltkrieges, Band 1 bis Band 34. Nach längerem Denken, Motorradfahren und Überschlafen hatte er die Lösung: eins zu acht. Er selber war die Eins, der Chef des Generalstabs, und die acht waren seine Generalstäbler.

Landarbeiter und SA-Mann Oswald Pankuweit, Friseurobermeister Theo Tutensen und Pantoffelmacher Hanne

Detleffsen meldeten sich zehn Minuten zu früh zur Stelle. Pünktlich waren der Leiter der Goethe-Schule, Studiendirektor Dr. Detlev Diercks, der statt des verhinderten Steiger kam, und Meggersees Onkel, der ehemalige Reichstagsabgeordnete Ludwig von Qualen aus Pleistrup. Hinzu kamen dann, etwas verspätet, der Getränkegroßhändler Heinrich Brase alias Hein Selter aus Solsbüll-Mühle sowie Traul Traulsen, der pensionierte Oberlehrer, aschgrau und eingefallen. Landwirt Harry C. Goldschmidt war der Letzte; er nahm genau um Viertel nach acht seinen Platz ein und sagte: Nun können wir anfangen.

Steiger, der natürlich zuallererst vorgesehen gewesen war, hatte um Entlastung gebeten – da ich in meiner Kanzlei bis über beide Ohren in Arbeit stecke, sodass ihr dieses eine Mal ohne mich auskommen müsst. Ich lege alles vertrauensvoll in deine zarten Chirurgenhände, Herr Doktor, hatte er zwinkernd zu Meggersee gesagt. Die Wahrheit war aber nicht nur in der Ortsgruppe bekannt: Steiger hatte bei einem Besäufnis in Rabes Gasthof die brennenden Deckenlampen mit Biergläsern zertrümmert, nicht umsonst hatte er bei seinen Freunden den Spitznamen Wildschwein-Steiger. In dem darauffolgenden Dunkel war es zur Rauferei gekommen, aus der er an Kopf und Arm verwundet hervorgegangen war. Auf Anraten Meggersees, der ihn verbunden hatte, hütete er das Bett und mied für eine Weile die Öffentlichkeit.

Kameraden und Parteigenossen, begrüßte Meggersee die acht aus seinem Stab, die im Wohnzimmer um das hundert Jahre alte Familienerbstück aus dunkel gebeizter Eiche versammelt saßen. Sie glauben ja gar nicht, was wir alles zu beachten und auf die Beine zu stellen haben. Vor ihm lag ein Merkblatt von der Parteileitung aus München: Wenn der Führer spricht. Es ist also kein Spiel, liebe Leute, sondern

Ernst. Alles muss wie am Schnürchen über die Bühne gehen, und wehe, wenn nicht. Ich denke, dass ich als Ortsvorsitzender die Leitung übernehme. Und da die Parteikasse nicht gerade flüssig ist, erkläre ich mich bereit, für eventuelle Ausfallbeträge Bürgschaft zu leisten.

Detleffsen, der das Protokoll führte, meldete sich zu Wort: Was sind das, Ausfallbeträge.

Das ist, wenn du Schulden hast und der Doktor bezahlt sie, sagte Pankuweit, um anschließend seine feiste Lache auszuschütten.

Jeder hat das Recht zu fragen, sagte Tutensen.

Feine Sache, nickte Detleffsen mit Kennermiene und nahm sich eine Zigarre aus der Zigarrenkiste.

Ich schieße also, wie gesagt, aus meiner Privatschatulle zu, ließ Meggersee noch einmal wissen. An Sie, Parteigenosse Tutensen, richte ich die Bitte, ab sofort das Protokoll zu führen.

Während das Dienstmädchen Wilma Käse- und Schinkenbrötchen auftischte und Hein Selter das Bier aus der im Flur abgestellten Spendierkiste reihum gehen ließ, malte Meggersee mit Zeichenkohle den Grundriss des Solsbüller Hofs inklusive Durchfahrt, Vorplatz und Hauptstraße auf die Tapete. Einen guten, wünschte Wilma, als sie rausging. Harry C. Goldschmidt, der an der Tür saß, hatte Lust, sie in den Hintern zu kneifen, jung und knusprig, wie sie war, tat es aber nicht, denn Dienst ist Dienst, und Schnaps ist Schnaps.

Meggersee legte gerade letzte Hand an die Skizze, da steckte die Steinbeiß den Kopf durch die Tür.

Ein dringender Fall, starke Schmerzen.

Gleich, gleich, sagte Meggersee.

Es ist Herr Doktor Eckstein, sagte die Steinbeiß.

Für heute erst mal Schluss, meine Herren, sagte Meggersee, und zur Steinbeiß sagte er: Noch einen kleinen Moment. Bevor er die Sitzung schloss, ging er seinen Stab im Uhrzeigersinn durch und verteilte Aufgaben und Posten: Damit jeder weiß, was ihn erwartet, und er sich ab sofort vorbereiten kann.

(Tutensens Protokoll) Detleffsen und Pankuweit im und am Solsbüller Hof zuständig für Sicherheit und Ordnung, das heißt Zusammenarbeit mit SA und Polizei. Vor allem Steiger Bescheid sagen. Mit dem Wirt Christiansen gut stellen. Christiansen ist dickköpfig und geizig. Detleffsen fährt den Führer, weil er am längsten Führerschein hat. Tutensen schneidet allen Parteigenossen in der Woche vor der Veranstaltung die Haare zum halben Preis. Des Weiteren die drei blonden Mädchen besorgen, die am Springbrunnen im Solsbüller Hof mit schönen Zopffrisuren dem Führer rote Geranien überreichen. Diercks kümmert sich um Lautsprecher und sorgt dafür, dass die Leute draußen auch noch was hören. Plakate kleben werden Brases Getränkewagenfahrer, er selbst stellt zwei Waschkessel Erbsensuppe bereit. Der Führer isst gern Erbsensuppe, das Volk auch. Brase soll das in Solsbüll unübliche Mineralwasser Marke Fachinger reichlich zur Verfügung haben, denn das trinkt der Führer, und vielleicht mögen wir das ja auch. Goldschmidt sucht zwei Stenographen für die Führerrede zum Mitschreiben, er soll Pankok und die SA-Kapelle möglichst bald zu üben anfangen lassen. Von Qualen kümmert sich um das Wetter gleich nach Jacobi, das heißt, stellt die Verbindung zur Marine in Flensburg-Mürwik her. Traulsen spricht sechs angesehene Männer an, die auf der Tribüne sitzen sollen und nachher die Führerrede beeiden, damit die Presse nichts verdreht. (Protokoll Ende)

Eine Stunde nach Meggersees unvorhergesehenem Abschied war das Wohnzimmer vollgequalmt, blauer Dunst, flache Wolken, waren die Teller leergegessen, die Flaschen Flensburger ausgetrunken bis auf eine halbvolle, die Hanne Detleffsen in der Jackentasche hatte. Traul Traulsen ging als Letzter.

Indessen saß Meggersee, den weißen Kittel über die braune SA-Uniform gezogen, bei seinem Patienten im Behandlungszimmer der Praxis. Dr. Friedel Eckstein lag mit geschlossenen Augen auf der Liege, Meggersee hatte dem Leberkranken ein paar Liter Bauchflüssigkeit abgezapft.

Ach, sagte der, nun ist mir wieder leichter.

Aber nur halb erleichtert zog er des Weges. Eigentlich hatte er etwas wegen der immer wieder bei ihm vorbeimarschierenden SA zum Doktor sagen wollen. Auf dem Weg zu Rabes Gasthof sangen sie immer dieses Lied, und immer wieder wurde an die Pforte geschmiert. Das machte ihn mürbe, und an sein Herz brandete und schäumte der Ozean, und Salzwasser lief hinein, und Haifische schnappten mit ihren messerscharfen Zähnen und rissen Stücke raus. Eckstein hatte also Meggersee nicht gefragt, und Meggersee hatte ihn nicht darauf angesprochen, obwohl er wusste, was im Kopf seines Patienten umging.

Draußen vor Meggersees Praxis stand noch an der Eisenpforte Traul Traulsen und atmete schwer. Hein Selter wartete im Auto auf ihn.

Kommen Sie auch mit, Dr. Eckstein, altes Haus, rief Hein Selter hinterm Steuer seines Opels, wir haben doch ein Stück gleichen Weg.

Und während Traulsen ächzte und sich mit der Rechten ans Herz langte und nicht zu tief durchatmete, sagte Eckstein: Ich muss unbedingt mit jemand reden.

Hein Selter, der durch die spärlich beleuchteten Solsbüller Straßen steuerte, sagte: Das müssen wir alle, Herr Doktor. Er sagte es nur so hin, er dachte was anderes. Er sah seinen Getränkehandel größer und größer werden, weil die Leute mehr und mehr zu trinken haben wollten. Vor allem: Fachinger Mineralwasser sollte hier oben berühmt werden. Die in Bayern oder wo immer das Wasser herkam, die sollten sich noch wundern.

An der Gasolin-Tankstelle, wo es in die Gartenstraße zur Villa Diercks ging, stieg Eckstein aus. Ich muss unbedingt mit jemand reden, murmelte er. Ach, mit seiner Frau konnte er nicht reden, die hielt nicht zu ihm, die sah, wenn er damit ankam, beiseite. Aber irgendjemand musste ihn doch ansehen, anhören.

Oberstudiendirektor Dr. Diercks kam im Bademantel an die Tür, er hatte schon im Bett gelegen und gelesen. Nein, Eckstein störte nicht. Die Eheleute Diercks schliefen getrennt.

Entschuldigen Sie, aber ich muss Sie unbedingt sprechen.

Ja gut, ich will nur wieder unter die Decke, kommen Sie mit nach oben, mir ist nicht besonders warm.

Oben sah Eckstein den kleinen Tannenwald, der ums Haus stand. Der volle Mond darüber, die Wolken hell und still. Wir brauchen kein Licht, sagte Eckstein.

Nehmen Sie den Stuhl, und setzen Sie sich zu mir. Was gibt es denn Wichtiges, Herr Kollege.

Eckstein flüsterte im Halbdunkel Richtung Diercks: Gestern haben sie wieder die Pforte zu meiner Wohnung beschmiert: Verrecke, und ein Hakenkreuz darüber. Ein Lied mit Morddrohungen ist gegen mich gesungen worden. Es war Steiger, Herr Direktor. Sie haben doch Kontakt zu ihm. Ich bitte Sie als meinen Vorgesetzten, mit ihm zu sprechen.

Dies musste ich loswerden, Herr Direktor, es ist mir nicht leichtgefallen.

Nun beruhigen Sie sich erst mal, mein Lieber. Nun mal ganz langsam. Diercks richtete sich in seinem Bett auf, strich die Decke, dann sein Haar glatt. Nun seien wir doch mal ehrlich, wundern Sie sich wirklich darüber.

Ja, darüber wundere ich mich, Herr Direktor.

Mein lieber Eckstein, jedermann weiß, dass Sie Steiger die Offizierslaufbahn vermasselt haben. Außerdem haben Sie als Mitglied der Deutschen Demokratischen Partei und jetzt vom Reichsbanner, ich bitte Sie, auch ganz schön.

Ich habe meinen Untergebenen Steiger nach bestem Wissen und Gewissen beurteilt. Im Vertrauen, man konnte ihn schon damals nicht ohne Aufsicht lassen, und der Hellste war er auch nicht. Kriegsabitur, Sie wissen, na schön, das soll er haben. Aber nun ist der Krieg aus, Herr Direktor.

Eine Privatangelegenheit, Sie und Steiger. Gehen Sie zu ihm hin, Herr Kollege. Reden Sie mit ihm. Aber ich für meinen Teil sehe nicht, dass ich hier als Schule tätig werden muss.

Friedel Eckstein bedankte sich und stand auf. Er fand alleine runter, zog die Haustür hinter sich zu. Wieder schäumte der Ozean an sein Herz, wieder waren Haifische da, von der kranken Leber tropfte wieder Flüssigkeit in den Bauch. Halb so schlimm, Herr Kollege. Er ging schwer. Er war erst wenig über vierzig, er hätte leichter gehen können. Die meisten Ihrer Kollegen haben doch die Hohlheit der letzten Jahre erkannt, mein lieber Eckstein, so hörte er Diercks weiterreden. Bald hat der Führer das Wort, wir werden nicht schlecht dastehen, wir werden alles in die Hand nehmen. Ja, mein lieber Eckstein, an unserer Küste wächst ein anderer Menschenschlag heran als an den Ufern des Jordan.

Mein lieber Eckstein. An den Ufern des Jordan. Es ist zum Verrücktwerden.

Als er kraftlos in den Hausflur seines jüdischen Vermieters und Guttempler-Bruders Moritz Erichsen trat, lag Traul Traulsen in Solsbüll-Mühle auf dem Sterbebett. Meggersee saß an seiner Seite, und Traulsen war, als wäre Meggersee an seiner Seite wie ein guter Kamerad. Dem wäre vielleicht ebenso zumute gewesen, wenn er alles in Traulsens Kopf gesehen hätte. So aber war Traulsens Sterben für ihn langweilig. Er hatte ihm eine Beruhigungsspritze gegeben, hin und wieder zog er seine goldene Taschenuhr. Er überlegte, wer im Generalstab für Traulsen einspringen konnte.

In Traulsens Kopf lebte noch einmal einiges auf. Ein Butterbrot, eine Botanisiertrommel, damit war er zu Fuß unterwegs nach Winum in Nordschleswig zu seiner Präparandenstelle. Die deutschen Bauern ließen ihn am Mittagstisch, den er reihum zu gehen hatte, mit hochgezogenen Brauen und gerümpften Nasen seinen niedrigen Stand fühlen. Nun, auf dem Sterbebett, spürte er hinter seinen geschlossenen Augen die Tränen, die er als Kind zu weinen begonnen und in Nordschleswig weitergeweint hatte, Tränen vom morgendlichen Schulofen-Anheizen, Tränen von der Erniedrigung. Er verbrannte sich noch einmal die Finger an einer glühenden Torfsode und versuchte, sich seinen Schmerz von der Hand zu wedeln. Er schmeckte noch einmal den Geschmack von Kohlsuppe, die eigentlich gar nicht schlecht schmeckt, aber auf die Dauer ist sie eine Strafe. Am Ende sah er sich noch einmal so: Junger Mann mit Geige spielt zum Tanz auf und taumelt nach ein paar Bechern Punsch ins Bett. Da lag er nun. Dann sagte er die Zehn Gebote her. Sein Herz hörte zu schlagen auf und fing nicht wieder an. Meggersee drückte ihm die Augen zu. Inzwischen hatte er den Ersatzmann gefunden, nämlich Anton Winterfeldt, Bestattungen, Solsbüll; den wollte er fragen, der sollte sich nun um die sechs Angesehenen kümmern.

Zwei Tage nach Jacobi war in Solsbüll der Tag des Führers. Der Solsbüller Markt war in vollem Gang. Das Marktwetter war wie von der Marine gemeldet, nämlich schlecht wie üblich. Nach dem Pferdemarkt am Vormittag gab es wieder die ersten Betrunkenen, die den Bierschaum mit Schnee verwechselten und danach griffen. In Tante Goos' Schankzelt gingen Presskopf und saure Rippen über den Tresen, und die Leute fingen zu scherpeln an. Helle Scharen kamen aus allen Himmelsrichtungen durch die geschmückten Straßen. Die Geschäfte, deren Inhaber davon träumten, eines Tages Hoflieferanten im Dritten Reich zu werden, waren mit Hakenkreuzen dekoriert.

Der inzwischen dreizehnjährige Gustav wollte sich das Ereignis nicht entgehen lassen und hatte sich per Fahrrad und mit Roland an der Leine auf den Weg gemacht. Morgens um neun war er schon bei Karl Kroghmann in der Westenstraße. Kroghmanns packten gerade ihren Hausrat und zogen von Solsbüll nach Solsbüll-Mühle um, wo Vater Kroghmann eine Zimmerei und Stellmacherei erworben hatte. Karl war schwach im Rechtschreiben, aber stark im Rechnen. Während der Markttage betrieb er eine Fahrradaufbewahrung, und an diesem Tag wollte er das Geschäft seines Lebens machen. Auf einem Schuhkarton stand geschrieben: Aufwaarung von faräder 10 PFG. Peter Pankok, führendes Mitglied der nationalsozialistischen Ortsgruppe, hatte gleich den Karton unter die Lupe genommen und gesagt: Da sind sechs Fehler drin, Kroghmann. Aber Karl sagte: Die Leute kommen liekers, Herr Pankok.

Meggersees fachmännisch geführte Organisation sorgte für Ruhe und Ordnung um den Solsbüller Hof herum, während die Blaskapelle der SA, der Sport-Abteilung, wie Steiger seine Truppe gern nennen ließ, vaterländische Weisen ausposaunte. Der Saal war schon eine Stunde vor Beginn der Veranstaltung voll. Ganz vorne waren Plätze für Klein- und Sozialrentner frei gehalten, draußen standen über tausend Menschen aus allen Schichten der Bevölkerung, allerdings kaum Arbeiter. Angesichts dessen sagte Steiger zu Meggersee: Ein Zeichen, dass die Arbeiterschaft immer noch nicht aus dem Sumpf jüdisch-marxistischer Vergiftung heraus ist. Er sah wieder vorzeigbar aus, befand sich auf dem besten Weg zur Respektsperson.

Dann fuhr eine schwarze Limousine vor, die von der Partei beim Flensburger Mercedes-Händler gemietet worden war. Hanne Detleffsen saß am Steuer. Die Leute sprangen zur Seite, Pankok ließ die Musik mitten im Stück einen passenden Schluss finden, aus der Sport-Abteilung waren die ersten Jubelrufe zu hören. Roland saß an Gustavs rechtem Knie bei Fuß und knurrte und fletschte die Zähne, nachdem er bei der Musik den Kopf verdreht und leise mitgejault hatte. Gustav nahm die Leine strammer, und Karl Kroghmann sagte entweder zu Roland oder zu Gustav: Pass auf.

Düster gekämmt stieg der Führer aus dem hinteren Wagenschlag, den Meggersee aufgerissen hatte und den Steiger mit tief gesenktem Kopf aufhielt. Als Steiger seinen Kopf wieder hochnahm, brach der Jubel los. Entsprechend gehoben schwebte der Führer mit einem schnell kreisenden Arm dem Eingang zu. Neben ihm stolperte der Tollpatsch und SA-Stabsführer Ernst Röhm, der sich nachher von Steiger die Solsbüller SA vorführen lassen wollte. Der Führer nahm beschwingt die drei Stufen, Röhm, Steiger und Meggersee hinterher. Es ging zum frischgesäuberten Springbrunnen. Da standen drei hübsche siebzehnjährige Nationalsozialistinnen mit Zöpfen und in Solsbüller Tracht. Die waren vom Generalstab nach Haar, Größe und Vornamen ausgewählt worden. Blond waren sie alle drei. Die Größte war Gudrun Diercks – sie hielt in zitternden Händen einen weißen Blumentopf mit blutrot blühenden Geranien in schwarzem Humus. Das soll den Führer an seine Fahne gemahnen, die grünen Blätter stören nicht, hatte Harry C. Goldschmidt gesagt. Eingerahmt wurde Gudrun Diercks von Irmgard Tutensen und Rita Pankok. Gudrun bekam die Hand des Führers und seinen Blick. Der Führer reichte Röhm die Geranien, Röhm reichte sie Steiger, Steiger reichte sie Meggersee.

Die drei Mädchen standen noch immer hingeschmolzen, als Führer, Gefolgschaft und Geranien längst im Saal waren, wo alles aufsprang und jubelte. Auf der Bühne thronten die sechs Angesehenen, unter ihnen Ludwig von Qualen und Harry C. Goldschmidt. Zwei der Bewegung gewogene Stenografen von Erichsens Bürsten- und Pinselfabrik, in Schlips und Kragen und Ärmelschonern, saßen mit gespitztem Bleistift da. Überall herrschte Rauchverbot, weil der Führer wegen seiner stark beanspruchten Stimme keinen Rauch vertrug. Vorne fehlte ein Rednerpult, denn er sprach frei. Links neben ihm war ein weiß gedecktes Tischchen, darauf legte er sein Konzept. Eine verschlossene Flasche Mineralwasser stand da, ein Glas daneben, der Flaschenöffner. Unterm Tisch hielt sich eine Kiste Fachinger in Bereitschaft. Für alle Fälle hatte Meggersee den schönsten Sektkübel aus dem Güldenholmer Familiensilber mit Eiswürfeln füllen lassen, damit der Führer sich die heißgeredeten Hände kühlen konnte.

Der Jubel legte sich, als Meggersee die Arme hob. Er

durfte gemäß Anweisung nicht mehr als einen oder zwei Sätze sagen, da sonst die Führerrede zu kurz kam. Meggersee sagte nur einen Satz: Es ist und bleibt eine große Ehre, Sie, meinen Führer, hier in Solsbüll begrüßen zu dürfen. Bei diesen Worten suchte er den Blick des Führers, aber der sah ihn nicht an, der hatte seine Augen dauernd woanders. Es entstand eine kleine stille Pause, in der Meggersee dachte: Hoffentlich ist der Führer mir nicht böse, hoffentlich habe ich nichts falsch gemacht. Dann fing der Führer die Stille auf und redete los. Der schmale Kopf, der alpenländische Dialekt, die schmalen Hände, von denen Frauen immer so begeistert waren. Übrigens sprach der Führer ohne Honorar, weil er kein Bankkonto hatte. Alles, was er einnahm, führte er an die Parteikasse ab. Der Führer war selbstlos und aß einfach, siehe Erbsensuppe. Das Protokoll vermerkte Heiterkeit, als er sagte: Zahmes Geschnatter parlamentarischer Gänseriche, und rauschenden Beifall, der nicht enden wollte, am Schluss. Meggersee hätte gern das Heil auf den Führer ausgerufen, aber er durfte das nicht, da jede Beweihräucherung zu unterbleiben hatte. Statt dessen musste er das Heil auf Deutschland ausbringen und die erste Strophe des Deutschlandliedes singen lassen. Die zweite musste er gleich zu Anfang mit einer Riesenhandbewegung abwürgen, da sonst die Führerrede nicht genug nachgewirkt hätte.

Meggersee und Steiger folgten dem Führer wieder nach draußen, wo Röhm den SA-Kameraden Steiger am Ärmel zupfte und mit in die Gaststube zog, um noch einen zu heben. Für einen Augenblick standen der Führer und Meggersee alleine oben auf der Eingangstreppe. Neugierige reckten sich, damit der Führer in ihren Blicken baden konnte. Meggersee badete mit.

Roland hatte während der ganzen Rede, die aus vier großen Lautsprechern nach draußen gelangt war, seine Zunge aus dem Maul hängen und Speichel in Strömen über die Lefzen fließen lassen. Als Kroghmann wieder leise und deutlich sein Pass-auf zischte, duckte Roland sich zum Sprung und zog die Leine zwei Kilo strammer. Der Führer schritt herab. Es war eine Minute Totenstille in ganz Solsbüll. Nur die Lautsprecher brummten. Kroghmann stampfte mit dem rechten Fuß auf, Roland riss sich von seinem Herrchen los und scherte sich nicht um dessen Zurück-zu-mir-Geschrei. Wie ein tollgewordener Wolf schoss er hinter dem Führer her, der bekanntlich nur Schäferhunde mochte und eine Abneigung gegen Promenadenmischungen hatte. Roland roch das. Meggersee öffnete gerade ehrfurchtsvoll den hinteren Wagenschlag, Röhm stiefelte gerade heran und trat seine Zigarre am Boden aus, Steiger tuschelte ihm gerade was unter die SA-Mütze. Gustav und Kroghmann schrien wie verrückt: Roland. Aber es war schon zu spät. Roland hatte den Führer hinten zu fassen gekriegt, hatte schon ein Stück schwarze Breeches-Hose, ein Stück braunes Hemd und ein Stück weiße Unterhose in seinen Reißern, sodass, kurz bevor die Wagentür zuknallte, das herumstehende Volk, stumm vor Staunen, wie ein Hund so etwas wagen kann, für einen Augenblick auf den Arsch des Führers sehen musste.

Steiger hatte das Maul auf. Meggersee machte ein paar Schritte. Röhm stand wie angewurzelt. Dann aber schlug er blitzschnell Kapital aus dem Stand der Dinge. Mit dem rechten Stiefel versetzte er Roland einen Tritt, dass dieser heulend zwischen Gustavs Beine flüchtete, aber mit dem rechten Arm hob er die behandschuhte Faust hoch und brüllte: Wer putscht, ist ein Kerl, wer nicht putscht, ist kein Kerl. Diese Bemerkung musste er später schwer büßen.

Der Führer ließ sich in Solsbüll nie mehr blicken, aber das Geschehen hatte Nachspiele. Während die Nationalsozialisten überall Pst machten, nutzte die sozialdemokratische Presse den Vorfall aus ihrer Sicht. Siegfried Siemsen schrieb im Solsbüller Volksboten einen launigen Artikel mit der Überschrift: Wird Hitler nun tollwütig, was ihm einen Stapel Drohbriefe und eine Serie anonymer Anrufe einbrachte. Das war das eine Nachspiel.

Das andere war: Meggersee berief eine außerordentliche Mitgliederversammlung in Rabes Gasthof ein. Als Erstes las er einen Brief der Parteizentrale vor und ließ die darin geforderten Maßnahmen beschließen – Maßnahmen im Zusammenhang mit der letzten Veranstaltung und mit der in Kürze stattfindenden SPD-Versammlung, wo der Reichstagsabgeordnete Julius Leber aus Lübeck zu folgendem Thema sprechen wollte: Hitlers großer Betrug. Der stets zu Bemerkungen aufgelegte Harry C. Goldschmidt schlug vor, die SPD-Plakate zu übermalen und umzuändern in Hitlers großer Besuch. Das erinnert die Leute an neulich und bringt uns Stimmen, sagte er. Sein Vorschlag wurde aber abgelehnt. Stattdessen wurde beschlossen, den jährlichen Ausflug der Ortsgruppe auf den Tag der Leber-Veranstaltung zu legen und neue, 85 Gramm schwere Karabinerhaken für die Schulterriemen anzuschaffen. Pankuweit hatte die von der Parteileitung gelieferten als zu klein befunden. Lasten, Absperrungen, ihr wisst schon.

Meggersee fühlte sich als Chef des Generalstabes für alles verantwortlich. Aber eines, was die Partei gewünscht hatte, brachte er nicht übers Herz: ... ist der Familie Hasse in geeigneter Form klarzumachen, der Hund muss weg.

Mein lieber Steiger, volles Verständnis, aber das kann ich nicht. Ich arbeite seit zig Jahren mit Frau Hasse zusammen.

Ich bin kein Unmensch. Außerdem, es gibt keine rechtliche Handhabe.

Ah, der liebe Doktor will sich seine zarten Chirurgenhände nicht beschmutzen. Was heißt rechtliche Handhabe. Wir bluffen, mein Lieber. Also gut, ich fahre selber hin. Aber mach dir klar: Jetzt hab ich einen bei dir gut.

Steiger fuhr mit seinem Motorrad nach Solsbüll-Mühle ins Hebammenhaus. Anne stand mit dem Hebammenkoffer in der Hand und wollte gerade los. Mit Steiger sah sie was Böses kommen. Sie hielt sich an ihrem Motorrad fest. Sie wurde blass um die Lippen und weiß an Nase und Händen.

Schönen Gruß von Dr. von Meggersee, so begann Steiger. Er ist verhindert. Um es kurz zu machen, Frau Hasse, Ihr Hund muss weg. Steiger stand ein paar Schritte vor Anne, die Arme über der Brust gekreuzt.

Anne wusste schon alles von der Pankuweit. Sie schrie mit Tränen in den Augen und einem Kloß im Hals nach oben: Gustav, du kommst sofort herunter. Gustav, der an seinen Schularbeiten gesessen und gerade aus dem Fenster gesehen hatte, kam angetrottet und stand vor Steiger. Roland kam hinterher und wimmerte an Gustavs rechtem Bein. Steiger gab Gustav eine 7,65-mm-Pistole von Sauer & Sohn.

Du bist nun alt genug für so was. Irgendwann ist immer das erste Mal.

Gustav nahm Pistole und Munition und sagte nichts.

Von diesem Tag an war Steiger für Anne gestorben. Der knatterte nach Solsbüll zurück, in seine Kanzlei. Anne knatterte mit ihrem Motorrad nach Affegünt, wo Lene Goldschmidt in Wehen lag und auf sie wartete. Die Geburt würde schwierig werden, also saß Meggersee auf seiner Mabeco und war ebenfalls nach Affegünt unterwegs.

Während Meggersee und Anne das Mädchen Donna zur

Welt kommen ließen – die Goldschmidt hatte einen Damm-riss, und Meggersee musste nähen –, ging Gustav mit Roland in den Mühlenwald. Er ging den gewundenen Weg hoch, an der linken Hand die Leine mit Roland, in der rechten einen Spaten. Er hörte den Wasserfall rauschen. Herrchen bringt dich in den Himmel, sagte er. Oben am geschlossenen Koppeltor, wo die offenen Felder beginnen, schoss er Roland in den Kopf. Er begrub ihn an Ort und Stelle. Später machte er eine Eintragung in sein Tagebuch, die erste: Roland im Mühlenwald erschossen.

Während ich hier

Es ist später Nachmittag, halb sechs. Da fängt Robert immer an. Da hat der rote Bus ihn gerade nach Hause gebracht. Er ist die Stufen runtergestiegen und aus der Bustür getreten. Robert hat Blumenkohlohren, Tatzenfinger, Mandelaugen. Zwei weiße Brauen aus dem Salzfass und Sommersprossen aus dem Paprikastreuer. Haare und Fingernägel sind immer kurz geschnitten; manchmal trägt er ein Käppi, ein Dach überm Kopf.

Robert ist sechzehn Jahre alt, noch ein Kind. Er sagt nie was. Er singt nur. Morgens, wenn er das Haus verlässt, singt er noch nicht. Morgens schweigt Robert nur. Seine Mutter weckt ihn, zeigt ihm mit dem Zeigefinger vorm Mund, dass er leise sein soll. Roberts kranker Vater schläft noch, ist endlich im Morgengrauen eingeschlafen. Die Mutter legt Robert das Zeug zum Anziehen hin und macht das Frühstück. Wenn es Zeit für den Bus ist, sagt sie: Robert, jetzt kommt er. Sie fasst ihn unter die Achseln, hebt ihn vom Küchenhocker hoch, zieht ihn weg von seinem Kakao und vom halb gegessenen Honigbrötchen.

Robert trägt eine Umhängetasche über seiner Windjacke, eine Cordhose darunter und Tennisschuhe. Er macht sich schwerer, als er ist, auch müder, als er ist. Er macht seinen Mund weit auf. Seine Mutter schiebt ihn von der Küche in den Flur. Er schluckt noch ein paar Krümel und schließt die Augen. Er legt einen Unterarm über die Augen und blinzelt unten durch. Langsam wird er durch den Flur nach draußen geführt. Eine Hand liegt auf der linken Schulter, eine andere schiebt ihn an der rechten Schulter. Die Stimme über ihm sagt: Robert, jetzt kommt er. Roberts Füße wollen nicht. Er schlurft über den Teppichboden. Er macht sich extra schwer. Er sieht ein Stück vom Teppichboden. Der Teppichboden ist glatt. Seine Mutter schiebt ihn einfach drüber, und er sagt kein Wort. Dann sind sie kurz vor der Haustür. Die ist schon einen Spalt weit geöffnet. Robert will sich den letzten Meter unendlich lange weiterschieben lassen. So, nun haben wir es gleich geschafft, sagt seine Mutter. Dann gibt sie ihm noch einen Klaps auf den Hintern. Jeden Morgen sagt sie das, jeden Morgen gibt sie ihm den Klaps, wenn sie Robert am Schlüsselbord vorbeischiebt. Den letzten Meter hält Robert seine Beine steif, er drückt die Knie durch und lehnt sich zurück. Nichts auf der Welt soll ihn hinausschieben. Ihn schiebt keiner raus; nur seine Mutter. Wie wenn er schweren Herzens einem Krieg zustimmt, zu dem seine Mutter ihn überredet hat. Wie wenn er schweres Gepäck von seiner Mutter aufgeladen bekommt, das sie ihm nur schweren Herzens aufladen mag und das er sich auch nur schweren Herzens aufladen lässt.

Ist er aber durch die Tür und aus dem Haus, dann läuft er alleine weiter, dreht sich nicht mal um, winkt nicht zurück, wenn seine Mutter im Trainingsanzug durch den Türspalt ihm nachkuckt und denkt: Geschafft.

Ziemlich genau um halb sechs dann also, gleich nachdem der Bus ihn wieder zu Hause abgeliefert hat, fängt Robert mit dem Singen an. Ich sitze unter meiner Moorbirke und sehe: Der Busfahrer hat nicht beim Aussteigen geholfen. Robert hat selber den Knopf für die Tür-Automatik gedrückt. Draußen dreht er sich um, die Tür zischt wieder zu, der Bus fährt vor seiner Nase weg. Er überquert die Straße, kommt durch das Gartentor. Seine Mutter hört und sieht er nicht.

Auch drinnen im Haus hört und sieht er nichts von ihr. Sie ist noch nicht vom Einkaufen zurück. Jetzt legt Robert wohl die Umhängetasche auf die Frisierkommode, zieht die Windjacke aus und hängt sie auf, nimmt zwei Gummibärchen aus der Blechdose unter dem Garderobenspiegel und bewegt seinen Mund.

Möglicherweise sind es die Gummibärchen, ist es ihr Geschmack, woran auch ein Duft ist, der in die Nase steigt. Vielleicht sind es auch der fehlende Klaps und die fehlende schiebende Hand, die mit Zentnergewicht auf seine Schulter drückt, dass er gehen muss. Vielleicht ist es auch die andere Tageszeit, der anbrechende Abend. Oder die Sonne an einem so schönen Tag wie heute, mit Haufenwolken, turmhoch aufgebauschten Haufen, abends kleiner aufgebauscht als mittags und folglich abends auch mit kleineren Schatten. Der Wind ist lasch. Möglicherweise ist es also die Sonne. Oder es ist etwas unbekanntes Anderes, das ihm die Stimme hebt, wenn er, nachdem er heimgekehrt ist, wieder das Haus verlässt.

Vielleicht ist es aber auch einfach die Stille, denn alle haben sich für eine Weile aufs Schweigen verlegt. Roberts Vater Heinrich Brase sitzt am Fenster zum Garten und hustet. Der Maurer von nebenan ist vom Bau gekommen und steht unter der Dusche. Der Obersekretär von der Amtsverwaltung sitzt unter seinem Carport und liest das Tageblatt. Der Soldat vom Flugplatz hat sich Zivil angezogen, sitzt im Wohnzimmer und sieht fern. Der Hobbyjäger steht vorm Waffenschrank und legt Grünzeug an. Seine Dachse haben Nachwuchs bekommen.

Draußen ist es still. Noch gießt niemand Blumen. Noch erntet niemand Tomaten. Fürs Rasenmähen ist es noch zu früh. Die Autos zum Hin- und Herpendeln stehen noch mit warmen Motoren vor den Garagen. Nur der Getreidetrockner vom Raiffeisen-Silo läuft rund um die Uhr und summt ein kilometerweit hörbares Summen durch die Gärten und über die Häuser. Zwei Rotkehlchen sitzen in der Birke, Ackerwitwenkraut blüht im Rasen, für die Hungerblumen ist das hier der richtige Boden. Niemand hackt Holz.

Plötzlich ist Roberts Stimme also da. Er geht den Verbundpflasterweg am Küchen- und am WC-Fenster längs, dann durch den Ziergarten, dann in den Gemüsegarten hinterm Haus, wo die Kaninchenställe sind. Die stehen an der Salweidenhecke bei den Kartoffeln. Die Kartoffeln sind gerade in Blüte, sie haben dunkelgrünes dichtes Blattwerk und halten Unkraut fern. Da geht Robert hin, singend und mit den Armen in der Luft. An den Kaninchenställen paradiert er auf und ab. Oder er bleibt vor einem der Ställe stehen. Oder er kuckt nur in die weißen Kartoffelblüten.

Wes Geistes Kind Robert ist. Minderbegabt oder leicht geistig behindert. Für Psychologen lohnend und interessant: Ausmaß und Eigenart der intellektuellen Schwäche, Behandlungs- und Ausgleichsmöglichkeiten unter Berücksichtigung der oft großen Erziehungs- und Anpassungsschwierigkeiten. Fehlverhalten zwischen dem Kind und seiner normalen Umwelt. Eventuell kriminelles Verhalten. Ob seine mit Angst verbundene Geistesarmut Ursache für sein Schweigen am Morgen ist, fragt sich der Fachmann, der Roberts Eltern längst aufgeklärt hat über dessen Behinderung als Folge eines genetischen Defekts. Das mit Robert, heißt es, liege an Mutter Johanna. Die war achtunddreißig, als Robert geboren wurde.

Sein Gesang auf dem Weg zu den Kaninchen und Kartoffeln dient der Einstimmung, ist nur eine Probe. Robert holt wie eine Orgel aus der Windlade zwei bis drei Liter Luft und atmet sie aus. Die Luft streicht an den Stimmbändern vorbei. Die Stimmbänder erzeugen seine Stimme. Fistelstimme und Bruststimme beherrscht er. Manchmal macht Robert die Stimmritze zwischen den Bändern schlagartig auf und entlässt einen Knall. Er verfügt über viele Obertöne, hat eine Menge Resonanzräume. Er singt, wie er will und was er will.

Kehlige Laute sind ihm am liebsten. Da verbraucht er wenig Luft und hält lange den Ton. Fistelstimme hör ich bei ihm selten, das ist ihm zu anstrengend. Hinten, ganz tief in der Kehle, singt er herum, Schafsgesang. Wie wenn er mit seiner Stimme haushalten möchte. Wie wenn er aus lauter Freundlichkeit, denn niemand soll vor Neid erblassen, aus voller Kehle ins Schafige untertreibt. Wie wenn er, rücksichtsvoll und sorgsam auf ein Existenzminimum bedacht, nicht viel von sich hermachen will. Wie wenn in seinem Blöken die Erfüllung seiner Wünsche liegt, er satt und zufrieden und davon durchdrungen ist, dass es auf eine schöne Stimme nicht ankommt. Wie wenn er nur zeigen will, wie vollwertig er ist, wie erstklassig er funktioniert.

Aber es ist nicht nur der kehlige, blökende Ton. Es ist auch der schmale Spielraum der Töne. Robert legt sie eng aneinander, kleine Sekunden, höchstens große Sekunden, aus Platzspargründen. Quarten, Quinten, Oktaven bringt er nicht hervor. Er schleift auch die Töne in die Höhe und zieht sie wieder runter, Gartenglissando. Vielleicht, dass er den Staren, die auf der Fernsehantenne sitzen und deren Federkleid wie Benzin in der Sonne schillert, einen Hinweis auf ihre eigentliche Abstammung geben will. Dass sie dem Meer entstammen und dass eigentlich die Fische, die leisen, ihre Ahnen sind. Er siedelt also seinen Gesang zwischen dem Schweigen der Fische und dem Tirilieren der Vögel an.

Robert paradiert und singt an den Kaninchenställen entlang. Manchmal kommt er vom Weg ab und landet in den Kartoffeln, weil er seinen Gesang mit den Händen bemalt, dann mit dem Zeigefinger auf die Stare zielt. Und die Stare fliegen nicht weg, putzen sich weiter auf der Fernsehantenne.

Vögel und Fische sind ihm wichtig. Auch seine Mutter ist ihm wichtig, die liebt er. Es geht ihm auch um seine viel ältere Schwester Hanna, wenn sie mal da ist und Klavier spielt. Es geht ihm auch um seine Tante Nele, wenn sie kommt und Kleiner Bruder zu ihm sagt. Es geht ihm auch um seinen Vater, morgens, wenn er noch schläft. Es geht ihm aber am allermeisten um die Kaninchen. Während er auf großen und kleinen Sekunden herumsingt, Gartenglissandi und Schafsweisen dazwischenschiebt, alles aus voller Kehle, treten manchmal aus den Tönen Wörter hervor. Damit jauchzt und jubiliert er. Und hinein mischt sich das Summen vom Raiffeisen-Silo. Beides zusammen weht durch die Gegend, fällt in die Gärten, auf Rosenblüten und Tomatenstauden. Es weht dann noch weithin über alle Welt, unendlich weit und unendlich hoch. Kaninchen, du Engel, ich hab dich so lieb – dieses Lied ohne Worte jubiliert und jauchzt er mit seiner überschüssigen Nervenkraft vor den Kaninchenställen bei den Kartoffeln hinten im Garten. Und er betrachtet die braunen, die schwarzen, die grauen Tiere. Kaninchen, du Engel, ich hab dich so lieb. Betrachtet ihre langen, wohlgeratenen Ohren, sauberen Pfoten, rötlichen Nasen. Gibt ihnen Kraut in den Käfig.

Weiter- und weitergießen

In Solsbüll gab es schon 1929/30 Gerüchte und Gerede:
Dr. von Meggersee sei Jude. Seine angebliche jüdische Herkunft hielt er für frei erfunden, mehr noch, für eine infame
Lüge. Aber etwas war da mal gewesen. Sämtliche Meggersee-
Vorfahren väterlicher- und mütterlicherseits waren bis hinauf oder hinab zu den Ureinwohnern des Solsbüller Landes
für seine eigene Abstammung ohne jede Bedeutung: Er war
das uneheliche Kind einer Berliner Sprachlehrerin, einer
Jüdin, sein Vater ein preußischer Sanitätsrat jüdischer Abstammung. Die Ehe des alten Meggersee mit Mariechen
(deren ursprünglicher Name geht nicht aus den Papieren
hervor) blieb kinderlos. Die beiden hatten 1892 geheiratet,
er mit dreißig, sie mit zwanzig, und 1899 adoptierten sie ihn,
geboren am 1. April 1896 in Johannisthal, Berlin.

(Auf der Mabeco) Ich bin doch für meine stark nationalsozialistische Gesinnung bekannt. Ich trat doch sehr früh
dem Stahlhelm bei, den ich aber, zusammen mit Axel Voss,
unserem ersten Solsbüller Vorsitzenden, wegen der dortigen
lauen nationalen Einstellung bald wieder verließ. Meine Mit-
gliedsnummer ist 110206, eine der niedrigsten Nummern
überhaupt in der Gegend. Ich nahm innerhalb der Organisation Escherich am Marsch auf München teil. Ich habe
in Hunderten von Versammlungen für die Idee des Führers,
gegen Kommunisten, Reichsbanner, Tannenbergbund und
Jungdemokraten gesprochen. Ich bin hier Sanitätsführer und
Brigadearzt der SA. Neben Gauleiter Lohse und Sturmführer
Steiger bin ich bis in allerhöchste Parteikreise als derjenige be-

zeichnet worden, der dieses Land für den Nationalsozialismus erkämpft hat. Nach all dem soll ich Jude sein. (Mabeco ab)

Es gab Kollegen, die seinetwegen dem nationalsozialistischen Ärztebund nicht beitraten, denn auch da war er Vorsitzender. Weil er nicht arisch ist, kann er nicht im Sinne des Führers unter seinen Standesgenossen werben, fanden sie. Solsbüller Parteigenossen wandten sich aus rassischen Gründen von ihrem Ortsvorsitzenden ab. Wenn wir so anfangen, dann bringen wir es hier nie zu was, sang ein gemischter Chor um Oberstudiendirektor Diercks, der geradeheraus sagte: Kann einer ohne Rücksicht auf seine blutmäßige Abstammung von einer weltanschaulichen Idee so stark erfüllt oder – wie es bei uns der Fall ist – fanatisiert sein, dass er sich ihr mit Haut und Haar verschreibt. Nein, das kann keiner. Ich glaube in unserem Fall: So einer tut nur so.

Aber Steiger hielt zu ihm und brachte das Kunststück fertig, gleichzeitig mit dessen Gegnern auszukommen. Er bewirkte, dass Meggersee doppelt und dreifach arbeitete und doppelt und dreifach Geld für die Partei ausgab. Abgesehen davon kann man nie wissen, wofür man den reichen Doktor noch mal braucht, so rechnete Steiger.

Axel Voss, der abgehalfterte erste Vorsitzende der Solsbüller Nationalsozialisten (zuvor war er alter Kämpfer in der Deutschnationalen Volkspartei gewesen, bekannt für den Spruch: Wir wollen uns in unserem Judenhass von keinem übertreffen lassen), erhob in Hameln an der Weser, wohin er auf eigenen Wunsch versetzt worden war, seine Stimme: Da oben an der dänischen Grenze gibt es einen gewissen Dr. von Meggersee, der namhafter Nationalsozialist und gleichzeitig Jude ist, wie geht das zusammen. Postwendend packte Meggersee die erste Gelegenheit in Rabes Gasthof beim Schopfe und nannte Voss einen Lumpen und Verleumder. Voss, dem das von alten Freunden aus dem Gymnasium gesteckt wurde, verklagte ihn daraufhin beim Flensburger Amtsgericht wegen Beleidigung. Das geschah im August 1932. Voss hatte wer weiß woher Dokumente, die Meggersees jüdische Herkunft amtsgerichtlich beweisen sollten. Das Gericht befand die Vossischen Papiere für echt. Meggersee, der auf Fälschung bestand, wurde abgewiesen. Steiger trat als Zeuge auf: Er hat der Bewegung mehrere tausend Mark gespendet. Er hat erwerbslose Parteigenossen umsonst behandelt und für deren Kinder einen kostenlosen Mittagstisch eingerichtet. Er hat mich zweimal am Darmdurchbruch operiert und mir das Leben gerettet. Zur Sache, Zeuge Steiger. Eine Nachprüfung auf Echtheit der Dokumente lehnte das Gericht ab. Meggersee wurde wegen Beleidigung – Lump und Verleumder – zu hundert Reichsmark Geldstrafe verurteilt. Und mit den vorliegenden Dokumenten sei gleichzeitig die jüdische Abstammung erwiesen.

Das Urteil ging durch die in- und ausländische Presse. Die Schleswig-Holsteinische Volkszeitung schrieb: Wie ist es möglich, dass ein sechsunddreißigjähriger Akademiker, noch dazu ein Arzt, in einer auf Rasseprinzipien beruhenden Partei nicht seinen eigenen Stammbaum untersucht. Und Siegfried Siemsen jubelte in seinem Solsbüller Volksboten: Nazi von Meggersee jüdischer Abstammung – ist das nicht, um auf die Stammbäume zu klettern.

(Auf der Mabeco) Jene Vossischen Ejakulate sind nichts als schändliches Gekläff. Aber an Siemsen werde ich Rache üben. (Mabeco ab)

Aber das Gerichtsurteil war nun mal da. Die Partei musste reagieren. Meggersee steckte seinen Kopf in den Sand. Dann kam das Schreiben vom obersten Parteirichter Walter Buch aus München: Seit mehr als vier Wochen habe ich auf ein

Lebenszeichen von Ihnen gewartet, das irgendwie Stellung nimmt zum Gerichtsurteil und den auch von unserer Parteistelle zu beachtenden Sachverhalten. Da mein Warten bisher vergeblich war, sehe ich mich genötigt, Ihnen nunmehr folgende Mitteilung zu machen: Die in Absatz eins Paragraph drei geforderte Voraussetzung der rein arischen Abkunft ist für Ihre Person nicht gegeben. Damit wird die Aufnahme in die NSDAP hinfällig. Ihr Name ist aus der Mitgliederliste zu streichen. Ich bin mir vollkommen darüber klar, dass diese Anordnung Ihnen als besondere Härte erscheinen muss. Ich bitte jedoch zu berücksichtigen, dass diese Härte nicht in meiner pflichtgemäßen Entscheidung liegt, sondern im Schicksal zu suchen ist. Sie selbst sind ja nach allen Auskünften, die ich über Sie erhalte und die alle des Lobes voll sind für Ihre hingebende, rückhaltlose Arbeit in der NSDAP, zweifellos von der Richtigkeit der Grundgedanken Hitlers überzeugt. Ich bin mir sicher, dass auch Sie selbst unsere Forderungen in rassischer Hinsicht bejahen. Und ich achte Sie, nach allem, was ich von Ihnen gehört habe, zu hoch, als dass ich annehmen möchte, Sie selbst wollten Ihre eigene Person, die nunmehr dem harten Gesetz zum Opfer fallen muss, davon ausgenommen wissen. Ich bin überzeugt, dass Ihnen selbst Ihre Herkunft unbekannt gewesen war. Soviel ich aus den mir zugegangenen Briefen aus Ihrer Umgebung sehen kann, hat Ihre aufopfernde Arbeit für die Bewegung Ihnen die Anhänglichkeit und den Dank vieler Solsbüller erworben. Dies alles darf mich indes nicht abhalten, meines Amtes zu walten. Heil Hitler.

(Auf der Mabeco) Ich war immer zu allen Opfern bereit. Wenn es einen Gott gibt, darf er dieses Schicksal nicht zulassen. Ich habe trotz äußerster beruflicher Beanspruchung auf allen Posten ausgehalten. Wie oft bin ich in dunkler Nacht auf dieser Maschine durch berüchtigte Ortschaften gefahren, siehe Mooswatt, siehe Düttebüll. (Mabeco ab)

Der Fahrtwind konnte seine Tränen nicht trocknen und sein Herz nicht trösten. Den Rausch der Machtergreifung kriegte er nur wie durch einen Schleier mit: Fahnen über Fahnen mit dem Hakenkreuz, die in der Gegend am Moor am fleißigsten gehisst worden waren, der Gegend mit dem größten Elend, wo nun Steiger in einem angemieteten Schweinestall das Solsbüller Konzentrationslager – mein Kommunikationslager, sagte er – aufmachte. Das städtische Gefängnis neben dem Rathaus wäre zu klein gewesen. Direktor Diercks sprach in der Aula der Goethe-Schule: Ich empfehle unserem Reichskanzler Adolf Hitler, die Krise durch eine grandiose geschichtliche Umformung zu lösen, wir wollen das unsere dazu tun. Er ließ den Ebert-Stein neben dem Schulportal entfernen. Und wird derselbe irgendwo in der Versenkung verschwinden und verschwand im Solsbüller Moor, wo schon einige andere Sachen verschwunden waren. Anstelle des Ebert-Steins ließ Diercks am Ostersonntag 1933 eine Hitler-Eiche pflanzen, die SA-Kapelle unter Peter Pankok spielte den Choral: Wir treten zum Beten. In seiner Ansprache gab Diercks zunächst die Umbenennung der Schule in Adolf-Hitler-Schule bekannt, sodann verglich er das Bäumchen mit der Bewegung, die auch anfangs von den Ereignissen hin und her geschüttelt worden sei, nun aber unerschütterlich stehe: Das Bäumchen biegt sich, der Baum nicht mehr. Das nationalsozialistische Solsbüll, einmal siegreich, kam auch ohne Meggersee aus.

Die Guttempler nannten sich nunmehr Deutscher Guttempler Orden, ihre Häuser hießen jetzt Heime, und den Reichskanzler grüßten sie als einen der ihren, er war ja Abstinenzler. Fabrikant Erichsen und Oberstudienrat Dr. Eckstein traten aus. Der Beamtenbund beteuerte: Wir sind lediglich durch Gesetze und Verordnungen der alten Regierung von der Beteiligung an der nationalen Erhebung abgehalten worden und möchten den Vorwurf Konjunkturritter zurückweisen. Der Kalender der Volkshochschule wies auf folgende Veranstaltung im Solsbüller Hof hin: Volk, Familie, Stammbaum und Ahnenforschung. Es sprach Dr. Brinkmann vom nationalsozialistischen Ärztebund. Sodann entschlief ruhig und sanft nach langem Leiden mein lieber Mann, unser guter Vater, Schwiegervater und Großvater, Friseurobermeister Theo Tutensen. Seine letzte Freude war es, die Gründung des Dritten Reiches noch mitgestaltet und seine Innung in nationalsozialistische Obhut gegeben zu haben.

Der Kommandeur der seit 1918 nur ganz kleinen Solsbüller Garnison, Oberstleutnant Rilke, landete einen Volltreffer gegen Meggersee. Er zog die bereits übermittelte Einladung zum Herbstbierabend im Offizierskasino zurück und schrieb, er sehe sich gezwungen, strikte Neutralität zu wahren, denn als Soldat darf ich in politische Auseinandersetzungen nicht eingreifen. Mit der Bitte um Verständnis, Ihr Rilke. An das übergeordnete Wehrkreiskommando meldete er: Von Meggersee ist Jude. Er ist die umstrittenste Persönlichkeit hier. Wegen seiner besonderen Verdienste ist er in die SA aufgenommen und von dieser bestätigt worden. Er genießt einen zweifelhaften Ruf. Ich zitiere die Äußerung seines Kollegen Dr. Brinkmann: Ich kann nur sagen, pfui Teufel über diesen Mann. Rilke verbot seinen Soldaten das Solsbüller Krankenhaus: Ein deutscher Soldat lässt sich nicht von einem Juden behandeln. Nur Steiger hielt wieder zu Meggersee: Meine SA nimmt selbstverständlich am Bierabend nicht teil.

(Auf der Mabeco) Das nenne ich deutsche Treue, mein lieber Steiger, das nenne ich Kameradschaft. Ich befördere Sie hiermit zum Lordsiegelbewahrer unserer bisher gemeinsam geleisteten Arbeit. Ich bin doch auch Soldat gewesen. Habe ich nicht auch meinen Kopf hingehalten. Ist nicht auch mein Blut geflossen. Oder, sagen wir, wäre es nicht um ein Haar so gekommen. Mein Tageslauf in den langen Jahren des politischen Kampfes war morgens operieren, nachmittags Sprechstunde, abends Versammlungen. Ich will keine Ämter mehr. Ich will nur Parteigenosse bleiben. Ich komme immer mehr zu der Auffassung: Wenn wir alten Kameraden zusammenhalten, dann kann uns jenes Pack, das jetzt so schnell auf den Zug springt, den wir in Fahrt gebracht haben, den Buckel runterrutschen. Wir bleiben dann, was wir wirklich sind – die Gefolgsleute Adolf Hitlers. Wenn der das alles wüsste. (Mabeco ab)

Kurz danach krachte es. Meggersee war die Straße von Mooswatt Richtung Solsbüll gefahren. Da, wo sich die drei Straßen an der Wassermühle treffen, stieß sein Motorrad mit einem Pferdefuhrwerk zusammen. Es war Hans Thamsen, hoch beladen mit Roggensäcken. Meggersee verlor sofort die Besinnung durch die Schmerzen in seinem linken Bein. Bevor ihm schwarz vor Augen wurde, sah er sein Blut aus dem zertrümmerten Schienbein schießen. Der Siemens-&-Halske-Motor seiner Mabeco lief im Leerlauf, das Hinterrad drehte eine Weile in der Luft, kam zur Ruhe. Es war ein schöner stiller Tag. Die Herbstluft stand. Es war nicht viel Wasser in der Mühlen-Au. Das Mühlrad ging langsam. Der dicke Müller Selken rannte herbei, mit weißem Gesicht und weißen Händen. Hans Thamsen stieg auf die Deichsel, stützte sich an einer Pferdehinterbacke und sprang ab.

Da kam Gustav Hasse, zweites Lehrjahr bei Opel / Solsbüll, mit seinem Motorrad den Weg über die Solsbüller Au angeknattert.

Ist er tot, fragte Selken.

Meggersee war nicht tot. Sie legten ihn auf fünf prall-gefüllte Roggensäcke. Gustav war aus Mutter Annes Heb-ammenwelt in Erster Hilfe bewandert, riss sein Oberhemd in zwei Hälften und band Meggersees Oberschenkel ab.

Zwei Sack sind hin, sagte Selken zu Thamsen.

Gott sei Dank näherte sich ein Opel Laubfrosch mit Staubfahne. Harry C. Goldschmidt erkannte sofort die Lage und gab jedem eine kleine Aufgabe: Hasse kümmert sich um das Motorrad. Selken ruft die Steinbeiß an. Thamsen sagt bei mir zu Hause Bescheid und streut Sand übers Blut.

Schon lag der Verletzte im Laubfrosch. Harry C. trat mit dem Reiterstiefel das Gaspedal bis auf den Boden durch.

Es folgten Monate in der Klinik von Dr. Lubinus, Kiel. Lubinus brach Meggersee mehrere Male das Schienbein, weil es nicht richtig anwachsen wollte. Halb betäubt, halb wach lag Meggersee in Schmerzen. Ihm träumte ein anderer Name und ein anderer Beruf. Der Wunsch, Pastor zu sein, träumte ihm. Er fand sich wieder in Pastor Martin Neander, Seel-sorger in Sankt Ursula zu Solsbüll-Mühle. Der Vater unseres Herrn Jesus Christus wolle sich meiner armen Seele erbar-men, ich weiß sonst keine Rettung mehr, wenn nicht Gott, der himmlische Vater, mir Gnade schenkt. Gott, der du ein Gott aller Barmherzigkeit bist, entziehe mir nicht deinen Schutz, sende mir Verlassenem Hilfe, die du in deinem Wort verheißen hast, um Jesu Christi willen. Amen.

Ende Oktober 1933 wurde Meggersee dann doch als geheilt entlassen. Zu Hause in Güldenholm schlug er die Bettdecke zurück, er setzte sich auf die Bettkante, steckte die Füße in die Pantoffeln, erst den einen, dann den anderen, griff zum Handstock am Nachtkasten, stand auf, humpelte über den

Läufer und warf einen Blick aus dem Fenster. Solsbüll im Regen. Der Regen prasselte gegen das Fenster, der Wind rüttelte an den Fensterläden. Kahle Bäume, die sich unterm Nordwest nach Südost bogen. Blätter trieben, Leute hielten sich den Hut am Kopf fest. Meggersee bekam überall Gänsehaut. Er schlüpfte in den Bademantel, begab sich ins marmorverkleidete Badezimmer und ließ heißes Wasser in die Wanne laufen. Er schloss die Tür ab und schüttete eine Flasche 4711 ins Bad. Er besah sein Gesicht im Spiegel, den knochigen Schädel, die kurzgeschnittene Bürste auf dem Kopf, wo es schon grau wurde. Die Stoppeln mussten ab. Erst mal den Hass auf die Steinbeiß loswerden. Die Steinbeiß betete ihn an wie einen Gott und liebte ihn abgrundtief; gerade darum lehnte er sie ab, auch heute morgen wieder. Er hatte schon mehrere Frauen gehabt, zum Beispiel Schwestern vom Krankenhaus. Aber die Steinbeiß war von Anfang an da gewesen und hütete ihn wie ihren Augapfel. Meggersee hasste das. Er wollte sie loswerden, auf anständige Art, versteht sich. Wenn nur erst das Parteiverfahren in Ordnung gebracht war, dann wollte er neu anfangen. Nicht mehr mit anderen Frauen, das schickte sich nicht für einen Nationalsozialisten. Aber mit der Steinbeiß als Einziger und für immer, das kam nicht in Frage. Sie liebte ihn, ja, gewiss. Aber blonde und blauäugige Kinder konnte er von ihr nicht erwarten. Zur Aufnordung seines eigenen Erbgutes brauchte er eine ganz anders aussehende Frau. Er hatte schon eine im Auge.

Bademantel und Schlafanzug aus, beides weich und teuer von der Steinbeiß. Auch das Handtuch, das überm Stuhl hing, war von ihr. Meggersee probierte mit der rechten Fußsohle das Wasser. Heiß, aber nicht zu heiß. Er stieg hinein. Die zehn Zentimeter lange und einen Zentimeter tiefe Narbe am linken Schienbein ging zu Wasser. Der Unfall hatte auch noch eine Verkürzung des linken Beins um vier Zentimeter zur Folge gehabt. Nun die bleichen, halb sehnigen, halb schlaffen Schenkel. Nun das beschnittene Glied. Ich hatte mal eine Phimose, die leicht in eine Penisnekrose mit Blumenkohlkarzinom hätte münden können. Hätte zur Amputation führen können, musste deswegen operiert werden. Irrtümlich haben bei der Musterung ungebildete Kameraden daraus auf jüdische Abstammung geschlossen. Nun der magere, faltige Bauch. Nun die flache Brust mit den grauen Haaren und den Brandnarben.

Nach dem Frühstück, jetzt in der Praxis, packte die Steinbeiß seine Koffer. Meggersee stand am Schreibtisch in seinem Behandlungszimmer und betrachtete das Skelett aus Kiel. Nichts geht über einen ordentlichen Knochenbruch, da weiß man, woran man ist. Er atmete tief ein und aus. Er fühlte das tiefe Tal in seinem Schienbein. Er fühlte sich auf unsicherem Boden und uralt. Eines Tages wird alles zusammenbrechen, dachte er. Er probierte mit dem lädierten Bein einen festen Stand. Es ging.

Zur Steinbeiß, die ihm in den Mantel half, sagte er: Mein Gott, Hilde, heute morgen kam ich mit einem Satz aus dem Bett, wie in alten Zeiten.

Für den Übergangsmantel ist es schon zu spät, sagte die Steinbeiß und weinte.

Meggersee betrachtete sich im Garderobenspiegel. Er schüttelte den Kopf. Aber ich gehe doch nicht zur Beerdigung, sagte er.

Draußen wartete das Taxi. Die Steinbeiß lief zum Telefon.

Es ist Gustav Hasse von der Opel-Werkstatt wegen dem Motorrad. Sie hielt ihm den Hörer hin.

Meggersee humpelte an den Apparat. Und während er hinhumpelte, waren Hoffnung und Zuversicht in ihm; er sah den Sinn von allem greifbar nahe: gern leben. Er sah die Tapete in der Praxis, es war noch die von seinem Vater; auch der Fußboden und die Bilder, alles von seinem Vater; auf dem ledernen Schreibtischsessel hatte schon uralte Verwandtschaft gesessen. Er wollte das Zimmer ganz neu, Spinnweben weg, helle Wände, viel Licht.

Dr. von Meggersee.

Ich ruf an wegen der Mabeco, Herr Doktor, sagte Gustav Hasse am anderen Ende. Wir haben alles versucht. Wir können die Maschine nicht mehr reparieren, es gibt keine Ersatzteile mehr.

Was er nicht sagte: Die Motorradfabrik Max Bernhard und Co., Berlin, hatte die Tore schließen müssen. Die Mabeco war ein unlizenzierter Nachbau der amerikanischen Scout gewesen. Die Amerikaner hatten davon Wind bekommen, den deutschen Hersteller verklagt und den Prozess gewonnen. Bernhard und Co. machten ihren Laden zu.

Die schöne Maschine, sagte Meggersee.

An der Steinbeiß humpelte er ohne ein Wort vorbei. Der Koffer war schon im Taxi. Den Fahrer grüßte er nicht. Tief hinein in die Polster, es tropfte von seinem Hut. Oben bettelte die Steinbeiß um einen Blick. Na gut.

Der Nachtzug nach München ratterte über die Elbbrücken, Meggersee hatte ein Schlafwagenabteil für sich allein. Eine Flasche Sekt, bitte. Die Schienenstöße schickten die Schlafwagenschläfer langsam in den Schlaf. Meggersee aber noch nicht. Der goss eine Karaffe Hohn aus Bleikristall über Siegfried Siemsen aus. Das tut gut; weiter- und weitergießen.

Mit Siemsen war es aus und vorbei, mit ihm und seinem Solsbüller Volksboten. Der hieß nun Nordische Rundschau. Der treue Steiger hatte Meggersee in Kiel in der Klinik besucht und ihm alles haarklein erzählt. Gleich nach dem Reichstagsbrand hatte Steiger Siemsen verhaftet. Wir haben doch ein hervorragendes Instrument, wir halten Siemsen mit der Brandverordnung fest, solange wir wollen. Steiger, inzwischen Bürgermeister von Solsbüll, schaltete und waltete. Ich werde Ihnen nicht den Gefallen tun und Sie wegen so was Hohem wie Agitation und Gefährdung der öffentlichen Sicherheit einsperren, Herr Siegfried Siemsen. Ihr Verhaftungsgrund heißt Entgleisung, und zwar Entgleisung übelster Art. So kommt es in die Papiere.

Dann kam Oswald Pankuweit, der Herr der Tiefe, hinter seinem Schreibtisch in der Bürobaracke hervor und hielt Siegfried Siemsen einen Zeitungsabschnitt unter die Nase.

Aus der Laternenzeit 1932, Siemsen. Hast du das geschrieben, ja oder nein, du Hund.

Siemsen: Ja.

Pankuweit las vor, so gut er konnte: Die warmen Spätsommerabende werden von den Kindern nach althergebrachter Weise zum Laternegehen benutzt. Aber selbst dieses kindliche Vergnügen, den meisten von uns liebe Jugenderinnerung, wird jetzt verschandelt. Die Nazis treiben auch hier ihr eigenes Spiel mit hakenkreuzbemalten Laternen, die sie ihren Kindern mitgeben. Diese Leute müssen selbst beim Licht der Kinderlaterne zeigen, dass des Geistes Licht ihnen nicht gegeben ist. Damit scheint es einen «Haken» zu haben.

Pankuweit sah Siemsen von oben nach unten an. Die Frühjahrssonne schien in die schönen Birken am Bürofenster, das halb offen stand und das Geblöke der Aufseher vom Antreteplatz hereinließ.

Was ist mit dem Haken gemeint. Ist mit Haken Hakenkreuz gemeint. Ja oder nein, du Hund.

Siemsen schwieg, aus Trotz, machte sein blasses verbocktes Gesicht. Sollte er Pankuweit antworten. Der hatte einen Bombenanschlag auf das Konsumvereinsgebäude auf dem Gewissen. 1932 war er zu 150 Mark Geldstrafe wegen unberechtigten Tragens des EK 1 verurteilt worden. Pankuweit: Matrose, Zimmermann, Gelegenheitsarbeiter, Eintritt in die SPD und Reichsbanner, nun Landarbeiter und SA-Mann, hier als Schreier und Schläger tätig. Dem antworten, nein. Keine Antwort ist auch ne Antwort.

Pankuweit, Totenschnabel im Grießgesicht, trat gegen Siemsens Stuhl. Siemsen kippte mit dem Stuhl um und lag als weiches Bündel am Boden. Da kenne ich mich aus, Siemsen, sprach Pankuweit wie der Klassenbeste. Er hatte von Steiger Rückendeckung – ein paar Zähne spielen keine Rolle, der Fall interessiert erst, wenn einer totgeht – und trat gemäß Ermessensspielraum seinen rechten Knobelbecher in das Bündel Siemsen, immer wieder und so lange, bis es nicht mehr wimmerte. Hier war eigentlich ein Traum mit rosenbeladenen Kähnen, die an hängenden Gärten unter südlicher Sonne vorbeigleiten, im Romankonzept, musste aber gestrichen werden, weil Pankuweit schrie: Schleppt das Schwein weg. Zwei Mann zu mir, zack, zack.

Wenn alles mit rechten Dingen zugegangen wäre, wärest du, lieber Doktor, unser Lagerarzt geworden, so Steiger bei seinem Krankenhausbesuch in Kiel. Nun mussten wir den Stänker und Streber Brinkmann bitten. Er hat seine Sache ordentlich gemacht, und ob er wollte oder nicht, er hat dich an dem Schmierfink Siemsen gerächt. Er hat gesagt: Nörgler oder Querulanten oder gar Gegner des neuen Geistes sind staatsfeindliche Elemente und gehören zur Erziehung in eine Anstalt wie diese, verehrter Siemsen. Also besser Form und Stil bewahren. Siemsen lag auf einem Schlafbrett in der Krankenbaracke, er konnte noch nicht sprechen, es fehlten ein paar Zähne. Blutergüsse und angeschlagene Knochen waren unterm Drillich. Der linke Arm ist Ihnen im Krieg abhanden gekommen, aber ich sehe, es geht ja schon wieder.

Steiger wollte mit seinen Schützlingen, so nannte er die Beutemenschen in seinem Lager, vorexerzieren, wie man in Zukunft der Arbeitslosigkeit entgegenwirken könnte. Im Lindenbruch hinter der Heiligen Quelle ließ er zugleich Torf stechen und Ackerland gewinnen. Die körperlich Schwachen ließ er im Schweinestall für die Tütenfabrik Tortenteller kleben und für die Reichspost Bindfäden entknoten und aufrollen.

Der Viehhändler und vormals Motorradsportler Julius Nathan wurde eingeliefert wegen der Äußerung: Der Stahlhelm hat immer noch eine Aufgabe wahrzunehmen, nämlich die heutigen Bonzen aus ihren Ämtern zu vertreiben. Steiger sagte zu Nathan: Sie sollten in Zukunft allergrößte Zurückhaltung üben, wenn Ihre nationale Einstellung nicht in Zweifel gezogen werden soll.

Den Fabrikanten Moritz Erichsen nahm Steiger sich besonders zur Brust: Nicht als Jude stehen Sie vor mir, sondern ich höre, dass Sie Ihren Arbeitern keinen Urlaub geben.

Sonst müsste ich noch einen einstellen, und das kann ich mir nicht leisten.

Wenn Sie keinen einstellen, kommen Sie ins Konzentrationslager.

Gut, dann stelle ich einen ein.

Zu spät, mein Bester, ich behalte Sie trotzdem hier, damit Sie mal sehen, wie es bei uns so zugeht.

Zwei Tage später schrieb Erichsen im Büro des Oberaufsehers Pankuweit Dienstpläne ab. Dann durfte er sich freikaufen. Er zahlte dreitausend Mark und stellte den zusätzlichen Arbeiter ein. Harry C. Goldschmidt schickte ihm eine Postkarte: Ich beglückwünsche Sie zu dem schnellen Entkommen aus den Klauen des Oberhabichts. Der Postbote Jensen las die Postkarte und erstattete Steiger Meldung.

Otto von Meggersee träumte im Nachtzug noch von anderem, vom letzten Solsbüller Frühling, den er selber nicht unter den Moorbirken im Moor verbracht hatte, sondern in der Klinik von Dr. Lubinus, Kiel. Dass Steiger so hart durchgegriffen hatte, das fand er richtig. Dass er selber, Meggersee, sich nicht die Hände hatte schmutzig machen müssen, das fand er angenehm. Vielleicht konnte er, wenn nun sein Verfahren zu einem guten Ende kam, in allen Ehren aus den Reihen der Kämpfer treten, ein Vater des Vaterlandes, der nach getaner Tat wieder Zivilist wird wie jener alte Römer, wie hieß er noch. Aber um ja keinen Zweifel aufkommen zu lassen: Steiger und die Seinen hatten recht gehandelt, hatten das Notwendige getan.

Am 1. November 1933 trat Meggersee aus dem Bahnhof unter den Münchner Föhnhimmel. Wieviel Grad im Schatten mochten es sein. Am Alten Botanischen Garten saß er in der Gartenwirtschaft, Spatzen hüpften im Kies, das bayerische Bier war braun und köstlich wie jedes Mal. Meggersee sah ein Fähnlein Jungvolk marschieren und grüßen üben mit gestrecktem Arm. Heil Hitler, sagte er leise ins Bierglas. Er ließ sich in einem Taxi um das Braune Haus herumfahren, wo ein Kommen und Gehen am Haupteingang war. Er bezog ein Zimmer im Bayerischen Hof und ging dann zu Fuß mit seiner Aktentasche zum Braunen Haus zurück. Der Steinbeiß sagte er abends am Telefon: Hier ist hoher katholischer Feiertag, wobei er die Menschenströme zu den Friedhöfen meinte. Aber ins Braune Haus hatten sie ihn trotzdem reingelassen.

Er blieb so lange, wie Föhn war.

Dann fuhr er mit dem Zug nach Berlin. Da versuchte er zunächst, ohne Humpeln bis zur Reichskanzlei vorzudringen, was einigermaßen gelang. Doch als er am Eingang stand, schmerzte sein Bein.

Der Steinbeiß telefonierte er abends aus dem Hotel Bristol, Unter den Linden: Ich stoße hier überall auf Verständnis. Nach Hause fahre ich über Pillau am Frischen Haff, da wohnt mein Patenonkel, der alte Herbert Axius, Studienkollege meines Vaters.

Die Steinbeiß sagte: Ich weiß.

Und Meggersee dachte: Pillau, vielleicht kann ich dich dahin abschieben, nach Ostpreußen. Eins nach dem andern, nur nicht zu schnell wieder in Solsbüll sein. Die Dinge müssen reifen, und ich habe Zeit.

Er hatte reichlich Zeit, nachdem er auch in der Hauptstadt der Bewegung vorgelassen worden war und in der Reichshauptstadt Verständnis gefunden hatte. In Pillau wollte er etwas von der Zeit verstreichen lassen. Möglicherweise würde ihm sein Patenonkel zuhören, möglicherweise konnte er sich ihm anvertrauen. Die mit blauem Wasser randvoll gefüllte Ostsee begrüßte Meggersee halb heimatlich. Er zog den Meeresduft und den Fischereigeruch in die Nase. Der Schornstein einer Räucherei stieß an tiefliegende Wolken. Die Fischernetze hingen klamm herunter. Der Winter grüßte mit großen ernsten Flocken.

Meggersee meldete sich mit aufgeweichtem Koffer und kalten Füßen an der Haustür von Dr. med. Herbert Axius. Einen Kuss auf die rosa Hängebacken des Onkels, bat der. Axius war über siebzig und praktizierte immer noch, immer noch mit dem Schalk im Nacken. Er wohnte in einem der schönsten Häuser der Stadt, gegenüber der vielbesuchten Ilsekfalle, wo manchmal schon vormittags Betrunkene auf wackligen Gartenstühlen unter den Bäumen saßen, spätabends noch Verliebte.

Jetzt, im November, war da nichts los. Meggersee hatte sich frisch gemacht und saß in einem Ledersessel im Salon seines Onkels, im Steinbeiß'schen Bademantel. Axius, mit Pfeife im Mund ihm gegenüber, blies den schön riechenden Tabakqualm über eine Kerze und sprach über sein Lieblingsthema, seinen Kampf gegen die Verwurmung Ostpreußens. Fischbandwurm, Spulwurm, Peitschenwurm, vom Madenwurm ganz zu schweigen; grauenhaft. Mit einer Pomuchelskoppleber, das ist eine Delikatesse hierzulande, nimmt einer bis zu fünfzig Vollfinnen des Fischbandwurms auf. Lösungsvorschlag: Ganz Ostpreußen macht eine Wurmkur, und dann sollen die Leute nicht mehr ins Plumpsklo scheißen. Na, junger Doktor, und was war mit dem Motorrad.

Meggersee erzählte. Darum kann hier nicht von herrlichen Motorradfahrten auf der Reichsstraße 131, von Sonnenbaden und Meeresrauschen die Rede sein.

Später, allein in seinem Zimmer, sah er Sonnenlicht in einer Waldschneise und hörte Musik. Der Wind schläft. Die Sterne schlafen nicht. Die Erde dreht sich um den Himmel. Er unter einer im Nachtflug dahinziehenden Schar Schwäne, die in ihren schneeweißen Federbooten ebenso flott wie großartig dahingleiten. Er gibt sich einer großen schlanken Frau hin, schon bisschen grau, aber schön, worin er Anne Hasse zu erkennen glaubt. Aber es stimmte alles nicht. Es war ein Traum mit Froschgequake aus einem nicht weit entfernten Teich. Der wälzte ihn von einer Seite auf die andere.

Am nächsten Morgen telefonierte er mit der Steinbeiß: Ich bleibe noch vierzehn Tage. Dann umrundete er mit seinem Humpelfuß das Denkmal des Großen Kurfürsten, nachmittags stand die Besichtigung der Zitadelle auf dem Programm.

Am Seedienstbahnhof sah er es schwarz aus dem Schornstein der Seedienst Ostpreußen qualmen. Ein Schlepper zog das Schiff langsam aus dem Hafen, der qualmte ebenso. Während die Schiffe langsam entschwanden, wusste Meggersee nicht, ob nicht eigentlich er Passagier war und wegfuhr. Wenige winkten an der Reling; ein paar winterlich Vermummte standen an der Brücke und winkten zurück. Meggersee war weiß im Gesicht, hatte die Hände tief in den Manteltaschen. Er hätte andere Schuhe anziehen sollen und frische weiße Wollsocken. Immer waren seine Füße kalt, immer hatte er die falschen Schuhe an; immer wartete er, still vornübergebeugt, auf den Sprung, den er nicht sprang. Aber er schuf die Voraussetzung für den Sprung. Er gab seine Eisenbahnfahrkarte zurück und kaufte ein Schiffsbillet. Das werden noch ein paar schöne Tage an Bord. Dann Weihnachten zu Hause und das neue Jahr ohne die Steinbeiß beginnen. Sie soll dem Patenonkel den Haushalt führen und in der Praxis helfen. Ich werde ihr das klarmachen.

Axius hatte erstaunlich rasch begriffen. Du willst sie wohl loswerden, du Schlingel, hatte er gesagt. Es passt ganz gut mit meinen Plänen zusammen, ich will mich etwas entlasten. Schick mir das Mädchen her.

Wie still es war, als Meggersee heimkehrte. Wie leise der Schnee an den Schaufenstern vorbeifiel. Wie leise die Leute liefen und wie wenig sie sprachen. Lauter schön angeschneite Hakenkreuze in den Straßen von Solsbüll. Kaufhaus Wunderwelt hatte Einwickelpapier und Kartons mit Hakenkreuzen drauf im Fenster, Feinkost Liebenow stapelweise Schokoladentafeln in silbernem Hakenkreuzpapier, Fiete Klock, der Uhrmacher und Schmuckhändler, niedliche Hakenkreuzanhänger in Gold und Gold-Doublé für Sammelarmbänder. Auf Weisung von ganz oben musste aber noch vor dem 24. Dezember alles Behakenkreuzte wieder aus den Fenstern. Die Entweihung des Symbols unserer Bewegung kann so nicht hingenommen werden, schrieb die Partei, und Steiger setzte innerhalb von zwei Tagen durch, was die Partei wollte. Der Feinkosthändler Liebenow beschwerte sich im Namen aller Einzelhändler: Da strengen wir uns an, und nun stehen wir da mit unserer nationalen Begeisterung.

Schweren Herzens schloss Steiger sein Konzentrationslager, ebenfalls auf Weisung von ganz oben. Wir wollen diese Dinge straffer organisieren und finanziell besser ausstatten, schrieb die Partei. Rolf Appel, Zeuge Jehovas und Druckereibesitzer, und Siegfried Siemsen, abgehalfterter Redakteur, verließen als Letzte den Schweinestall im Lindenbruch. Steiger verabschiedete sie mit den Worten: Ich musste mal wieder mein weiches Herz zur Verfügung stellen. Aber wir können Sie jederzeit wieder in Obhut nehmen, merkt euch das.

Oberstudienrat Dr. Friedel Eckstein saß am Heiligabendmorgen Oberstudiendirektor Diercks in dessen Amtszimmer gegenüber.

Ich will zugeben, Herr Direktor, dass ich hin und wieder öffentlich gesprochen habe. Aber ich bin doch zuletzt sogar noch aus dem Reichsbanner ausgetreten, weil es mir dort nicht behagte. Im Unterricht habe ich alle Politik vermieden. Nur in Biologie habe ich hin und wieder was Politisches einfließen lassen, das stimmt schon.

Diercks säbelte mit einem scharfen Taschenmesser an seinen Fingernägeln herum, holte eine Nagelfeile aus der Schreibtischschublade, feilte, pustete Fingernagelstaub in den Raum. Hausmeisterschritte hallten über den Gang.

Diercks und Eckstein waren sich früher nicht uneinig gewesen. Beide hatten Friedrich den Großen und Bismarck gelobt und hielten Pazifismus für einen Irrweg. Aber im Laufe der zwanziger Jahre schieden sich ihre Geister. Während Diercks (Mathematik und Erdkunde) wegen Raumnot und Bevölkerungsüberschuss mit dem kolonialen Gedanken liebäugelte, blieb Eckstein (Deutsch und Biologie) bei Kerschensteiners These: Das ganze Leben des Menschen muss ein Streben nach Vervollkommnung sein.

Ich sage Ihnen was, mein lieber Eckstein, der Boden ist unser Gott geworden. Wir stehen vor gewaltigen Ereignissen.

Herr Direktor, der Boden, auf dem wir stehen, ist die Tradition unserer Kultur. Gewaltige Ereignisse können hier nur Schaden anrichten.

Lebensraum, Herr Kollege.

Schmetterlinge, Herr Direktor.

Bei den Schmetterlingen stand Diercks auf, eine Sekunde vor Eckstein. Herr Dr. Eckstein, Sie waren Offizier, sind EK-zwo-Träger. Er sah auf Eckstein, als wenn der krank wäre. Sie sind ganz schön runtergekommen.

Ecksteins Haare waren zu lang, seine Hosen ausgebeult, seine Schuhe ausgelatscht. Auf dem Heimweg begegnete er zweien seiner Primaner. Einer zog einen Taschenspiegel aus der Tasche und spiegelte damit die Wintersonne in Ecksteins matten Blick. Dann blökten sie hinter ihm her: Reichsspanner, und zogen weiter. Es kam der Schmerz, mit dem Blindheit beginnt. Schnee blies in feinen Wolken durch die enge Röhre Bismarckstraße und machte die Baumstämme weiß.

Meggersee wollte bald mit der Steinbeiß reden, aber erst noch in Güldenholm ein paar ruhige Tage verbringen. Im Reitdress auf dem Araberhengst Alibaba über die leicht angefrorenen Koppeln traben, an roten Hagebutten vorbei. Mit hohlem Kreuz ins Bild reiten, das kürzere Bein lang hängen lassen. Verwalter Hannes Hansen den Hut ziehen sehen und hören, wie er sagte: Guten Tag, Herr Doktor.

Er betrat die Eingangshalle, die in Eiche getäfelt war. Das Dienstmädchen brachte die Post und sagte, wer angerufen hatte. Dankbar sprang sein Herz über den hauchdünn gefallenen Schnee, weil er jemanden zurückrufen sollte.

Herr Doktor, wir haben eine Steißlage in Mooswatt, sagte Anne Hasse am anderen Ende.

Er unterbrach sofort seinen Urlaub und fuhr hin.

Am Tag nach Weihnachten kam wieder ein Anruf, und Meggersees Herz sprang wieder, weil er im ersten Moment meinte, der Führer persönlich rufe an. Es war aber Gustav Hasse.

Es ist wegen der Mabeco. Stellen Sie sich vor, Herr Doktor, wir haben das Motorrad wieder flott. Wir haben noch mal überall rumtelefoniert und Anzeigen aufgegeben. Nathan, Sie wissen schon, hatte noch was in seinem Schuppen.

Gustav durfte die Mabeco nach Güldenholm fahren und in der freien Pferdebox neben dem Araber für den Sommer aufbocken. Was für eine Freude. Auch die Dose mit Braunen Kuchen und den Fettplätten, die Gustav von Mutter Anne mit schönen Weihnachtsgrüßen brachte – er hat es doch schwer gehabt, und er kann wirklich am meisten –, war eine Freude. Meggersee sagte beklommenen Herzens: Was für ein schönes Weihnachtsfest.

Bei neblig trübem Patschwetter lief die Praxis im neuen Jahr gut an. Die Steinbeiß schwebte geschäftig und ahnungsvoll durch die Räume. Meggersee hatte gerade einer jungen Mutter, deren Pullover nach erbrochener Babynahrung roch, Eisentabletten gegen Blutarmut verschrieben.

Eine mit viel Lavendel auf der Bluse ist die Nächste, sagte die Steinbeiß. Aber erst mal hier ein Brief.

Meggersee schoss das Blut in den Kopf.

Die Partei hatte geschrieben. Auch wenn seinerzeit das Flensburger Urteil für Sie ungünstig ausgefallen ist, bestimmt der Führer, dass Sie Parteigenosse bleiben dürfen. Dieses mit dem Hinweis, dass Sie von Parteiämtern fernzuhalten sind.

Sieg der Gerechtigkeit, Größe des Führers, stammelte Meggersee in seine hohlen Hände. Er weinte. Die Steinbeiß sah ihn hinter vorgehaltenen Händen. Nun weiß ich, wie es ist, wenn man für den Führer weint. Es sitzt tief, Hilde, sagte er, und die Steinbeiß ging abwesend ihren Geschäften nach; sie schickte auf Meggersees Geheiß alle Patienten nach Hause, es sei denn, da ist ein Notfall, da war aber keiner. Die Reise nach München, Berlin und Pillau war meine Wallfahrt, Hilde. Wir müssen für die Dinge, die uns ganz persönlich betreffen, uns ganz persönlich opfern. Und damit bat er, sie entlassen zu dürfen. Ich habe alles in Pillau geregelt. Mein Patenonkel wird sich freuen, und er braucht dich dringender als ich.

Die Steinbeiß opferte sich ganz persönlich und ging mit ihrer abgrundtiefen Liebe raus.

Meggersee hatte schon Anne im Kopf, als die Steinbeiß mit Tränen in den Augen und aufeinandergepressten Lippen die Koffer packte. Endlich konnte er zum Hörer greifen, endlich konnte er Solsbüll 283 wählen. Liebe Frau Hasse, so rief er ins Telefon, und Anne nahm ihren Hörer gleich eine Handbreit vom Ohr und machte einen schiefen Mund. Meggersee ließ Anne und Gustav mit seinem Auto abholen.

Sie saßen in der Güldenholmer Veranda bei Kaffee und Kuchen. Der Blick ging über den winterlichen Rasen und über den Teich, an dem eine alte Birke stand. Meggersees Hund hatte seine Schnauze auf Gustavs rechtem Schuh und schlief. Anne und Meggersee sprachen über die letzte gemeinsame Steißlage in Mooswatt. Dann begaben sie sich auf die Freitreppe. Meggersee sagte: Was für ein schöner Februartag, man riecht schon den Sommer. Dann kam die Überraschung für Gustav.

Er soll die Mabeco haben, Frau Hasse. Los, Gustav, hol sie dir aus der Pferdebox und fahr los.

Gustav wusste nichts zu sagen, er wurde nur rotfleckig im Gesicht und schrie etwas Unverständliches, aber Dankbares, und dann war er schon unterwegs.

Meggersee stand kerzengerade und wagte sich mit beiden Händen an Annes Schultern. Denn was soll ich damit, so was ist doch was für einen jungen Mann, der mal was werden will. Jung war Meggersee nicht mehr, und geworden war er schon was, aber er hatte Lust, vollkommen neu zu beginnen. Er konnte sich ein Leben mit Anne vorstellen. Er sagte: Anne.

Anne rechnete schnell, sie war sechs Jahre älter. Sie zählte ihren gefallenen Gustav auf und den elenden Rumtreiber Hanne Detleffsen, und ihr ging der Spruch durch den Kopf: Aller guten Dinge sind drei. Sie sah Güldenholm im Hintergrund und erschrak, sie sah Steiger in einem anderen Hintergrund und erschrak noch mehr. Sie sagte halb lachend und mit einem Kratzen in der Stimme: Nein, Herr Doktor, es passt nicht für mich.

Während Meggersee das Unglück nicht fassen konnte und in die Sprechstunde flüchtete, hatte Gustav das Glück beim Schopfe gepackt und ratterte Richtung Wasserfall und Mühle. Der Fahrtwind kühlte sein heißes Gesicht, wehte seine Haare, wohin er wollte. Was für eine schöne Maschine. Was für eine herrliche Zeit. Das ging in Gustavs Kopf herum. Nur als er am Wasserfall umdrehte und fast das Gleichgewicht verlor, mischte sich die Erinnerung an den Hund Roland ein, und dieser Satz war da: Ich hab einen Schmerz, einen lang vergessenen. Aber mit dem Schmerz kann man nicht leben. Der musste vergessen bleiben, musste weg.

Harry C.

Nun will ich mal Harry C. Goldschmidt einen Schimmer Hoffnung gönnen.

Darauf kommt es an, sagte Harry C. und klopfte sich mit der Faust aufs Herz, als wüsste er, was es mit dem Herzen auf sich hat. Wie oft wollte er, dass eine in ihn verliebt wäre. Das hörte sein ganzes Leben nicht auf: Liebesnot und Geldmangel. Lene, seine Frau, nannte er, wenn er Wut hatte, Eisheilige. Wenn er Wut hatte, kriegte auch gleich Sohn Hinrich was ab. Vor dir steh ich erst stramm, wenn du das erste Mal einen in der Krone hast. Wenn er keine Wut hatte, war er zärtlich, dann nannte er Sohn Hinrich, elf, und Tochter Donna, sechs, meine Bamsen. Seinen Knechten und Mägden schwärmte er vor: Hinrich wird noch mal ein großer Krieger, Horrido.

Alle schüttelten den Kopf. Der ist mal wieder voll wie tausend Russen. Wenn der nicht so rumscharwenzelte und nicht immer so voll wäre, dann würde Affegünt nicht so runterkommen. Dann würde seine Frau nicht so rumlaufen. So ging das Gerede.

Affegünt war sein Besitz, ein großer Hof, einer der größten überhaupt in der Gegend, ein paar Kilometer von Solsbüll und Solsbüll-Mühle entfernt. Sein Vater, Gastwirt und Viehhändler, hatte Affegünt anno zwölf ersteigert, das Geld hatte er bar hingeblättert. Harry C. sollte mal Herr auf Affegünt werden. Das war er nun.

Ein rot geklinkertes Herrenhaus steht da im Hintergrund, der Kuh- und Pferdestall rechts, der Schweinestall links vom

Hof. Den Maschinenschuppen und den Ententeich hinter den Erlen sieht man nicht. Da rostet, typisch Harry C., ein Schaufelbagger vor sich hin; den hatte er sich aufschwatzen lassen, und dann konnte er ihn nicht gebrauchen. Eine Kastanienallee rauscht da den ganzen Sommer längs, sie geht bis an ein Rondell mit Springbrunnen, es folgen ein paar Schritte über den Kies, es knirscht im Kies, dann vier Stufen zur Haustür ohne Briefkasten und Klingel.

Hinterm Herrenhaus liegt der paradiesische Garten. Ging Harry C. von der Veranda hinaus, dann zwei Marmorstufen hinunter, dann noch ein kurzes Stück, dann verneigten sich die Blumen. Guten Morgen, ihr Schönen, sagte er. Am kleinen Seerosenteich, wo Seerosen blühten und Entenflott schwamm, sagte er: Seerose müsste man sein. Harry C. hatte einen Sinn fürs Blumige. Er war fast fertig gewordener Student der Agrarwissenschaft. Er schrieb ab und zu im Bauernblatt über Fruchtfolge und Flachsanbau. Auch hatte er ein paar Jahre Klavierunterricht gehabt. Er konnte malen und schauspielern. Harry C. hatte von allem eine Ahnung, aber nichts konnte er richtig.

Jetzt, im Juli 1936, feierte der Solsbüller Markt irgendein Jubiläum, und Harry C. feierte seinen vierzigsten Geburtstag. Das Personal gratulierte mit einem frischgeborenen Fohlen. Ehefrau Lene schenkte einen Opernführer. Sohn Hinrich sagte ein selbstverfasstes Gedicht auf, und Harry C. bedankte sich: Das hat er vom Vater. Donna, mit dem Strauß Margeriten im Arm, sang: Drunten im Unterland. Den ganzen Tag über gab es Erdbeerbowle.

Es war die Zeit der Solsbüller Kälte. Es rauschte im blühenden Weizen, Regen klatschte runter, ein paarmal stach die Sonne, dann hagelte es taubeneiergroß. Ein einziger, gewaltiger Blitz schlug tausend junge Äpfel und Birnen ab.

Kinder und Gäste bekamen Gänsehaut. Lene blickte nach draußen auf die Strohdächer und sagte nichts. Großartig, sagte Harry C., der Himmel gratuliert.

Nach dem Genuss der Bowle sagte er: Mit vierzig fängt das Leben an. Auch mit Rüben wirft einen da keiner tot. Gern hab ich die Fraun geküsst. Wer weiß, wie nahe mir mein Ende – an dieser Stelle brach er in schallendes Gelächter aus.

Aber danach wollte er allein sein. Lasst ihn, bat Lene, und alle gingen. Er hatte das Klavier und den Opernführer vor sich. Harry C. war nicht dick, wie immer behauptet wird; er war ein gestauchter Sitzriese mit roter Nase. An seiner Weste baumelte eine goldene Uhrkette. Musik fand er schön, aber nach tieferem Sinn war ihm nicht. Weil es den nämlich nicht gibt, sagte er zu sich selbst. Auf Seite 205 des Opernführers machte er sich nun an einem Akkord zu schaffen, musste mehrmals in die Tasten greifen, bis er richtig war und seinen Ohren gefiel.

Harry C. schlug das Geschenk zu, schlug den Klavierdeckel zu, stand auf. Er sah auf seine Hände. Dann ging er in die Küche, wo am Fenster der Hauswirtschaftslehrling Regina mit gelbem Haar in einem prallen Sonnenstrahlenbündel badete. Sie drehte sich nicht um, ließ ihre Rechte auf dem Wasserkessel, den sie gerade über die Herdplatte geschoben hatte. Langsam kamen seine Hände von hinten. Er legte sie auf ihre Brüste, er ließ sie da liegen und Reginas Wärme fühlen und sagte: Dor is noch keen Köksch bi'n Füerherd verhungert. Und Regina sagte: Bruukst nich bang sien, dat du hier anwasst, dor buten kümmt dien Fru. Und als die Chefin, von Gott verlassen, durch die Tür eintrat, redete Regina in süßer Empörung weiter: Aber Harry C., lat dat nah.

Lene war im Hühnerstall gewesen und hatte Eier gesammelt. Sie hatte alles beobachtet. Dies war das soundsovielte

Mal. Harry C. solle sich zum Teufel scheren und im Solsbüller Hof einmieten. Er sei da ja bereits bekannt. Ogottogott, welche Schande für die Kinder. Nun aber mal Schande andersrum, meine Gute: Alles Anfassen, Fühlen und Vergehen ist Flucht aus Eiseskälte in wunderbare Dunkelheit und Wärme. Doch so blumig das klingt und so wahr es vielleicht ist, Harry C. musste wieder mal das Feld räumen.

Er startete seinen Opel und fuhr zu Hans Christiansen in den Solsbüller Hof. Der wollte ihn nicht haben. Du hast dreimal nicht bezahlt, Harry C., und bei der Bank hast du keinen Kredit mehr. Harry C. schlug sich mit der Faust aufs Herz: Da kann ich ja nur lachen, und fuhr ein paar Kilometer weiter zu dem zwei Nummern kleineren und dementsprechend billigeren Eichenhof in Solsbüll-Mühle, wo Wirtin Minna Boye gerade mit einem Lappen über Worte hinter Glas wischte. Die deutsche Frau schminkt sich nicht. Harry C., bei uns bist du immer herzlich willkommen, sagte Johann Boye beim Biergläserspülen. Minna begleitete ihn die Treppe zum einzigen Fremdenzimmer des Hauses hoch, wo er sich erst mal fallen ließ, dann aber entschlossen die mitgebrachte Asbach-Flasche zu Rate zog. Flecken sprangen in sein Gesicht, es kribbelte in der Nase, es juckte in den Fingern, er hatte schon wieder den Zündschlüssel in der Hand, leise ging er die laute Treppe hinunter, an der Gaststube vorbei, hinaus zu seinem Opel; dann fuhr er wie der Teufel über die pfützenreiche Dorfstraße, bog um die Mühle herum, querte das Urstromtal der Solsbüller Au, quälte sich den Berg hoch, erreichte die Chaussee nur mit Müh und Not, weil er den zweiten Gang nicht fand. In ein paar Minuten war er wieder in Solsbüll.

In der Bismarckstraße hielt er an der Druckerei Appel. Appel war Zeuge Jehovas. Harry C. verkohlte ihn erst mal mit Jehova. Appel sagte: Hier ist dein Schild, das du bestellt hast, Harry C., über das andere können wir uns ein andermal unterhalten. Das Schild war ein kleiner Scherz, Schausteller stand drauf. Harry C. war natürlich kein Schausteller, er wollte nur mit dem Schild am Opel auf dem Markt durch die Sperre bis vor Tante Goos' Festzelt durchkommen, weil er keine Lust auf zu Fuß hatte.

Harry C. folgte seiner Lust, sooft es ging, und öfter. Sie waltete, und er schaltete. So scherzte er mit Zeugen Jehovas, so schenkte er Zigeunern Geld, so schwänzte er das Mittagessen, so vertrödelte er die Zeit am Klavier, so wurde er nicht Bürgermeister von Solsbüll-Mühle. Also war er für die Partei nicht zu gebrauchen. Er war ziemlich von Anfang an Parteigenosse gewesen, aber die Parteigenossen hatten ihn nach zwei Jahren Blockleiter Anfang 35 aus seinem Amt entlassen. Grund: zu lasche Dienstauffassung. Hinzu kam: Was du ererbt von deinen Vätern, das darfst du in diesen stahlharten Zeiten nicht so runterkommen lassen, sonst taugst du nämlich nicht für die stahlharten Zeiten. So der Kreisleiter und Bürgermeister von Solsbüll, Steiger, auf der ordentlichen Mitgliederversammlung in Abwesenheit des nun vierzigjährigen Harry C. Das sage ich ihm auch ins Gesicht, liebe Parteigenossen.

Steiger hatte an diesem Tag ebenfalls Grund zum Feiern, weswegen er einen ausgab. Die Bürsten- und Pinselfabrik des jüdischen Unternehmers Moritz Erichsen war für ein Butterbrot in seinen Besitz übergegangen. Die Erichsens hatten schon die Auswanderungspapiere für Amerika unterm Kopfkissen ihres Familienoberhaupts liegen. Der Abreisetag war in Sicht.

Harry C. fuhr durch das nicht enden wollende Fahnenmeer von Solsbüll bis zum Markt, wo er mit Hilfe von

Gehupe und Ausstellerschild die Leute zur Seite scheuchte und bis zu Tante Goos' Festzelt kam. Tante Goos stand als Hamburger Deern gekleidet am Zapfhahn. Vorsicht mit dem Bierschaum, der drinnen wie draußen in lustigen Flocken umherflog, sodass das Publikum wie in den Jahren zuvor danach griff und schnappte. Da stand nun Steiger mit seinen durstigen Dienern Oswald Pankuweit und Hanne Detleffsen, gleich vorne bei Tante Goos standen sie, stießen mit ihr an: Letztes Jahr hatten wir hundert Jahre Eisenbahn, dieses Jahr haben wir die Olympiade, und das Hakenkreuz ist im vorigen Herbst Reichsflagge geworden, deshalb ist der Markt zum ersten Mal einheitlich in unserm Sinne beflaggt. Während die drei ihre Kurzen in die Kehlen kippten, ließ Tante Goos die ihren geschickt im Ausguss verschwinden.

Die anderen Parteigenossen saßen ein paar Tische weiter. Nicht alle Stühle waren besetzt. Manche saßen Schulter an Schulter, manche saßen mit ihren Gesichtern voreinander. Manche, die da saßen, waren keine Parteigenossen. Harry C. erspähte den blonden Bubikopf von Eva Adam. Für so was hatte Harry C. einen Blick. Eva Adam war seit neuestem Steigers Sekretärin im Rathaus, nachdem sie kaufmännischer Lehrling in der Bürsten- und Pinselfabrik gewesen war.

Über Evas Kopf hinweg, als ob er mit Evas Augen sähe, entdeckte Harry C. in einer Zeltfalte, zwischen zwei von oben bis unten hängenden Hakenkreuzfahnen, Riewert Erichsens Gesicht. Riewert, der Sohn von Moritz Erichsen, hatte sich zu Hause zum abendlichen Spaziergang abgemeldet. Bleib nicht so lange, du weißt, warum, so hatte der Vater ihn gehen lassen.

Riewert und Eva waren füreinander bestimmt gewesen und niemand für irgendwen sonst. Letztes Jahr im August hatte Eva Riewert zu lieben begonnen, weil Riewert Eva zu lieben begonnen hatte. Oder umgekehrt. Es war so gewesen: Eva auf der Schaukel in einem roten Kleid, ihr Bubikopf flog ihr, während sie schaukelte, über die Augen. Riewert mit seinem Hund ein paar Schritte weg. Ein Geheimnis über den beiden, zwei ineinanderfließende Blicke. Immer werde ich bei dir sein, immer werde ich dir folgen. Nun hatte Steiger Eva ins Rathaus geholt, und Eva hatte sich dem Schicksal gefügt, denn Riewert war auf dem Sprung nach Amerika.

Dies alles war Harry C. bekannt. Im Prinzip war es ja nicht falsch: deutsche Mädchen für deutsche Männer. Aber hundert Prozent Nationalsozialist bin ich auch wieder nicht, denn in der Praxis sieht manches anders aus. Es war Eifersucht in Harry C., er beneidete Steiger um Eva, Steiger gönnte er sie am wenigsten. Steiger hier und heute eins auswischen. Dem lieben Gott sein Handwerk besorgen, dieses Mal nur. Darum also gleich zu Anfang: Nun will ich mal Harry C. Goldschmidt einen Schimmer Hoffnung gönnen.

Harry C. trat an den Tisch der anderen Parteigenossen und teilweise Nicht-Parteigenossen, hob die Hand zum deutschen Gruß, dass alle es sehen konnten, und wandte sich an Karl Kroghmann und Gustav Hasse: Na, ihr beiden, die Firma dankt, und er nahm Platz. Eine Runde musste her, und die Frage: Was können wir jetzt anstellen, musste beantwortet werden. Die Fahne ab, so Harry C., der immer wieder Ideen hatte, diesmal die Idee mit dem umgedrehten Horst-Wessel-Lied. Die Idee war neu und gehörte sofort ausprobiert. Er, Kroghmann und Hasse brabbelten erst leise die verunstalteten Dichterworte, und dann sangen sie los. Schnell hatten die gemütlich im Zelt vereinten Volksgenossen den Spaß kapiert und sangen: Die Fahne ab, statt: Die Fahne hoch, und stampften mit den Füßen, weil man nach dem Horst-Wessel-Lied so gut marschieren kann. Harry C.

schritt zur Tat, weil er wollte, dass die beiden Liebesleute ausbrechen konnten. Kroghmann und Hasse machten mit, weil man einen Spaßvogel nicht allein zur Tat schreiten lässt. Harry C., der letzte Ritter, trug die Verantwortung, Kroghmann löste die Knoten und ließ die Fahnen runterrauschen, Hasse legte sie wie Wäsche zusammen und packte sie auf den Rücksitz von Harry C.s Opel. Nun, schnell, husch, in der Menge untertauchen.

Was die können, das können wir schon lange, denn uns kann keiner, sagte Steiger im kleinen Kreis, und Detleffsen und Pankuweit sperrten ihre Waschlappen auf. So begann die Lagebesprechung. Tante Goos kriegte alles mit, aber für die Wirtin wie für den Wirt ist Diskretion oberstes Gebot. Den Augenblick, wo Steiger endlich wegsah, nutzte Eva, um dort, wo Riewert mit seinem Gesicht zwischen zwei Zeltplanen gewesen war, hindurchzuschlüpfen. Riewerts Hund umsprang sie draußen, ohne einen Laut, kluger Hund. Eva, Riewert und der Hund ließen Schießbuden, Marschmusik und Partei- und Volksgenossen hinter sich und gingen die Quellenstraße längs, wo am Ende die Heilige Quelle unter ihrem Findling hervorsprudelt. Die Wolken waren verflogen, der Himmel göttlich, die Erde zum Frösteln und zum Was-Überziehen.

Heute ist aber eine Menge los, mein lieber Mann. Harry C. betrat wieder Tante Goos' Festzelt und klopfte sich mit der flachen Hand Staub aus dem Anzug. Steiger, der die Lagebesprechung gerade beendet hatte, gratulierte ihm zu seinem Vierzigsten und lud ihn zu einem halben Liter Bockbier ein, den er hinterrücks mit einer Ladung K.-o.-Tropfen aus Sankt Pauli vergiftete. Schluck für Schluck wurde nun Harry C. weniger und weniger. Ein Helferpaar, das aus Detleffsen und Pankuweit bestand, fing ihn auf und trug ihn weg.

Während Harry C. ins Ohnmächtige übertrat, übte der Himmel Rache. Wunderbar, wie sich an der Heiligen Quelle Riewerts und Evas Liebe mischte, wie eine entsprechende Mauer um sie herumwuchs, wie Nord und West und Süd zersplitterten und davon den beiden kein Haar gekrümmt wurde. Die Quelle plätscherte aus tiefster Tiefe, ein Waldkauz flog aus dem Moor herbei und breitete vor dem Hinsetzen beide Flügel weit aus, ein zweiter kam und setzte sich daneben. Es schlug Mitternacht, es hätte unheimlich sein können. Das Eulenpaar saß mäuschenstill nebeneinander in der Linde. Der Hund schwieg, schnupperte leise nach oben und unten. Braver Hund, flüsterte Riewert. Wie viel hatte es eben geschlagen. Riewert zog seine Taschenlampe hervor, Eva war ihm nun noch näher. Licht ist die Freude der Eulenvögel. Die oben in der Linde fingen ihren Liebesgesang an und paarten sich im Schein der Lampe. Wie ist das mit der Liebe, fragte Riewert, und Eva antwortete: Immer.

Der Sarg für Harry C. stammte vom Solsbüller Beerdigungsunternehmer Anton Winterfeldt. Pankuweit und Detleffsen hatten sich nach gezielter Aussprache einen erbeten, der nicht so schwer wie Eiche ist. Auf den Lieferwagen damit, dann die Fahnen aus dem Opel geholt, dann Harry C. eingewickelt, dann ab in den Sarg. Die beiden Helden pinkelten noch auf den mit unechten Kupferbeschlägen dekorierten Deckel, grüßten wie im Weltkrieg, immerhin war Harry C. auch Frontkämpfer gewesen, gaben der schwarzen Fracht einen Schub in die Strömung und fuhren zurück, um Steiger, der trostlos vor Tante Goos am Tresen hin- und herschwankte, zu melden: Auftrag ausgeführt.

Bleibt nachzutragen, dass in dem heraufdämmernden Morgen die Mabeco mit Gustav Hasse am Lenker und Karl

Kroghmann auf dem Sozius, beide noch nicht ganz nüchtern, den Berg, wo die Solsbüller Au im Urstromtal mit verschiedenen Strudeln um die Ecke biegt, runterratterte. Hasse sah sofort, dass da was Komisches war, während Kroghmann auf dem hinteren Sitz nichts bemerkte. Hasse bremste und hielt. Sie lehnten das Motorrad ans Brückengeländer, stiegen die Böschung hinab und brachen mit Hammer und Schraubenzieher aus dem Werkzeugkasten den Sarg auf, in dem sich Harry C. wegen der einfallenden Morgensonne die Augen rieb. Er, der einen guten Blutdruck hatte, war sofort bei der Sache und sagte: Da staunt ihr. Dann befahl er Hasse zu Bäcker Sprenger wegen fünfzehn Brötchen und in den Eichenhof zu Johann und Minna Boye, wo er ein paar Flaschen Sekt holen sollte. Gleich danach fährst du bei mir zu Hause vorbei und lässt dir von Regina Butter, Schinken und Marmelade geben. Wir machen ein Sektfrühstück im Freien. Hasse ratterte davon, und unter dem jubilierenden Gesang von zwei, drei silbernen Lerchen breiteten Kroghmann und Harry C. die Hakenkreuzfahnen auf der Auwiese zum Trocknen aus.

Laut Messtischblatt sind es von der Heiligen Quelle bis zu dem Punkt, wo die zwei Parteigenossen den ohnmächtigen Harry C. in die Solsbüller Au zu Wasser ließen, achthundert Meter Luftlinie und bis zur Auwiese, wo Hasse und Kroghmann Harry C. aus dem Sarg holten, zweitausendzweihundert.

Ein Tag

Ein Tag. Es war finster, es war kalt. Es war Nacht, es war Winter. Es war Solsbüll, es war Solsbüll-Mühle. Ich wollte nicht die kalten Finsternisse, die Nächte, die Winter zählen. Ich wollte beim Namen gerufen werden. Süß ist der Name, wenn er aus einem Kornfeld gerufen wird. Süß ist der Name, wenn er aus der Solsbüller Au gerufen wird. Süß ist der Name, wenn er in Mehl geschrieben steht, im frischgemahlenen Mehl der Solsbüller Wassermühle, leise vor sich hin zu lesen. Aber keiner rief mich beim Namen, keiner schrieb meinen Namen. Eine kleine Weile dachte ich, jemand hätte es getan.

In der Praxis Bismarckstraße 10 erschien nach der Sprechstunde Name Adam, Vorname Eva, geboren am 5. Mai 1918, Beruf Sekretärin. Dr. Otto von Meggersee saß am Schreibtisch. Die Vorhänge waren zugezogen, es brannte die Schreibtischlampe. Meggersee stand auf und gab Eva die Hand. Er sagte, Herr Steiger hat mit mir gesprochen, ich weiß Bescheid, Sie wissen Bescheid, also brauchen wir die Sache nicht lange zu besprechen. Da lagen die Instrumente im Schrank neben dem Wachstuchsofa. Sonde, Tamponzange, Watte et cetera konnte er schnell und geräuschlos greifen.

Meggersee blickte Eva ins Gesicht, damit er eventuellen Druckschmerz ablesen konnte. Sie hatte ihre Augen irgendwo in den Spinnweben an der Decke. Der völkische Staat erklärt das Kind zum kostbarsten Gut seines Volkes, er fühlt sich als oberster Schirmherr dieses köstlichen Segens. Das Führerwort war gut und schön, aber im Falle dieser jungen Frau konnte keine Rede von kostbarem Gut sein. Es war sofort zu handeln, je früher, desto besser. Das war er Steiger schuldig. Dem war ein Halbjude als Stiefkind nicht zuzumuten. Obwohl alles bestens in Ordnung war, diagnostizierte Meggersee, Fräulein Eva Adam blutet seit acht Tagen, Temperatur 38,8, es muss weg. Eva sagte nichts, sie wusste, dass es wegmusste. Mit der Sonde die Größe und Lage des kleines Gebildes feststellen. Keine Rückwärtsbewegung der Gebärmutter. Da hat es schon Fälle gegeben. Du kleiner zerreißlicher Fötus, komm her. Wie oft riss selbst bei geübten Praktikern der Kopf, und dann das gefährliche Arbeiten im Dunkeln. Meggersee erfühlte das Köpfchen, zerdrückte es zwischen Zeigefinger und Mittelfinger und beförderte das Ganze mit einem Stück Plazenta heraus. Kornzange war nicht nötig. Die Lösung der übrigen Plazenta überlassen wir den Naturkräften.

Ich möchte nie mehr schwanger werden, flüsterte Eva an die Sprechzimmerdecke.

Meggersee hielt inne, überlegte und verstand: Also gut. Es kamen Seidenfaden, Klemmpinzette und Schere, Eva war für immer unfruchtbar. Aber sonst ist alles normal, sagte Meggersee, als er sich die Hände wusch. Eva solle ein paar Tage ausspannen.

Ein Tag. In Solsbüll geht es schon wieder viel zu geschniegelt zu. Wo sind die alten Zeiten, so fragten sich die alten Kämpfer an Rabes Stammtisch. Immer was los nach dem Motto Überraschen / Zuschlagen / Verschwinden und anschließend wieder gemeinsam bei Bier und Korn. Vorbei, ach, vorbei.

Das große Wort am Stammtisch führte Hanne Detleffsen. Es gibt zu viele saubere Uniformen in Solsbüll, zu viele geputzte und gefeilte Fingernägel. Und muss denn jeder von unseren Bonzen zwei Paläste haben, einen in Berlin, einen am Tegernsee. Ich frage nur. Und wir kleinen Leute stehen da mit langem Gesicht und kurzem Hemd. Dann diese Unverschämtheiten auf der Olympiade. Hat man richtig gehört, geeignete Sperrbezirke für gefällige Damen gesucht, damit das Ausland ungestört rumvögeln kann. Schöne saubere Welt, pfui Teufel, sage ich. Vergessen wir nicht, wer wir sind. Ich war schon Nationalsozialist, als noch niemand von Nationalsozialismus sprach. Ich habe alles schon an der Front mitgekriegt. Jüdische Geheimbündler hinter dem Rücken der kämpfenden Truppe bei ihren schmutzigen Geschäften. Weswegen haben wir denn den Krieg verloren. Der Jude wandert seit eh und je ruhelos durch die Welten und Zeiten, weiß überall Bescheid, beherrscht Börse und Presse, regiert als ungekrönter König. Nun aber ist das Maß voll.

In aller Stille pflegte Hanne Detleffsen weiteres Gedankengut. Gedanken, das sind so Vorübungen. Denken wird man doch dürfen. Die Gedanken sind frei, sagt der Führer. Wenn ich rede, rede ich nicht hintenrum, sondern geradeaus. Aber das Denken wird doch wohl um die nächste Ecke rum weitergehen dürfen. Und wenn ich denke, dann tu ich auch mal was. Das findet sich dann.

Hier war Hanne Detleffsens Punkt: den gespannten Bogen dahin richten, wohin er gerichtet gehörte, nämlich auf die in Solsbüll lebenden Juden. Auch in Solsbüll ist es der ruhelos wandernde Jude, siehe Erichsen, vormals aus Würzburg, der mit Sack und Pack über den großen Teich verschwunden ist. Hätte Steiger seinerzeit richtig durchgegriffen, es wäre anders gekommen, aber der war ja bloß scharf auf die Fabrik. Gekauft hat er sie, gekauft. Weil Meggersee ihm die Fünfzigtausend vorgeschossen hat. Bei den Juden ist abwarten und zahlen völlig unangebracht. Besondere Leute brauchen besondere Behandlung. Ich weiß noch nicht, wovon ich rede, aber ich weiß, was ich will. Hier heißt es handeln und kurzen Prozess machen. Das fällt mir nicht schwer. Auch der Jude Riehl ist mit Frau und Tochter auf mein Betreiben weg. Nun hat er Arbeit bei Ford in Köln. Schade um das junge schwarze Ding Tochter. Dem Viehhändler Nathan haben wir durch Führerscheinentzug das Handwerk gelegt. Schwamm drüber, über Tote soll man nichts Schlechtes reden, auch über tote Juden nicht. Es bleiben uns noch Mutter und Tochter Nathan in der Prachtvilla Bahnhofstraße Ecke Adolf-Hitler-Straße. Diese beiden, man höre, Versorgungsempfänger erheben ihre semitischen Häupter und beantragen Erlass oder, ersatzweise, Ermäßigung ihrer Bürgersteuer. Die Alte hat nur zweihundert Mark im Jahr, ihre Rente ist zurückgegangen, sie muss ohnehin den Großteil des Jahres zusammen mit ihrer Tochter bei ihrer Schwester in Berlin verbringen, sagt sie. Das ist ja wohl die Höhe. Haben wir denen je etwas zuleide getan. Nun tauchen also diese beiden Itzich-Weiber nach jahrelanger Wühlarbeit wieder auf und verpesten mit ihrem Knoblauchgestank unsere gute Solsbüller Luft.

In diesem Sinne hatte Hanne Detleffsen sich vorbereitet. Er war seit Sommer 1933 verheiratet, mit einer aus Kummerby, mit der er zwei Jahre zusammengelebt und erst einen Sohn und nun auch eine Tochter gezeugt hatte. Als Steiger ihm 1935 den Hausmeisterposten im Rathaus beschaffte, zog er nach Solsbüll zu den Nathans, als Untermieter. Während der nunmehr zwei Jahre Untermiete fühlte Detleffsen sich, nach dem Tod des alten Nathan, von den Nathan-Frauen mehr und mehr bedrängt. Jeden Tag, wenn sich die Gelegenheit ergab, weinte er Steiger die Ohren immer voller:

Laufend werden wir von den Judenweibern drangsaliert. Unser Junge darf nur in der Nähe der Klärgrube spielen. Sobald er in den großen Garten kommt, ich glaub, zweitausend

Quadratmeter sind das, läuft die Nathan herbei und schreit ihn raus. Weißt du übrigens, dass sie mich, als wir einzogen, nach meiner Parteizugehörigkeit gefragt hat.

Das tut man doch heutzutage, oder, sagte Steiger, und Hanne Detleffsen wusste für einen Augenblick nicht, ob er an der richtigen Adresse war.

Das ist aber nicht alles, lieber Bürgermeister, noch nicht alles, sagte er. Wir müssen den Nathan'schen Gartenarbeitern unser, verstehst du, unser Klo zur Verfügung stellen. Und wenn sie den Dachboden sauber machen, dann nehmen sie so viel Wasser, dass es bei uns durchleckt. Und das Dienstmädchen, das muss mit verbogener Gabel essen und darf mit uns kein Wort wechseln. Aber jetzt kommt das Krummste: Die haben uns nach der Geburt unserer Tochter, zu der die Alte übrigens hübsches Vieh gesagt hat, die Wohnung gekündigt, weil wir nun vier sind. Das Maß ist voll. Ich verlange, dass die Stadt jetzt was macht.

Ich kann nichts dabei, und ich kann es nicht mehr hören, sagte Steiger. Dann schrie er: Mach doch selber was, Herr Hausmeister. Sie standen auf der untersten Stufe der Rathaustreppe. Es war Dienstschluss. Papier und Staub wirbelte an diesem unfreundlichen Tag vorbei. Steiger wollte nach Hause, Eva wartete.

Das wollte ich nur hören, sagte Hanne Detleffsen. Abwarten, abwarten. Dann rief er Steiger hinterher: Bürgermeister, ik weet noch wat.

Klei mi an'e Hack, und du kleist di, wo't nötig deit. So ging Steiger seiner Wege.

Dieser Tag war im Hebammenhaus der Tag mit dem Tabakgeruch aus Gustavs Pfeife, der Tag, irgendwie traurig, der Tag mit der Leben-und-Tod-Stimmung, wie Anne sagte. Sie hielt ihn mit der Agfa fest, den Tag, an dem sie, Gret und Gustav in Harry C.s Opel, der in die Werkstatt musste, zum Bahnhof Solsbüll fuhren. Die Wolken trugen den Himmel. Man konnte nicht allzu lange draußen bleiben. In Solsbüll standen sie vor geschlossenen Schranken.

Das ist hoffentlich noch nicht der Zug, sagte Anne.

Wenn einer pünktlich ist, dann bin ich es, Mutter, sagte Gustav.

Gret saß hinten zusammengekauert und hatte die linke Hand auf dem Koffer. Auf Kiel hab ich überhaupt keine Lust.

In der Bahnhofstraße war mehr los als sonst. Die Leute strömten Richtung Mooswatt.

Die gehen alle zu den Nathans in die Adolf-Hitler-Straße, ich hab da was in der Firma gehört, sagte Gustav.

Wir fahren doch nur bis zum Bahnhof, sagte Anne.

Ich kann das nicht mit ansehen, die armen Menschen, sagte Gret. Kann man nicht endlich Ruhe geben.

Rosas Freund Hermann ist auch Jude, das wisst ihr ja, sagte Gustav.

Das ist in Österreich, sagte Gret. Österreich ist Österreich, nicht Deutschland.

Er ist Halbjude, sagte Anne. Davon versteht ihr nichts. Sie verstand davon aber auch nichts.

Gret wünschte sich weit weg, weiter weg als Kiel. Aber Kiel musste erst mal sein wegen der Hebammenausbildung. Gret war sechsundzwanzig.

Der Zug fuhr ein. Aus dem Eisenhaus hämmerte und dampfte es. Gret stieg in den erstbesten Waggon. Gustav stemmte ihr den Koffer ins runtergelassene Fenster.

Musik für meine Ohren, sagte er und deutete auf die Lok.

Ich kann dich nicht verstehen, sagte Gret aus dem Fenster.

Ich kann dich nicht verstehen, sagte Anne zu Gret.

Die Kelle stand schon nach rechts oben. Es ruckte durch alle Wagen. Grets Gesicht verschwand im Dampf, der zwischen und unter die Wagen zog und verschwand. Gret fuhr nach Kiel. Nicht für ewig, aber für länger.

In einer Stunde hol ich dich wieder ab, Mutter.

Gustav fuhr Goldschmidts Auto in die Werkstatt, Anne stand auf dem Bahnhofsvorplatz und sah die Leute immer noch in dieselbe Richtung laufen.

Ich bin allein und hab niemand. Und wie gern hätte ich jemand. Gustav, warum musstest du in den Krieg. Ach, die Männer. So begann der Klageruf nach dem glücklichen Leben. Aber sie mochte ihn selber nicht hören und hielt sich die Ohren zu, am liebsten hätte sie sterile Watte reingestopft. Anne, reiß dich zusammen.

Vor ihren Füßen ein blühendes Rosenbeet, abgefallene Blütenblätter auf der Erde, einige frisch, einige welk. Es roch bis zu ihr hinauf. Sie wollte sich runterbeugen, damit sie noch mehr Duft hatte, aber sie beugte sich nicht. Tränen waren ihr in den Mund gelaufen, ein Salzgeschmack war da. Sie nahm das 4711-Taschentuch aus der Handtasche und trocknete sich das Gesicht. Die Tränen ließ sie im Mund. Die Handtasche schnappte zu, sie hörte das, sie spürte Kälte an den Augen, als sie die ersten Schritte machte. Immer den Leuten nach, an der Bürsten- und Pinselfabrik vorbei, dann in die Alte Bachstraße. Dort, im Garten von Hausnummer zwei, hatten sich hundert Leute versammelt, um Hanne Detleffsen zuzuhören, der zu dieser Veranstaltung – Betrifft unser jüdisches Weibergespann – aufgerufen hatte. Sind sie nun Volksgenossen, ja oder nein.

Hanne Detleffsen hatte Meggersee immer gut zugehört. Jeden Morgen beim Frühstück las er die Nordische Rundschau, ehemals Solsbüller Volksbote, sodann beim zweiten

Frühstück im Rathaus die Pflichtlektüre, den Völkischen Beobachter. Er verstand jetzt auch was vom Reden.

Nein, sage ich, rief er von einem Küchenhocker aus, womit er die oben aufgeworfene Frage beantwortete.

Detleffsen hatte den Küchenhocker auf dem Rasen postiert, wo die Obstbäume standen. Unterhalb von ihm stand Sarah Nathan in Schürze, Kopftuch und Tränen; die alte Nathan saß fünfzehn Meter dahinter in ihrem Lehnstuhl am offenen Wohnzimmerfenster.

Anne stand ganz hinten in der letzten Reihe am Nathan'schen Spargelbeet. Sie sah Hanne Detleffsen an ihrem eigenen Spargelbeet in Solsbüll-Mühle hin- und herlaufen, vor zwölf Jahren. Ganz schön aufgestiegen, dachte sie, denn hier leitete er eine öffentliche Veranstaltung.

Folgendes bewegte anscheinend die hundertköpfige Menge: Sind wir dafür oder dagegen. Oder wollen wir bloß mal sehen, was hier los ist. Vielleicht kann man sich einen Apfel einstecken oder sonst was zu essen kriegen. Vielleicht gibt es was zu lachen. So denkt das Volk.

Hanne Detleffsen trug mit seiner hohen Stimme vor, was er schon Steiger vorgetragen hatte, was die Leute auch schon wussten, was sie aber immer wieder gern hörten. Er las am Ende seiner Ausführungen die Punkte eins bis acht von einem Zettel ab. Und bei jedem Punkt dachte Anne an Grets spitzen Schrei und Rosas Ausbruch: Herr Detleffsen, das Schwein. Hinzu kam, was sie selbst an ihm zu tragen gehabt hatte, wovon sie niemandem erzählte und was sie mit ins Grab nehmen wollte, das hatte sie sich geschworen. Nur manchmal machte sie kleine traurige Geräusche im Mund, so wie jetzt in der letzten Reihe am Spargelbeet.

Nachdem Hanne Detleffsen den privaten Teil seines Forderungskatalogs, also Klärgrube, Wohnungsrenovierung und Garten als Spielplatz, abgelesen hatte, begann er mit dem zweiten, dem öffentlichen Teil – den wir Solsbüller Nationalsozialisten schon immer gefordert haben: Kein Deutscher darf mit Nathans auf freundschaftlichem Fuß stehen (Punkt 7), und schließlich und endlich: Alice und Sarah Nathan dürfen kein deutsches Dienstmädchen mehr beschäftigen (Punkt 8).

Bei diesem Punkt verlor Sarah Nathan, die immer noch unterhalb von Hanne Detleffsen stand, die Fassung. Ein ganz hundsgemeiner Goi sind Sie, schrie sie, und das Volk trat vor Unbehagen von einem Bein auf das andere.

Hanne Detleffsen war am Ziel seiner Träume, er konnte endlich mal von oben herab. Auf einen fassungslosen Aufschrei seitens der Nathan hatte er nur gewartet. Volksgenossen, rief er, und es war die Rührseligkeit in der Stimme, die Pankuweit auch gehabt hatte, kurz bevor er auf das Bündel Siemsen losgegangen war. Ihr habt gehört, was diese Dame unter diesem Himmel gesagt hat. Er wies mit der flachen Hand nach oben, das Volk schaute hinterher.

Die Nathan bezwang sich und band einen zusätzlichen Knoten in ihr Kopftuch. Ich will alles in Ordnung bringen, sagte sie, indem sie ihren Kopf zu Hanne Detleffsen emporhob und mit beiden Händen die Kopftuchenden festhielt. Aber auf ein deutsches Dienstmädchen können wir nicht verzichten.

Und warum nicht, bitte schön.

Aus dem Volk kam dieselbe Frage, und es kam auch der Ruf: Das ist ja interessant, sodass Hanne Detleffsen sich verstanden fühlte und was von einem übergesprungenen Funken murmelte.

Sarah Nathan wandte ihren Blick zu den hundert Leuten, die alles zertrampelten. Und Hanne Detleffsen trampelte auf dem Küchenhocker und trampelte ihr das Herz in die Schürzentasche.

Ja, warum will sie denn kein jüdisches Dienstmädchen. Hanne Detleffsen ließ diese Frage noch ein wenig schweben, sodass auch das Volk sie schweben ließ. Abwarten, abwarten, fügte er mit einer Handbewegung hinzu, sodass auch das Volk abwartete.

Anne konnte Abwarten, abwarten nicht leiden. Schon loderte in ihr ein heißes Herdfeuer. Hanne Detleffsen saß darin und schmorte und stank. Bei Anne brannte eine Sicherung nach der anderen durch. Die letzte sprang mit einem Knall, als Sarah Nathan auf die Frage nach dem jüdischen Dienstmädchen antwortete: Die jüdischen Dienstmädchen taugen nichts, darum wollen wir ein deutsches.

Und als da mit einem Mal die Leute zu lachen begannen, nahm Anne von ihrer Plattform Anlauf, schubste hier und da einen ohne Hoppla zur Seite, rempelte sogar noch die Nathan, rammte Hanne Detleffsen vom Küchenhocker. Der stürzte ab und geriet mit seinen Kommisstretern zwischen den Küchenhockerbeinen in Gefangenschaft. Das Volk lachte nun aus diesem Grunde. Sodann lachte es, weil es komisch aussah, als Anne über Hanne Detleffsen herfiel und ihn egal wo biss. Ein dritter Grund zum Lachen ergab sich, als Hanne Detleffsen vor Schmerzen aufschrie: Verrückte Hebamme, Menschenbisse sind gefährlich. Aber Anne war schon auf der Flucht zur Gartenpforte. Wir schreiben Ihnen, rief die alte Nathan hinter ihr her.

Dass Anne den emporgekommenen Detleffsen gebissen hat, steht außer Frage. Privatrache, keine Zivilcourage. Also kein Ruhmesblatt, wie es die Solsbüller so gern darstellen und so nötig hätten. Verbürgt ist auch Sarah Nathans tapfere oder witzige, jedenfalls entwaffnende Äußerung über deutsche und jüdische Dienstmädchen, in der Nordischen Rundschau vom 18. August 1937 unter der Überschrift: Das Maß ist voll, Demonstration gegen die Judenbagage Nathan.

Derselbe Tag

Derselbe Tag, ein ganz anderer Tag. Als Gret von Anne und Gustav auf den Zug nach Kiel gebracht wurde, wo sie an der Frauenklinik den fünfzehnmonatigen Hebammenkurs für gelernte Krankenschwestern besuchen wollte, herrschte nicht die geschilderte Leben-und-Tod-Stimmung, jedenfalls nicht von Anfang an. Da war auch nicht sogleich der Flieder- und Pfeifentabakgeruch, der in die Nase zog und blieb. Im Hebammenhaus herrschte aus verschiedenen Gründen erst mal dicke Luft. Gustav war von Harry C. runtergeputzt worden, weil dessen Opel schon das zweite Mal wegen der Lichtmaschine in die Werkstatt musste. Gret war bei Kroghmanns gewesen und hatte auf dem Nachhauseweg den Mund fest verschlossen. Karl Kroghmanns: Du siehst aber wohl aus, und Alwine Kroghmanns: Er meint, du hast im Gesicht zugenommen, saßen ihr in den Knochen. In der Küche ging Anne die Wäsche nicht so recht von der Hand, weil der Blick aus dem Fenster einen Leckerbissen versprach: Die Beerdigung des alten Matzen von der Matzen-Mühle. Jeden Moment musste der schwarze Tross über Goldacker erscheinen.

Als Gustav mit Goldschmidts Opel in den Hof fuhr, kriegte Anne gerade mit dem rechten Auge einen Zipfel Beerdigung zu fassen, mit dem linken überflog sie die entsprechende Todesanzeige sowie beiläufig eine Annonce der staatlich geprüften Masseurin und Diplom-Gymnastin Lotte Lehmann: Bin ich auf das Gerücht gestoßen, ich sei nicht arischer Abstammung. Mein Stammbaum ist geprüft und einwandfrei. Ich bitte das Publikum, diesen Gerüchten entgegenzutreten, da mir meine Existenz untergraben wird. Dass obige Tatsachen der Wahrheit entsprechen, wird von der NSDAP-Kreisleitung bestätigt.

Eigentlich mussten sie los. Nun trappelte es aber köstlich von den Hufen der vorbeiziehenden Pferde. Vor dem Leichenwagen traten zu Annes Missfallen schlappe und ungeputzte Gäule in den Kies; der Kutscher saß oben auf dem Bock in fröhlicher Unterhaltung mit dem kleinen Liekfolgbeder, der kaum den mächtigen Kranz der Matzen-Familie halten konnte. Hasses waren schon spät dran, aber Anne sagte: Da hilft nun nichts, die müssen erst vorbei. Sie verschanzte sich noch mal hinter der Zeitung.

Es war also eine eher verfahrene Stimmung kurz vor dem Aufbruch, als Gret darauf bestand: Das Foto wird auf jeden Fall gemacht, sonst fahr ich nicht los. Gustav wollte mit Pfeife aufs Foto und brauchte dafür Tabak, konnte den aber nicht finden. Und als Anne den Apparat holen wollte, lag der nicht mehr an seinem Platz. Gret hatte ihn auf der Flurgarderobe bereitgelegt, aber vergessen, dass sie es getan hatte. Raus in den Garten, rief Anne, als sie die Agfa entdeckte. In dieser spannungsvollen Stimmung standen Gustav und Gret also am Birnbaum, als Anne knipste.

Der Druck auf den Auslöser bewirkte dann den Zauber, der die Spannung aus der Stimmung nahm. So bekamen die drei doch noch das gute Pfeifenaroma und den Fliederduft in die Nase. Das reichte für eine schweigsame Autofahrt bis zum Bahnübergang Solsbüll. Jeder erzählte kleine Geschichten, aber jeder nur sich selbst, und keine bis zu Ende. Die angefangenen Geschichten verschwanden in der Staubwolke, die Goldschmidts Opel hinter sich herzog, im Flieder am Wegrand.

Vor den geschlossenen Schranken schwiegen sie weiter,

Gustav mit den Händen am Steuer, Anne mit den Händen an der Handtasche, Gret mit den Händen auf dem Koffer. Jenseits der Schranken sahen sie Solsbüller Volk unterwegs, Anne wusste, warum, sagte aber nichts.

Nach dem Parteiausschluss und der Wiederaufnahme durch den Führer war Meggersee im Solsbüller Krankenhaus einer gewissen Operationslust verfallen, was sein Kollege Brinkmann mit Argusaugen gesehen und zur Anzeige gebracht hatte. Zehn Abtreibungen in Verbindung mit Sterilisation, das hatte Brinkmann behauptet, nachweisen zu können, unter anderem ausgerechnet bei Parteigenosse Steigers Freundin Eva. Na schön, ein außereheliches Kind bei diesem Exponierten wäre von den Leuten übel vermerkt worden.

Steiger hatte zum Dank für den Freundesdienst, der seinerseits ein Dank für Freundesdienste war, seine guten Beziehungen nach Hamburg spielen lassen. Der Rassekundler vom dortigen Völkerkundemuseum hatte bei Meggersee vier Schädelmaße genommen und Aufnahmen von vorn, von oben und von der Seite machen lassen. Meggersee hatte den Kampf gegen seine recht wahrscheinliche jüdische Herkunft wiederaufnehmen müssen, denn Kollege Brinkmann hatte dieses Seitenthema neben dem Hauptthema Abtreibung erneut angeschlagen. Weder die Schädelmaße aus Hamburg noch weitere Nachforschungen der Reichsstelle für Sippenforschung in Berlin hatten etwas Greifbares gebracht. Niemand bezweifelte, dass Meggersees Mutter eine volljüdische deutsche Sprachlehrerin und sein Vater ein halbjüdischer preußischer Sanitätsrat war. Andererseits gab es keine unbezweifelbaren Dokumente. Gegen den starken Verdacht hatte Meggersee vorgebracht: Ich bin der Meinung, ich habe genügend arisches Rassebewusstsein *praktisch* bewiesen. (Hervorhebung durch den Angeklagten.) Dieser mit Stolz und Festigkeit formulierte Satz hatte seine Wirkung vor Gericht nicht verfehlt.

Dem Vorwurf, er habe seit Jahren Abtreibungen und Sterilisationen vorgenommen, war Meggersee mit dem Hinweis entgegengetreten, dass er strikt nach medizinischen, sozialen und wirtschaftlichen Gesichtspunkten vorgegangen sei. Steigers Einlassungen dazu waren zwar weder erbeten noch sachdienlich gewesen, aber doch bei der Ermittlung des Charakterbildes des Angeklagten zur Kenntnis genommen worden. Steiger hatte erklärt: Wenn diesem wahrhaft deutsch fühlenden und handelnden Arzt eine mangelhafte Form der Krankenberichte vorgeworfen wird, dann hat das einen einzigen, echt deutschen Grund: Ihm ist jede Form zuwider.

Es war der Freispruch gekommen, worauf gewisse Kreise in der Partei sauer reagierten, Kreise, welche später, beim Entnazifizierungsverfahren, ihre saure Reaktion als mildernden Umstand gutgeschrieben haben wollten, während im selben Zusammenhang Meggersee die gerichtliche Verfolgung als positiv zu berücksichtigen bat.

Als Meggersee von der Gerichtsverhandlung aus Flensburg zurückkehrte und mit seiner Limousine in der Bismarckstraße eintraf, wurde er mit Hochrufen und Klatschen von Patienten, treugebliebenen Parteigenossen und Nachbarn begrüßt. Es waren schöne Stunden. Meggersee war nach dem Freispruch wieder eine Gestalt ganz nach dem Herzen von Solsbüll. Jude hin, Jude her, wer wusste das überhaupt so genau. Jeder konnte bei dieser günstigen Gelegenheit irgendwie mitfeiern.

Anne hatte ein paar Rosen in der Hand. Zu Mechthild Grün mit den komischen Zähnen sagte sie: Ich muss unserem Doktor doch auch gratulieren und die Blumen überreichen.

Die Grün hatte das Regiment in der Praxis übernommen, nachdem Meggersee die Steinbeiß an seinen Patenonkel losgeworden war. Anne hielt die Rosen an die Nase; die rochen gar nicht. Sie kam in dem Gedrängel nicht bis zu Meggersee vor, der gerade sein Humpelbein auf eine Bierkiste nachzog. Beim Hochsteigen sah er Anne, und Anne sah, wie er zu seiner Rede ausholte.

Ein Wort des Dankes, meine lieben Freunde.

Es wurde still. In der Stille war zu hören, wie noch eine Bierflasche geöffnet wurde. Meggersee sprach enttäuschend langweilig. Heute hatte man eigentlich was Besonderes erwartet. Angesichts dieser Teilnahmslosigkeit stieg er wieder von der Kiste.

Mechthild Grün erklärte: Die Leute sind zu beschäftigt, die wollen auch mal ihre Ruhe haben.

Und Steiger sagte: Ach ja, das ist alles ganz schön anstrengend. Aber der Führer will das so.

Inzwischen wurde aus der Küche die zweite Platte belegte Brötchen gebracht.

Steiger fragte noch beiläufig nach den Fünfzigtausend, die er dringend als Betriebskapital für die Bürsten- und Pinselfabrik brauchte: Du, ich muss das Geld unbedingt haben, die Bank sitzt mir im Nacken.

Aber Meggersee hatte schon überwiesen.

Gret, hoher Himmel

Wann war das gewesen? Anne wusste nicht mehr, ob sie am Tag von Grets Abreise Hanne Detleffsen vom Hocker gestoßen oder Meggersees siegreiche Heimkehr erlebt hatte. Genau aber wusste sie, dass sie – zusammen mit Gustav – Gret zum Bahnhof gebracht hatte. Dort stand sie mit Gustav vor dem Rosenbeet, als Grets Zug abgefahren war.

Ich komme schon irgendwie nach Hause, sagte sie.

Mutter, ich muss doch noch Goldschmidts Wagen reparieren.

Ich weiß, und dann musst du auf'n Swutsch.

Sie ging den kürzesten Weg. Es war nicht dunkel, es war Fliederzeit, das Gras duftete, am Bahndamm blühte noch Ginster, am Heidberg lag ein Liebespaar in den Glockenblumen. Kies knirschte unter Annes Schritten. Als sie am Mooswatter Weg angekommen war, zupfte sie ein paar Blätter Buchengrün ab. Hier musste sie zur Eisenbahnbrücke hoch. Sie stand da oben über den Schienen, nahm ein Blatt nach dem anderen in den Mund und kaute so lange, bis sie einen schön säuerlichen Geschmack hatte. In der Abendsonne glänzten die Schienen silbern, schlängelte sich die Solsbüller Au auch silbern. Sehr sichtbar war der Turm der Solsbüller Kirche. Solsbüll-Mühle aber blieb von hier unsichtbar, es lag hinter Mühle, Mühlenwald und Wasserfall. Meggersee hatte mal im Scherz gesagt: Solsbüll-Mühle, das sündige Dorf. Warum er das gesagt hatte, wusste Anne nicht. Er hatte gelacht, als er es sagte. Sie hatte mitgelacht, nur so.

Unendlich hoch stand ein weißer Wolkenturm überm

Hebammenhaus, als Anne unter den Linden angekommen war. Morgen gibt es schlechtes Wetter, sagte sie in den Abend. Eine Drossel saß im Birnbaum und sang. Anne fühlte sich verlassen. Noch nie hatte sie ihr Haus so leer gefunden. Ihr war, als hätte sie alles verloren, auch sich selber. Andererseits wusste sie doch gar nicht, wie das ist, alles und sich selber verlieren. Es war noch saurer Buchenlaub-Geschmack im Mund, im Spiegel fand sie noch ein wenig Buchenlaub auf ihrer Oberlippe. Wenn jetzt das Telefon geht und du zu einer Geburt gerufen wirst, dann weißt du überhaupt nichts mehr. Die Frau wird sterben. Das Kind wird sterben. Als die ersten Tränen tropften, klingelte das Telefon.

Solsbüll 283.

Hier ist Gret. Ich bin gut angekommen. Hier in Kiel ist keine einzige Wolke. Hier war es herrlich warm, den ganzen Tag. Ich hab schon paarmal versucht anzurufen. Gret war ordentlich aufgekratzt. Wir sind fünf auf einem Zimmer. Es ist lächerlich wenig Platz für jeden da. Stell dir vor, die Schuhe müssen wir unter die Betten in die Sprungfedermatratze stecken. Aber man hat einen herrlichen Blick über die Förde.

Du, sagte Anne schnell dazwischen, unser Doktor ist heute freigesprochen worden.

Ach, tatsächlich? Im Grunde sind die Betten furchtbar. Der Fußboden ist auch furchtbar, man kann nicht barfuß laufen. Aber wenn du dir einmal die Zehen aufgestoßen hast, dann läufst du sowieso nicht mehr barfuß.

Du sollst doch nicht barfuß laufen.

Die Wäsche können wir übrigens hier waschen. Wir müssen aber dafür bezahlen.

Gret wohnte in einem roten Backsteinhaus der Kieler Universitätsfrauenklinik, an der seit 1805 alle leitenden Professoren herumgebaut hatten. Unterm Dach, wo Balken unter der Decke oder zwischen Decke und Fußboden eingeklemmt waren, wo es im Sommer wie in Afrika war und im Winter wie am Nordpol, da oben wohnten die fünf Krankenschwestern, die Hebamme werden wollten. Gret kniete sich auf den Boden, griff mit der Rechten unters Bett und zog einen Schuh aus der Sprungfedermatratze hervor. Sie blieb mit dem Schuh in der Hand knien. Was riecht hier so muchelig, fragte sie vor sich hin. Sie verfolgte einen Geruch, der aus der Sprungfedermatratze kam. Aber er kam von weiter her, von außerhalb der Klinik, von außerhalb Kiels. Man musste nach Kummerby, dann nach Güldenholm. Da war das Zimmer, da roch es so muchelig. Der Geruch kam anscheinend aus dem Klavier, das in Meggersees Herrenhaus im Musikzimmer stand. Da, im muffigen Musikzimmer, wo Meggersees Mechthild so manches Wochenende schlief, war es gewesen. Meggersee war gerade von einem Ausritt zurückgekehrt.

Nein, Gret, hatte er gesagt, satteln Sie man um von Krankenschwester auf Hebamme. Auch Sokrates' Mutter war Hebamme, jene Frau, die Erfahrenes und Erlauschtes zu ihrer großen Kunst machte, was sich, wie man weiß, auf Sohn Sokrates übertragen hat. Der wusste, warum er die Philosophie eine Hebammenkunst nannte. Liebe Gret, Philosophie und Leben gehen merkwürdige Wege, oft Hand in Hand.

Meggersee, während er sprach und seine schlanken, weißen Hände umdrehte, betrachtete Gret mit bedeutungsvoll hochgezogenen Augenbrauen. Gret und Meggersee sahen aber in Wahrheit aneinander vorbei. Nicht einmal das, sie hoben nicht einmal ihre Blicke, um aneinander vorbeizusehen.

Gret war mit dem Fahrrad losgefahren. Die neue Seidenbluse sollte eingeweiht und der Rock sollte mal vom Fahrtwind durchgepustet werden. Wie zufällig war sie in Güldenholm gelandet. Als sie den Verwalter Hannes Hansen sah, der mit einer Ladung Roggensäcke auf dem Weg zur Matzen-Mühle war, war sie rot angelaufen und hatte ihren Blick im Seerosenteich verschwinden lassen, wo der bissige Schwan Gottfried gerade sein Federkleid umfänglicher machte und imponierend mit den Flügeln schlug. Hannes Hansen, du Dussel, warum hast du nicht gekuckt. Die Gelegenheit wäre so günstig gewesen. Leider schlug sie keine Funken, für Gret schlimm und peinlich. Mechthild Grün war die Rettung gewesen. Sie verbrachte mal wieder das Wochenende hier, weil sie Meggersees Nachstellungen so schön fand und gern kicherte. Mechthild hatte auf der großen Treppe gestanden, wo sonst nur Herrschaften emporschritten, und Gret zu einer Tasse Kaffee hochgewinkt.

Ach, Sie haben ein Klavier, Herr Doktor.

Ja, meine Mutter war sehr musikalisch. Als Junge und auch noch als junger Soldat habe ich viel gespielt. Meggersee hatte die Reitpeitsche in den Reitstiefel mit dem Humpelfuß gesteckt und sich durchs Haar gestrichen. So ein Ritt ist doch gleichermaßen anstrengend und schön.

Gret hockte noch immer in Kiel vor ihrem Bett. Der Geruch ging ihr nicht aus der Nase, der Schimmel nicht aus dem Kopf. Sie hasste den Geruch, sie hasste den Schimmel, sie hasste das Klavier, sie hasste Sokrates, dessen Mutter Hebamme gewesen war. Sie, Gret, würde es schon machen, aber besser als diese dumme Pute. Meggersees Mechthild war auch eine dumme Pute. Meggersee war adelig und gebildet, gewiss. Und ein guter Arzt, gewiss. Aber irgendwas war. Liebe Gret, Leben und Philosophie gehen merkwürdige Wege, singsangte Gret seine Worte nach. Ach du lieber Gott.

Warum hatte Hannes Hansen nicht mit ihr gesprochen. Ach, Hannes Hansen merkte nicht mal, dass sie vorhanden war. Der sah weder auf ihre Bluse noch auf ihren Rock, noch in ihre Augen.

Du kannst hier nicht ewig hocken bleiben.

Trudi aus Jever sagte das. Sie fasste Gret mit beiden Armen unter die Achseln und hob sie auf. Ein Gefühl war da, niemanden zu haben und zu niemandem zu gehören. Wo waren Mutter, Schwester, Bruder. Wo war Vater Gustav. Tot in Frankreich, nur sein Name in der Flensburger Marienkirche.

Ist dir schlecht, fragte Trudi.

Ja, mir ist gerade schlecht geworden. Weiß nicht, warum.

Leg dich aufs Bett.

Trudi aus Jever deckte Gret mit einer Wolldecke zu, und Christel aus Köln sagte: Bisschen liegenbleiben, ich hab das auch manchmal.

Elisabeth aus Altona schlug zur Ablenkung Spukgeschichten und selber spuken für die erste Nacht vor.

O ja, sagte Mandolinchen aus Kiel, in unseren schwarzen Gymnastikanzügen sieht das bestimmt putzig aus.

Die Begeisterung über diesen Vorschlag war groß, verflog aber wieder, denn die Mädchen waren müde von der Reise, und Gret schlief schon.

Grets erste Station war der Kreißsaal. Das kannst du alles, du bist ja Krankenschwester. Das große Milchglasfenster, wenn man reinkam. Rechts drei, links zwei Betten, durch Wandschirme voneinander getrennt. Ein großer Wickeltisch, Trommeln mit sterilen Tüchern und Kleidern. Sodann die Narkose-Ecke, für die Hebammen tabu.

Erst Chloräthylen und dann Äther hinterher, aber nicht zu viel, weil sonst die Maske vereist, meine Herren. Professor

Philippi hielt einem kleinen Kreis angehender Gynäkologen seinen Vortrag hinter der Milchglasscheibe.

Schwester Emma, die leitende Hebamme der Anstalt, predigte ihren Hebammenschülerinnen das Folgende: Immer, ich sage immer, dem Arzt auf die Finger sehen, meine Damen. Legen Sie Ihre Hand auf die Maske und fühlen Sie mit, dann wissen Sie, was los ist. Hier, setzen Sie sich hin zur Wehenwache, sagte Emma zu Gret. Und denken Sie daran, dies ist eine Entbindungsanstalt und kein Krankenhaus. Bei dieser Frau handelt es sich um eine Erstgebärende. Setzen Sie sich mal hin. Der Muttermund ist so groß. Emma zeigte die aktuelle Größe mit Daumen und Zeigefinger, die sie an den Kuppen schloss. Dann erhob sie den gerade gebrauchten Zeigefinger und sagte: Der Muttermund spielt eine große Rolle.

Während der Wehenwache musste Gret alle fünf Minuten die Herztöne des ungeborenen Kindes abhören und mit der Hand auf dem Bauch der werdenden Mutter nach Wehen fühlen. Das hatte sie während ihrer Schwesterntätigkeit noch nicht gehabt: Wehen und Herztöne. Der Herzschlag musste gezählt und notiert werden. Und die Wehen, immer wenn der Bauch hart wurde. Das musste mit Rotstift aufs Papier. Entweder hatte Emma eine besonders geduldige oder tapfere oder wenig empfindliche junge Frau ausgesucht, oder die Wehen waren noch besonders kurz und schwach mit besonders langen Pausen. Hinter den anderen Vorhängen lagen nämlich andere Gebärende, die schon scharfe Schreie ausstießen, um Gret verrückt zu machen. Ich lass mich nicht verrückt machen. Ihre Schwangere war in Ordnung. Die lag, abgesehen von ein paar Seufzern, tadellos beherrscht im Bett, sodass Emma in einer längeren Wehenpause Gret für eine halbe Stunde in den Speiseraum entlassen konnte.

Das war ein grässlicher Raum; halb über, halb unter der

Erde, es gab eine Suppe, in der geräucherter Aal neben Back-
pflaumen schwamm. Der Blick nach draußen ging durch ein
winziges Fenster in den Klinikhinterhof, wo geimpfte Uni-
versitätshühner, Versuchskaninchenhühner, mit hängenden
Flügeln und ramponiertem Federkleid und traurigen Stimmen rumliefen.

Da klingelte die Glocke dreimal. Dreimal war für Gret, es
fuhr ihr bis unten durch. Sie sprang die Treppen hoch und
rannte in den Kreißsaal zu ihrer Schwangeren, wo Professor
Philippi und die fünf Assistenzärzte von vorhin um Grets
Gebärende versammelt standen.

Du hast was falsch gemacht. Du hast die Wehen mit den
Herztönen verwechselt, so schoss es ihr durch den Kopf. Du
hast das Kind umgebracht. Du hast die Mutter umgebracht.
Wie immer, wenn etwas passiert war, fühlte sie sich schuldig,
sie wusste nur nicht, warum und wieso, aber Strafe muss sein.
Tu Buße. So stand sie in der Tür und wagte sich nicht weiter.

Emma kam und beruhigte sie. Der Chef zeigte den jungen
Leuten, wie eine Zange geht. Gret sah nun die Äthermaske
über dem Gesicht ihrer Schwangeren. Emma befahl: Hand
auf die Maske legen und auf Vereisung achten. Das Kind
kam, der Damm riss, Emma schloss die Augen, als sie das
sah. Pfuscharbeit, das stand so deutlich in ihrem Gesicht, dass
Gret es lesen konnte. Die Nachgeburt musste nicht extra gelöst werden. Der Damm wurde mit ein paar Stichen genäht.
Und nun weiter, meine Herren, sagte Professor Philippi.

Schrecklich, diese Dammrisse, sagte Emma. Gret legte das
linke über das rechte Bein, wie damals, als sie zusammen mit
Rosa nackicht in der Waschküche gewesen war und Detleffsen sie beide angestarrt hatte. Es gibt Ärzte, fuhr Emma fort,
die schneiden schon vorher, dann reißt es natürlich nicht;
die kassieren dann für die Naht. Sie verriet Gret das Geheim-

nis des Dammschutzes: mit Ein- und Ausatmen den Kopf in der Wehenpause kommen lassen. Während der Wehe soll die Frau weiteratmen. Dann Hand vor die Scheide und den Kopf zurückhalten. Dann, wenn die Wehe wieder aussetzt: pressen. So kann man den Kopf langsam über den Damm schieben, ohne Riss. Das lernte Gret, und sie beherrschte den Dammschutz später auch in Seiten- und Rückenlage oder, wenn es sein musste, auf dem Rücksitz im Auto. Nichts krönt die Leistung der Hebamme mehr als der heilgebliebene Damm, so Emma.

In dieser Entbindungswelt, in der es fast immer um Leben, fast nie um Tod ging, hatte Gret keinen großen Drang nach Hause. Ab und zu telefonierte sie mit Anne, aber zu bereden gab es nichts. Auch mit Bruder Gustav nicht. Es hätte schon was zu bereden gegeben mit ihm, aber er redete so gut wie gar nicht mehr. Noch weniger als Gret oder als Anne. Bei ihm verhielt es sich nach der Mabeco-Schenkung so: Ihm hatte die Viertaktmusik die Zunge festgenagelt.

Warum sagst du nichts, fragte Anne, wenn er mit zusammengepressten Lippen in die Küche kam.

Sämtliche Chausseen rund um Solsbüll hatte er ausprobiert, auch längere Strecken, zum Beispiel die gepflasterte Strecke Flensburg–Neumünster–Hamburg mit Abzweig nach Itzehoe. Hundert Stundenkilometer, ein entsprechender Fahrtwind, ein entsprechendes Reifenrauschen über dem reinrassigen Klang des Motors, das bedeutete große Augen unter der Brille und große Ohren unter der Lederkappe. Deutschland ganz anders, Deutschland, schöne neue Welt, so dachte Gustav und wurde stumm und andächtig. Er wollte so werden, stumm und andächtig. Er wollte ein Gefühl von Dankbarkeit haben und wollte die Dankbarkeit auch zeigen. Er wurde Mitglied im nationalsozialistischen Kraftfahrer-Korps. Wir werden noch viel weiter als bis Hamburg oder Itzehoe fahren, Kameraden. Sodann reifte folgender Entschluss: Nach den Gesellenjahren bei Opel wirst du mal bei der Wehrmacht anklopfen, dann hast du später im Beruf was vorzuweisen. Gustav verpflichtete sich für zwölf Jahre und rückte in Flensburg ein. Lass ihn man, da kann er sich an den großen Motoren austoben, so Karl Kroghmann bei Anne, wo er allabendlich seinen Dorfspaziergang unterbrach.

Gret hatte ein Fahrrad. In den freien Stunden fuhr sie den anderen Mädchen fünfzig Meter voraus oder fünfzig Meter hinterher. Damit sie sich auf keinen Fall an der Unterhaltung beteiligen musste, sang oder flötete sie aus Oper und Operette.

Trudi aus Jever, die groß und knochig war und eine schöne dunkle Stimme hatte, kaute stets an einer Bitte: Du, Gret, nimm mich doch mal mit nach Hause. Aber sie brachte die Bitte nie über die Lippen, sie fragte immer nur: Du, Gret, wo liegt eigentlich Solsbüll-Mühle.

Ach, ein ziemliches Ende von hier. Erst muss man mit der Bahn fahren, und dann noch ein gutes Stück zu Fuß.

Warum wollte sie niemanden mit nach Hause nehmen. War es Anne. War es das kleine Haus mit der kleinen Küche. Gret wusste es nicht oder wollte es nicht sagen. Sie zog es immer weiter weg von Solsbüll-Mühle, auch weg von Kiel. Sie musste bloß die Zeit hier rumkriegen. Darum also den Dienst bei Emma machen, darum viel Rad fahren und nur so viel sagen, dass nichts passiert. Immer schön an Wehenkurven, Herztöne und Dammschutz denken. War eine Unterhaltung mit Christel, Elisabeth, Mandolinchen, Trudi unumgänglich – wie zum Beispiel auf der Fähre zwischen Bellevue-Brücke und Mönkeberg –, dann kamen Grets Fragen und Antworten immer aus der Freude über den hohen Himmel. Trudi, wie herrlich die Seeluft riecht. Christel, sieh mal die Wolken. Elisabeth, hast du schon mal so einen schönen Sonnenuntergang gesehen. Mandolinchen, hör mal, wie das Wasser. Seid mal alle ganz still. Es ist der Regen.

Als die fünf an Land waren, blieb Gret im Gras am Mönkeberger Strand, allein. Die vier anderen auf grünen Gartenstühlen bei Himbeereis und Kaffee am Anleger von Mönkeberg. Thema: die jungen Ärzte, die auch so gerne Kaffee trinken und Eis essen und klönen. Gret hat tausend Wünsche. Sie weiß keinen richtig. Alle haben einen Anfang, der folgendermaßen geht: Das grüne Gras. Der hohe Himmel. Der feine Sand. Der bunte Stein. Das blaue Meer. Unendlich sind die Wünsche, unendlich groß ist der Sack, den Gret für Wünsche mitschleppt. Aber kein Wunsch will da reinkommen. Für eine Sekunde hat sie tiefste Sehnsucht nach ihrem Bruder; sie lehnt an ihm unterm Birnbaum, und Anne fotografiert. Abschied am Solsbüller Bahnhof, Dampf, der Anne und Gustav einhüllt und sich in nichts auflöst. Sie fühlt den Sand unter dem Gras, auf dem sie liegt, kalt werden.

Sie müsste aufstehen und zu den anderen gehen, die schon im Schatten sitzen und noch immer klönen. Aber sie steht nicht auf. Sie hat wieder den Schimmelgeruch vom Güldenholmer Musikzimmer in der Nase, sie sieht Hannes Hansen auf dem Fuhrwerk Richtung Matzen-Mühle fahren, um das Korn mahlen zu lassen und statt mit ihr mit der Matzen-Tochter anzubändeln. Kein Schmerzensschrei kommt da vom Mönkeberger Strand, kein Liebesschrei, der bis Güldenholm hallt, um dort Hannes Hansens Ohr zu erreichen. Es ist nur Stille da. Nur Stille in Gret und über Gret.

Verloren, gefunden

Dr. Friedel Ecksteins Entlassung aus dem Schuldienst wurde zum 1. Januar 1934 verfügt.

Er hat wegen seiner eingefleischten demokratischen Einstellung in der nationalen Bevölkerung von Solsbüll und insbesondere bei der Schuljugend häufig Anstoß erregt. Er ist nicht fähig, sich innerlich umzustellen. Es wird daher beantragt, ihn gemäß Reichsgesetzblatt 1/1933, Seite 175 ff., Paragraph 4, zu entlassen, schrieb Direktor Diercks an die vorgesetzte Dienstbehörde.

Versuche einiger Kollegen, Eckstein zum Einlenken zu bewegen, schlugen fehl. Er sagte nein, weil er nicht mehr ja sagen konnte.

Dreiviertel Ruhegeld und Hinterbliebenenversorgung, davon machen Sie sich um Gottes willen ein schönes Leben, ein ruhiges Leben, sagte Diercks bei der Verabschiedung.

Die Vorbeimärsche mit kurzem Halt zum Singen vor dem Fabrikantenhaus Erichsen, wo auch Eckstein wohnte, hatte Steiger nach dem Reichstagsbrand verboten. Nun haben wir ja die legalen Mittel, hatte er zu seiner stets durstigen SA-Truppe in Rabes Gasthof gesagt. Für Leute vom Schlage Erichsen haben wir unser schönes Lager im Lindenbruch, und für Leute vom Schlage Eckstein haben wir die neuen Lehrpläne. Und im Vertrauen: Mit Eckstein hab ich eine alte Rechnung aus dem Krieg zu begleichen (Bekräftigung durch Schlagen mit der flachen Hand auf den Tisch).

Als Eckstein dann Schule und Zuhause verwechselte und seine Frau mit Herr Direktor anredete, kam er mit einem

Verfolgungs- und Beziehungswahn-Gutachten nach Neu-stadt/Holstein. Das Gutachten war von Meggersees Kolle-gen und Widersacher Brinkmann unterschrieben. Megger-see hatte gesagt: Macht, was ihr wollt, aber lasst mich da raus.

Als Frau Eckstein ihren Mann in der Heil- und Pflege-anstalt ablieferte, sagte sie zum diensthabenden Arzt: Er ist schon immer etwas komisch gewesen. Sie hatte ausgesorgt. Die Bezüge erhielt sie monatlich aufs Konto. Warum sich scheiden lassen und heiraten, sagte sie zu einem Neustädter Marineoffizier, den sie im Sommer 1937 auf dem Solsbüller Markt kennengelernt hatte.

———

Mai 1939. Sarah Nathan stand in der Küche ihres Hauses Adolf-Hitler-Straße 2 (früher Alte Bachstraße 2) – erste Straße rechts, erstes Haus rechts, wenn man vom Solsbüller Bahnhof kommt. Sarah Nathan spülte am offenen Fenster ab, hörte die Glocke bimmeln und das Pony herantrappeln. Sie hob die Milchkanne aus dem Spülstein und sagte zu ihrer 85-jährigen Mutter: Ich hole Milch. Die saß unter einer Wolldecke im Sessel und hörte Radio. Die Standuhr schlug zehn. Es war kalt im ganzen Haus. Die Waschküche roch nach Feudeleimer. Draußen kamen Aprilschauer runter und kündigten das Wetter für den Solsbüller Juli an. Das Pony, einen Futtersack am Maul, schritt friedlich des Wegs und blieb friedlich stehen. Milchmann Schneider, die weiß gefleckte Schürze über dem prallen Bauch und die echte Solsbüller Schirmmütze über den roten Ohren, war schlecht gelaunt.

In acht Tagen bekomme ich dann die nächste Butter, sagte Sarah Nathan, nachdem sie einen halben Liter Milch und ein halbes Pfund Butter gekauft hatte.

Nein, in vierzehn Tagen. Der Hund kann Ihnen was scheißen.

————

1. September 1939. Steiger hatte Geburtstag. Rathaus und Stadt gratulierten. Eva schenkte ihm Manschettenknöpfe mit den Initialen HS. Mittags verfügte er: Heute Abend um acht der kleine Kreis zu mir. Der kleine Kreis, das waren seine fünf Getreuen: Brinkmann, Diercks, Meggersee, Detleffsen und Pankuweit. Meggersee war nicht da, die Wehrmacht hatte ihn auf Weiterbildung geschickt, auch gut, sogar besser. Meggersee und Brinkmann so dicht beieinander, das wäre schwierig geworden.

Punkt acht standen die vier vor der Haustür, Königstraße 2, hinter ihnen der Marktplatz, groß und leer. Detleffsen drückte auf den Klingelknopf und wollte, während sie warteten, noch schnell einen Witz erzählen. Er machte gern rheinländische Aussprache nach und kannte viele Tünnes-und-Schäl-Witze. Also bei Tünnes läutet das Telefon, so begann er, und der kleine Kreis sperrte die Löffel auf.

Steiger öffnete die Haustür.

Also bei Tünnes läutet das Telefon.

Steiger sagte: Kein Wort weiter, schließlich stehen wir im Krieg.

Der kleine Kreis schwieg betreten, in der Stille hörte man keine Stecknadel fallen. Steiger im schwarzem Anzug. Er gab jedem die Hand. Heute Abend sind wir ganz unter uns. Eva war nach oben an den Volksempfänger abkommandiert, sie musste Nachrichten hören. Der kleine Kreis betrat das ganz in Leder gehaltene Kanzlei-Zimmer. Gleich neben dem Eingang ein schönes großes Waschbecken mit warm und kalt.

Frisch gebohnertes Parkett. Ein Kachelofen, ein Tisch mit massiver Eichenplatte. Die Stuhlpolster auch in Leder, genau wie die Wand bis halb zur Decke und Steigers Schreibtischstuhl mit hoher Rückenlehne. An Bildern hingen da der Watzmann, Helgoland und der Führer.

Steiger bediente persönlich. In der Kaserne hatte er feldmarschmäßige Erbsensuppe bestellt, die jetzt auf dem Herd stand und zusammen mit einem Dutzend Wiener Würstchen aufgewärmt wurde. Eva hatte den Tisch gedeckt, mit Geschirr aus ersteigerten Restbeständen der Küchenkompanie 6. Infanteriedivision, Verdun 1916.

Detleffsen hob einen Löffel hoch und sagte: Das sind jedenfalls noch Löffel.

Die anderen nickten.

Als Steiger mit fünf Flaschen Fachinger kam, sagte Detleffsen: Wir haben richtigen Heißhunger auf deine Erbsensuppe, mein Steiger.

Vergiss die Würstchen nicht, Kamerad Detleffsen, sagte Steiger, das wäre doch geradezu idiotisch, die zu vergessen. So äffte Steiger den Führer nach und nahm am Kachelofen Platz.

Während die anderen es sich schon schmecken ließen, rührte er das alte Militärgeschirr nicht an. Ich möchte unserem Detlev Diercks danken, ich möchte unserem Dieter Brinkmann danken, sagte er und nahm ein paar Papiere aus der Rocktasche. Er stellte sie hochkant, ließ sie ein-, zweimal auf die Tischplatte fallen, dass sie Format bekamen. Ihr wisst schon, sagte er. Brinkmann und Diercks waren für die Reichskanzlei als Gutachter tätig gewesen.

Alles gut und schön, sagte nun Pankuweit, auch ich mache mir Sorgen um nutzlose Esser und so Kroppzeug siehe Eckstein. Aber wie soll das gehen.

Technisch und medizinisch kein Problem, sagte Brinkmann.

Es muss aber verhindert werden, dass die Leute was mitkriegen, sagte Detleffsen, der irgendwie Angst vor den Leuten hatte.

Das ist euer Problem, Kameraden, nicht meins, sagte Steiger und stellte die Teller zusammen. Er überließ den kleinen Kreis für einen Augenblick sich selbst.

Nun seht, wie unser Geburtstagskind heute für uns schuftet – kochen, Tisch decken, abräumen, sagte Pankuweit mit einer Rührseligkeit wie damals im Lindenbruch.

Die Sache ist doch die, sagte Diercks, wir müssen uns verschwiegene Leute aussuchen, verschwiegen bis ins Grab. Natürlich kommen nur Freiwillige in Frage.

Wir müssen aber mit gutem Beispiel vorangehen, hob nun Brinkmann mit seinem Zeigefinger an. Zu dieser, wie soll ich sagen, Drecksarbeit müssen wir persönlich bereit sein.

Hört sich gut an, sagte Pankuweit.

Steiger kam aus der Küche zurück.

Aber wir brauchen ein Gesetz, fuhr Pankuweit fort. Ich als juristischer Laie sage, wir brauchen ein Gesetz. Das ist besser für alle, die so ne Dreckarbeit machen müssen. Ich sage das aus der Erfahrung Lindenbruch 33/34.

Steiger sprang ein Kragenknopf ins Fachinger-Wasser; er bekam hektische Flecken auf die Backen und strich mehrmals mit der Serviette drüber.

Oder wir müssen was machen, wo kein Schwein durchblickt, fügte Pankuweit schnell an.

Steiger bellte zurück: Ich als Jurist sage, das ist eine absolut idiotische Auffassung, ein Gesetz. Nicht, dass wir auf Feindpropaganda Rücksicht zu nehmen hätten. Das wäre ja idiotisch. Aber ihr wisst wie ich, dass Gesetze ihre Ursache im Gewissen haben. Unseres Amtes ist es, dem Volk jedes Gewissen vom Leibe zu halten. Wir müssen das Volk vor dem Wahn bewahren, welcher Gewissen heißt. Gewissen macht den Menschen zum Krüppel. Wir genießen den Vorzug, dass wir durch keine Erwägungen theoretischer oder moralischer Art gehemmt sind. Wir sind frei wie die Tiere der Wildnis. Wir zwingen keinen mitzumachen. Jeder kann zurücktreten, und es wird ihm kein Haar gekrümmt. Aber natürlich wird er leer ausgehen und nicht von unserem Reiche sein, wenn Zahltag ist.

Nach dieser Frohen Botschaft war kurze Pause.

Detleffsen fand zuerst wieder einen Satz: Prophetisch gesprochen, mein lieber Steiger.

Diercks und Brinkmann nickten gemeinsam und sagten aus einem Munde: So ist es.

Steiger fuhr mit todernster Miene fort: Es wäre mir ein Gräuel, ansehen zu müssen, dass ein einziger verwundeter deutscher Soldat auf sein Krankenbett verzichten muss, weil so ein Idiot drinliegt, siehe Eckstein.

Während Pankuweit mit seinem gewichtigen Grießgesicht nickte, malte Steiger die Vision eines von allen Idioten gereinigten Deutschland an die Wand: Das schafft uns den Platz, den wir brauchen, und dient der Wissenschaft (Bekräftigung durch Schlagen mit der flachen Hand auf den Tisch). Und nun schreiten wir zur Tat, und jeder nimmt sein Stuhlpolster mit, sagte Steiger und bat den kleinen Kreis ans Waschbecken. Da stellte sich jeder auf seinen Ledersitz, da machte jeder seinen Hosenstall auf, und Steiger drehte das warme Wasser an. Der kleine Kreis pisste gemeinsam rein. Während es warm rieselte und hochdampfte, fiel Steiger der richtige Spruch für das große Unternehmen ein: Also reinen Tisch machen und anständig bleiben. Nicht ihr werdet zur Verantwortung gezogen, sondern ich.

————

War ja sonst immer zu Hause, sagte Gustav.

Kroghmann, der untauglich war, weil er mal einen mit Eisenschrauben gefüllten Gummischlauch an die Nieren bekommen hatte, sagte: Und ich muss zu Hause bleiben. Dabei bin ich ein ganz alter Kämpfer, ich bin schon hinter der Fahne hermarschiert, als noch gar kein Hakenkreuz drin war. Das war gelogen, er hatte den Satz von seinem Vater. Kroghmann stellte sich auf die Zehenspitzen und klopfte Gustav auf die Schultern.

Dienst ist Dienst, und Schnaps ist Schnaps, und abends scheint die Sonne – mit diesem Spruch half Gustav sich beim Abschied von Anne, die weinte und ihre Tränen mit einem Schürzenzipfel trocknete. Gustav lachte von seinen 1,96 auf seine Mutter runter und sagte: Ach, komm.

Abfahrt der kriegsausgerüsteten Kompanie ins Ungewisse, schrieb er am 9. September 1939 in sein Notizbuch. Es ging dieselbe Eisenbahnlinie längs, auf der Vater Gustav in den Krieg hineingefahren war: Neumünster, Hamburg, Osnabrück und so weiter. Es schien derselbe Mond, es schien dieselbe Sonne, es war die gleiche Jahreszeit. Es ging an den Westwall, wo sie schanzen mussten. Beim Kennwort Unkenruf kapitulierte Warschau. Dann setzte starker Landregen ein, der alles in Matsch verwandelte. Zur Feier des Tages hieß das Kennwort Lemberg, da die Festung Lemberg gefallen war. Nach ausgiebigem Schwimmen im Stadtbad von Trier verpflichtete sich Gustav in der Waffenmeisterlaufbahn. Er wurde Geschützführer. Die Kennwörter Rose, Blücher,

Reichenau und Kattowitz verstrichen. Nicht tiefer schanzen, befahl Gustav seinen paar Mann, weil der Unterstand im Morast versank.

Einer namens Immendorf war faul. Gustav verwarnte ihn: Mensch, Immendorf, jeder muss jeden Tag jeden Dienst mit Lust und Laune versehen. Nun reißen Sie sich mal zusammen. Komm, Junge, Kopf hoch. Na also. Gefreiter Sillmann war überhaupt nicht zu gebrauchen. Bei Sillmann war Hopfen und Malz verloren.

Wild und unbändig schoss die kleine Sauer bei Wasserbillig in die Mosel, die langsam, aber sicher das Ufer überschwemmte. Bis auf einzelne Schüsse war alles in Ordnung. Ein echtes und rechtes Wetter zum Schlafen, steht im Notizbuch. Ein Franzose flog genau an der Grenze entlang. Na warte, du Franzmann. Der Neubau brach immer wieder zusammen. Hoffentlich ist der Krieg aus, bevor uns der ganze Dreck absäuft. Es macht keinen Spaß mehr. Dann kamen Polenkämpfer zum Aufmuntern, zwei Offiziere und vierzehn Unteroffiziere, die vom Blitzkrieg berichteten.

Über die Tätigkeiten des Geschützführers, der für Geschütz, Protze und Mannschaft verantwortlich ist, notierte Gustav die Punkte eins (Prüfung des Schussfeldes) bis zwölf (Verbuchen der Munition). In einer Putz- und Flickstunde verfasste er am Neujahrstag 1940 sein Granaten-Gedicht:

Hörst du die Granaten fegen,
rege dich nicht auf deswegen.
Das sind nur die Regentropfen,
die ans Bunkerfenster klopfen.

Während Gustav dies aufschrieb, betranken sich Sillmann und Immendorf. Immendorf schoss sich beim anschließenden

Waffenreinigen in den Bauch und verstarb gegen 18 Uhr. Gustav kriegte sofort eine Magen- und Darmverstimmung. Sie hätten als Vorgesetzter aufpassen müssen – nicht aufgepasst, das müssen Sie mir büßen, schrie Leutnant Kleinsorge. Zur Strafe hatte Gustav einen Spähtrupp hinter die feindlichen Linien zu führen. Er kam als Einziger mit dem Leben davon, weil er dauernd hinter die Büsche musste. Bevor Kleinsorge ihn nach Hamburg in Marsch setzte, um Familie Immendorf den Unfallbericht zu erstatten, trug er sechs Namen in sein Notizbuch ein, alle mit Kreuz, auch Sillmann, der nur gottgläubig war und eigentlich kein Kreuz hätte haben sollen. Der Leutnant fiel, als Gustav in Hamburg war.

———

Januar 1940. Bei der ersten Vorführ- und Probevergasung in Brandenburg, eine Autostunde von Berlin, war der kleine Kreis des Führers bis auf den Führer vollzählig. Der Führer konnte nicht, er entwarf im Oberkommando die Besetzung Dänemarks und Norwegens. Der kleine Kreis beobachtete in weißen Kitteln das Geschehen durch ein Fenster in einem Nebenzimmer. Der Leitende machte die erste Umdrehung am Hahn der Kohlenmonoxydflasche. Dann kam der später so genannte Reichsmarschall mit einer Umdrehung, dann der Reichsleiter und so weiter, bis ganz aufgedreht war, siehe Drecksarbeit, siehe Erbsensuppe. Alles ganz einfach, wie gesagt, sagte der Leitende und blickte in die Runde, die, wie man weiß, ernste Gesichter machte und nickte. Nur der Reichsmarschall in spe konnte sich wahrscheinlich das Feixen nicht verkneifen, als in dem als Duschbad getarnten Raum die Kranken umfielen und tot waren. Abends berichtete der kleine Kreis dem Führer in seiner Bauernstube am

Kachelofen, wie einfach alles geht. Der Führer sagte: Und das ist nur der Anfang, es wäre ja geradezu idiotisch, wenn wir das nicht machen.

Zum 3. April 1940 wurde der Solsbüller Bürgermeister und Kreisleiter Steiger zusammen mit zweihundert anderen kommunalen Vertretern des Reiches zum Deutschen Gemeindetag nach Berlin eingeladen. Auf der geheimen Tagesordnung stand etwas von dreihunderttausend Geisteskranken in sechshundert Heil- und Pflegeanstalten des Reiches. Diese Anlagen würden dringend gebraucht: Kasernen, Lazarette, Luftschutz. Deswegen ist eine Verlegung der lebensunfähigen und asozialen Elemente in primitivere Unterkünfte geplant sowie andere Maßnahmen, Sie haben bereits verstanden. Die ganze Aktion muss mit äußerster Diskretion durchgeführt werden.

———

Dr. Friedel Eckstein war nicht in Brandenburg dabei gewesen. Er trug, wie die andern sechsundzwanzig, blaue Anstaltskleidung, als er Mitte April 1940 in einen Bus von der Gemeinen Krankentransport GmbH verladen wurde. Der fuhr von Neustadt nach Hamburg, Alsterdorfer Anstalten. Unterwegs sangen die Kranken Volkslieder, zum Teil zweistimmig, musikalische Pfleger stimmten ein. Nur Eckstein saß stumm. Er kriegte aber alles mit, auch das, was durch die Fenster kam, Bäume im ersten Grün.

Für ihn begannen lange Bus- und Bahnreisen, immer wieder unterbrochen von drei, vier Tagen in immer anderen Heil- und Pflegeanstalten. In Alsterdorf erhielt er eine Nummer auf den rechten Unterarm tätowiert. E. ist nicht mehr in der Lage, seine Kleidung an- und auszuziehen, da unfähig,

seinen rechten Arm zu heben, so schilderten ihn die Begleit-
papiere. In Hamburg-Ochsenzoll saß er mit aufgeknöpfter
Jacke und wehendem Haar auf der Rampe des Verladebahn-
hofs. In Jerichow / Mecklenburg lernte er Fußbodenpflege
bei einem Anstaltsarzt kennen, der insbesondere Fußbodenpflege für bedeutsam hielt. Eigentlich hätte Friedel Eckstein
in Bernburg / Saale vergast werden sollen, aber kurz vorher
hatte der begutachtende Arzt ihn ausgesondert. Aus seinen
Begleitpapieren ging nämlich auch hervor, dass er Weltkriegsteilnehmer und Träger des EK 2 war. Auch eine Anstalt
weiter, in Hadamar, hüpfte er wegen Personalmangels dem
Tod von der Schippe, weil die gerade ihre zehntausendste
Leiche feierten; es gab Musik und eine Mordssauferei in der
nahegelegenen Gastwirtschaft Zum Fass. Kaufbeuren-Irsee
überlebte Eckstein deswegen, weil seine Pflegerin vorsprang
und dem Gutachter, der mit Kreuz und Strich über Leben
und Tod entschied, sagte: Er kann mit rechts Kartoffeln halten, und mit links kann er schälen; er kann auch Gemüse
putzen und Unkraut jäten. Darum ließ der Gutachter Eckstein am Leben. Eckstein ging an einen Kiefernbusch, fing
einen Kiefernspanner, mit der rechten Hand, und schenkte
ihn seiner Lebensretterin. Reichsspanner, sagte er.

————

Juni 1940. An einem sonnigen Sommertag nach der Schlacht
von Dünkirchen, also siegreich hatten wir Frankreich geschlagen, zeigte sich Gustav in Hamburg verrückt nach Bettina Immendorf. Sei nicht so dwallerig, hörte er Anne aus
Solsbüll-Mühle herüberrufen. Gustav war gleich nicht mehr
so. Bettina, Immendorfs Schwester, eine geschiedene Rollwagen, war Nachrichtenhelferin beim Hamburger Seewetter-

amt. Sie passte zu Gustav. Sie war über 1,80 groß und hatte einen hellen Bubikopf. Neben Sport neigte sie zu Stummheit und Blässe. Einmal war sie in einem Anfall von Schwermut aus dem Fenster gesprungen. Es war nichts passiert. Auf die Frage, wie sah sie eigentlich aus, antwortete Gret: Ja, wie sah sie eigentlich aus. Sie hatte große Hände und große Ohren, aber so groß nun auch wieder nicht.

Heute war ein Glückstag, ihr freies Wochenende begann. Gustav musste von Hamburg erst am nächsten Morgen wieder weg. Sie gingen eingehakt.

Meine Flamme heißt Bettina, sagte er zu Bettina, und wie heißt deine.

Ich werde dir schreiben, sagte sie, schreibst du auch zurück.

Vergiss nicht, dass ich nicht vergesse, dir meine Adresse zu geben.

Komm, lass uns mit der Elektrischen zum Volkspark fahren.

Im Volkspark lagen sie auf Gustavs Uniformjacke und sahen zwischen die Wolken. Sie schwiegen, es war schon alles passiert. Gustav hätte sie gern gepackt, um mit ihr durchs Gras zu rollen. Er hörte aber wieder Anne: Das finde ich nicht gut, Gustav, das schickt sich nicht als Soldat. Auch Bettina fand, dass sie nicht mit Gustav durchs Gras rollen durfte.

Ich denke daran, dass du wieder wegmusst, sagte sie. Sie strich ihr kornblumenblaues Baumwollkleid glatt, sie rieb ihre Schuhe aneinander, sie hielt den Kopf in die Sonne, sie hatte drei Grashalme im Haar. Bleibst du mir treu, fragte sie. Wie blau der Himmel ist. Wie still.

Es ist eine Schande, dass ich wieder wegmuss. Dann erzählte Gustav noch von der letzten Entlausung. Wir kamen vor lauter Viehzeug nicht in den Schlaf.

Bettina lachte und fiel ihm um den Hals. Er packte sie und rollte mit ihr so lange, bis er Anne vergessen hatte. Dann liebten sie sich noch einmal unter einem Schneeballbusch.

Ihr Kleid hatte grüne Flecken, an seiner Uniformjacke hing ein Stück Brombeerranke. Sie waren zu Fuß auf dem Nachhauseweg. Eine Weile standen sie Hand in Hand vor einem Möbelgeschäft am Barmbeker Markt.

———

Als für Gret die Zeit in Kiel um war, ging sie doch nicht gleich ganz weit weg. Anne hielt die Hand über sie und wollte sie noch nicht ziehen lassen, weil Gustav schon fortgezogen war. Dann ging sie aber doch, nachdem Rosas Freundin Thérèse aus Wien geschrieben hatte: Gret könne bei ihr wohnen, in der Pfeilgasse. Bei mir stehen ja noch Rosas Möbel. Die hatte mit ihrem jüdischen Mann Dr. Hermann Zitter Wien verlassen und lebte jetzt in Athen. Thérèse hatte ihr auch eine Stelle als Schwester und Hebamme im Findelhaus vermittelt. Jeden Tag, bei Wind und Wetter, radelte Gret von der Pfeilgasse vier Kilometer hin, vier Kilometer zurück.

Radfahren bin ich gewohnt, schrieb sie Mutter Anne. Thérèse ist sehr nett zu mir. Sie verwöhnt mich richtig. Abends und morgens nach dem Nachtdienst liegt für mich ein Betthupferl bereit.

Gret fuhr durch die Josefstädter Straße, über den Zimmermannplatz, landete schließlich in der Bastiengasse, wo es, kurz vor dem Ziel, einen kleinen Park mit einer Kirche gab. Dann war sie am Ziel. Dienst tat sie in der Entbindungsstation. Sie half Kindern von österreichischen, ungarischen, tschechischen, italienischen, slowenischen Müttern zur Welt. Oberarzt war Dr. med. Fritz Magant, der im Krieg 14/18 als österreichischer Oberjäger in Frankreich gekämpft hatte. Er war ein begabter Laienmaler und mochte Gret, schätzte sie als gewissenhafte Hebamme.

Einmal sagte sie: Mein Vater ist im Januar 1915 in Frankreich gefallen.

Der Doktor sagte: Leider kam ich erst 1916 nach Frankreich ins Feld. Leider konnte ich Ihren Herrn Vater nicht kennenlernen.

———

Vierzig Tage nachdem Gustav und Bettina im Volkspark gelegen hatten, lag das von den beiden erzeugte Lebewesen vierzehn Millimeter groß in Bettinas nährendem Mutterkuchen. Von Anfang an ein Mensch, unermesslich in unermesslicher Welt. Das winzige Kind Gustav hatte bereits Augen, Arme, Beine. Seine Hände waren bereits mit je fünf Fingern angelegt, und die bewegten sich. Abweichend vom Normalfall waren Mund und Ohren schon ziemlich vollkommen. Gustav schmeckte Bettinas süßes Fruchtwasser, er schwamm darin und wusste nichts von Erdenschwere. Er hörte Bettina lachen oder abgrundtief schluchzen, schon bevor sie von ihm Notiz genommen hatte. Er wusste: Du bist da.

Als Bettina es auch wusste, schrieb sie: Lieber Gustav, ich glaub, ich bin schwanger.

Und Gustav schrieb nach Hamburg-Barmbek: Wir heiraten, du musst dich schonen.

Um sich zu schonen, saß Bettina am nächsten freien Tag im Schulauer Fährhaus mit einem Glas Brause in der Hand und schaute auf die Elbe, während ihr Sohn sich wie ein Engel im Himmel drehte. Es erklang der Walzer mit den elegisch beginnenden Violinen: Mondnacht auf der Alster.

Ein auslaufender Zerstörer tutete den passenden Ton zum Schlussakkord. Gustav bemerkte zum ersten Mal sein absolutes Gehör.

Es war dann immer Mondnacht auf der Alster in Verbindung mit dem Zerstörer-Tuten, was Gustav träumte, nachdem er vorher immer nur hell und dunkel, laut und leise geträumt hatte. Während Bettina auch ihre Blässe verlor und schön Farbe kriegte, überwuchs Gustav ein weiches Fell, das wieder verging.

Manchmal gab es einen Stoß, wenn Bettina im Seewetteramt am Stöpselschrank saß und mit ihrer dunklen Stimme telefonierte. Gustav verstand sie immer besser, weil sie nicht mehr so stumm wie früher war. Manchmal hielt sie kleine Ansprachen an ihren Bauch, manchmal sang sie.

Eines Abends, als sie Guten Abend, gut' Nacht über ihrem Bauch sang, heulten die Sirenen los. Bettinas und Gustavs Herz schlugen nun gemeinsam doppelt schnell. Gustav nahm vor Schreck seinen Daumen in den Mund und merkte, wie Bettina ihren Rock aufmachte. Sie streichelte ihren Bauch und sang weiter, sie ging nicht in den Luftschutzkeller. Gustav lag ganz still mit Daumen im Mund. So wurde er geliebt, so liebte er sich selbst.

———

Zu der Zeit war in Solsbüll-Mühle die Waschfrau Maria Louisa Pankuweit unterwegs, um in den Häusern Strom abzulesen. Bei Siegfried Siemsen stellte sie einen losen Draht und einen winzigen Stromverbrauch laut Zählerstand fest.

Ich will ja nichts sagen, sagte sie. Sie warf ihren Schlüsselbund eine Waschbrettbreite hoch in die Luft und fing ihn wieder auf, tat es dreimal. Ihr betrügt die Schleswag.

Siemsen, der keine Arbeit mehr hatte, seit es den Solsbüller Boten nicht mehr gab und er ein halbes Jahr in SA-Steigers kleinem Lager im Moor gesessen hatte, lebte mit Ehefrau Käthe von der schmalen Kriegsversehrtenrente. Bei Hans Thamsen gegenüber hatte er gelegentlich Arbeit während der Getreide- und der Rübenernte. Milch bekam er bei Thamsens umsonst. Käthe ging mit ihrem ersten und einzigen Sohn Hans schwanger; sie wusste erst seit vorgestern davon.

Siemsen, der nach wie vor ein lockeres Mundwerk hatte, rief der Pankuweit zu, die schon an ihrem Fahrrad stand: Wir nehmen den Draht rein oder raus, wie wir wollen.

Mensch, bist du verrückt, kannst du nicht deinen Mund halten, du machst uns noch alle unglücklich, schimpfte Käthe Siemsen aus dem dunklen Flur.

Die Pankuweit hielt den Lenker fest in den Händen und biss mit ihren unteren Zähnen in die Oberlippe. So stieg sie auf und fuhr weiter zu Anne ins Hebammenhaus. Da wollte sie mit der frischen Zählergeschichte ihren Klönschnack machen.

Louisa, sagte Anne, ich will nichts davon wissen. Anne tat für eine Sekunde beide Hände vor die Ohren, nahm sie wieder an die Schürze.

Wissen Sie übrigens, was Siemsen neulich über den Führer gesagt hat. Sie können sich das nicht denken. Er hat gesagt: Für den Anstreicher hätte man auch den ersten besten Mauermann wählen können. Und Minna Boye, die dabei war, sagte zu mir: Junge, das ist aber allerhand, was sich Siegfried Siemsen erlaubt.

Anne sagte: Mein Name ist Hasse, ich weiß von nichts, Louisa.

Ich sag ja nur, Siemsen soll sich vorsehen.

Ich will von nichts was wissen, Louisa, ich hab andere

Sorgen. Sie verabschiedete die Pankuweit an der Haustür. Endlich ist sie weg.

September 1940. Gustav schreibt an Anne:

Liebe Mutter! Vielen Dank für Deinen Brief. Wir mussten wieder «reisen» und sind in die raue Eifel geraten. Ich konnte nicht früher schreiben. Wir mussten wirklich so schnell heiraten, weil ich die Erlaubnis von den Militärbehörden schneller als gewöhnlich bekam. Ich schicke Dir das Bild, wie wir aus der Kirche kommen. Ich kann jetzt unmöglich nach Hause, weil ich keinen Urlaub kriege. Sei bitte nicht ärgerlich. Verlier den Mut nicht, auch wenn es scheint, dass viel verloren ist. Ich weiß, liebe Mutter, wie schwer es für Dich ist, ich weiß auch, wie viel Du um uns, um das Vaterland und besonders um mich gelitten hast. Denke an das, was der Führer gesagt hat. Es geht ja nicht nur um uns und unsere lächerlichen eigenen Interessen, sondern um das Leben und den Frieden eines ganzen Volkes, das wirklich und wahrhaftig kein kleines schwarzes ist. Der Sieg und der Friede bleiben unbedingt unser. Allein daran zu zweifeln wäre Verrat an Führer und Volk. Soll doch der Tommy reden. Wir können nur unsere Pflicht tun. Glaube mir, liebe Mutter, die Opfer von 1914/18 sind nicht umsonst gewesen. Leider war es mir nicht vergönnt, an einem «bestimmten» Ort in Frankreich zu kämpfen, um unseren Vater zu rächen. Wir müssen uns jetzt dieser Opfer würdig erweisen. Sei mir bitte nicht böse, dass ich Dir dies alles geschrieben habe. Doch das, was man auf dem Herzen hat, muss heraus. Dein Gustav

---

Eine Sirene löste bei Bettina die ersten Wehen aus. Gustav nahm einen Schluck Fruchtwasser. Vom Seewetteramt ging es gleich ins Krankenhaus. Da lag sie drei Tage, und es geschah nichts. In der Nacht vom zweiten auf den dritten April träumte sie: Ich stand irgendwo, und irgendjemand sagte: Du brauchst bloß reinzukommen, dann kommst du zum Satan runter. Tausend Leute, die da stöhnen. Mit Gruben, in die man fallen kann. Ach, noch einmal Schulauer Fährhaus und Brause trinken und so ein schönes Gefühl haben.

Sie lag mit Wöchnerinnen und Säuglingen im Keller. Nebenan lag ein Fliegeroberstleutnant mit Rippenfellentzündung und sehr viel Durst. Bettina wollte nicht glauben, dass die kleine Blonde, die das erzählte, schon Hebamme war.

Ich heiße Karin, sagte die. Wie alt sind Sie, Frau Hasse.

Ich bin schon bisschen spät dran, Schwester.

Ich brauch es für mein Hebammentagebuch.

Also vierunddreißig.

Und wo ist der Vater.

In Frankreich.

Das ist ja wohl der Normalfall heutzutage. Wir werden es schon schaffen.

Karin verstand was vom Kinderholen. Sie wischte Bettina mit einem kalten Lappen das Gesicht. Bettina war die geborene werdende Mutter, sie schrie nicht, sie atmete richtig, sie presste nur, wenn es sein musste.

Es kommt schön vorwärts, Frau Hasse. Sie machen es sehr schön. Was hat man da schon alles erlebt, besonders bei den etwas älteren Erstgebärenden. Wir müssen jetzt weiterpressen, schön weiterpressen. Der Kopf kommt. Inzwischen machte Schwester Karin Konversation. Es ist fast so primitiv wie bei einer Hausgeburt hier unten, sagte sie, aber jetzt musst du noch einmal, nur noch einmal, Bettina.

Es war kurz vor Mitternacht. Gustav erblickte als Normalgeburt das Licht der Welt, elektrisches Kellerlicht.

Fast ein Sonntagskind, Frau Hasse, sagte Karin.

Sie hielt die Nabelschnur, bis sie nicht mehr pulsierte, dann noch einen Augenblick warten, dann durchschneiden. Dann tastete sie die Nachgeburt ab, ob sie gelöst war und so weiter.

Warum schreit er nicht, fragte Bettina.

Das haben wir gleich.

Karin machte mit dem Schleimsauger die Lunge frei. Gustav, als er den letzten Tropfen süßes Fruchtwasser los war, fing zu schreien an, wie am Spieß. Bettina sah Gustav in Karins Armen, sein rundes Gesicht, sein frischgebürstetes Haar. Sie dachte: Er dreht mir doch tatsächlich das rechte Ohr zu. Ein paar Minuten lang vermisste sie ihr Muttergefühl. Dann kam es plötzlich: Wo findest du dein Kind, wenn es brennt. Wo läufst du hin, wenn die Bomben fallen.

————

April 1941. Gustav schreibt an Anne:

Liebe Mutter! Sei nicht traurig, dass ich nicht kommen kann, aber wir sind nun mal im Krieg, der für die Front und für die Heimat etwas sehr Unangenehmes ist. England und Genossen sollen sich nur hertrauen. Du scheinst Dir ja Hoffnungen gemacht zu haben. Schön wäre es auch, wenn meine kleine Frau zu Dir kommen könnte, aber sie hat immer strammen Dienst gehabt, und wir haben doch jetzt das Kind. Besonders schön ist es hier, wenn die Sonne mal durchbricht, dann leuchten und schimmern die Wälder und Berge, dass ich mich frage, wo ich überhaupt bin. Schon manche Stunde hab ich auf einsamen Pfaden allein verbracht.

Du glaubst gar nicht, wie niedlich unser kleiner Stammhalter ist. Und damit Du genau Bescheid weißt, hier die Geburtsdaten: 3300 Gramm, 50 Zentimeter groß und 34 Zentimeter Kopfumfang. Sei mir bitte nicht böse, liebe Mutter, aber die beiden fehlen mir doch sehr. Denke und fühle Dich nicht zurückgesetzt. Es ist nun mal ziemlich gleich passiert, und wir beide haben es nicht gewollt. Freust Du Dich denn gar nicht über Dein Enkelkind. Verzeih mir bitte, dass ich Dir dies alles schreibe. Ich bitte Dich, mich zu verstehen und mir zu verzeihen. Ich weiß, dass ich ein komischer Junge bin. Es scheint, als ob uns diese Weise im Blut liegt und angeboren ist. In Hamburg habe ich ein paar schöne Tage verlebt. Steppdecken konnten wir noch nicht auftreiben, aber Nachttischlampen haben wir. Das sind so Sorgen. Sorgen aber sind Dinge, die nicht in unsere große ernste Zeit hineinpassen. Frohes Herz und frohen Sinn brauchen wir da. Das sagt sich so leicht.

Zum Schluss tut es mir sehr leid, dass Du meinetwegen betrübt bist. Aber Du solltest die Sache nicht von der böswilligen Seite auffassen. Glaube mir, nichts ist mir verhasster als ein Streit in der Familie. Deine Gründe und Einwände bestehen ja zum Teil nicht zu Unrecht. Manchmal wünschte ich, ich wäre kein Hasse und hätte kein Herz und wäre tot. Herzliche Grüße, Dein Sorgenkind, jedoch nicht undankbarer Sohn Gustav. Kannst Du mir mein kleines Kissen schicken? Gret hab ich nach Wien geschrieben. Rosa darf ich nicht nach Athen schreiben.

———

Rosa packte den Schweinslederkoffer auf dem Küchentisch ihrer Zweizimmerwohnung in der Papa-Koutzis-Straße. Sie und Hermann mussten sich wieder auf den Weg machen. Der schreckliche griechische Winter 40/41 war Gott sei Dank überstanden. Ostern war vorbei. Panzer-Meyer marschierte Richtung Athen.

Die Küchenvorhänge, noch Gardinenstoff vom Kaufhaus Wunderwelt in Solsbüll, gingen im Maiwind, der von Piräus kam und Hafengeruch herblies. So eine Stimmung möchte man nie verlieren. Hermann war in Schlips und Kragen auf dem Weg zum Friseur, dann ins Ministerium, um die Zweigstelle Free Austrian Movement aufzulösen und die Papiere für Palästina zu holen.

Rosa überlegte, ob sie die beiden Programmhefte von der Fledermaus-Premiere mitnehmen sollte. Sie trug ein kurzärmeliges Kleid, tausend gelbe Osterglocken auf blauem Grund. Das Haar hatte gestern Abend ihre Freundin Lily Janopoulos gewaschen und gelegt. Davon war noch ein Essiggeruch in der Nase, als sie eins nach dem andern in den Koffer legte, und jedes war ein Stück Weg hierher.

Vor drei Jahren Hermanns Verhaftung in Wien, am 15. März 1938 in aller Herrgottsfrühe. Die Suche nach lieben Menschen, die plötzlich verschwunden waren. Die Stimme im ehemaligen Innenministerium, Arier rechts, Juden links. Der gebildete SS-Offizier, der Hermann einen Stuhl anbot und mit ihm über Heidegger plauderte. Ich werde ihm das nie vergessen. Die Unterschrift: Wir verzichten auf alles Vermögen und alles bewegliche und unbewegliche Eigentum. Danach durften wir ziehen. Der Nazi-Hausmeister, der ihr riet, am Tag der Volksabstimmung wegzufahren, andernfalls er sie melden müsse. Dieser Wahlsonntag, der 10. April im Badener Kurpark, wo der Beethoven-Tempel steht, war nicht der schlechteste Tag in ihrem Leben. Der Raum, in dem Hermann mit zwölf anderen eingesperrt saß, das Etagenklo.

Der abgelaufene Pass, den die Tschechen als Pendlerausweis durchgehen ließen. Die Angst während der Donau-Schiffs-reise von Pressburg nach Belgrad. Die Angst im Zug von Belgrad Richtung Griechenland, ein Durchzugsland für Juden, die nach Palästina wollten. Die wollen sich für immer bei uns niederlassen, so der Ministerpräsident General Joánnis Metaxás. Ohne die Hilfe der Familie Janopoulos hätten sie und Hermann es nie geschafft. Auch die Zweizimmerwohnung hätten sie nie ohne deren Hilfe bekommen.

Panzer-Meyer marschierte Richtung Athen. Rosa legte das Fledermaus-Programmheft ganz oben auf. Sie wollte noch die Küchengardinen abnehmen und einpacken. Unten kam aber schon Hermann, und Giorgios Janopoulos wartete in seinem Morris mit laufendem Motor. Er fuhr sie nach Piräus. Im Kohlehafen lag ein polnischer Frachter – den Namen hatte Rosa vergessen – mit einem Jüngling als Kapitän und polnischen Sankt-Georgs-Pfadfindern als Besatzung. Alles Kinder.

––––––

Es ist noch zu wenig über die erstaunlichen Fähigkeiten des Säuglings Gustav berichtet worden. Dazu Folgendes: Das Leben an der frischen Luft ist mit dem Leben im Fruchtwasser nicht zu vergleichen. Kälte, die vom Himmel fällt, und Schwere, die aus der Erde kommt, müssen bewältigt werden. Frösteln will gelernt sein, Kopf hochhalten will gelernt sein. Das Schlimmste aber war die Sehnsucht nach dem vorigen Leben. Da hieß es, alle Nerven zusammennehmen und zu dicken Tauen flechten. Da hieß es auch, das zeitweilig vorhanden gewesene Fell von neuem wachsen lassen, um den Kopf herum, ums Herz herum. Bettina hören und spüren. Ihre

Stimme war tief und ging tief in ihn hinein; er kannte sie noch von früher, nach wie vor kam sie von oben, aber jetzt hatte Bettina ihre Hand um Gustavs Hand, wenn sie mit ihm sprach. Mach mal ei. Wie kannst du schön ei machen. So ließ sie sich von ihm streicheln. Bei Tage sang sie Maikäfer flieg, dein Vater ist im Krieg, und zum Einschlafen sang sie ihr Guten Abend, gut' Nacht. Gustav stellte fest: Sie beginnt immer mit dem eingestrichenen E. Komm herunter mit deiner Stimme. Komm herunter mit deinen Händen. Komm herunter mit deinen Augen. Er konnte sich an Bettinas Augen nicht sattsehen, weswegen er hinterher stets nach der Brust verlangte, die er geschickter und schneller im Mund hatte als andere Säuglinge. Auch im Schreien und Strampeln lag Gustav weit über dem Durchschnitt. Das Stärkste aber war: Gustav klammerte sich mit den Händen an Bettinas ausgestreckten Zeigefingern fest und fiel nicht runter.

———

Am Hebammenhaus in Solsbüll-Mühle hing ein Glockenstrang. Siegfried Siemsen zog daran und ließ es bimmeln.

Es ist so weit, Anne.

Was ziehst du denn so ewig an der Glocke. Sieh zu und mach heißes Wasser. Ich komm schon.

Bei Käthe Siemsen roch es im Schlafzimmer nach Seegras-Matratzen. Sie lag im Ehebett unter Plumeau und ausgebeulter Stubendecke und schrie sich die Seele aus dem Leib.

Mach das Fenster zu, Siegfried, sonst laufen deine Hühner weg.

Siemsen schloss das Fenster. Es war morgens um halb sechs. Die Sonne brach aus dem paar Steinwürfe entfernten Mühlenwald und stieg auf. Sie begann ihre tägliche Umkreisung der Sankt-Ursula-Kirche. Aber Anne hatte hier ihr Amt, weswegen es für sie in der Natur nichts zu betrachten gab.

Angeblich bin ich ja Großmutter geworden, sagte sie, als Hans Siemsens Kopf zum Vorschein kam. Es ist ein Junge, Käthe.

Nebenan hantierte Siegfried Siemsen mit seinem einen Arm am Küchenherd, Annes Hebammenbesteck lag im kochenden Wasser.

Es muss fünfzehn Minuten kochen, rief Anne rüber. Es ist ein Junge, wie gesagt.

Käthe hatte zu schreien aufgehört und begann von der Geburt zu schwärmen. Es war so schön, Anne.

Geschrien hast du ja genug.

Und du bist Großmutter geworden, sagst du.

Angeblich, sag ich. Meine Schwiegertochter hat mir was geschrieben von einem Siebenmonatskind. Und Gustav, der Dussel, hat mir gleich Maße und Gewicht mitgeschickt. Siegfried, hier ist was für dich. Er bekam die Schüssel mit der Nachgeburt in die Hand. Auf den Misthaufen damit.

Der frischgeborene Sohn hatte noch ein wenig Pelz auf den Schultern; er schrie und atmete vorschriftsmäßig. Anne hatte ihren rauen Tag, sie tunkte ihn erst ins kalte, dann ins warme Wasser und gab ihm obendrein einen Klaps, obwohl es gar nicht nötig gewesen wäre.

Nun hat alles seine Richtigkeit, Hans Siemsen, sagte sie. Da ist deine Mutter. Und nun wollen wir ihn messen und wiegen. Kuck mal, Käthe, er macht die Augen auf, und wie schön rosa er ist. Dein Sohn wiegt genau, lass mal sehen, 3400 Gramm und ist, komm mal her, du kleine Normalgeburt, 52 Zentimeter lang. Und mein Enkelsohn, Käthe, angeblich ein Siebenmonatskind, ist um und bei genauso schwer und genauso groß. Nun kommst du, Käthe.

Aber Käthe hatte schon die Augen zu und schlummerte, und das Kind schlummerte mit.

Der Kaffee ist fertig, Anne, rief Siegfried Siemsen durch die Küchentür. Kaffeegeruch strömte herein. Siemsen war schon auf dem Sprung zu Thamsens, um die frohe Botschaft zu verkünden.

———

Juni 1941. Gustav schreibt an Anne:

Liebe Mutter! Leider ist aus dem Heimaturlaub nichts geworden. Wir müssen wieder «reisen». Es geht wieder in eine andere Gegend. Aber dafür sind wir ja Soldaten.

Um ehrlich zu sein, habe ich auch keine große Lust, nach Hause zu kommen, denn das Gerede, von dem Du schreibst, stört mich sehr. Sehr geärgert habe ich mich über Hans Thamsens kindische Bemerkung. Nach den letzten Ereignissen muss ich annehmen, dass Du wieder einmal ganz trübe Gedanken und ein kaum zu tragendes schweres Herze hast. Dies alles, liebe Mutter, möchte ich Dir so unendlich gerne abnehmen. Dass meine kleine Frau zur Geburt nicht zu Dir kommen konnte, war doch klar, ging doch einfach nicht. Sie hat bis zum letzten Tag gearbeitet, und auch nach dem Wochenbett hatte sie einen strammen Dienst. Es ist ja wirklich nicht so, dass sie nicht zu Dir will. Nur lässt es sich nicht vom Zaun brechen. Du kriegst Dein Enkelkind schon noch zu sehen. Außerdem möchte ich auch nicht, dass sie jetzt nach Solsbüll-Mühle fährt. Ich habe es ihr verboten. Ich allein trage die Schuld. Dich aber bitte ich, meine Frau vorerst zu vergessen. Die «Sorgen» musst Du mir überlassen. Es tut mir so leid, dass ich Dir so viel Kummer verursache, und bitte Dich um Verzeihung. Aber keiner kann verlangen, dass ich da hingehe, wo alle Welt so über mich redet. Ich bin Dir überhaupt nicht böse, und mich sollst Du bitte immer mit Post «belästigen».

Es scheint, als wenn der Sommer wiedergutmachen will, was das Frühjahr an uns vergessen hat. Mit der Zeit hängt mir die Kolonnenfahrerei zum Hals raus. Wir müssen weitertreiben im großen Strom. Aber den Kopf muss man sich klar halten und die Augen offen, denn sonst strauchelt man und wird vom Strom verschluckt. Mir ist, als schaute mir der Führer über die Schulter: Wer leben will, der kämpfe also, und wer nicht streiten will in dieser Welt des ewigen Ringens, der verdient das Leben nicht. Dein Gustav

P.S. Damit ich auch sicher bin, dass dieser Brief Dich erreicht, habe ich ihn einem Kameraden mitgegeben, der ihn in Kiel einwerfen will.

———

Juli 1941. Meggersee wurde nach dem siegreichen Frankreichfeldzug nach Paris versetzt, als Arzt. Dieser Sichelschnitt – er fühlte ihn selber tief –, womit unsere Truppen nach sechs großartigen Wochen vor dem Arc de Triomphe standen. Hoffentlich mit einem Glas Champagner in der Hand. Leider ist es mir verwehrt, meine Versetzungsreise per Motorrad zu machen, schrieb er ins Tagebuch. Er trauerte um seine Mabeco. Aber das Schicksal hat es so gewollt, notierte er weiter. Er saß, trotz Schicksal, in gehobener Stimmung im Nachtzug. Spätsommer und kein Waffenlärm in Frankreich. Der deutsche Soldat aber steht Wache. Eternal vigilance is the price of liberty, wie der Engländer so schön sagt.

———

August 1941. Ein Sommerabend in Russland. Gustav hatte schon manche Ecke in Europa gesehen; diese hier war neu. Land und Leute kennenlernen schadet nicht, sagte schon Mutter, sagte er sich. Aus einem Grammophon krächzte immer noch mal Heimat deine Sterne. Gustav fühlte sich in Solsbüller Stimmung. Er befand sich, kaum zu glauben, in einer Kiefernwald- und Heidegegend. Sand rieselte zwischen den Fingern durch, wenn er eine Handvoll ausgrub und hochhob. Seit Tagen war endloser Himmel und gnadenlose Sonne gewesen. Sand in den Klamotten, Sand zwischen den Zähnen, Sand hochgewirbelt und in unendlichen Wolken über der marschierenden Kolonne. Heute Abend endlich mal auf einem richtigen Rastplatz.

Gustav hatte langes blühendes Gras zwischen den Zehen, er saß in Turnhose und mit bloßem Oberkörper am Vorderrad seines Lastwagens. Es war warm. Er hatte unter der Felddusche geduscht, von seinen Haaren tropfte es auf den Rücken und lief runter. Er hatte Sehnsucht nach einem Regenschauer. Der erste Satz für einen Brief an Anne ging ihm durch den Kopf, nämlich die Frage: Hat schon der Weißdorn geblüht. Dann der zweite: Gegen Mitternacht wird es kühl, und schon um zwei Uhr wird es hell. Alles durcheinander hier, Zelte, Lastwagen, Kanonen. Der Leutnant hat wegen der Unordnung gemeckert, Saustall.

Nun lehnte er vorne an der Kühlerhaube seines Lastwagens und wollte anfangen zu schreiben. Neben ihm stand eine Kiste Flensburger Bier. Eine Mücke kam geflogen, blutrünstig. Er schlug sie am Oberschenkel tot. Es hat gerade junge Kartoffeln in frischer Butter gegeben. Ich will Dich nicht neidisch machen, wie wir in Russland schwelgen. Das auf jeden Fall in den Brief, es war eine gute Überleitung zu Bettina. Kochen kann sie wirklich phantastisch, aber dass die

Liebe bei uns nicht durch den Magen geht, darfst Du mir glauben, liebe Mutter. Ich liebe sie doch. Aber ich bin für Offenheit und klare Kante, das kannst Du mir auch glauben. Dies auf jeden Fall schreiben. Auf jeden Fall auch dies: Dass wir uns im Juni 40 kennengelernt haben und es da gleich passierte und Gustav *neun* Monate ausgetragen wurde und *ich* der Vater bin, das kannst Du mir ein für alle Mal glauben. Dass er, Gustav, persönlich kommen wollte, um alles zu erklären, weil er nicht mit Lügen leben konnte, es aber musste, weil es so schwer ist, die Wahrheit zu sagen. Dann auch dies schreiben: Natürlich ist es theoretisch möglich, dass ich nicht der Vater bin. Nein, das lieber doch nicht. Dass ihn auf halber Strecke von Hamburg nach Solsbüll-Mühle in Kiel der Mut verließ, er da nur eine Kraftbrühe trank, den letzten Brief schrieb, einsteckte und dann wieder nach Hamburg fuhr. Nein, auch das lieber nicht.

Er musste aussortieren. Immer war einer da, der über die Schulter sah, siehe der Führer, siehe Anne. Das wenigste, was er von sich gab, war also von ihm. Nur die Angst war von ihm, der Geschmack von den Bratkartoffeln war seiner, das Haar, das nun in der Abendsonne trocknete, war seines. Gustav zog sich an und kroch ins Zelt. Aufs schärfste, liebe Mutter, muss ich ablehnen zu «reklamieren». Wenn jeder, der Frau und Kind hat, das tun würde, dann wäre der Krieg doch aus. Nein, das mögen andere tun, die Vater *und* Mutter verloren haben. Allein der Gedanke daran ist mir unmöglich. Du vernachlässigst ja auch nicht Deine Pflichten. Ich kann und darf es auch nicht. Das klingt ja fast so, als wenn Du Angst um mich hättest.

Das war Gustavs allerletzter Brief an Anne, den er nie schrieb. Die Sonne kroch aus den Wäldern heraus. Tau lag auf Kanonen, Zeltbahnen und Gras. Der Sand war kalt.

Schrecklich ist ein Morgen, der so anfängt und alles zerschellt. Der Blutdruck ist niedrig, die Männer machen miese Gesichter, haben keine Lust. Die Antreiber blöken. Erst nach dem Kaffee beginnt das Mienenspiel für den Tag, und weitere Befehle erschallen. Die Sehnsucht nach dem Leben im Fruchtwasser ist groß. Aber es ist Krieg, und jeder fasst doch noch Tritt und lacht sogar.

Auf dem Marsch gab es ein Wiedersehen mit Heini Thamsen, der Gustav in seinem Kübelwagen überholte. Sie hatten sich unendlich viel zu erzählen, was aber gar nicht stimmt, denn sie schwiegen die ganze Zeit und verloren sich schon nach dreißig Minuten. Der Haltebefehl kam, und bald stand das Geschütz wie befohlen mit Mündung Richtung Moskau. Dann brüllte der Leutnant den Feuerbefehl. Es gab aber einen Volltreffer von der anderen Seite, sodass auch von diesem Gustav Hasse bis auf den heutigen Tag jede Spur fehlt.

———

SA-Steiger waltete in Solsbüll als Bürgermeister seines Amtes.

Alles muss seine Ordnung haben, liebe Eva, sagte er zu seiner Sekretärin und Geliebten. Und ich bin hier für die Ordnung zuständig, einer muss es ja machen, auch im Landkreis.

Er allein leitete die Geschicke der kleinen Stadt. Es gab keinen Stadtrat mehr. Steiger entschied nach Anhörung der Gemeinde-Ältesten, die zu allem Ja und Amen sagten, Baumaßnahmen, Hebesätze, Haushaltsplan. In Zusammenarbeit mit der Kirche ließ er den Angehörigen die Gefallenen-Meldungen in geeigneter Form zukommen. Als Heini Thamsen eine Woche nach Gustav gefallen war, der dritte gefallene von fünf Thamsen-Söhnen, schaute er in Solsbüll-Mühle persönlich vorbei, um dem Rest der Familie sein tiefempfundenes Mitleid und den Dank des Führers zu übermitteln.

Es war ein vertrauliches Schreiben gekommen. An alle Bürgermeister des Reiches betreffs Zahlung von Versorgungsbezügen der ins Generalgouvernement abgeschobenen Juden: Oben angegebene Zahlung ist mit dem Zeitpunkt der Abschiebung einzustellen. Steiger knobelte nicht lange hinterm Schreibtisch herum.

Du, Eva, komm mal her, lies mal.

Eva las. Versorgungsbezüge vor dem Tod streichen heißt ja, dass die sterben müssen, denn ohne können sie ja wohl nicht leben, sagte sie.

Du hast es erfasst, kluges Kind.

Die kommen nie wieder, sagte Eva über dem Dokument.

Gegen die Juden sein, das gehört nun mal zu uns Deutschen, Eva. Ich persönlich hab nichts gegen die Juden. Aber es ist schon immer so gewesen, eine Art Naturgesetz.

Ehrlich gesagt, ich verstehe das alles nicht.

Man muss auch nicht verstehen. Dem Führer ist es schnuppe, ob wir ihn verstehen oder nicht. So muss man es sehen.

Steiger berichtete seinem kleinen Kreis davon, und Eva plauderte es in ihrem etwas größeren Kreis aus, sodass die Sache mit den Versorgungsbezügen hinter vorgehaltenen Händen die Runde machte. Hinzu kamen die jeweiligen kleinen Kreise der anderen Bürgermeister, hinzu kamen die entsprechenden Kreise der Sekretärinnen in den anderen Ämtern, so war nach und nach flächendeckend bekannt, was mit den ins Polnische abgeschobenen jüdischen Versorgungsempfängern passierte. Oder man konnte es sich denken, wenn man dachte.

(Aus Meggersees unveröffentlichten Erinnerungen) Ja, lieber Leser, Lebenserinnerungen sollten eigentlich persönlich wirken. Aber tun sie das auch immer? Hier klafft, wohlgemerkt, eine Lücke. Sie wird bei einem allgemein bekannten Schreiber nicht so empfunden werden, wohl aber bei mir weitgehend unbekanntem Provinzdoktor. Also Paris. Ach, Gott – dîner bien, jouer gros jeu et faire l'amour, das war es doch während meiner Zeit am 600-Betten-Hôpital Lariboisière, seien wir doch mal ehrlich. (Ende Erinnerungen)

Meggersee kam mit seinem Medizinalpraktikanten, dem kleinen Lausen aus Düttebüll, den Korridor im Lariboisière runter. Es war gerade Großreinemachen. Drei Frauen in weißen Kitteln kippten eimerweise Seifenlauge über den Fliesenboden und schrubbten mit derben Straßenbesen. Während Lausen auf Zehenspitzen drüberging, humpelte und plantschte Meggersee mittendurch. Er befand sich im letzten Drittel seiner Stalingrad-Predigt.

Ich habe nicht wie andere hohe Parteimenschen in den für das Volk so schweren Tagen der Stalingrad-Tragödie anstelle kameradschaftlichen Mitfühlens weiterhin plattester Genuss-Sucht gefrönt.

Entschuldigen Sie, Herr Oberstabsarzt, aber ich glaub, da kommt die Mistinguett.

Die Mistinguett war weltberühmt. Dieser siebzigjährige Revuestar ließ sich noch immer von jungen Männern durch die Luft wirbeln, dass einem der Atem stockte. Die Mistinguett wollte im Lungenschusspavillon auftreten und allen Lungenschussverletzten eine Freude machen. Als Meggersee und Lausen zusammen mit ihr den Pavillon betraten, drehte sich der französische Anteil der Lungenschussverletzten zur Wand. Trotzdem hob die Mistinguett nun den Rock hoch und brachte ihre unerhört teuer versicherten Beine ins Bild.

Docteur, venez chez moi.

Meggersee kam nach der Vorstellung zu ihr in die Garderobe, und sie machte ein Hohlkreuz. Dabei legte sie ihren Kopf weit zurück. So musste Meggersee sie halten und mit seinem Gesicht über ihr Gesicht kommen. Da passierte es. Unsäglicher Pestgeruch entströmte der Mistinguett, ein schreckliches Leiden, das Meggersee sofort diagnostizierte: Rhinitis chronica atrophicans foetida, kurz: Ozeana, zu Deutsch: Stinknase.

———

Februar 1943. Sarah Nathan schreibt an Anne:

Liebe Frau Hasse, unser Los ist gefallen. Montagmittag, am 1. März, fahren wir ab, voraussichtlich nach Theresienstadt. Wenn wir können, schreiben wir von dort. Es kam ganz überraschend, sonst würde ich ausführlicher schreiben. Schade um die schönen Sachen hier und zu Hause. Können nur einen Handkoffer und einen Rucksack mitnehmen. Unsere Nerven haben harte Proben bestanden. Haben noch sehr viel zu tun. Mutter geht es erstaunlich gut. Leben Sie wohl, bleiben Sie gesund und herzliche Grüße von Sarah und Alice Nathan.

Die beiden kehrten nicht zurück. Der Todesort ist unbekannt, als Todesdatum gilt der 8. Mai 1945, 24 Uhr.

———

Ende Juli 1943. Da ließ der britische Luftmarschall Harris gemäß dem Ersten Buch Mose Feuer und Schwefel herabregnen über Hamburg, und die Menschen, die da wohnten, ließ er verderben.

Was ist denn nun wieder kaputt, fragte einer von der Reichsverteidigung, weil er nichts sehen konnte. Die Engländer warfen 25 cm lange Stanniolstreifen und blendeten damit die deutschen Radarschirme. Der von der Reichsverteidigung machte Meldung an Major Rüdiger von Pappritz. Pappritz machte Meldung an seinen Oberst: Da muss irgendwo ein Bombenangriff in großem Stil stattfinden. Wir sehen aber nichts, Herr Oberst. Oberst Sauer am anderen Ende: Das kann ja heiter werden, Pappritz. Weitermachen, Heil Hitler. So ging die Meldung bis zum Reichsmarschall hoch.

Während die da unten laufend weitermeldeten, drehten die da oben, einer nach dem anderen, über Büsum Richtung Elbe. Mit ernsten Gesichtern saßen die Piloten in elektrisch beheizten Overalls und elektrisch beheizten Handschuhen hinterm Steuerknüppel. Eisiger Fahrtwind strömte an den Fenstern vorbei. Totenstille war in den Kopfhörern, manchmal ein Knacken von schlechten Kontakten. Die Hamburger Flak hatte bei den Engländern keinen guten Ruf.

Luftmarschall Harris hatte 791 Bomber in einem dreihundert Kilometer langen und dreißig Kilometer breiten Rechteck in der Luft versammelt. Das sind genau 0,88 Bomber auf einen Hektar Himmel. Eine Meisterleistung der Royal Air Force.

Schon nach der ersten wüsten Nacht war der Führer wegen der Zerstörung, der Flüchtlinge und der Toten beleidigt.

Das brauchen Sie mir nicht zu erzählen, das ist doch idiotisch, Reichsmarschall. Ich denke, wir bombardieren London. Aber die Luftwaffe sagt, sie kann London nicht finden. Das ist doch idiotisch.

Kaum hatte der Führer so gesprochen, da setzten die Amerikaner das Vernichtungswerk fort, dann wieder die Engländer, immer abwechselnd.

Alles rannte, keiner wusste, wohin. Alle brannten wie Fackeln und liefen und fielen um und waren tot. Es tobte ein Feuersturm, den die Wetterfrösche leicht erklären konnten: Hitze steigt nach oben, frische Luft strömt nach.

Bettina stand hinter einem Lastwagen mit Holzgasantrieb und hustete, weil sie nahe am Auspuff stand. Sie hatte den zweijährigen Gustav mit Verdacht auf Leistenbruch ins Eilbeker Krankenhaus gebracht und war auf dem Rückweg. Sie suchte einen Bunker, alle, die noch nicht brannten, suchten einen. War es Tag, war es Nacht. Sie roch an ihrer Hand und roch ihr versengtes Haar. Sie trug ein Regencape gegen Wolkenbrüche und überspringendes Feuer. Sie stand an der S-Bahn-Brücke über den Osterbek-Kanal. Sie suchte einen Weg zum Wasser, wo sich Menschen bis zum Hals im Kanal vor Feuer schützten und mit nassen Tüchern Brandwunden kühlten. Barmbek und alles weiter südlich war ein Flammenmeer. Der für den Winter eingelagerte Koks brannte und ging nicht wieder aus. Bettina wollte weiter, aber die Luft wurde knapp. Diejenigen, die im Kanal ihre Rettung gesehen hatten, erstickten, sanken um und gingen unter. Die Firma Ritz & Co, Fette und Öle, hatte einen Bunker; da hinein. Wie gut, dass Bettina ihren Nachbarn, den Pingels, Bescheid gesagt hatte. Die würden sich um Gustav kümmern. Zwei Bomben waren der Firma gerade aufs Dach gefallen, sodass der ganze Lagerbestand auf die Straße und in den Bunkereingang floss. Und während die Reichsverteidigung anstrebte, ab sofort mit Hilfe von Nachtjägern die Engländer und Amerikaner in den Griff zu kriegen, watete Bettina bis zu den Knöcheln in Öl und flüssigen Fetten, die plötzlich bei tausend Grad aufloderten und zusammen mit ihr verbrannten.

Oktober 1943. Drei Siemsen-Hühner waren zu den Pankuweit-Hühnern übergelaufen. Die Pankuweit wollte sie nicht mehr rausrücken: Das sind nun unsere. Und Oswald Pankuweit sagte in zugeknöpfter Uniform zu Siegfried Siemsen, der blass und mit hängender Weste vor ihm stand: Pass auf dein loses Mundwerk auf, sonst lassen wir dich unschädlich machen.

Siemsen wich zurück und ließ seine Hühner ab sofort Pankuweit-Hühner sein. Aber dann schluckte er doch und wurde noch einen Grad blasser. Hier stand er und konnte wieder mal nicht anders und sprach: Oswald Pankuweit, du wirst es noch erleben, dass man dir die Uniform runterreißt und du auf Strumpfsocken und in Unnerbüx nach Hause kriechen musst. Damit bestieg der einarmige Siemsen sein Fahrrad.

Siegfried Siemsen, wart's ab, du weißt.

Die Pankuweit erklärte am nächsten Waschtag im Hebammenhaus, es hörte sich an wie eine Sondermeldung: Passen Sie auf, Frau Hasse, bald gibt's was, Sie werden sehen.

Anne, die ziemlich genau ahnte, was es geben würde, hielt sich diesmal ihre Hände so lange an die Ohren, bis sie an ihrem Platz in der Küche saß. Sie war in Not wegen eines Gewissensbisses. Gerade hatte sie die Goldschmidt von einem blinden mongoloiden Kind entbunden, das sie gemäß Reichsinnenminister betrifft Meldepflicht missgestalteter Neugeborener an das zuständige Gesundheitsamt, hier Solsbüll, melden musste.

Hoffentlich ist das unser Letztes, hatte die Goldschmidt gesagt. Was wird aus dem armen Stackel wohl werden.

Besser ist es, wenn er bald stirbt, hatte Anne gedacht und dabei die Goldschmidt angesehen. Schön, wenn Meggersee dagewesen wäre, der gesagt hätte: Selbstverständlich, das muss gemeldet werden, wo kämen wir denn sonst hin. So ein blindes Huhn hat auf unserer Welt nichts verloren. Aber Meggersee hatte es nicht gesagt, er war in Frankreich in einem Lazarett als Wehrmachtsarzt. Anne hatte es sich also selber sagen müssen, bevor sie den Bogen mit einem blauen Kopierstift ausfüllte, zweifach.

Anne sah mit Tränen in den Augen aus dem Küchenfenster, und die Pankuweit stand hinter ihr, sie war ihr einfach nachgegangen. Gott sei Dank hörte Anne ihren Enkel schreien, den dritten Gustav. Den hatten die ausgebombten Pingels aus Hamburg mitgebracht.

Gustav schreit, sagte Anne. Ich muss ihn füttern.

Denken Sie an meine Worte, Frau Hasse. Die Pankuweit verließ das Haus.

Anne ging mit ihren schweren Schritten die Treppe hoch und horchte an Gustavs Tür. Er hatte gar nicht geschrien. Sie stahl sich rein und stand an seinem Bett. Dann nahm sie den schlafenden Kleinen hoch und sagte: Na, du bist mir vielleicht einer. Ich denk, du schreist.

———

Die Pflegerin, der Dr. Friedel Eckstein einen Kiefernspanner geschenkt hatte, war übrigens Polin und hieß Jadwiga Strubek. Eckstein, erneut fertig zum Abtransport, sollte diesmal ins Zwischenlager Frommes Zwiefalten. Zwei graue Busse der Gemeinen Kranken-Transport GmbH warteten mit laufenden Motoren. Eckstein stand als Letzter in der Reihe und sah wieder einen Schmetterling; der saß auf dem grau zugestrichenen Busfenster und tat nichts. Schnapp, hielt Eckstein den Schmetterling an den Flügeln fest und schenkte ihn Jadwiga, diesmal zum Abschied. Sie wollte ihn nehmen, aber der Schmetterling flatterte davon, weil sie nicht geschickt genug zugegriffen hatte, flog wieder zum Bus, setzte sich auf den ersten Buchstaben von Deutsche Reichspost. Eckstein jagte ihn aber da weg, sodass er nun über den Bus davonschaukelte. Dann ging es los, und während der Fahrt nach Zwiefalten sang ein frommer Idiot: Jesu, geh voran.

Ja, murmelte Eckstein, immer voran, immer voran.

In Zwiefalten machte er unfreundliche Miene zum bösen Spiel. Er vermisste Jadwiga. Düster schritt er den fensterlosen Gang entlang. Der war öde bevölkert, überall waren welche, lagen auf der Erde, wo er drübersteigen musste, oder saßen auf Stühlen und alten Seegrasmatratzen, wo er vorsichtig vorbeigehen und Verzeihung sagen musste. Am Eingang stand ein murmelnder Chor.

Die Chorleiterin sang laut und deutlich vor: Dieser Hitler, der mich vergewaltigen will und morden will.

Der Chor fiel ein: Heilige Maria, Mutter Gottes, bitte für uns Sünder.

––––––

November 1943. Unaufgefordert erschien das Ehepaar Pankuweit bei Steiger in Solsbüll und erstattete Anzeige gegen Siegfried Siemsen, wohnhaft in Solsbüll-Mühle. Oswald Pankuweit sagte zum politischen Teil aus, und Maria Louisa Pankuweit sagte dasselbe noch mal auf Dorfklatsch.

S. hat in gehässiger Weise auf den Führer und die Regierung geschimpft, er behauptet, dass das Volk verdummt wird wie 14/18. Auch sagt er, dass den Führer noch mal seine eigenen Leute umbringen werden. Er betrügt die Schleswag seit 1938, indem der Zähler nie läuft. Um aber vorzutäuschen, dass wenigstens ein bisschen Strom verbraucht wird, schließen sie das Plätteisen an und wärmen damit die Betten.

Im vorigen Jahr hat S. fünfzehn Mark Strafe erhalten, weil er mit nicht abgeblendetem Licht gefahren ist. Danach hat er so lange nicht Eintopf und Winterhilfswerk bezahlt, bis er die fünfzehn Mark wieder eingespart hatte. Neulich hat er im Eichenhof in Gegenwart von Minna Boye gesagt: Auch Juden sind Menschen. Schließlich und endlich: Er gibt bei den Viehzählungen immer zu wenig Hühner an. Nur das letzte Mal ist er ehrlich gewesen, weil der Eiersammler Hanne Detleffsen gesagt hat: Jedes Ei zu wenig kostet fünfzig Mark Strafe. Als Zeugen nennen wir Minna Boye, Wirtin in Solsbüll-Mühle, Hanne Detleffsen, Parteibote und Pantoffelmacher in Kummerby, und Heinrich Steiger, Bürgermeister in Solsbüll.

Dann war bei Anne wieder Waschtag, und die Pankuweit sagte: Erinnern Sie sich, was ich annerletzt gesagt habe. Nun passen Sie man auf, Frau Hasse.

Anne war diesmal besser dran als das letzte Mal. Lene Goldschmidts kleiner Mongo war Gott sei Dank eines natürlichen Todes gestorben, bevor die vom Gesundheitsamt ihn abholen konnten.

So ist es das Beste. Wir haben ja noch Nele und die beiden Großen, hatte Harry C. Goldschmidt gesagt.

Hinzu kam: Gret hatte gerade aus Wien ein Lebenszeichen von Rosa aus Palästina geschickt, und Enkelsohn Gustav konnte jetzt Oma sagen.

Damit hatte Anne Oberwasser, also sprach sie mit frischem Mut: Da passen man besser Sie auf, meine Liebe.

Die Pankuweit packte sofort ihren Kram in die Handtasche und stellte die Arbeit ein. Das werden Sie noch bereuen, Frau Hasse. Das war das letzte Mal hier.

Und Anne quittierte es: Jawohl, das war das letzte Mal hier. Ich mach meinen Dreck, und Sie machen Ihren Dreck.

Die Pankuweit kam nie mehr. Aber bis zur letzten Minute Drittes Reich und auch noch danach sah sie Anne mit ihren schädlichen Blicken an.

――――

Dezember 1943. Rosa und Hermann saßen auf dem Balkon ihrer Wohnung in Haifa / Palästina. Eine kühle Brise wehte vom Mittelmeer. Nach stürmischer Überfahrt von Athen waren die beiden in dieser Hafenstadt gelandet. Die englischen Behörden wiesen ihnen eine Wohnung im jüdischen Viertel zu, nahe der alten Festung. Sie liebten Stadt und Klima: Im Sommer heiß und trocken, im Winter kühl und nass. Der Winter dort erinnerte mich doch stark an zu Hause, sagte Rosa später. Sie wusch Aprikosen und Äpfel, die sie auf dem Obst- und Gemüsemarkt am Hafen kaufte, in warmem Seifenwasser. Englisch musste sie kaum sprechen, mit Deutsch kam sie problemlos durch. Viele deutsche Juden waren hier inzwischen gestrandet. Hermann fand bei den Engländern Arbeit, verdiente sein Geld als Assistent eines Majors der British Army, entwarf für ihn Denkschriften zur Umerziehung der deutschen Soldaten, die nach Rommels Niederlage in Nordafrika in Kriegsgefangenschaft geraten waren. Sie sollten Demokraten werden. Er unterschrieb seine Arbeiten stets mit: Your obedient servant.

――――

Februar 1944. Die Geheime Staatspolizei verhörte Siegfried Siemsen in der Küche seines Hauses in Solsbüll-Mühle. Käthe saß nebenan im Wohnzimmer und hörte mit. Der Ofen bullerte. Sohn Hans und Stopfzeug lagen auf dem Schoß. Es war ein schöner Sonnentag, aber kalt. Siemsen hatte Schmerzen in der Handwurzel seines verlorenen Armes.

Drei Tage später holten sie ihn ab nach Flensburg, von Flensburg ging es mit der Bahn und zwei Polizisten nach Berlin. Der Volksgerichtshof schaffte durchschnittlich drei Todesurteile pro Tag. Trotzdem kam Siemsen nicht gleich dran. Während Käthe froh war, dass die Pingels aus Hamburg in die nördliche Haushälfte eingezogen waren und mit ihr auf einen Freispruch hofften, sah Siegfried Siemsen in aller Hoffnungslosigkeit das Urteil näher kommen. Anders die aufgekratzte Wirtin Minna Boye. Wir machen eine Reise nach Berlin, posaunte sie hinter der Theke. Auch das Ehepaar Pankuweit fuhr mit. Die beiden machten in den letzten Tagen vor der Abreise mehrere Spaziergänge, die am Hebammenhaus vorbeiführten.

Die Zeugen aus Solsbüll-Mühle erhärteten die bisherigen Anschuldigungen, also Betrug zum Nachteil der Schleswag, Betrug bei der Geflügelzählung, aber insbesondere loses Mundwerk und Querulantentum. Der 3. Senat des Volksgerichtshofs fällte das Urteil. Erstens zum Tode, zweitens für immer ehrlos.

Käthe Siemsens Gnadengesuch über den Pflichtverteidiger erübrigte sich, da dieser sich nicht in der Lage sah, ein solches zu begründen, denn die Beweisaufnahme sei erdrückend gewesen, was Käthe Siemsen einsah. Also wurde die Todesstrafe vollstreckt, mittels Galgen, am frühen Morgen, acht Tage vor Jacobi 1944.

———

Juli 1944. Da, wo Steiger 33/34 sein kleines Lager im Lindenbruch hinter der Heiligen Quelle betrieben hatte, unterhielt er nun ein Gefangenenlager mit fünfzig Polen und Russen. Die mussten tagsüber bei Raiffeisen Weizen aus der Ukraine in Säcke schaufeln, mussten in der Tierhalle Berberhengste und Rotschimmel aus Algerien füttern und striegeln, mussten bei Opel beschädigte Lastwagen von der Front reparieren, mussten in der Bürsten-und Pinselfabrik, früher Erichsen, heute Steiger, Taue für die Marine fertigen, mussten im Sägewerk Holz für Versorgungsbomben schneiden. Wenn sie abends wieder ins Lager geführt wurden, trafen sie die Solsbüller Schuljungs, die von ihren Schanzübungen am Heidberg kamen. Sie warteten am Lagertor. Wenn der letzte Pole drin war und das Tor zu, schlugen die dreizehn- und vierzehnjährigen Pimpfe mit selbstgefertigten Erlenholzknüppeln gegen den Drahtverhau und schrien: Polacken, Polacken, die kacken, die kacken. Oder sie sangen im Schutze der Erlen, die um den Zaun herumstanden, eine Art Choral, den sie aufgeschnappt hatten.

O Herr, gib uns den Moses wieder,
auf dass er seine Stammesbrüder
heimführe ins gelobte Land.
Lass wiederum das Meer sich teilen,
auf dass die beiden Wassersäulen
feststehn wie eine Felsenwand.
Und wenn in dieser Wasserrinne
das ganze Judenvolk darinne,
o Herr, dann mach die Klappe zu,
die ganze Welt hat Ruh.

August 1944. Dr. Friedel Eckstein war inzwischen in der Heil- und Pflegeanstalt Hartheim, Ostmark, ehemals Österreich, angelangt. Dort war er das «liebste Wrack» des leitenden Arztes. Zwar hatte der kleine Kreis des Führers schon vor geraumer Zeit Fachpersonal aus den Heil- und Pflegeanstalten des Großdeutschen Reiches abgezogen, um damit die Beseitigungswirtschaft, Sie verstehen, im Osten anzukurbeln. Jedoch ging das Töten im Reich mit jungen, nachrückenden Kräften weiter. Nicht im großen Stil und so unheimlich wie zu Anfang – Proteste, zumeist aus der katholischen Ecke, hatten eine gewisse Vorsicht nahegelegt. Aber wo nicht gefragt wird, braucht man nicht zu antworten, und da kann man dann schon. Der dreiunddreißigjährige Arzt war statistisch gesehen genau der Richtige. Nach dem Studium Erfahrung sammeln, wie geht es weiter, es winkt eine Karriere mit ehrenvoller Drecksarbeit: Kohlenmonoxyd, Morphium, Hustensaft und Luminal dreimal täglich 0,3 Gramm, was man sich gut merken kann.

Für den Film, den sie in Hartheim drehten, kam Friedel Eckstein nicht in Frage. Der sieht zu gut aus, sagte der Gutachter, der mit Film- und Gutachter-Truppe angereist war und gerade den Zwischenschnitt Aufdrehen des Gashahns / Gasometer / Beobachtung des leitenden Arztes anfertigte. Die neben dem Gutachter sitzende Sekretärin nutzte die Drehpause, indem sie eine Ansichtskarte schrieb: Freundliche Grüße sendet die Löwenbändigerin aus dem Wanderzirkus. Das sah noch der am Türpfosten lehnende Friedel Eckstein, bevor man ihn zur Seite nahm. Er stand schon auf der Liste für den nächsten Transport nach Klagenfurt, in Hartheim wurde Platz gemacht, die Betten wurden gebraucht für eine große Zahl von Lungenschuss-Verletzten.

Da war dann noch ein schwäbischer Spastiker, der den

Filmleuten anstelle von Eckstein vorgeführt wurde. Der passte gut. Der sprach, indem er seinen Kopf an die Schulter seines Pflegers legte, folgende letzte Worte: Mögen mir alle Sünden vergeben werden, möge allen, die mich zum Tode führen, Vergebung zuteil werden. Möge es mir, der ich wegen meiner Krankheit mit Armen und Beinen immer unwillkürlich ausfahrende Bewegungen mache, vergönnt sein, diejenigen, die mich zu Tode tragen, nicht zu stoßen. Amen.

————

Oktober 1944. Leitender Arzt in Klagenfurt war Direktor Dr. Pörtschacher: Die Tötungen in meinem Verantwortungsbereich haben sich wegen der außerordentlich hohen Inzuchtrate in den steirischen Gebirgstälern vernotwendigt. Andere Fälle sind miterledigt worden, wie zum Beispiel Eckstein.

Der hatte sich in Klagenfurt gut erholt. Die südliche Sonne und die warme Luft des Sommers 1944 hatten ihre Wirkung getan. Einen den Kreislauf günstig beeinflussenden Wind, der da manchmal von den Karawanken runterweht, hatte er liebgewonnen. Er sprach wieder mehr als nur dieses «Reichsspanner», er erinnerte sich alter Zeiten, hatte die Stationen seines Irrwegs bis Klagenfurt im Kopf. Und er hatte eine, die ihn gern mochte, die Pflegerin in Weiß. Die schilderte ihrem Chef Dr. Pörtschacher den Patienten als gutwillige Person: Denn der Patient folgt mir aufs Wort, er pult Erbsen in der Küche oder zupft Unkraut in den Gemüsebeeten. Manchmal setzte die Weiße ihn sogar als Beschließer an die Eingangstür, da badete er dann seinen Kopf in der Kärntner Sonne, die hoch über den Bergen stand.

Eines Abends, als er Heidekraut-Geruch in der Nase hatte,

sagte er: Es riecht nach zu Hause. Er schrieb eine Ansichtskarte von der Ursulinengasse an Frau Eckstein, Solsbüll. Die Karte kam wegen unbekannt verzogen wieder zurück, und Pörtschacher hatte sie in der Unterschriftenmappe: Es ist sehr schön hier. Die Sonne scheint immer. Ich habe eine weiße Pflegerin und darf draußen im Gemüsegarten sein. Wir werden alle umgebracht.

Pörtschacher bezeichnete der ihm stets treu ergebenen Pflegerin bei der Abendvisite den Todeskandidaten Eckstein, indem er dessen Kopfkissen berührte, sie ansah und sagte: Hier können Sie noch etwas nachhelfen. Denken Sie daran, Schwester, so fuhr er draußen vor der Tür fort, wegen der Postkarte haben Sie was gutzumachen.

Die weiße Pflegerin gab Eckstein und drei anderen so gekennzeichneten Kandidaten Hustensaft mit einer guten Dosis Luminal und sagte: Da gibt es was zu eurer Kräftigung, meine Lieben.

Die vier schluckten und schliefen ein. Dann schob die Weiße die Betten ins Sterbezimmer, spritzte jedem eine Menge Morphium und hängte, bevor sie ging, den jeweiligen Leichenzettel an den jeweiligen großen Zeh.

———

März 1945. Nu is dat so wiet, nu lannen de Engländer bi uns, rief Hans Thamsen aus seiner Scheunentür und sah dem Geschwader Fliegender Festungen Richtung Mooswatt-Solsbüll nach.

Der kleine Gustav stand an diesem sonnigen, windstillen Abend am Koppeltor auf der anderen Straßenseite und sah ebenfalls die dicken Brummer. Eine Drossel sang. Nu is dat so wiet, nu lannen de Engländer bi uns, rief er Siemsens

Hühnern zu. Den Weg, den er querfeldein lief, kannte er noch nicht. Immer den Bombern nach.

Hans Thamsen rief: Tööf doch, kumm torüch.

Aber Gustav überhörte Hans Thamsens Rufen, er war schon an Siemsens Hühnern vorbei, an Thamsens Teich. Da hob er einen Weidenstock auf, mit dem er erst in den Knick schlug und dann zarte Spuren ins frisch angesäte Kornfeld zog. Das Gebrumm über ihm, es hämmerte und ratterte da oben. Einer fiel runter, zog eine schwarze Fahne hinter sich her. Die schmeißen Schokolade, dachte Gustav, denn er fand lange Streifen Silberpapier. Aber im Silberpapier war keine Schokolade. Ein Hase schnupperte daran, hoppelte seines Wegs. Anne hatte gesagt: Das ist Gift für die Kühe, und du hebst es auch nicht auf. Er hob das Silberpapier auf und steckte es in die Tasche. Die in den dicken Brummern heißen William Williams und John Johnson, hatte Anne gesagt. Gustav sah in den Himmel, er sah keine abspringen. Der eine dicke Brummer fiel immer noch runter, da ganz hinten.

Er war zur steilen Böschung an der Wassermühle gekommen und stand nun vor einem anderen Koppeltor, über tausend Meter von zu Hause weg. Hier war er noch nie gewesen. Da unten schlängelte sich die Kummerbyer Au mit Hochwasser am gegenüberliegenden Wald entlang, floss in einem Bogen zur Mühle hin und dann zum Wasserfall. Er kletterte durch das Koppeltor, trat über die Stelle, wo sein Vater als großer Junge seinen Hund erschossen und begraben hatte, und ging den Weg zum Wasserfall runter, dem Rauschen nach. Und während er näher kam, wurde das Brummen immer leiser und das Rauschen immer lauter; bald war das Brummen im Rauschen verschwunden.

Auf der einen Seite kam das Wasser an, floss wie schimmerndes langes Haar durch die dreigeteilte Öffnung unterm Brückenbogen, fiel über die Kante und kriegte Fahrt und lange Strähnen, schoss das Gefälle wild runter und prallte gegen die aufgetürmten Findlinge. Millionen Tropfen sprühten. So riecht ein Wasserfall. Gustav konnte sich nicht sattriechen, satthören, sattsehen an diesem Wasser. Anne hatte gesagt: Dass du mir nicht bis zum Wasserfall gehst.

Das stimmt, Oma, hatte er geantwortet, weil er nicht zugehört hatte. Er stand wohl über eine Stunde auf einem Findling im Wasserfallregen, von Wasser umtost. Erst war er viel in Gedanken an Wasser und Steine, dann hatte er doch auf einmal Angst. Er schrie. Jemand war plötzlich da und streckte ihm die Hand hin.

Wie heißt du, und wo wohnst du.

Ich heiß Gustav und wohn im Hebammenhaus.

Ach, jetzt weiß ich. Ich bin Gret.

So lernten Gret und Gustav sich kennen. Sie gingen gleich Hand in Hand. Gustav hatte nasse Füße, nasse Sachen, nasse Haare. Gret kam gerade aus Wien zurück. Oberarzt Fritz Magant hatte ihr zum Abschied eine Zeichnung geschenkt: Intérieur meines Zimmers, Oktober 1916, im Felde. Das Bild hatte sie im Koffer, es lag geschützt in einem Block Briefpapier.

Ich werde den Tag meiner Heimkehr nie vergessen, es war so ein schöner Märzabend. Ich musste den Koffer ganz von Solsbüll schleppen. Es war Vollmond, und der war so komisch am Himmel. Eine Drossel sang, als ich an der Mühle vorbeikam. Der Wasserfall fiel mir gar nicht so auf, weil es da ja schon immer so gerauscht hat. Da hab ich dein Schreien gehört.

In diesen Zeiten gilt es, besser zu gehorchen, lieber zu entbehren und freudiger zu opfern, schrieb SA-Steiger in einem seiner letzten Heimatbriefe, Solsbüller Söhne draußen im Feld. Da er sich in seinem unermüdlichen Pflichtbewusstsein inzwischen ein Magengeschwür geholt hatte, stellte Eva ihm jeden Morgen zu Dienstbeginn eine Tasse Kamillentee auf den Schreibtisch. Er hatte mehr Krähenfüße und eine lange senkrechte Falte unterm rechten Auge bekommen. Am 30. April 45 hatte der Solsbüller Männerchor im Solsbüller Hof Übungsabend und sang, dünn besetzt, alte Weisen. Beim anschließenden Umtrunk ging die Frage um: Wer kommt, die Russen oder die Engländer.

Die ersten Maitage waren warme Sonnentage, Tage der Freude und des Schmerzes, denn unsere Entlastungsangriffe hatten nichts genützt. Während drei alte SPD-Genossen das am 1. Mai 1933 in einem Haus in der Alten Bachstraße eingemauerte Parteiarchiv und die Fahne am 1. Mai 1945 wieder ausmauerten, ließ Steiger Brennbares verbrennen und nicht Brennbares ins Solsbüller Moor werfen, wo schon unsere Altvordern geopfert hatten. Er ließ Volkssturmjungen Strom- und Wasserleitungen reparieren, befahl ihnen auf dem Marktplatz Panzerfaust-Wurfübungen. Höherstehende Herren auf der Durchreise nach Flensburg beobachteten das beifällig. Das Reich hatte die Gehälter für Juni, Juli gezahlt, und die Hausfrauen durften für einige Wochen im Voraus einkaufen. So sorgt er für uns, der Führer, der leider schon gefallen war. Man wird doch wohl Tränen vergießen dürfen zu Musik aus Wagner-Opern. Großadmiral Dönitz, Träger des Goldenen Parteiabzeichens, versprach, von Flensburg aus im Sinne des Führers für die ganze Welt weiterzukämpfen. Es herrschte Furcht vor dem russischen Untermenschen. In dieser Katastrophenstimmung wurden viele eheliche und uneheliche Kinder gezeugt.

Mittwoch, der 2. Mai, war noch nicht zu Ende. Steiger bekam zu später Stunde einen Kamillentee, schob ihn aber weg. Den ganzen Tag hatte er schon so ein komisches Gefühl gehabt: Alles wird anders. Aber wie. Gegen 22 Uhr rief der Dorfpolizist und Parteigenosse Pankuweit aus Solsbüll-Mühle an: Hier ist irgendwas im Busch. Noch diese Nacht. Keine weiteren Auskünfte am Telefon. Du musst sofort kommen. Steiger schnallte seine Siebenfünfundsechziger um und schickte Eva nach Hause.

Die beiden Pankuweits und Hanne Detleffsen brannten in der Waschküche Schnaps, als Steiger seinen Kopf durch die Tür steckte.

Was ist denn los.

Pankuweit meldete: Sie sind alle bei den ausgebombten Pingels, in Siemsens Haus.

Was heißt *sie*.

Frau Pingel hatte am Abend beim Eierholen die Pankuweit durchs Küchenfenster wissen lassen: Heute gibt's was, heute Nacht werden alle Nazis in die Luft gejagt. Die Pankuweit war losgeradelt, um ihren Oswald zu suchen, der auf Streife war. Um halb zehn hatte sie es aufgegeben. Als sie nach Hause kam, war er längst da, beim Schnapsbrennen mit Detleffsen.

Auf, sagte Steiger, keine Zeit verlieren.

Sie gingen zu dritt die paar hundert Meter bis zu den Pingels. Dort saßen sie in 2.-Mai-Stimmung bei Kaffee, Brötchen und Schnaps: Pingels, Käthe Siemsen mit Kind, Anne Hasse, die Brötchen besorgt hatte, und zwei Kriegsgefangene aus Steigers Lager, der Pole Marian Fraczek und der Russe Michail Malinowskij.

Als Steiger und seine Helfer plötzlich wie bei einem Einbruch im Wohnzimmer standen, sagte Pingel zu seiner Frau: Nun haben wir den Salat, Gerda, das kann uns den Kopf kosten, du und dein loses Maul.

Anne sah Detleffsen und schaltete sofort. Sie machte sich, während Steiger mit seiner Fragerei anfing, klein, drückte die Tür zur Lohdiele mit dem Hintern auf, dann schnell über den Misthaufen ab nach Hause. Gret war nicht da, sie hatte Dienst im Solsbüller Krankenhaus. Anne vertat keine Sekunde, wickelte den schlafenden Gustav in eine Wolldecke. Mit letzter Kraft bekam sie das Motorrad vom Ständer, dann den Motor antreten und Gustav vor sich auf den Tank. So knatterte sie nach Affegünt, wo sie Harry C. Goldschmidt wach trommelte. Immer hereinspaziert, sagte er, für die Hebamme haben wir immer Platz. Da krochen Anne und Gustav unter.

Die Wohnungsdurchsuchung bei den Pingels ergab 3,8 Kilogramm Sprengstoff, 1 Gewehr, 1 Leuchtpistole und 1 Abzugsleine. Steiger ließ Pankuweit zwei Gefreite und den Opel Blitz aus Solsbüll herbefehlen.

Detleffsen, du verfolgst die Hebamme.

Detleffsen griff sich Käthe Siemsens Fahrrad und verfolgte Anne, aber er tat es nicht, er tat nur so.

Käthe Siemsen beteuerte ihre Unschuld, indem sie Sohn Hans an sich drückte und sagte: Glaubt ihr, ich will mich auch noch ans Messer liefern, nachdem ihr mir schon meinen Mann genommen habt.

Kein Beweis, aber Steiger fuhr es wie ein Beweis in die Knochen.

Als der Opel Blitz mit den beiden Gefreiten vorfuhr, meldete sich Pankuweit ab, denn die Schnapsbrennerei muss ja irgendwie weitergehen.

Aufsitzen, befahl Steiger. Die Gefreiten bewachten die Pingels, den Polen und den Russen hinten auf der Pritsche mit entsicherten Gewehren. Steiger setzte sich neben den Fahrer und sagte: Los.

Kurz hinterm Wasserfall ließ er den Fahrer anhalten. Er stieg aus und hörte das Frühjahrswasser runterrauschen. Eine günstige Kulisse. Zur Linken brusthohes Gebüsch, die beiden bewaldeten Höhen über den Ufern der Kummerbyer Au. Der Fahrer saß mit den Händen am Steuer fest. Während die beiden Gefreiten, 18 und 19, Herrn Pingel (Kopfschuss) und Frau Pingel (Genickschuss ins Nackenmark) totschossen, erledigte Steiger den Polen und den Russen (Kopfschuss wie Pingel). Die Leichen ließ Steiger von der Straße schleifen und ins Gebüsch packen. Die Gefreiten streuten noch Sand über die Blutlachen, damit es nicht so auffiel.

Die restlichen fünf Kilometer nach Solsbüll verwertete Steiger im Sinne der Fürsorge für die jungen Gefreiten. Wie hätte das Ganze auf andere Weise ablaufen können. Also hatte er durchs Rückfenster die Gefangenen an der Kehle der Gefreiten gesehen, worauf der Haltebefehl notwendig wurde, um die Gefangenen auf der Flucht zu erschießen. Alle seien auf der Stelle tot gewesen. So meldete er das dann nach Flensburg.

———

Es kommen Stimmen aus dem Wörthersee bei Klagenfurt und Stimmen aus der Kummerbyer Au, Stimmen aus dem Schilf und aus dem Gebüsch. Nie vergehende Stimmen kommen aus den Findlingen am Wasserfall. Stimmen fallen von den Karawanken. Asche fällt vom Himmel in den Wörthersee und in den Solsbüller Wasserfall. Es ertönen Stimmen über der Asche, es ertönen Stimmen aus der Asche.

STIMME ÜBER DER ASCHE, KLEINTIER-HALTER Dass die umgebracht werden, ist selbstverständlich, denn jetzt ist die Zeit, da die Soldaten Betten brauchen. Es dauert nur zwanzig Sekunden ohne Kampf.

STIMME ÜBER DER ASCHE, ANSTALTSGEISTLICHER, MÜNZENSAMMLER Heil Hitler.

STIMME ÜBER DER ASCHE, PFLEGERIN IN WEISS Grüß Gott, Herr Oberpfarrer.

STIMME ÜBER DER ASCHE, DERSELBE ANSTALTSGEISTLICHE Heil Hitler, Schwester.

STIMME ÜBER DER ASCHE, LESERATTE Also, wenn heute Dinge angepackt werden müssen, weil wir das ewige Leben unseres Volkes erringen wollen, Dinge, wovor Frauen schaudern müssen, dann müssen sie so angepackt werden, dass sie verborgen bleiben.

STIMME ÜBER DER ASCHE, EVANGELISCHER GEISTLICHER, LAIENSÄNGER Ich bin bereit, menschliches Treibholz dem Flusse Eden preiszugeben.

STIMME ÜBER DER ASCHE, KATHOLISCHER GEISTLICHER, BRIEFMARKENSAMMLER Heute lehnt ein Großteil der Theologen die Tötung von Geisteskranken ab.

STIMME ÜBER DER ASCHE, AUTONARR Meine Herren, hier leben Wesen, die sich einer Bestimmung zu beugen haben, die unsere Menschheit von ihnen befreit. Sie leben ja schon nicht mehr, nur das Fleisch und Blut bewegt sich in ihnen, wertlos für sie selbst und für die Menschheit. Im Übrigen: Wir gehen in ein neues Deutschland mit Gottes Segen, aber ohne die Gebete von euch Pfaffen.

STIMME ÜBER DER ASCHE, EVANGELISCHER GEISTLICHER,

TISCHTENNISSPIELER Gott segne Ihr Wirken für Führer und Reich.

STIMME AUS DER ASCHE, EINER MIT TAUSEND WÜNSCHEN Wir wollen bei Ihnen bleiben.

STIMME ÜBER DER ASCHE, KATHOLISCHER GEISTLICHER, BERGSTEIGER Wehe dem Menschen, wehe unserem deutschen Volk, wenn das heilige Gottesgebot Du sollst nicht töten, das der Herr unter Donner und Blitz auf dem Sinai verkündet und in das Gewissen der Menschen geschrieben hat, nicht nur übertreten wird, sondern wenn diese Übertretung sogar geduldet und ungestraft ausgeübt wird.

STIMME ÜBER DER ASCHE, EVANGELISCHER GEISTLICHER, ERZIEHER Man denke sich hinein in die Seelenverfassung eines Kranken, der aus allerlei Anzeichen den Schluss zieht, dass etwas mit ihm geschehen soll. Sie verstehen. Soeben hat der Führer zum Gebet für die kämpfenden Truppen und zum demütigen Dank für den herrlichen Sieg über Frankreich aufgefordert. Dürfen wir diesem Gott nicht auch das Leben unserer leidenden Volksgenossen anempfehlen, und ist es nicht sein Wille, dass wir, solange er sie am Leben lässt, uns ihrer annehmen. Dixi et salvavi animam meam.

STIMME ÜBER DER ASCHE, MODELLEISENBAHNER Ihr macht jetzt eine schöne Reise und kommt alle mit einem schönen Zug wieder her.

STIMME AUS DER ASCHE, UNNÜTZER ESSER Warum müssen wir Zug fahren und dürfen nichts essen, Herr Doktor.

STIMME ÜBER DER ASCHE, SCHREBERGÄRTNER Wenn man den Mut hat, so was anzuordnen, muss man auch den Mut haben, so was selbst zu tun. Also, auf nach Ewigheim, ihr Lieben.

STIMME AUS DER ASCHE, KANN NICHT VIEL, LEISTET WE-
NIG Wie spät ist es.

STIMME ÜBER DER ASCHE, UHRMACHER Wo du hin-
kommst, brauchst du keine Uhr mehr.

STIMME AUS DER ASCHE, DIE SONST IMMER HEIL MOSKAU
RUFT So, sucht ihr wieder neue Opfer, ihr Massenmörder.

STIMME AUS DER ASCHE, SCHWER IN DEN GRIFF ZU KRIE-
GENDER ZAPPELPHILIPP Passen Sie auf, Herr Kollege,
Sie gehen gleich den Kamin hoch.

STIMME ÜBER DER ASCHE, CHEFSEKRETÄRIN Du Schwein
wirst mich die längste Zeit geschlagen haben, du be-
kommst eine Spritze, und dann bist du hin.

STIMME AUS DER ASCHE, UNBELIEBTE, ABER INTERESSAN-
TE IRRE Unser Blut schreit nach Rache.

STIMME ÜBER DER ASCHE, KAMMERMUSIKER Weiberchen,
schnell, schnell – das Badewasser wird kalt.

STIMME AUS DER ASCHE, SINGENDES DUMMERCHEN Wenn
ich ein Vöglein wär.

STIMME ÜBER DER ASCHE, RHÖNRAD-ATHLET So ein Kind,
schade um sie – weg mit ihr.

STIMME AUS DER ASCHE, LIEBENSWÜRDIGER HOMOSEXU-
ELLER Ich bitte darum, in Rauch aufgelöst zu werden.

STIMME ÜBER DER ASCHE, NIEDERWILDJÄGER Das können Sie haben. Bei der prächtigen Räucherung mit Men-
schenfett wird es im Herbst herrliche Walnüsse geben.

STIMME ÜBER DER ASCHE, KAVALIER Gemessen an Stalingrad ist das doch kein Sterben. Ich bitte Sie.

STIMME AUS DER ASCHE, EROTISCHER MINUSKAVALIER
Unsere Liebe wird lebendig begraben.

STIMME ÜBER DER ASCHE, ROSENZÜCHTERIN, VEGETA-
RIERIN Bei dem guten Dünger werden die Gemüsebau-
ern ihre helle Freude haben.

STIMME ÜBER DER ASCHE, KIND MIT KÄTHE-KRUSE-PUPPE Da kommt wieder die Mordkiste. Die kommen alle in den Backofen.

STIMME ÜBER DER ASCHE, ELTERNTEIL, PARTEIMITGLIED Der Führer war ein guter Mensch, und hinter seinem Rücken hat man die schauerlichsten Sachen verbrochen.

STIMME ÜBER DER ASCHE, KLEINTIERHALTER Ich vertrete den Standpunkt, dass für Männer, die vor 1945 an leitender Stelle gewirkt haben, allergrößte Zurückhaltung oberstes Gebot ist.

Dann fallen Schüsse. Dann fallen Kinder. Dann fallen wieder Schüsse. Die Kinder rühren sich nicht. Sie weinen nicht mehr. Viele Kinder fallen immer wieder auf die Straße. Sie werden nicht aufgesammelt. Sie fallen aus den Häusern und fallen übereinander. Die Kinder kommen in ein großes Kindergrab. Die Schüsse treffen nur die oberen Kinder. Ein Kind fällt auf ein Kind. Der Himmel ist voller Schüsse. Die Sonne scheint nicht mehr. Das Moor ist rot. Die Au ist rot. Der Wasserfall ist rot. Der Wörthersee ist rot. Warm und rot wie Blut liegt der Schnee von gestern. Es ist Blut von dem Haufen toter Kinder. Immer mehr, immerzu fallen Kinder. Der Kindertotenberg wächst über die Dächer. Die toten Kinder rutschen von den Dachgiebeln in die Gärten. Jetzt ist wieder mehr Platz. Noch sind genügend Schüsse da. Noch immer fallen Kinder. Die Städte sind mit Kindern bedeckt. Das Kinderblut fließt in die Ozeane. Das Meer ist rot. Der Strand ist rot. Die Erde gehört den Schießenden. Das Blut gehört den Kindern. Die Kinder werden in der Erde vergraben. Die Erde ist voll toter Kinder.

Also ist Edison wiedergekommen

Am Abend nach meinem ersten Soloflug im Starfighter, Luke Air Force Base, am 2. November 1965 – daran erinnere ich mich noch oft –, saß ich zusammen mit Rivert Edison in seinem Junggesellenbungalow, 1514 West Rovey Avenue, Phoenix / Arizona. Bei Gin und Tonic erzählte ich ihm von meinem Flugerlebnis. Vor Lehrgangsbeginn hatte ich an ihn geschrieben, denn von Luke zu ihm nach Phoenix ist es nur eine Stunde mit dem Auto. Die Adresse des wildfremden Mannes war hinten auf eine Fotografie gestempelt, die meine Großmutter mehrere Monate nach Kriegsende aus Amerika geschickt bekommen hatte: das Hebammenhaus, davor englische Panzer, die Linden noch kahl, oben im Haus ein Dachfenster offen, ein Kindergesicht darin – ich. Neben dem Stempel, handschriftlich: Eine freundliche Erinnerung an den 4. Mai 1945. Edison hatte mich auf meinen Brief hin, fast zwanzig Jahre später, eingeladen, und wir hatten uns etwas angefreundet, sprachen übrigens deutsch miteinander, auch den beruflichen Tipp hat er mir auf Deutsch gesagt: Geh zu den Aufklärern, das Fotografiergeschäft wird dich begeistern.

Und er erzählte mir noch mehr. Ein über und über mit Lindenblüten überblühter Lindenbaum, damit beginne alles, auch jetzt beginne es immer noch so. Mit dem Lindenblütenduft fange alles an, mit den feinen hellgelben Häuten der Lindenblüten. Eine Schaukel hänge da am untersten Lindenast, eine junge Frau sitze auf der Schaukel. Er habe damals versteckt hinter einem Holzstoß gestanden und ihr zugeschaut, wie sie mit geschlossenen Augen geschaukelt habe, in einem lila Kleid mit langen Ärmeln, die Beine über-einandergeschlagen. Das sei am Abend vor der Abreise gewesen. Oder, warte mal, es muss natürlich vorher gewesen sein. Jedenfalls habe er einen Gang für seinen Vater machen müssen. Nimm den Hund mit, habe der Vater gesagt. Ob er überhaupt den Hund dabeigehabt habe, das frage er sich nun allerdings. Plötzlich habe sie zu schaukeln aufgehört, wohl weil sie ihn bemerkt habe, und habe eine Hand vor die Stirn gehalten. Nie gesehen, aber sofort wiedererkannt, so sei es ihm durch den Kopf gegangen, erinnere er sich. Ich bin ganz durcheinander, habe sie gesagt, fahr mit mir bis ans Ende der Welt. Er habe das für möglich gehalten, ja, für völlig normal. Wie heißt du, habe er rübergerufen. Sie habe leise zurückgerufen: Eva. Sie sei von der Schaukel gestiegen und ihm entgegengekommen. Er habe ihren Namen gesagt, aber dann sei er gegangen, weil es habe sein müssen.

Diese Begegnung mit ihr sei die erste gewesen; sie hätten sich dann mehrmals getroffen, zum letzten Mal in der Nacht vor der Abreise. Er habe sie aus dem Trubel des Solsbüller Marktes geholt, da hätten sich verschiedene Nazi-Gruppen gestritten, und er und sie hätten die Gunst der Stunde genutzt. Dass sie für einander bestimmt gewesen seien, das sei von Anfang an klar gewesen. Am nächsten Tag habe seine Familie Solsbüll verlassen. In Hamburg habe schon das Schiff gelegen, das sie nach Amerika bringen sollte. Noch im Zug, kurz vor Neumünster, habe er zu toben angefangen. Sein Vater habe ihn mit Gewalt festhalten müssen und ihn angeschrien: Die bringen uns alle um. Nun zittere er seit dreißig Jahren, sooft er daran denke.

Bei der von Rivert Edison beschriebenen jungen Frau handelt es sich nach den mir vorliegenden Dokumenten und den daraus zu folgernden Tatsachen um die Geliebte von SA-Steiger (Wildschwein-Steiger), Rechtsanwalt, Bürgermeister und später auch Kreisleiter in Solsbüll. In Steigers Kalender steht unterm 15. Juni 1935: Eva A. auf der Schaukel unter der Linde von jungem Saujuden begafft.

Am 3. Mai 1945, einen Tag bevor Solsbüll kampflos an die Engländer übergeben wurde, notierte Steiger als seinen letzten Willen in den Kalender: Der militärische Gruß durch Anlegen der Hand an die Kopfbedeckung beziehungsweise an den Kopf anstelle des am 20. Juli 1944 eingeführten deutschen Grußes ab sofort befohlen. Die Partei hatte inzwischen Abzeichen vergraben und Akten verbrannt. Solsbüll war überfüllt mit Verwundeten und mit russischen und polnischen Kriegsgefangenen. Ab und zu heulte der Sirenenwagen zur Tieffliegerwarnung durch die Straßen. Nach dem Eintrag über die neuen Grußregularien veranlasste Steiger das Nötige zur kampflosen Übergabe der Stadt. Ein Sanitätskraftwagen mit weißer Fahne sollte den Engländern entgegenfahren. Die kamen aber nicht von Süden, sondern von Westen, von Solsbüll-Mühle, vielleicht wegen der ausgehobenen Panzergräben und der darin befindlichen Panzerfäuste in Pleistrup, vielleicht weil sie sich verfahren hatten. An der Brücke über die Solsbüller Au, einen Kilometer vor Wassermühle und Wasserfall, trafen die Parlamentäre auf zwei Panzerspähwagen und einen Kradmelder der Engländer. Edison fotografierte die Begegnung.

Steiger, rund um die Uhr an der Heimatfront tätig gewesen, zu seinem Kummer untauglich für die Front draußen, zog mit einem komischen Gefühl in der Magengrube und Durst auf Kamillentee Bilanz. Ich habe stets meinen Mann gestanden und an die Sache geglaubt. Nun aber glaubte er nicht mehr an die Sache, die Sache war beim Teufel. Eine kurze große Zeit war es gewesen. Kurze Zeit war er selbst groß gewesen. Die Zeit, die Sache, die Größe – dahin. Da war ihm das ganze Leben nichts mehr wert, auch das Leben nicht, das Eva hieß. Wenn die Engländer da sind, bammeln sie mich auf, so seine Überlegung. Er zog einen langen Strich durch die kommenden Wochen und Monate und flüsterte in seinen Kalender: Du bist ein toter Mann. Aber vor Gott und den Menschen sage ich noch einmal, ich habe nur meine Pflicht getan.

Da kam Eva. Er hatte sie einbestellt und den Raum für ihr letztes Beisammensein hergerichtet. Ich weiß Bescheid, du weißt Bescheid, sagte er und gab ihr die Ampullen zum Draufbeißen und Sterben. Eva war schön wie immer, obwohl ihre Zähne in den letzten Jahren ein wenig länger geworden waren. Sie ist nur etwas dumm, hatte Steiger oft gedacht, und er hatte es auch zwinkernd oder abseits oder hinter vorgehaltener Hand gesagt, wenn er sie an Parteigenossen auslieh, was er aber in Wahrheit nie tat.

Steiger holte tief Atem und sagte: Setz dich. Er zog die Rollos vor die Fenster, knipste das Licht aus und ließ den Schmalfilmprojektor laufen. Noch einmal zogen die Stationen und Begebenheiten der letzten Jahre vorbei, von Steiger im Namen der Geschichte festgehalten. Seine Chronik begann mit hundert Jahren Eisenbahn in Nürnberg. Steiger allein vor dem Adler, Steiger vor dem Fliegenden Hamburger. Im zweiten Streifen kam dann Eva mit kurzen Schritten ins Bild. Steiger schwärmte für kurze Schritte und enge Röcke. Chinesische und japanische Frauen begeisterten ihn, die traten mit ihren künstlich verkrüppelten Füßen besonders kurz. Der Projektor ratterte, die Bilder flackerten, Steiger und Eva schwiegen, dort auf der Leinwand und hier auf den Lederpolstern in seinem Büro. Sie schwiegen auch bei der Szene, die Steiger sich für Eva und sich selbst ausgedacht und mit Regieanweisungen für seinen Schmalfilm-Freund Diercks versehen hatte: Eva kommt an ihm, dem von ihr erschossenen Geliebten, vorbeigetrippelt und trippelt aus dem Bild. Dergleichen hatte Eva öfters für ihn tun müssen, und Steiger hatte sich daran mit geschlossenen Augen ergötzt, wenn er laut Drehbuch tot dalag und sie an ihm vorbeitrippelte. Einmal stellte er einen dar, der sich ihretwegen den Hals durchgeschnitten hatte. Und Eva hatte mitgespielt aus Mitleid, Dankbarkeit oder sonst was, denn wenn er aus seinem Tod erwachte, fiel sie ihm um den Hals und drückte sich an seinen Uniformstoff: Ich liebe dich.

Mit Verlaub, ein Tier, so protzte er in Männerrunden. Nimm die Pfoten weg, sagte er zu Eva, schob sie mit sanfter Gewalt von sich und strich mit der flachen Hand an den silbernen Uniformknöpfen längs.

Aber das mit dem Tier im Menschen verfängt nicht bei mir. Es gibt kein Tier in uns, was auch Rivert Edison am Kamin bestätigte, der ebendies sogar anno 45 angesichts der starr zu Boden blickenden Menschen links und rechts der Straße, die er durch einen Spiegel im Panzerspähwagen fotografierte, immerzu tapfer vor sich hin gemurmelt hatte: There is no animal in us.

Steiger in Uniform mit Kopfschuss am Schreibtisch im Rathaus. Eva blass und bläulich auf dem Ledersofa daneben. Die Morgensonne des 4. Mai 1945 schien nicht durchs Fenster auf die Toten, als Edison, mit Fotoausrüstung und Schreibblock, hinter seinem Kommandoführer das Rathaus betrat. Edison sah Eva, erkannte ihr schlafendes Gesicht. Edison wusste kein schöneres, obwohl es schon in die Jahre gekommen war. Er hob sie auf wie ein Bruder, und sie fürchtete sich nicht. Er spürte ihren knochigen Körper, die Rippen, die Ellbogen, die

Knie. Ich bin ganz durcheinander, fahr mit mir bis ans Ende der Welt. Sie träumte den Traum von der Linde weiter und legte ihren Kopf an sein Schlüsselbein. Ihr Schädel war hart, Edison strich über ihr dünn gewordenes Haar.

Steigers Büro hatte sich inzwischen mit den neuen Honoratioren gefüllt, Edison verschaffte sich Platz und schritt, Eva im Arm, die Rathaustreppe hinab. Er hob sie ins bereitstehende Auto, sie rutschte auf dem Nebensitz ein bisschen vor und lehnte ihren Kopf weit zurück. Edison wünschte sich mit ihr nach Paris, London, Dresden oder sonst wohin, weil sie so gern Auto fuhr. Und jetzt kann ich dich endlich richtig anreden, Einzig- und Ewiggeliebte, das dachte er, und er brachte es auch über die Lippen. Möglich, dass er es auch nur erfunden hat. Er schämte sich aber nicht, mit ausgesprochenen Worten Evas zu gedenken: Haar, Kopf, liebliches Fleisch.

Dies hatte sich Eva immer gewünscht: der Liebe und Gerechtigkeit ausgeliefert zu sein, in einen Menschen hineinzuwachsen und nicht von ihm herangezogen und wieder fortgeschoben zu werden. Ihr Körper bewegte sich ein wenig, als Edison übers Kopfsteinpflaster fuhr und in die Quellenstraße einbog, die zur Linde führte, diese Linde stand schon in ersten Blättern. Edison, als er die Heilige Quelle neben der Linde entdeckte, murmelte: Gerettet. Er hielt an, nahm den Klappspaten, grub das Grab. Er küsste ihre Stirn, weil er den Mund nicht zu küssen wagte. Ob sie ihn nahe wusste, ihm sogar zuschaute, sei dahingestellt. Sicher ist: Sie hatte in schönster Hoffnung auf die Giftampulle gebissen, als sie Steiger den Briefumschlag mit der Erklärung zur kampflosen Übergabe der Stadt zukleben sah. Wie konnte ich ihn nur lieben. Dieses Leben.

Schatzlied

Ich hab einen Schatz,
einen tief vergrabenen,
an einem Platz,
einem fast vergessenen.

An einem Tag,
einem lang gewesenen
such ich den Schatz,
den tief vergrabenen.

Hab ich den Platz,
den lang gemiedenen,
heb ich den Schatz,
den tief vergrabenen.

Hab ich den Schatz,
den ausgegrabenen,
sag ich den Satz,
den streng verbotenen.

Leg meinen Schatz,
den schnell begrabenen,
an seinen Platz,
den schon vergessenen.

Seien wir doch mal ehrlich

Erst vor zwölf Tagen war Meggersee bei Gret im Hebammenhaus gewesen. Jetzt absolvierte er hier den fälligen Weihnachtsbesuch, Heiligabend 1945.

Seien wir doch mal ehrlich, so fing er an, kurz nachdem er im zitronengelb bezogenen Sessel am Kaffeetisch in der Besten Stube Platz genommen hatte. Er spreizte alle zehn Finger vor sich auf der Marmorplatte und besah sie. Er war wieder nach Solsbüll-Mühle gekommen, um Anne, Gret und dem vierjährigen Gustav fröhliche Weihnachten zu wünschen. Außerdem sollte Anne einen Aderlass haben. Und drittens wollte er die kleine Verstimmung wieder in Ordnung bringen, die entstanden war, als er Gret von Paris und der schönen Yvonne erzählt hatte, von der Gret nichts hatte wissen wollen.

Seien wir doch mal ehrlich. Mit diesem Satz hob Meggersee auch anderswo an. Er hatte im Laufe seines bald fünfzigjährigen Lebens ein besonderes Feingefühl für Geschichte entwickelt. Seien wir doch mal ehrlich. Mit diesem Satz traf er stets die Nervenpunkte im Mark seiner Zuhörer. Mal ehrlich sein, das wollten alle.

Meggersee hatte wie alle anderen die Geschichte von Steigers und Evas Selbstmord vernommen, auch die Geschichte von einem Edison, der angeblich zurückgekehrt sein sollte. Wenn mir da einer kommt, sagte er, blickte von seinen Fingern auf und sah Gret an, wenn mir da einer kommt und alles ganz genau weiß. Die Bürsten- und Pinselfabrik hat es natürlich gegeben, und die Vorbesitzer hießen Erichsen. Und als Erichsens auswanderten, ist die Fabrik verkauft worden, völlig legal, ich kenne sogar den Kaufpreis. Die Rückkehr des Edison alias Erichsen ist doch wohl erfunden. Er zögerte. Na schön, er habe, als die Engländer Solsbüll überrollt hätten, des Guten genug zu tun gehabt und Patienten versorgen müssen. Vielleicht sei auch ein Korn Wahrheit an der Geschichte. Die Eva, die habe er gekannt, Steigers Sekretärin im Rathaus, sein Verhältnis mit ihr, das bleibe ja nicht aus. Es sei aber hinzugefügt, dass Steigers Ehefrau, längst unglücklich und lebensmüde, weniger und weniger geworden und schließlich gestorben sei. Meggersee hatte die deutsche und die Solsbüller Geschichte wieder einigermaßen fest im Griff.

Gret, als sie das, was sie vom Hörensagen kannte, noch einmal in die Ohren bekam, fasste sich mit den Fingern an die Halsbrosche und bekam rote Flecken im Gesicht. Da Meggersee schwieg, sagte sie: Nun ist alles vorbei, Herr Doktor. Nun nehmen Sie sich man von den guten Fettplätten, die hat unsere Mutter wieder so schön hingekriegt.

Drei Tage nach dem Einmarsch der Engländer war das Kummerbyer Hilfskrankenhaus aufgelöst worden. Gret war seit ihrer Rückkehr aus Wien dort im Dienst gewesen, Meggersee schon seit Oktober 1944, als Oberstabsarzt an der Heimatfront sozusagen. Dann war er wieder Arzt und Geburtshelfer in der Bismarckstraße gewesen, bis Herbst 1945, dann kam das Praxisverbot.

Anne hatte Mitte Mai einen Schlaganfall gehabt. Wenn nicht Marie Thamsen da gewesen wäre, hätte es schlimmer ausgehen können. Die wollte sich einen Rat für den fünften Schwangerschaftsmonat holen und sah Anne durch die offene Waschküchentür am Bottich zusammenbrechen. Aufs Sofa mit ihr, ein paar Knöpfe aufgemacht. Was hast du, Anne. Dann das Gebiss rausgenommen und Meggersee herbeitelefoniert. Der hatte in der Praxis alles stehen und liegen lassen, war sofort dagewesen. Wird schon wieder, liebe Frau Hasse. Anne hatte ihre Sprache bald wieder, aber die Hebammenarbeit musste sie aufgeben.

In diesen Wochen des Wirrwarrs war es bei Gret drunter und drüber gegangen: Anne versorgen, Anne als Hebamme vertreten, bei Schwangeren und Wöchnerinnen Besuche machen, den kleinen Gustav bei Kroghmanns in Obhut geben. Und dann waren die Flüchtlinge aus Ostpreußen gekommen, ein Bruder mit zwei Schwestern, Eberhard Odelmann mit Adelheid und Edeltraut. Seine Frau Agnes und die zehnjährige Tochter Traute waren vermisst. Wir hoffen Tag und Nacht, sagte Herr Odelmann.

Jetzt musste umgeräumt werden. Anne zog nach oben, wo Sohn Gustavs Reich gewesen war, sie hatte es, seit er gefallen war, nicht betreten. Odelmanns, die Flüchtlinge, bekamen unten das Zimmer mit der Chaiselongue, das Telefon musste da raus. Gret ließ es in den Flur neben den Gong legen. Als sie Gong und Telefon nebeneinander sah, fand sie das gar nicht so schlecht, denn schon fielen ihr alte Zeiten ein: Sie hatte zu einer Abendgesellschaft eingeladen, jeden Einzelnen per Telefon. Ein festlich gedeckter Tisch, mehrere Wurstsorten, Rote Grütze mit Schlagsahne zum Nachtisch. Auf jeden Fall auch Sekt, und Meggersee im Gespräch, ein aufmerksames Publikum um ihn herum. Er war doch auf seine Art ein bedeutender Mann. Gret nahm den filzbespannten Gong-Hammer und schlug ihn an, alles schwieg und horchte auf. Sie hörte sich selber sagen: Darf ich zu Tisch bitten. Unter solcher in die Stille gesprochenen Ansage sahen Garten, Haus und Menschen viel schöner aus. Sie dachte aber: So wird es nie mehr sein.

Jetzt saß Anne oben unterm Dach in einem Lehnstuhl am Fenster. Ach ja, seufzte sie, nachdem sie mit Weinen aufgehört und sich eine Asthma-Zigarette angesteckt hatte, die nichts half und bestialisch stank, ihr aber trotzdem guttat. Da war der Birnbaum, da war Thamsens Scheunendach, da waren die zwei Pappeln vor Siemsens Haus. Nicht *so* rum, sagte Anne, drehte den Stuhl nach der anderen Seite und setzte sich mit dem linken Ohr Richtung Fenster. Da war das rote Pfannendach von Kroghmanns, in deren Obhut Gustav sich befand. Drück ihn man nicht zu doll, Alwine, schimpfte Anne, und sag ihm nicht dauernd, bis du min lütten Söten. Aber Gustav ließ sich gerne hochnehmen und drücken, und Alwine nutzte das aus. Und Karl Kroghmann sagte: Wat bis du doch för'n düchtigen Butt.

Wo Anne die Zutaten für die Plätzchen herbekommen hatte, kriegte keiner zu wissen. Da lagen sie nun aber, die weißen und braunen, auf dem Kaffeetisch in einer Holzschale, die auf einem Strohuntersatz stand, den Anne geflochten hatte. Auch rot bemalte Weihnachtspuppen lagen in der Schale. Arme-Leute-Gebäck: Du kochst Mehl und Margarine, Zucker und Backpulver in Wasser, lässt den zähen Brei kalt werden und knetest ihn. Rosenwasser nicht vergessen. Dann stichst du Tannen, Wölfe und Großmütter aus und backst sie bei mittlerer Hitze. Und die malst du mit roter Farbe an. Meggersee mochte die Weihnachtspuppen nicht essen, lieber ansehen, er nahm nur von den braunen Kuchen, knabberte und krümelte und erzählte. Gret hörte zu.

Scheckernde Drosseln flogen durchs Gebüsch und ums Hebammenhaus herum. Ein Meisenpaar im Birnbaum, ein Rotkehlchen auf der Wäscheleine, eine Drossel frech aufgeplustert am Fenster der Besten Stube. Heiligabend 1945 war kein weiß verschneiter Tag. Es war über null, und es nieselte in einem schwachen Wind aus Südost. Schon war es nachmittags um vier, das letzte Tageslicht. Zu singen anfangen wäre schön gewesen, aber im ganzen Solsbüller Land wurde mit der Singstimme gespart. Thamsens Schweine quiekten, die Kühe muhten, und Lisa und Max, die beiden Pferde, wieherten aus dem Stall. Eine einzige menschliche Stimme war da, kein richtiges Singen, mehr ein Krächzen. Annes Stimme war da, kam wie vom Reibeisen von oben unterm Dach, Stille Nacht, heilige Nacht, ihr Kopf schief, das Haar frisch gekämmt, der Dutt frisch geknotet, 4711 frisch geträufelt.

Unten, im Flüchtlingszimmer, kochten die Odelmann-Schwestern Kartoffeln und sahen versunken ins brodelnde Kartoffelwasser, zogen den Kartoffelgeruch tief ein. Herr Odelmann schichtete Holz und Torf neben der Brennhexe, ein paar Tropfen tropften ihm von der Nase.

Meggersee schlug Gret einen Spaziergang vor. Irgendwie zieht es mich Weihnachten immer in die Kirche, sagte er. Pastor Möller, der in Frankreich Divisionspfarrer gewesen war, hatte ihn schon dort und nun auch in der Heimat wieder angesprochen. Ein eindrucksvoller deutscher Gottesmann. Mir macht das Wetter nichts aus, sagte Gret und ließ sich in den Mantel helfen. Sie ging noch die Treppe hoch und steckte den Kopf durch Annes Tür. Anne sah nicht auf, sie hob nur die Augenbrauen und sagte: Na.

Immer ist da eine Winternacht mit einem langen Schlaf und einem langen Traum, der sich mit Frieden meldet, der immer wieder Frieden sagt und sich so durch den langen Schlaf zieht. Wie spät ist es. Wie spät ist es unterm Birnbaum. Wie spät ist es unterm Himmel. Sag mir, wie spät es ist. Wer legt seinen Kopf in meinen Schoß. Wer ist des Todes wie ich. Wer gedenkt der Steinbrüche und Steine, die rollen und lärmen und endlich still liegen bleiben. Wer gedenkt des Himmels und des Birnbaums, die über uns sind. Wer gedenkt der Erde und der Birnbaumwurzeln, die unter uns sind.

Die Allee. Die Bäume nicht zu zählen. Regen fällt auf die Blätter links und rechts vom Weg. Die Baumkronen sitzen leer und nass auf den Stämmen. Die Sonne war nur kurz heute Mittag da. Zwei Gestalten ganz hinten, der humpelnde Meggersee und neben ihm Gret, die einen Fuß schön gerade vor den anderen setzt. Sie durchschreiten das Tor zum himmlischen Frieden, das heißt, sie betreten den Friedhof der Sankt-Ursula-Kirche zu Solsbüll-Mühle. In der Kirche hebt ein Lied von des Menschen Freude und Hoffnung an, das steigt über die Grabsteine, über die Friedhofshecke, über den Mühlenwald hinweg, weithin über alle Welt. Die größte Freude des Menschen ist die über sich selbst. Die größte Hoffnung des Menschen ist die auf sich selbst. Aber keiner verachte die Segnungen des lieben Gottes. Siehe, die Felder sollen gelb sein im Sommer und grau im Winter, und alles ist euer, so spricht der Herr. Er lässt manchmal mitten im Winter eine Rose entspringen.

Seien wir doch mal ehrlich. Das sagte Meggersee noch mal auf dem Friedhof, aber nun leise. Es hatte zu nieseln aufgehört. Er blies eine schöne runde Wolke in die Luft. Gret steckte in einem Soldatenmantel, den sie umgewendet und sich zurechtgenäht hatte, und hörte unter Wollmütze und Kapuze, was Meggersee sagte, während die Solsbüller Christen zur Kirchentür strebten. Ja, liebe Gret, wir haben Fehler gemacht, sprach er und seufzte ungewohnt. Wir alle. Vielleicht hätte man ja noch das Ruder rumwerfen können, wenn die Amerikaner mit uns gemeinsam gegen die Russen. Er hielt sich in diesem Hirngespinst noch eine Weile fest.

Der Mühlenwald stand schwarz. Gret schwieg. Sie suchte

nach einer Ausrede für den Fall, dass Pastor Möller vorbeikäme und sie mit in den Gottesdienst nehmen wollte.

Alle haben Fehler gemacht, wir natürlich auch, sagte Meggersee.

Das haben wir, sagte Gret.

Wollen Sie nicht mit in den Gottesdienst, fragte Meggersee.

Gret streifte mit der rechten Hand an der immergrünen Friedhofshecke entlang und sagte: Ich glaube zwar an Gott, aber.

Weiter kam sie nicht, denn Meggersee hatte schon den Faden aufgenommen und sagte: Also um ehrlich zu sein, mir geht es ähnlich, ich habe schon immer an Höheres geglaubt.

Mit Gret verhielt es sich so: Sie mochte Pastoren und Gotteshäuser. Den Herrn Pastor und die Frau Pastor mochte sie, sie mochte das Pastorat und den Pastoratsgarten und die Pastorenkinder, wovon es bei Möllers bereits zwei gab, Ulf und Alf, und noch zwei geben sollte, Ralf und Rolf. Das Gotteshaus – Gret sagte immer: Kirche – mochte sie auch, wegen der Backsteine, wegen der Holzschnitzereien an der Kanzel, wegen der Malereien an den Wänden, wegen der Logen, wo früher die adelige Herrschaft gesessen hatte, wegen der Grabplatten mit den alten Schriften und Zahlen.

Mit Christus am Kreuz hatte sie sich aber nie anfreunden können. Sein Gesicht war ihr unbehaglich. Dieses Gesicht, in dem alles aufgesammelte Elend an den Tag gebracht war. Dieses Gesicht, das alles gesammelte Elend nicht runterschluckte, sondern wieder ausspie. Ja, wenn der ihr Patient gewesen wäre. Den hätte sie gewaschen, gebettet, getröstet. Hatte sie das nicht bei seinen geringeren, seinen noch viel tiefer gefallenen Brüdern getan und bei seinen guten und bösen Schwestern und seinen winzigen neugeborenen Brüderchen und Schwesterchen; aber da musste sie schon wieder lächeln. Sie lächelte jedes Leben an, auch das nicht gut gelungene, lächelte ohne Ermächtigung, ohne Worte, auf eigene Faust.

Wem half es, wem nützte es. Sie wusste es nicht, sie dachte darüber nicht nach. Ich bin eine einfache Frau, sagte sie sich und richtete sich damit ihr schweigsames Heidenleben ein.

Gret legte ihren Kopf schief, damit Meggersee irgendwie an ihr vorbeikam mit seinem Reden. Deswegen blickte sie immer zu Boden statt in seine Augen, deswegen trommelte sie, wenn er bei ihnen am Tisch saß, immer mit den Fingern auf die Tischplatte. Jetzt war Meggersee auch noch fromm. Sie war es auch, nur anders. Nur ein kleiner Ruck, dann wäre alles besser gewesen, dann hätte sie ihm das Unsagbare sagen können: Ich habe solche Angst.

Pastor Möller im Talar wehte durch das Südtor. Die Glocken hatten angefangen zu läuten, Kirchendiener Hinrich Goldschmidt zog ein Stockwerk über der Orgel an den klammen Glockensträngen. Lehre und Mahne, so waren die beiden Glocken 1921 getauft worden. Es wurde höchste Zeit für diejenigen, die noch in die Kirche wollten. Pastor Möller sah Meggersee bei Gret, winkte ihm oder ihnen beiden. Ein letzter Glockenton, dann setzten wieder Orgelklänge ein, und Meggersee, der auch etwas von Musik verstand, sagte zu Gret:

Also hat Gott die Welt geliebt.

Wie schön, Herr Doktor, sagte sie und drehte den Kopf nach der anderen Seite, um hören zu können, ohne ihn ansehen zu müssen.

An dem noch unbelegten Grab, das Anne kurz nach Vater Gustavs Heldentod und lange vor Bruder Gustavs Heldentod und Kind Gustavs Normalgeburt erworben hatte, trennten sich nun ihre Wege. Meggersee humpelte dicht hinter Pastor Möller in die Kirche hinein.

Gret blieb stehen, stellte den Kopf wieder gerade, schloss den Mund noch fester. Sie hatte einen kleinen Sieg errungen. Ein neues Kapitel würde nun beginnen. Die Welt war wieder klein und gemütlich, es waren Grenzen da, die eigenen, es waren Tauben in der Luft, man konnte in Ruhe seine Sachen zählen. Gret zählte, während sie die Allee zurückging, die Gegenstände auf, die Meggersee ihr mit Erlaubnis der Engländer besorgt hatte: drei Betten mit beweglichem Kopfteil, drei Nachttische mit Glasplatte, sechsmal komplett Bettwäsche. Teller, Tassen, Messer, Gabel, Löffel, Teelöffel jeweils sechsmal. Scheren und Notlichter, zwölf Dutzend Windeln.

Dann zählte sie ihr eigenes Zeug, und plötzlich vermisste sie die graue Wollmütze, die Anne ihr gestrickt hatte, bevor sie nach Wien ging, vor sieben Jahren. Sieben Jahr sind um, niemand dreht sich um. Aber wo ist meine graue Wollmütze. Ihr kam das Findelied aus ihrer Kinderzeit in den Sinn.

Was ich verloren, musste ich suchen,
musste ich suchen, bis ich es fand.
Als ich gefunden, was ich verloren,
ging mir verloren, was ich gefunden,
suchte ich wieder, suchte ich wieder,
suchte ich wieder, bis ich es fand.

Währenddessen zog sie die Hand aus dem Fäustling und langte nach oben. Sie ertastete die graue Wollmütze auf ihrem Kopf. Noch war der gute Halbmond von Bethlehem nicht aufgegangen, sie würde aufbleiben bis Mitternacht. Dann würde er groß rauskommen, die Wollmütze beleuchten und Wolken und Nieselregen vertreiben.

Sie machte den Umweg über Kroghmanns, um Gustav abzuholen. Dafür brauchte sie so lange wie Meggersee für den Gottesdienst und den Weg zum Hebammenhaus zurück, weil Alwine ihr alles von Gustav erzählen musste. So kamen sie gleichzeitig bei Meggersees Auto an, Gret mit Gustav an der Hand von Kroghmanns, Meggersee aus der Kirche, auf ihre Weise geläutert, alle beide. Gret sagte nichts. Gustav war schon im Haus verschwunden.

Meggersee, als er die Autotür aufmachte, sagte: Das Leben geht weiter, aber times have changed, und wir wollen es doch schön haben. Diese paar Jahre, die nun Gott sei Dank hinter uns liegen, wollen wir zu den Akten legen.

Eine schöne Weihnacht Ihnen, Herr Doktor, und allen Ihren Leuten in Güldenholm, sagte Gret. Es war ein herzlicher Segen, sie konnte nicht anders.

Meggersee fummelte an seiner Gangschaltung, der Motor sprang an. Er fuhr ab, und sie ging ins Haus.

Gret roch den Geruch kochender Kartoffeln aus Odelmanns Zimmer. Sie klopfte an und fragte, ob sie reinkommen dürfe. Fröhliche Weihnachten, sagte sie.

Fröhliche Weihnachten, sagten die drei Odelmanns im Chor.

Das Radio, Annes alter Volksempfänger, sie selber mochte ihn nicht mehr haben, brachte Kirchenglocken aus Deutschlands kaputten Städten zu Gehör. Herr Odelmann in einem Pfeffer-und-Salz-Anzug aus dem Nachlass Bruder Gustavs und die beiden Schwestern mit Schürzen über den kläglichen Festtagskleidern saßen am Tisch, auf dem Tisch stand eine Schüssel Sauerfleisch. Gret sah in die Gesichter ihrer drei Flüchtlinge. Eberhard Odelmann in Bruder Gustavs Alter, Soldat bis zuletzt, Glück gehabt, davongekommen, Adelheid und Edeltraut beim Kartoffelpellen. Herr Odelmann stand auf und ging an die tüchtige Brennhexe. Von Frau und Tochter hatte er noch nichts gehört. Ihm liefen die Tränen, er biss sich auf die Lippen.

Hier hab ich was für Sie, sagte Gret und holte drei Eier aus ihrer Manteltasche. Die Eier hatte sie von Alwine Kroghmann, die hatte sie als Weihnachtsgruß für Anne gedacht. Etwas ist doch schrecklich verkehrt gelaufen: Meggersee und Kroghmanns und wir, alle hier zu Hause, als wäre nichts geschehen. Und die. So ein ähnlicher Gedanke könnte ihr durch den Kopf gegangen sein, als sie den Odelmanns auf Wiedersehn sagte.

Anne stand in der Küche am Herd, das Feuer prasselte, sie legte Torf nach, und das Feuer prasselte noch mehr. Etwas Brühwasser schwappte über, winzige Wasserkugeln sprangen über die heiße Herdplatte. Da kam Gret herein, und Anne sagte, mit den Augen im Topf: Da bist du ja. Gustav saß auf der Holzkiste mit einem Besenstiel über dem Rücken, beide Arme hinten um den Besenstiel herum. Du bleibst sitzen, sagte Anne, erst mal noch Haare schneiden. Dann ging es, schnipp, mit der Schere über den Augen längs, hinten ordentlich kurz mit der Handschneidemaschine, die schöne knackende Geräusche machte, aber ziepte.

Gustav quengelte: Aua, Oma.

Gret ging zu ihm, nahm den Küchenbesen, den das Kind leise hinter sich hatte abrollen lassen. Nun ist gut, sagte sie zu Anne und nahm Gustav auf den Arm. Komm, du armer Junge, es ist Weihnachten, der Krieg ist aus.

Anne sagte: Verwöhn den Jungen nicht so.

Dann war es so weit. Die Würstchen waren Extrawürste von der Schlachtersfrau, die bei der Geburt ihres einzigen Kindes Anne als Hebamme gehabt hatte. In der Besten Stube war der Tisch mit der schweren Damastdecke, mit dem

Goldrand-Geschirr und dem neunziger Tafelsilber gedeckt. Da stand ein Kristallglas, bis obenhin mit Senf gefüllt. Der Tannenbaum mit bunten Glaskugeln und Lametta wunderbar am Fenster zur Straße. Das schwarze Klavier blanker als sonst, ebenso der Rahmen um das Ölbild von der Hallig Gröde. Die Beste Stube roch nach Tanne und Möbelpolitur, als Gustav seinen Fuß über die Schwelle ins Weihnachtszimmer setzte. Die Kerzen brannten, die Kugeln schimmerten, von der Silberspitze glitzerte vieltausendmal silbernes Licht. Baldur, der Eisenofen, glühte am anderen Ende, Tannenzweige auf der Ofenplatte dufteten nach Fichtennadelbad.

Riecht doch alle mal, sagte Anne.

Danach sagte Gustav sein Gedicht auf: Denkt euch, ich habe das Christkind gesehen. Er kam nur bis Mützchen voll Schnee. Da wusste er entweder nicht weiter, oder er hatte sich an einem Rotkäppchenbild festgesehen, das unten am Baum lehnte. Rotkäppchen lief im Wald, und der Wolf lief hinter dem Rotkäppchen her, und dem Wolf hing eine rote Zunge aus dem Maul. Das Haus der Großmutter war winzig, an der winzigen Haustür stand ein Küchenbesen. Gustav zählte Rotkäppchens Sommersprossen, er fühlte sich mit der Hand übers Gesicht, aber er hatte keine. Er nahm das Bild, legte es neben seinen Teller, weil er es beim Essen noch ein wenig ansehen wollte. Dann kamen die Würstchen, und alle aßen.

Und jetzt spielst du uns ein Stück, sagte Anne und schickte Gustav ans Klavier.

Gustav stemmte den Klavierdeckel auf und drückte jeweils zwei weiße Tasten mit dem Daumen und Zeigefinger runter. Ihr Kinderlein kommet erklang verstimmt, aber erkennbar. Anne gefiel es, wie Gustav Klavier spielte. Ihre Tränen liefen zum hunderttausendsten Mal, und sie seufzte dazu wie jedes dieser vielen Male. Gret trommelte den Takt auf die Tischdecke, aber dann dachte sie an Meggersee und hörte zu trommeln auf.

Nach Gustavs dritter Wiederholung von Ihr Kinderlein kommet nahm Anne ihn auf den Schoß und drückte ihn an sich. Er kam mit dem Gesicht an ihr Mutterkreuz. Es war Annes einziger Orden, sie trug ihn heute zum ersten Mal, zu ihrem schwarzen Festkleid. Nach dem Heldentod ihres Sohnes Gustav hatte Kreisleiter Steiger es ihr durch Brase, den Bürgermeister von Solsbüll-Mühle, überbringen lassen, er selber konnte Anne nicht unter die Augen treten. Brase hatte es mit den Worten abgegeben: Eigentlich ist das Mutterkreuz ja erst bei vier Kindern fällig, Frau Hasse, aber Kriegerwitwe, drei Kinder, ein Sohn gefallen, das reicht auch.

Der strenge Winter 1946/47

Der strenge Winter 1946/47 verbreitete dunkle Tage und helle Nächte über Flüchtlinge und Einheimische. Hände vor den Augen, Schnee vor den Händen. Häuser und Straßen zugeschneit, zugeweht. Zwischen Mooswatt, Solsbüll-Mühle und Kummerby lagen Welten. Die Post kam nicht. Der Zug fuhr nicht. Nur Wind und Schnee überall. Die kleinen Solsbüller Wälder lagen wie weiße Paradekissen ringsumher. Strom- und Telefonmasten waren umgefallen, hingen saft- und kraftlos an den Leitungen. Kein Licht in den Kronleuchtern, keine Stimme im Telefon, keine Musik im Radio.

Jeden Morgen aufstehen, schnell anziehen, sehen, was los ist, den Schnee vom Fensterbrett wegstreichen, den Schnee aus dem Hausflur rausfegen.

Anne zog die Gardinen in der Besten Stube ganz zur Seite, aber die waren schon ganz zur Seite gezogen. Es gab nicht viel zu sehen. Nur graue Fensterscheiben, nur eine langsam höher wachsende weiße Schneewehe, die schon bis zur Fensterbank heranreichte. Sonst nichts. Es zog durch die Ritzen zwischen Fenster und Fensterrahmen. Die Fensterhaken waren eiskalt und mit Schneekristallen überzuckert. Das war hübsch und frisch, aber Anne vermisste den Betrieb auf der Straße. Keine Beerdigung in Sicht.

Gret legte in der Küche Wäsche und saß auf Abruf für eine Geburt in Atzbüll. Ob der Schlitten durchkam, das fragte sie sich.

Bei Bäcker Sprenger warf unten der semmelblonde Bäckerjunge Holz, Torf und Kohle in den Backofen, oben schob

Sprenger junior die Brote rein, und der kahlköpfige Sprenger senior saß auf einem Schemel am Backstubenfenster, Augen rechts am Ofenloch, die Augen links bei der Kundschaft, die hier vorbeistapfen musste.

Im Eichenhof brannte ebenfalls Feuer. Johann Boye war kurz vor Weihnachten aus russischer Kriegsgefangenschaft heimgekehrt. Seine erste Amtshandlung beim Betreten der Gaststube: Er nahm das Schild, Die deutsche Frau schminkt sich nicht, von der Wand.

Das hätte längst wegmüssen, sagte er zu seiner Frau.

Ich finde, da ist was Wahres dran, antwortete sie.

Nun war ein weißer Fleck an der Wand über dem Stammtisch, und Hanne Detleffsen kommentierte: Auch gut.

Die Kirche Sankt Ursula war ein einziger Eispalast, Eiskristalle bedeckten die Bänke und schwebten durch die Luft. Die große Tür war undicht, in manchen Fenstern fehlte der Kitt, sodass es unangenehm durch die heilige Halle zog. Oben auf dem Kirchturm saß der goldene Hahn und trotzte mit dem Schnabel nach Osten, von wo es blies, und protzte mit dem Schwanz nach Westen, wo Brases Maschinen, Loren und Torfhaufen einschneiten. Die Eichenbalken ächzten. Pastor Möller, dessen zangengeborener Sohn Ralf grässlich aus den Strampelhosen stank, legte ein gutes Wort für die Kirche ein: Lieber Gott, mach, dass sie nicht zusammenkracht.

Gefahr im Verzug war bei Kaufmann Spöri, dessen Essiggurken einzufrieren drohten, weil der Laden ohne Schornsteinloch und Ofen war. Aber Spöri hatte noch einen Wehrmachtskocher. Da kam eine halbe Flasche Spiritus rein, auf den Ladentisch damit, und die Kundschaft konnte sich die Hände wärmen.

Auch bei Anton Philippsen ging der Betrieb weiter. Nur

floss das Schweine- und Rinderblut nicht richtig ab, sondern es strömte in den Schnee und färbte den Schlachterhof rot.

Während bei Spöri und Philippsen also der Laden lief, machte Boni Buntmacher seinen Hökerladen zu, seine Frau Victoria drängte ihn: Es kommt ja sowieso keiner.

Von Buntmachers zu Thamsens (Victoria und Marie waren Schwestern) war der Weg beschwerlich, mancher versank bis zum Bauch im Schnee. Von Hasses zu Thamsens ging man nur ein paar Schritte. Gustav kannte den Weg blind. Er wollte rüber und Hans und Marie Thamsen beim Melken zuschauen, durfte aber nicht. Ob's stürmt oder schneit, jeden Morgen, jeden Abend saßen Thamsens an den Kühen und melkten mit der Hand. Die warme Milch rauschte in den Eimer, dass es schäumte, und die Kühe wiederkäuten dazu. Die Milch wurde in den Trichter gegossen, die Milch floss durch das Milchsieb in die Milchkanne, im Milchsieb blieb Milchschaum, den man sich mit dem Zeigefinger holen und naschen konnte. Schnell, denn schon nahm Hans Thamsen die Kanne und schleppte sie nach draußen neben seine Runkelrüben-Miete. Da in der Kälte hielt es die Milch ein paar Tage aus, dort wurde sie nicht sauer.

In Solsbüll-Mühle verhungerte keiner, keiner erfror. Im Hebammenhaus stand ein Räucherschrank mit Schinken, Mettwurst und Kartoffelwurst oben auf dem Boden, gleich über der Treppe. Den Schrank für das Geräucherte hatte der tüchtige Ostpreuße Leo Majunke, Erfinder der Solsbüller Brennhexe, auch Professor genannt, aus Altmetall zusammengebaut. Majunke war Tete Thorberg, Schmiedemeisterei und Hufe-Beschlagen in dritter Generation, ein Dorn im Auge. Der Räucherschrank gehört abgeschlossen, sagte Anne und verwahrte den Schlüssel in der Schürzentasche. Nicht wegen der Zigeuner, die stehlen nicht, aber man kann nie wissen.

Sie stand mit dem Zeigefinger an der Nase am Fenster der Besten Stube. Endlich hörte sie Gebimmel und Huftritte. Die Rütsch ist da. Der Kutscher musste nicht extra absteigen. Gret, in ihrem umgedrehten Soldatenmantel, Pudelmütze auf und Hebammenkoffer in der Hand, war schon bei ihm draußen, kriegte eine Wolldecke um und den Lederschutz über, und dann flog die Peitsche, obwohl es bei diesem Wetter auch ohne gegangen wäre. Dann durch die weißen Verwehungen auf und davon, aber nicht den Atzbüller Weg entlang, der zwischen Knicks verlief und tief zugeweht war, sondern durch die Koppeltore und über Koppeln, wo der Schnee sich nicht sammeln konnte und Pferd und Kutscher sich auskannten.

Wann es Abend wurde, wusste niemand. Irgendwann stellte Anne die Petroleumlampe auf den Tisch und drehte den Docht hoch.

Oma, wie riecht eigentlich noch mal Petroleum, fragte Gustav.

Das kann ich dir auch nicht sagen. Du musst selber riechen, dann weißt du es wieder. Lass dich mal ansehen.

Gustav sah Anne an und machte die Augen weit auf.

Ab ins Bett, ich bring dir noch einen heißen Fliederbeersaft.

Am nächsten Morgen waren Stimmen und Schaufelgeklapper zu hören. Einheimische und Flüchtlinge schaufelten gemeinsam. Harry C. Goldschmidt war als Schneevogt für das obere Dorf von Haus zu Haus gegangen und hatte zum Schaufeln gebeten. Im Unterdorf hatte Karl Kroghmann als Feuerwehrhauptmann die Sache militärischer angepackt: Punkt neun Uhr an der Kirche, Schaufel mitbringen. Alle Einsatzfähigen waren nun bei der Arbeit, nur die Drückeberger nicht. Es flogen die großen und kleinen Ladungen sauberen Schnees, und die erste Stunde verflog damit schnell. Dann, als die ersten Stichworte fielen, ging es nicht mehr so flott von der Hand. Stalingrad, das brachte mehrere Gedenkminuten mit gesenkten Köpfen über der Schaufel. Beim Stichwort Führer quatschte alles durcheinander, dazu konnte jeder seinen Senf geben.

Harry C. sagte: Leute, vergesst das Schaufeln nicht.

Kroghmann sagte: Kein Wunder, dass wir den Krieg verloren haben.

Einer von den Drückebergern war Kirchendiener Hinrich Goldschmidt. Er hatte sich mit fadenscheinigen Argumenten – in der Kirche und um die Kirche herum liegt auch Schnee, und ich schaufle sowieso jeden Tag – bei seinem Vater, dem Schneevogt, mit der Bitte abgemeldet, es doch Kroghmann zu melden, der für ihn zuständig sei. Harry C. war gütig genug: Wenn ich nicht dein Vater wäre, mein Sohn. Während nun die andern den Weg an der Friedhofsmauer rund fünfzig Meter von Hinrich Goldschmidt entfernt freischaufelten, saß der mit Johanna Fuchs in seiner Lebebude vor der Brennhexe, die ordentlich zu fressen bekam. Johanna war ein Kind der Flüchtlingsfamilie Fuchs, die auf Affegünt untergekommen war. Hinrich mit heißen Wangen bei seinem Thema: Wie ich 1943 als Achtzehnjähriger zum Frontschwein wurde.

Er sagte: Ich war Regimentsfotograf und habe russische Frauen fotografiert. Die gruben auf Regimentsbefehl Gräber für die Toten, die noch gar nicht gefallen waren.

Sei ruhig, sagte Johanna und rückte näher an ihn ran.

Was riecht hier so

Eberhard Odelmann wohnte nun schon zwei Jahre bei den Hasses in Solsbüll-Mühle. Noch waren Frau und Tochter nicht aufgetaucht. Ich fühle mich hier trotzdem fast wie zu Hause, murmelte er sich in den Bart, als er mit dem Spaten in die Gartenerde stach. Er grub das Freitagabendloch an der Dornenhecke, wo der Klo-Eimer ausgeleert wurde. Das war seine Zuständigkeit im Hebammenhaus geworden. Anne hatte bei ihm Ähnlichkeit mit Sohn Gustav gefunden: Nur ist er nicht ganz so groß. Enkel Gustav stand dabei, Tirolerhut mit Feder auf dem Kopf, die Hände tief in den Taschen seiner kurzen Hosen. Schön, wie das Spatenblatt in die Muttererde einfuhr. Odelmann zog an seiner Pfeife, dass es leise knisterte, gleich danach kamen dicke Qualmwolken aus dem Mund, strichen über die Nase, trieben mit dem Westwind durch den Fliederzaun und weiter die Kummerbyer Straße entlang. Nun packte Odelmann den Eimer beidhändig, legte sich mit weit ausgestellten Beinen ins Kreuz, gab seiner Pfeife Volldampf. Gustav drehte sich um und ging ein paar Schritte abseits. Odelmann sang: Und wenn es stinkt auf den Aborten, dann wird es Frühling allerorten. Das war das Kommando, sich wieder umzudrehen, und Odelmann fragte: Na, Gustav, wie heißt das Ding in meinem Mund, nu sag schon.

Rotzkocher, sagte Gustav und bohrte die Fäuste in die Taschen, dass Beulen in die Hosen kamen. Er sagte gern Rotzkocher, weil Odelmann dann so schön lachte.

Während Odelmann den Eimer wieder ins Klo zurückstellte, ganz hinten im Stall zwischen den Hühnern und der leeren Schweinebucht, lief Gustav in die Waschküche an die Pumpe. Wasser marsch, befahl Odelmann mit einem Zwinkern, und Gustav pumpte los. Er war jetzt sechs, er schaffte das. Odelmann ging zunächst mit Bimsstein an die Hornhaut, dann mit Wurzelbürste an die Fingernägel. Zwischendurch griff er zur Seife, die da im Fenster lag, machte Schaum auf Schaum und drehte dazu die ausgegangene Pfeife im Mund.

Ja, Gustav, wir Melkersleute müssen sauber sein.

Dann pumpte er, und Gustav musste Bimsstein, Bürste und Seife nehmen.

Wir Melkersleute sind nun sauber, sagte Gustav, nachdem sich beide mit einem grau in grau karierten Handtuch abgetrocknet hatten.

Bei Anne in der Küche holte Gustav den vereinbarten Lohn fürs Klo-Eimer-Leeren: ein halbes Graubrot, ein halbes Pfund Margarine und ein halbes Dutzend Eier. Damit ging er im Flur an Telefon und Gong vorbei und klopfte. Die Geschwister Odelmann warteten schon.

Ich sollte das hier vorbeibringen.

Adelheid, die Ältere der beiden, sagte: Ach, das hätte aber nicht nötig getan. Adelheid war Lehrerin in Mohrungen/Ostpreußen gewesen.

Edeltraut, die Jüngere, die zuletzt Blitzmädel gewesen war, sagte: Ist aber schön, dass der Kleine uns das rübergebracht hat.

Gustav setzte sich auf Odelmanns Schoß. Dessen Pfeife brannte und knisterte wieder. In der Brennhexe brannte und knisterte es auch. Im Kessel kochte Wasser. Odelmanns hatten immer heißes Wasser. Obwohl es heute gar nicht kalt war und die Hexe jede Menge Hitze ausstrahlte, hielten Adelheid und Edeltraut ihre Hände übers Feuerloch, wo ein paar Flammen herausleckten und rotgelb auf ihren Gesichtern flackerten.

Odelmann erzählte wieder vom Treck im vorigen Februar, nein, im Februar davor, Februar 1945: Als wir schon in Pommern waren und an einem Höhenzug festsaßen, der sich gut für eine Schlacht eignet. Nebenbei zeigte er Gustav anhand der auf dem Tisch liegenden Taschenuhr, wie man Zeit abliest. Halb vier oder halb fünf. Das Wetter damals war viel, viel kälter als heute, Schneegestöber und kein Gedanke an Schlafen, denn der Kanonendonner kam näher.

Gustav vergaß die Uhrzeit, vergaß, wie Odelmanns Pfeife hieß.

Es kam Kavallerie, flunkerte Odelmann. Das Hexenfeuer machte rote Backen. Ein Russe wollte oben vom Pferd mit seinem Säbel auf mich einschlagen, aber er tat es Gott sei Dank nicht. Überall Russen, sage ich dir, man kann es sich nicht vorstellen. Wir mussten uns sehr verstecken. Gustav, nun steht der große Zeiger auf neun, wie spät ist es jetzt.

Gustav sagte nichts mehr, denn die beiden Frauen kamen mit Mischkaffee und Zuckerbrot.

Hör auf von Mohrungen und wie wir wegmachen mussten, sagte Edeltraut.

Ja, sagte Adelheid, du musst nicht immer wieder anfangen.

Gustav betrachtete die Uhr auf dem Tisch. Daneben lagen drei Scheiben Schwarzbrot, mit Margarine bestrichen und braunem Zucker bestreut.

Na, nimm schon, sagte Odelmann.

Der Junge frisst uns noch die Haare vom Kopp, sagte Edeltraut.

Wir können froh sein, dass wir hier gelandet sind, sagte Odelmann.

Die Schwestern schwiegen und sahen sich an. Der Bruder sah, wie sie sich ansahen, und die beiden merkten das. Die Geschwister waren mit ihren Gedanken völlig ineinander und kamen erst wieder auseinander, als Gustav herzhaft ins Zuckerbrot biss.

Adelheid, froh darüber, sagte: Zu Hause isst er nur wie ein Spatz – Mohrungen, ach Mohrungen, so sagte sie weiter. Wenn da Sommer war, dann war wirklich Sommer. Nicht so wie in Solsbüll.

Edeltraut sagte: Nur Hasses sind in Ordnung, alle anderen sind nicht so in Ordnung.

Adelheid und Edeltraut standen auf und stellten sich wieder an die Brennhexe. Aus dem Feuerloch flackerte es. Verzehre mich, Feuer, brenne mich auf. So hörte sich das Gebrabbel an der Hexe an, als Gustav mit seinem angebissenen Zuckerbrot aus der Tür ging. Er verstand nichts, er fragte auch nicht. Er machte die Haustür auf, die Glocke schlug an, die Tür ratschte übers Terrazzo. Draußen auf dem Treppenpodest blieb er stehen. Was riecht hier so, sagte Anne immer. Das sagte auch Gret, das sagte nun auch Gustav, der noch ein paar Zuckerkrümel auf den Lippen hatte. Was riecht hier draußen so nach Brennhexe.

Was war schon alles in seiner Nase gewesen: tauender Schnee, aufbrechende Erde, volle Apfelkisten, frische Wäsche, kochende Suppe, die Waschküche, der Keller im Winter, der Keller im Sommer, die Kinderstube, wenn der Kachelofen brannte, die Kinderstube, wenn der Ofen nicht brannte. Die Beste Stube roch nach Luft aus fernen Ländern, nach Bohnerwachs und nach Gardinen, die Bücher rochen, das alte Porzellan roch, es roch der Staub, der aus dem Ohrensessel in einen Sonnenstrahl hineinflog, es roch die Nacht.

Ganz Solsbüll-Mühle roch übrigens. Alles roch, und überall roch es anders. Bei Thamsens rochen der Pferdestall, der Kuhstall, der Schweinestall. Der Heuboden roch, der Kornboden roch, der Maschinenschuppen roch. Das Wohnzimmer roch nach Kuhstall, und die Küche roch nach Bratkartoffeln und Speck. Die jungen Katzen, die im Heu geboren wurden, rochen. Die Welpen, die Thamsens Promenadenmischung geworfen hatte, rochen, einer besser als der andere. Gustav konnte sich an jungen Tieren nicht sattriechen. Neulich stand er mit so einem kleinen Vieh an der Nase im Kuhstall, wo Hans Thamsen beim Melken saß. Mennich een söcht Arbeit und dankt Gott, wenn he keen find, rief der rüber, Gustav erschrak. Hans Thamsen lachte komisch, wie ein Ertrinkender, der nach Luft schnappt und sich nicht wieder einkriegt. Draußen patschte Thamsens Jüngster durch Regenpfützen und Kuhfladen, zog seinen kleinen Wagen mit der Deichsel zwischen den Beinen da durch. Er roch immer nach Erbrochenem, nassen Windeln und voller Hose.

Bei Siemsens roch alles wieder ganz anders. Da roch es gleich im Flur so, als wenn es überhaupt nichts zu riechen gab. Aber auch das Nichts roch. Es war das leere Siemsen-Haus, das roch, bloß mit Käthe Siemsen und Sohn Hans darin. Käthe legte sich mit Brille auf der Nase die Karten. Da war so ein Schrank, in dem hinter einer Glastür in einer Schale Briefe und Postkarten lagen. Es war da auch eine Tür, durch die man in der Wand verschwinden konnte. Man konnte aber nicht, weil die Tür immer zublieb. Es geht mal wieder nicht auf, sagte Käthe zu Hans, der ihr gegenüber saß und malte, aber mit aufgehen meinte sie die Karten, nicht die Tür. Sollen wir den Ofen anmachen. Was meinst du. Aber wenn, dann nur ein halbes Brikett. Käthe schlug ein Brikett in zwei Hälften. Gustav wusste, wie zerbrochene Siemsen-Briketts rochen.

Interessant war der Geruch bei Friseur Freddy Dittmann. Da roch es so, dass man gleich flöten mochte und die Zehnpfennigstücke in der Hosentasche klimpern hörte. Seltsame

Wörter sprach Freddy: Lavendel, ondulieren, Brillantine. Dann die Frage: Sollen wir mal eine Wasserwelle legen. Da Gustav nie nein sagen konnte, sagte er ja. Aber Freddy Dittmann schnitt vorne kurz und hinten auch kurz, machte keine Wasserwelle, und Hans Siemsen, der mitgekommen war und die Behandlung schon überstanden hatte, sagte:

Gustav hat ja einen ganz schönen Hacken.

Das ist eben ein musikalischer Hinterkopf, sagte Freddy.

Zum Abschied vollführte er ein paar Schritte und Hüfte-Wackeln, Kamm und Schere in der Luft, und Gustav bekam einen Spritzer Pitralon, eigentlich Rasierwasser, ins Haar.

Betrat man die Sankt-Ursula-Kirche, dann ging der Duft von Kühle und heiligem Mörtel in die Nase. Holz- und Gesangbuchgeruch kamen hinzu, und am Altar roch es nach den roten Samtpolstern fürs Hinknien beim Abendmahl. Gott sei Dank kam dahinter gleich die Apsis, wo es wie in einer normalen Rumpelkammer roch.

Von Sankt Ursula waren es nur ein paar Schritte über den Friedhof zu Kaufmann Spöri. Spöri, ehemals Feinkost & Spirituosen Spöri in Regenwalde / Pommern, arbeitete an seinem sensationellen Wiederaufstieg, und seine zahlreiche Sippschaft arbeitete mit. Tausend Gerüche in seinem Gemischtwarenladen: Käse, Oberhemden, saure Gurken, Nägel, Himbeerbonbons, offener Honig. Spöri sang noch ein paar Jahre schmetternd im Gesangverein Tenor, fiel dann aber eines Tages hinter der Ladenkasse tot um.

Ganz neuen Datums war der Geruch aus der Schule, zunächst der Geruch vom Scheißhaus auf dem Schulhof, wo man, wie im Eichenhof, in eine Rinne pinkeln und die Luft anhalten musste. Im Klassenzimmer roch es nach billigem Bohnerwachs, die Tintenfässer rochen, Vordermann, Nebenmann und Hintermann rochen. Es roch der Anzug des Lehrers Marsch aus Elbing / Ostpreußen. Auch die Schulbücher rochen, die Tafel roch, der Wischlappen roch, der Griffel roch. Der Griffel war riesig und schwer, er lehnte beim Schreiben an der Schulter, die Hand klammerte sich fest, und der Griffel kratzte los. Vorbildlich, wie unser Gustav schreiben kann, spottete Lehrer Marsch, der seinen erst heute morgen geschnittenen Weidenstock durch die Luft pfeifen ließ. Gib mir die Hand, mein Sohn. Gustav gab seine Hand, die noch mit dem Griffel zu tun hatte und sich nur schwer öffnen ließ. Aber Marsch kriegte das schon. Er bog die kleinen Finger auf und schlug mit dem Weidenstock zu. Wie hässlich weh tat dieser Hieb. Wie hässlich roch dieser Mensch mit dem hässlichen Namen Marsch. Wie hässlich roch sein Zeigefinger, den er hob. Und wie hässlich roch es aus seinem Mund, wenn er dazu grunzte. Neben Gustav saß Hans Siemsen, mit laufender Nase und ableckender Zunge, der hatte den Griffel richtig in den Fingern, und es kamen ansehnliche Buchstaben heraus.

Wer noch nie einen Uhrenladen gerochen hat, der sollte mal bei Uhrmacher Strohlich reinriechen. Strohlich wohnte hinter Mühle und Mühlenwald in einem kleinen Strohdachhaus. Besser wäre es aber, erst mal bei Claus Selken in der Wassermühle einzukehren, der Weg zu Strohlich führt da vorbei. Claus Selken, was machen die Nelken, fragte Anne immer, und er antwortete stets: Die Nelken, die welken. Mehr hatten sie sich nicht zu sagen, es war genug, um mal auf dem Solsbüller Markt oder beim Sängerfest miteinander zu tanzen und gegenseitig den Sonntagsstaat zu beriechen. Selken brauchte immer erst einen Schubs, wenn man in die Mühle wollte. Er lehnte in der halb aufgeklappten Tür und versperrte den Eingang. Die beiden Wasserräder, die das Mahlwerk drehten, knarrten und quietschten. Du musst lauter sprechen. Auf dicken Brettern konnte man hüpfen. Da hingen die Kornsäcke an den Schütten und wurden langsam voll. Schnell mit der Hand ins Mehl, es ist noch feucht und klumpt, ist rau auf der Zunge. Es riecht, die ganze Luft ist erfüllt von süßem Mehlgeruch. Während Selken mit seinem Mehlgesicht in die frische Mailuft hinausbing, tanzten drinnen die Mäuse, dass wir fast den Uhrmacher Strohlich vergessen.

Wer groß war, musste sich bücken. An der Haustür ging das Glockenspiel mit einer Tonleiter los, von unten nach oben, wie auf einem Klavier, alles weiße Tasten, C-Dur. War das verklungen, dann hob die millionenfach tickende Stille an. Gustav stand da allein, einen Kinderkopf größer als der Ladentisch. Hier war das wunderbar brodelnde Uhrenmeer mit seiner wunderbar riechenden Brandung. Es roch das Holz der Uhrengehäuse, es roch das feine Öl, es rochen die zierlichen mechanischen Werke hinter den Zeigern, und die Zeiger rochen auch. Gustav konnte dank Odelmann schon die Uhr, wenn auch nur die einfachen Zeiten: sechs und halb sechs, Viertel vor und Viertel nach sechs. Herr Strohlich trat aus der Werkstatt, Wackelkopf über weißem Kittel. Aber Gustav, der bloß mal hören und riechen wollte, war schon verschwunden, hatte an der Tür das Glockenspiel wieder angemacht.

Er hatte etwas Neues in der Nase, etwas, das noch gar nicht roch, weil es so weit weg war. Es war der Goldschmidt-Geruch in Affegünt. Da lief er am besten quer, den Mühlenwald hoch, über Rolands Grab, von dem er nichts wusste, durch das Koppeltor, über Thamsens frisch ergrüntes Roggenfeld, über Goldacker, neuerdings in Brases Besitz, und durch das Tal der Kummerbyer Au. Es war ein schöner heller Mai-Abend. Affegünt roch schon von weit her. Es roch aus der Futterkiste der offenen Kuhstalltür. Nele Goldschmidt, in Gustavs Alter, saß auf der Futterkiste und steckte sich Schrot in den Mund. Die Kühe kauten und verdauten und wurden gemolken. Bei Harry C. melkte die Flüchtlingsfamilie Fuchs. Harry C. und seine Frau Lene bellten sich ab und zu an. Manchmal kam Lene zu den beiden Kindern an die Futterkiste und streichelte sie mit ihrer schön riechenden Hand.

Aber am allerbesten, in diesen Maitagen, roch Nele. Sie roch so gut, dass Gustav, wenn er näher kam, sie auf die Wangen küssen musste, einmal sogar auf den Mund. Das kam so: Sie waren nachmittags bei Neles älterem Bruder Hinrich, seit 1945 Kirchendiener von Sankt Ursula, in dessen Lebebude zu Besuch gewesen.

Na, ihr beiden Kateker, was wollt ihr. Hinrich harkte sein Zickzackmuster.

Ach, gar nichts.

Ich hab keine Zeit, macht, was ihr wollt; aber macht euch nicht dreckig.

Es war bockiges, sonniges Maiwetter, schnell zogen die Wolken, dass einem die Lust auf den Sommer verging. Stille und Wärme gab es nur an einer Seite von Sankt Ursula, die mit Hilfe des goldenen Hahns oben auf der Kirchturmspitze Tag und Nacht den Teufel vertrieb. Da, wo der missgelaunte West heute nun passen musste, legten Gustav und Nele sich nebeneinander auf den Rücken, jeder mit seinen Augen den Kirchturm rauf, bis zum Hahn und über den Hahn hinaus.

Man kann den Hahn ja gar nicht sehen, sagte Nele. Sie hatte ein frisches Buchenblatt in der Hand. Wenn das Blatt auf meinem Mund liegt, dann musst du es mit deinem Mund wegnehmen. Sie hielt ganz still, nahm das Blatt am Stängel und legte es sich auf den Mund. Der Wind pfiff unverrichteter Dinge an der Kirchturmecke vorbei und trieb oben die Wolken nach Osten, während Gustav sich nach Süden über das Buchenblatt beugte. Nele zog das frische Grün blitzschnell nach Norden und hatte gewonnen.

Das hast du mit Absicht gemacht, sagte Gustav.

Jetzt bist du dran mit irgendwas, aber wir müssen so liegen bleiben.

Die beiden sahen wieder den Kirchturm rauf. Sie sahen, wie sich die Kirchturmspitze langsam nach Westen neigte und umfiel. Der ganze Kirchturm fiel um.

Du, sagte Gustav, kuck mal, der Kirchturm fällt um. Wir müssen das Hinrich sagen.

Hinrich stand bei den Rhododendren am Abfallhaufen und hörte die beiden nun mit einer Stimme rufen: Der Kirchturm fällt um. Er hatte die Harke in der Hand, machte gerade Pause. Was habt ihr gesagt. Er warf die Harke auf den Abfall. Ich komme schon. Er lief, so schnell es in seinen Holzschuhen ging.

Du musst in der Mitte liegen, befahlen die Kinder.

Tatsächlich, sagte Hinrich, als er zwischen den beiden lag, der Kirchturm fällt um.

Die drei konnten vom umfallenden Kirchturm nicht genug bekommen und blieben lange liegen.

Nele sollte auf Bruder Hinrichs Geheiß den kürzesten Weg nach Hause nehmen, denn um sechs gab es, wie überall in Solsbüll-Mühle, Abendbrot. Gustav lief erst noch zur Doppeleiche. Die Doppeleiche roch heute nicht. Aber ein Bild war da vom vorigen Jahr, nein, von vor zwei Jahren. Ein Haufen müder deutscher Soldaten unter der Doppeleiche, auf dem Rückzug vor den Engländern, graugrün angezogen, lange nicht beim Friseur gewesen. Sie hatten mit Löffeln ans Kochgeschirr geschlagen und jede Menge Patronen fallen lassen und nicht mehr aufgesammelt. Gustav kriegte einen neuen Geruch in die Nase, den Geruch von Patronen.

Soldatenpferde grasten auf Hans Thamsens Koppel, zwei standen vor den Küchenfenstern des Hebammenhauses. Als Gustav hinten vorbeigehen wollte, schlug der nervösere Gaul aus. Es war da eine kurze Stille vor dem Schmerz gewesen, mit dem Schmerz war der Schrei gekommen und mit dem Schrei der Geruch vom Schmerz. Gret kam herausgerannt, holte Gustav und trug ihn aufs Sofa, wo sich sonst immer die Schwangeren zur Untersuchung hinlegten. Sie band ihm einen heftig riechenden, essiggetränkten Lappen um das Knie und erzählte ihm so lange von ihrer ersten Begegnung am Wasserfall – eine Drossel sang, und ich hab dein Schreien gehört –, bis der Schmerz vergangen war. Sie sagte: Siehst du, es war gar nicht so schlimm.

Wickeln, wiegen, hüten, diese Zeit war längst vorbei, aber Gret hatte Nachholbedarf und nahm ihn auf den Arm; er wog fast nichts. Sie bedachte seine kleine helle Stimme und die kleinen weißen Finger, die Klavier spielen konnten. Dann kommt er eben zu Rosa nach Wien und wird Wiener Sängerknabe oder Pianist, dachte sie, als sie die Küchentür schloss und mit ihm nach oben verschwand. Ja, er soll zu Rosa und Hermann, die aus Palästina zurück waren und wieder in Wien in der Pfeilgasse wohnten.

Ich bring dir nachher noch was ans Bett, flüsterte sie.

Gustav nickte ein an ihrer Schulter. Wo bin ich. Er wusste es schon nicht mehr. Er war in einem Raum mit einem Fenster, das schon lange weit offen stand. Grets Honighappen kamen zu spät. Die Nacht legte sich auf den Tag und drückte bis in die Träume hinein.

Güldenholm

Der Wind verblies sich. Der Mond, voll oder kurz vor oder kurz nach voll, der schöne Herr Silbermann, wie Meggersee sagte, stieg strahlend aus den Zweigen des weiß blühenden Birnbaums. Odelmann kam aus dem Eichenhof gewankt; er war von Brase eingeladen worden, hatte mit ihm und Hanne Detleffsen auf Du und Du getrunken. Vor Siemsens Haus lief er seinen Schwestern in die Arme.

Wir sind die Herren der Welt, sang er auf Ostpreußisch.

Nicht so laut, sagten die Schwestern und befahlen ihn nach Hause, wo eine heiße Suppe auf der Brennhexe stand. Sie wollten noch Luft schnappen, weil die Luft so schön war. Überall roch es nach Heimweh. Ach, der Mai, der Mai in Mohrungen war doch ganz was anderes gewesen. Und der Sommer erst. Das Zimmer bei Hasses war ihnen zu eng. Drei Mann auf einer Bude, das hält man nicht aus, jedenfalls nicht länger als zwei Jahre. Von den Leuten hier hatten sie die Nase voll. Es gab welche, die sagten: Die Flüchtlinge sollen Gras fressen oder nach Hause gehen oder beim Russen verhungern.

Seit einigen Wochen brannte es in und um Solsbüll-Mühle immer wieder, immer Kornscheunen und Viehställe. Dass es Brandstiftung war, wusste jeder. Aber wer die Brandstifter waren, wusste keiner. Die Einheimischen verdächtigten die Flüchtlinge, und die Flüchtlinge sagten: Hoffentlich ist es keiner von uns, sodass Adelheid und Edeltraut sich vornahmen, auch nicht den geringsten Verdacht auf sich zu lenken.

Am Dorfteich, wo das Feuerwehrhaus stand und drei

Wege ineinanderliefen, kam Gebrabbel aus der Dämmerung. Es war die verrückte Gunde. Gunde kommt. Gunde kommt. Schutzblech klappert. Gunde plappert. Gunde schob ihr Fahrrad. Wie üblich saßen zwei junge Katzen auf ihren Schultern.

Sind sie nicht niedlich, sagte Gunde und hielt an.

Adelheid und Edeltraut wären lieber weitergegangen.

Überall brennt es immerzu, sagte Gunde.

Adelheid und Edeltraut zuckten zusammen.

Meine Katzen wissen heute, wo es morgen brennt.

Na, wo denn aber heute, fragte Adelheid.

Edeltraut nahm die ältere Schwester bei der Hand und drückte.

Heute Güldenholm, sagen meine Katzen.

Fällt dir auf, dass sie immer Güldenholm sagt, so eine Schwester zur anderen. Dann rissen sie sich gleichzeitig an den Händen, um von hier und aus dem Mondlicht wegzukommen.

Gunde zog mit ihren Katzen weiter. Güldenholm muss brennen, sagte sie zu ihren Katzen, und ihre Katzen schnurrten und fuhren ihr mit dem Schwanz um die Nase herum.

Mond und Venus leuchteten hell. Ein halbes Dutzend Flüchtlingsfamilien schlief in den Güldenholmer Nebengebäuden. Warum Hundegeblaff und Pferdegeschnauf. Wegen des aufzüngelnden Feuers. Die Kühe klirrten mit Halsketten.

Meggersee saß im Herrenzimmer an seinem Schreibtisch und füllte den von den Engländern ausgegebenen Fragebogen aus. Verordnung Nr. 110 vom 24. Februar 1947: 133 englische Fragen verlangten Antwort. Der Langenscheidt lag neben ihm, denn er traute der gedruckten deutschen Übersetzung nicht.

Mechthild Grün, einst Meggersees Mädchen für alles, nun, während des vorübergehenden Praxisverbots, dauernd in Güldenholm, schlief neben dem schimmeligen Klavier im Musikzimmer. Ihre Schönheit, die schon in ihrer Jugend nicht übermäßig gewesen war, hatte sich nicht gebessert, das Haar war strähnig und angegraut, die Zähne lang, sie standen oben auseinander. Sie widmete sich in diesen wirren Zeiten zur Hauptsache den Güldenholmer Blumen, die sie in ihrem auf Taille gearbeiteten weißen Kleid einmal vormittags und einmal nachmittags besuchte. Zwischen den Mahlzeiten schlief sie.

Nicht so Meggersee. Er hatte in der verordneten Ruhepause seinen zweiten Feldzug gemacht, nämlich durch die vierunddreißig Bände der Schlachten des Weltkrieges in Einzeldarstellungen, erschienen in Oldenburg i. O. / Berlin 1930. Also: des Ersten Weltkriegs, da waren die Verhältnisse klarer. Nebenbei hatte er an seinen Erinnerungen geschrieben: Aufgabe dieser Aufzeichnungen soll es sein zu schildern, wie wir die Herausforderungen dieser Zeit annahmen, denn das wirst du, lieber Leser, zuvörderst von Erinnerungen erwarten dürfen. Kommenden Geschlechtern … Aber der Fragebogen war dazwischengekommen und musste bis zum 30. Mai 1947 abgegeben werden, gez. Gail Patrick Henderson, Kiel. Das war eine schwere Kränkung. Auch das Einziehen der Zulassung und die Stilllegung des Autos Anfang 46 waren schwere Kränkungen gewesen und waren es immer noch. In den Augen der Engländer waren sie alle Hunnen. Gott sei Dank hatte er nicht ins Lager Lindenbruch gemusst wie mehrere seiner Gefährten aus jener Zeit. Der Lindenbruch war im Herbst 45, nachdem die Displaced Persons in ihre östlichen Heimatländer abgezogen waren, Straflager für belastete Deutsche geworden. Bei Meggersee hatten gesundheitliche Gründe, siehe Senkniere, siehe Humpelbein, eine derartige Zumutung verboten. Pankuweit und Hanne Detleffsen waren aber dort gewesen und hatten Freiübungen machen müssen. Die Behandlung sei hart, aber gerecht gewesen, so Detleffsen später am Stammtisch und: Wir durften pro Monat nur eine Postkarte mit fünfundzwanzig Wörtern schreiben.

Meggersee hätte am liebsten keine einzige Frage beantwortet. Genügen die Papiere nicht, die mich als unbelastet ausweisen. Habe ich nicht versucht, auch kritische Akzente zu setzen. Habe ich mich nicht, was den Lindenbruch betrifft, von der damaligen Aktion ferngehalten. Habe ich nicht meinerseits unter Verdächtigung und Verfolgung zu leiden gehabt. Gleich nach Kriegsende hatte er überlegt, ob er nicht der dänischen Minderheit, die jetzt gerade im Aufschwung begriffen war, beitreten sollte, denn schließlich: Mein Großvater war dänischer Offizier. Aber diesen Gedanken hatte er dann in seinen Erinnerungen verworfen: Ist die Überlegung zwar verlockend, so gilt es doch gerade jetzt, deutsch und treu zu sein.

Da brach Licht über den Fragebogen herein, ohne dass es schon wieder Tag geworden wäre. Die beiden Güldenholmer Scheunen brannten. Eine Lähmung befiehl Meggersee, ließ seinen Kopf mitbrennen, hielt seine Zunge fest: Lodernde Luft, alles rennet, rettet, flüchtet, der brennende Nachschubwagen in Frankreich oder Belgien, die Verbrennung zweiten oder dritten Grades, die Stinknase der Mistinguett, die Pferde, die Kühe, die Flüchtlinge. Während draußen die Löscheimer aus dem Seerosenteich von Flüchtlingshand zu Flüchtlingshand bis zur Brandstelle flogen, während der bissige Schwan Gottfried zischte und sich mit angesengtem Flügelwerk größer machte und in sein oberes Revier am Gartenhaus floh, bevor er weiterflog zum Güldenholmer

See, rückte die Kummerbyer Feuerwehr an. Widersprüchliche Kommandos erschallten. Das Löschen musste wegen fehlender Organisation vorläufig eingestellt werden, bis der Kummerbyer Wehrführer den Überblick hatte: Denn wer hat hier eigentlich das Sagen. Dank der Flüchtlinge waren Vieh und Menschen in Sicherheit, sodass es ruhig ein bisschen brennen konnte.

Als der Maschinist den Motor für die Pumpe anwarf, als die Schläuche wegen des einschießenden Wassers hin- und herschnellten und der Melder am Verteiler: Wasser marsch, zugebrüllt bekam, klingelte im Herrenzimmer das Telefon. Gott sei Dank. Das wird die Feuerwehr aus Solsbüll-Mühle sein. Meggersee vertrat mit seinem brennenden Kopf die Auffassung, dass die Feuerwehr nach der Brandstelle ruft und nicht die Brandstelle nach der Feuerwehr. Nein, es war anders. Die Mannschaft aus Solsbüll-Mühle war soeben vollzählig dem Opel Blitz entsprungen. Wehrführer Karl Kroghmann ließ in Trupps zu jeweils zwei antreten und gab die Lage bekannt. Wir sehen doch, was los ist, Mann, lass uns endlich ran ans Feuer, dachten draußen Kroghmanns Männer. Drinnen hatte Meggersee den Telefonhörer am Ohr.

Verwalter Hannes Hansen betrat das Herrenzimmer. Herr Doktor, ich such Sie die ganze Zeit.

Hansen, Sie machen das. Ich kann nicht. Bei der Frau Pastor geht es um Leben und Tod.

Meggersee auf den Flügeln der Pflicht in seinem stillgelegten Auto und wider das Approbationsverbot auf dem Weg nach Solsbüll-Mühle. Bloß weg von hier. Nicht noch einmal, wie damals in Belgien oder Frankreich oder wo es auch immer gebrannt hatte, kriegsuntauglich umfallen und aus dem Verkehr gezogen werden. Pflichtvergessenheit, niemals. Darum also Vollgas und dem Wie-viel-PS-hat-das-Ding-eigentlich die Sporen geben, mit Hurra am Hebammenhaus vorbei und am Pastorat scharf in die Bremsen. Bei Frau Pastor war es tatsächlich Matthäi am Letzten. Der Pastor betete am Küchentisch unter seinem silbernen Schopf. Meggersee brannte ab sofort nicht mehr.

Was wird hier rumgesessen. Den Küchentisch umgedreht, aber bisschen flott, und Frau Pastor da rein. Zeit für Narkose war nicht, es war auch kein Äther da. Gret und Meggersee drehten den Küchentisch um. Pastor Möller flüchtete vor so viel Adlerschwingen. Alle Sofakissen und Kopfkissen in den Tisch, da hinein Frau Pastor. Gret fesselte sie mit Mullbinden an die Tischbeine, oben die Arme, unten die Beine. Meggersee schnitt vorsorglich den Damm, Frau Pastor gab vor Erschöpfung kaum einen Laut, und der Doktor machte eine Zange, so was hatte die Welt noch nicht gesehen. Sohn Ralf war geboren. Er hatte ein paar blaue Flecken, Frau Pastor hatte eine Naht.

Vor Morgengrauen, Volk und Feuerwehren waren noch auf den Beinen wegen Güldenholm, türmten die Schwestern Odelmann mit ein paar Habseligkeiten. Womöglich hatten sie den Brand gestiftet. Wer denn sonst. Sie hinterließen dem Bruder einen Brief: Wir konnten es hier nicht mehr aushalten. Wir machen über die russische Zone nach Hause. In Liebe, Adelheid und Edeltraut.

Affegünt

Wieviel Gutes sitzt im Kopf und will zu den Augen raus. Was nicht rauskommen darf, das verdirbt. Es wühlt im Kopf und kommt irgendwann als böser Blick, als böses Wort doch raus. Unaufhörlich kommen böse Blicke, unaufhörlich kommen tötende Worte. Mörder gehen um. Sie wollen keine Mörder sein. Sie tragen schwer an bösen Blicken, bösen Worten, schleppen Tag und Nacht. Sie wollen leicht sein. Sie wollen barfuß über gelben Löwenzahn und weißen Klee gehen oder, noch besser, schweben. Sie wollen Sonne im Haar haben, am Heiligabend Schnee. Aber Heiligabend 1947 lag kein Schnee. Auch später nicht viel. Es war der Keuchhustenwinter. In ganz Solsbüll-Mühle keuchten die Kinder in ihren Betten, die mageren Brustkörbe zitterten, die dünnen Arme ruderten hilflos. Hans Siemsen jaulte wie ein eingesperrter Hund. Nele Goldschmidt sang in höchsten Tönen. Im Unterdorf bei André Spöri und Edgar Strohlich klang es ähnlich. Die Schule blieb geschlossen. Lehrer Marsch musste sich weder um Diktate noch um Schulspeisung kümmern und konnte am Ofen seine ruhige Kugel schieben.

Anstelle von Meggersee, der immer noch auf seine Wiederzulassung wartete, machte Dr. Pfennig aus Kummerby Patientenbesuche.

Anne empfing ihn mit den Worten: Herr Doktor, unser Sohn hat es gar nicht gut.

Pfennig saß mit aufgekrempelten Hemdsärmeln am Krankenlager, sprach mit dunkler Stimme und strich mit seiner Hand über Gustavs Gesicht. Er hatte einen Wald von Haaren auf dem Unterarm. Ja, das ist Keuchhusten. Der dauert seine Zeit, aber dann ist er vorbei.

Es gab roten Hustensaft, der gar nicht schlecht schmeckte. Es gab Lebertran, der furchtbar war und den Schlund so fest verschloss, dass Gret sagen musste: Sonst stirbst du. Gret schwieg, bis der Kram unten war, dann sagte sie: Siehst du, es war gar nicht so schlimm.

Eines Morgens hatte Gustav Wärme im Bauch und Kühle im Kopf. Er war von einer langen Reise heimgekehrt. Er hatte den Wunsch: Fenster aufmachen und sehen, was los ist. Anne musste nicht mehr mahnen: Wer nicht mindestens einmal am Tag aus dem Fenster sieht, wird nicht gesund. Gret musste nicht mehr ermuntern: Sieh mal, wie schön die Sonne scheint.

Gustav stand am offenen Fenster. Helle kleine Bäche liefen vom Strohdach runter, plätscherten in einen größeren Bach, der unter den Fenstern entlanglief und voller bunter Kiesel war. Da unten möchte ich hocken. Es war süße Luft in Gustavs Nase, es waren Schneeglöckchen drin. So roch Solsbüll-Mühle.

Er hörte Anne die Treppe raufkommen, keiner kam die Treppe rauf wie sie.

Du bist wohl nicht ganz klug, so am Fenster. Jetzt ziehst du dich aber an, dann runter an den Kachelofen.

Du, Oma, warum ist eigentlich Doktor Pfennig gekommen und nicht Meggersee.

Ja, das ist überhaupt wahr. Aber er hat es auch schwer gehabt. Und nun zieh dich an.

Als überall die Wege grundlos waren und die Bauern für die Aussaat auf trockene Erde warteten und die Zeit mit Knick-Kappen und Holz-Knacken überbrückten, als Brase seine

Pläne am Stammtisch entrollte – mehr Arbeiter, mehr Maschinen, mehr Torf, meine Herren –, da rannten Nele Goldschmidt und Gustav immerzu auf dem Kopfsteinpflaster um das Herrenhaus in Affegünt herum, und Nele fragte Gustav an der Waschküchentür: Warum ist da Luft.

Er wusste es auch nicht, schnupperte nur und fing die nächste Runde an.

Wir treffen uns im Kuhstall, rief er Nele zu, die diesmal andersrum lief.

Im Kuhstall saßen sie auf der randvollen Schrotkiste. Sie sahen den Kühen in die violetten Augen und hörten beim Wiederkäuen zu.

Du kannst mich ja zu deinem fünften Geburtstag einladen, sagte Gustav, der schon bald sieben war. Es war halb sechs, und er musste nach Hause.

Vom Heuboden stiegen Neles Bruder Hinrich und Johanna herunter. Johanna musste noch auskichern und sich die Hand vor den Mund halten. Hinrich strich sich mit beiden Händen die Haare glatt und schritt in königlichem Gleichgewicht die Stufen runter, fünfzehn bis eins. Nele und Gustav duckten sich hinter der Schrotkiste und kicherten ihrerseits, kicherten hinter den beiden her.

Von ferne, es klang wie weit hinter Waschküche und Küche, kam das schreckliche Schreien erwachsener Menschen. Nele und Gustav spitzten die Ohren. Sie sahen sich an. Sie sagten nichts. Er roch ein bisschen von ihrem Haar. So jung sie waren, sie wussten alles. Es war das Geschrei von Harry C. und seiner Frau Lene, Neles Eltern.

Sie log: Das sind unsere Flüchtlinge, die schreien immer so. Das nächste Mal wollen wir lieber bei euch spielen.

Das nächste Mal war, als Oswald Pankuweit wegen Beihilfe zum Mord am Wasserfall, Mai 1945, mangels Beweises freigesprochen worden war – seiner Behauptung, er habe Steiger damals geradezu *beschworen* (Hervorhebung durch Pankuweit), so kurz vor dem Ende nicht noch etwas Dummes zu machen, konnte nichts entgegengehalten werden. Aber in der Sache Siemsen hatte es ihn erwischt. Wegen dieser Sache verurteilte die zweite Strafkammer des Landgerichts Flensburg, übrigens derselbe Richter, der Meggersee in der Abtreibungsgeschichte freigesprochen hatte, ihn, Oswald Pankuweit, und seine Frau Maria Louisa wegen Verbrechens gegen die Menschlichkeit zu je drei Jahren Zuchthaus. Hanne Detleffsen konnte seine Unschuld belegen: Mit dem Mord am Wasserfall habe er gar nichts zu tun gehabt. Er verwies auf seine Pflichten: Geflügelzählen und Eiersammeln, das sind Tätigkeiten, die getan werden müssen, wobei insbesondere vonseiten der Kleintierhalter nicht geschummelt werden darf.

Das wiederum nächste Mal war, als Kroghmann mit seinem Zimmermannshammer auf dem neuen Dachfirst des alten Hebammenhauses stand und seinen Leuten entweder: Holz her, oder: Holz hin, zurief und mit saftigen Schlägen die Zwölf- und die Sechszollnägel in Balken und Latten trieb. Am Abend sollte Richtfest sein. Käthe Siemsen saß in ihrer Lohdiele und band die Richtkrone aus Eichenlaub, das Marie Thamsen in einem Kornsack rübergebracht hatte.

Gret baute das Hebammenhaus um. Das Strohdach war runtergekommen, ein Schieferdach kam drauf, das ganze Haus wurde um zwei Meter verlängert, damit im Wöchnerinnenzimmer mehr Platz war. Ein größeres Fenster für mehr Licht und Luft wurde eingebaut. Zugleich verwirklichte sie einen alten Traum: Vor dem Kinderzimmer erstand eine Veranda, nicht ganz so großartig wie die am Herrenhaus in Güldenholm, aber ihr etwas ähnlich.

Schönes Wetter heute, so ging der Gruß am Richtfesttag in Vorfreude auf den feuchtfröhlichen Abend, obwohl es am Himmel gar nicht rosig aussah.

Schönes Wetter heute, das sagte auch Brase zu Gret, die sich noch einen Springbrunnen in den Kopf gesetzt hatte, und zwar da, wo die Wöchnerinnen ihn aus dem großen Fenster plätschern sehen konnten. Brase war der Bauunternehmer hier; er hatte seine flüchtige Torf-Idee fahrenlassen, hatte erkannt, dass die Zeichen der Zeit nicht mehr auf Torf standen, sondern auf Hoch- und Tiefbau. Ja, sagte Brase nickend, den Springbrunnen kriegen wir auch noch.

Während der Bauarbeiten war Anne immer nervöser geworden und hatte immer häufiger die Vorräte in der Speisekammer und das Sparbuch überprüft. Gret, sagte sie, wahrscheinlich können wir uns alle von Hinrich Goldschmidt begraben lassen, wenn das hier fertig ist. Das soll mal einer verstehen, wie du auf so was gekommen bist, du bist doch sonst nicht so.

Aber Gret war so. Erst der Traum. Dann, als Eberhard Odelmann Frau und Tochter endlich in die Arme schließen konnte und mit ihnen nach Pleistrup zog, kam die Idee. Dann ein Gespräch mit Kroghmann, der bei Brase Polier war. Schließlich ein paar Worte mit Brase: Das kann doch nicht so teuer werden, oder. Schwangere gab es genug, es kam also Geld rein, und zwar die neuen blauen Fünfzigmarkscheine, nicht mehr die alten Lappen aus unseligen Zeiten.

Also heute, am Richtfesttag, war das nächste Mal. Nele war von Affegünt weggelaufen und sagte: Ich muss mich erst mal ausruhen, dann können wir zum Kirchhof gehen und Hinrich besuchen. Aber sie gingen nicht zum Kirchhof, denn ein Regenschauer platzte gegen alle Erwartungen herein, als Kroghmann oben auf den Dachlatten den Richtspruch sagte und das Schnapsglas zerschmiss. Bier, Würstchen und Kartoffelsalat gab es nun in der Garage. Nele und Gustav kratzten und rochen am Mörtel des künftigen Entbindungszimmers, sie öffneten die Feuertür des neuen Kachelofens und sahen hinein, sie rührten mit dem Eisenspaten in der Zementtonne. Dann sprangen sie zum Hühnerhof, wo der Misthaufen war. Da wurden immer die Nachgeburten vergraben. Sie stocherten mit einem Haselnussstock in Kaffeesatz, faulen Tomaten und Salatblättern, in der Hoffnung, das eine oder andere Stück Nachgeburt ans Licht zu bringen.

Nele sagte: Wenn wir nichts finden, spielen wir selber Kinderkriegen.

Einen guten Platz bot Hans Thamsens Knick, sie verschwanden an der dichtesten Stelle. Unter einem Haselnuss- und Buchenblätterdach sollte Nele niederkommen.

Sie fragte: Muss ich mich ausziehen. Nele hatte einen handgestrickten Wollrock und Ringelsöckchen an.

Du musst nicht, aber du kannst.

Weil sie furchtbar zu schreien anfing, wurden sie entdeckt.

Das ist ja eine schöne Bescherung, sagte Anne, die ihren Kopf durch die Blätter steckte. Was wollt ihr denn machen, wenn ihr groß seid.

Wir wollen heiraten, sagten beide wie aus einem Mund.

Anne schickte Nele nach Hause, Gustav rannte über Thamsens in Klee-und Löwenzahnblüten versinkende Wiese auf und davon, saß dann am Koppeltor, wo der Blick zur Kummerbyer Au runterging und der Wasserfall aus der Ferne rauschte. Im Tal der Kummerbyer Au sah er den Kummerbyer See, den Anne ihm mal auf einer Bahnfahrt nach Flensburg gezeigt hatte. Er sah die Schienen und Drähte, die zu den Signalen führten, die nach vorn gebeugten Eisenköpfe, die auf krummen Hälsen über den Drähten standen und unter ihrem furchtbaren Gewicht zu leiden hatten. Schließlich ging er nach Hause.

Lene Goldschmidt verdonnerte ihre Tochter Nele in Abwesenheit von Harry C., der mal wieder unterwegs war, zu zwei Tagen Stubenarrest. Im Hebammenhaus war ein paar Tage Denkpause, sodass der Vorfall aus Gustavs Sicht folgenlos blieb. Nicht aus der Sicht von Anne und Gret. Anne beschloss als Erstes eine Unternehmung mit dem Enkel.

Wohin wollen wir, Flensburg oder Kiel.

Gustav entschied sich für die Zugfahrt nach Flensburg, sah den Kummerbyer See aus dem Abteilfenster, spürte dann das schöne Zittern von der Flensburger Straßenbahn im vierten Stock, wo Tante Lotte wohnte, Annes Halbschwester, hörte sie zu Anne Liebbe sagen, und Anne sagte ebenfalls Liebbe zu ihr, sie sagte das nur in Flensburg, oder es war ihm zu Hause nie aufgefallen.

Nach den Sommerferien soll er endlich Klavierunterricht kriegen. Sein eigenes Zimmer hat er dann ja auch, sagte Anne zu ihrer Halbschwester.

Eine Woche später stiegen Anne und Gustav in Kummerby aus dem Zug und machten sich zu Fuß auf den Weg nach Hause. Gret war nicht am Bahnhof.

Wahrscheinlich holt sie ein Kind oder ist auf Wöchnerinnenbesuch, sagte Anne, und zu Fuß gehen ist gesund.

Nahe bei Affegünt kamen ihnen Lene Goldschmidt und Tochter Nele entgegen. Lene schob ihr Fahrrad, auf dem Gepäckträger stand ein Koffer, den Nele festhielt.

Na, sollt ihr auf Reisen, fragte Anne.

Meine Schwester in Flensburg ist krank, antwortete Lene.

Wie komisch, sagte Anne, wir waren auch gerade bei meiner Schwester in Flensburg.

Lene Goldschmidts Schwester war gar nicht krank, Lene

musste gar nicht nach Flensburg. Sie wollte bloß, dass jeder sehen konnte: Sie ging weg von Affegünt und hatte einen Koffer dabei. Nele wusste Bescheid, durfte aber nichts sagen. In Kummerby stieg Lene dann doch in den Zug. Sie sagte zu Nele: Ich komm wieder, aber sag nichts zu Vati, hörst du.

Nele verstand und versprach es und schluckte. Nun musste sie auch noch weinen.

Sie lief den kürzesten Weg nach Hause; erst am Bahndamm längs, dann über die Koppeln. Aber kurz vor zu Hause machte sie einen Bogen, weil sie nichts sagen durfte. Sie lief zu der schönen Stelle in Hans Thamsens Knick, wo sie mit Gustav Kinderkriegen gespielt hatte. Da richtete sie sich im Dickicht häuslich ein, lag unterm Blätterdach, das ein paar Löcher hatte, damit der Himmel reinkam. Eine Drossel saß auf ihrem Nest und bewegte sich nicht. Ein Karnickel saß auf seinen Hinterpfoten und putzte sich die Vorderpfoten. Wie lange muss ich hier liegen. Wie lange muss ich den Mund halten. Nele überlegte, ob sie zu Bruder Hinrich auf den Kirchhof, in die Lebebude, laufen sollte. Sie tat es nicht, denn Hinrich und ihr Vater hatten Krach. Harry C. hatte Hinrichs Freundin Johanna angefasst, als sie in einem Sonnenstrahl am Waschküchenfenster badete. Nicht bloß gestern, sondern immerzu, schon seit ewigen Zeiten. Johanna in Schrecken und Freude mitten im Sommer, es kann auch Winter gewesen sein, rein in den Kuhstall, an den violetten Kuhaugen vorbei, den Heuboden rauf und Harry C. denselben Weg hinterher, etwas langsamer, aber genauso verrückt. Auch darum wollte Nele sich verstecken, bei Hasses, in Thamsens Knick.

Und nun kommt ein Tag im Herbst 1948, da läuft in Affegünt Harry C. an der Tür vorbei, wo die beiden Kinder sitzen.

Gustav erzählt von seinem Klavierunterricht und fragt Nele: Was ist eine Septime. Nele weiß es nicht. Und Harry C. weiß nicht, wem er nachsteigt, er glaubt, es ist Johanna, und hofft, es ist Lene, oder umgekehrt. Nele und Gustav schleichen mit klopfenden Herzen hinterher, sie haben so ein Gefühl, dass das jetzt sein muss, verweilen wegen des kurz wie ein Wild verhoffenden Harry C. an der Schweinebucht, wo sie schnell einer alten Muttersau Läuse von der Schwarte sammeln und mit einem halben Ziegelstein kaputt schlagen.

Harry C. hat sein Beerdigungsgesicht aufgesetzt. Er ist aber kein Trauergast, sondern jemand, der jemanden in den Tod scheucht. So läuft man hinter Hühnern her. Man fängt sich ein Huhn an den Flügeln, nimmt das Beil und schlägt ihm auf den Kopf. Das Huhn streckt dann den Kopf weit von sich, sodass es gut auf dem Haublock liegt.

Aber noch sind wir nicht so weit. Erst vorsichtig mit ausgebreiteten Armen das arme Huhn in die Ecke treiben. Da sind noch Löcher, wo es entschlüpfen kann. Es ist Lene, die da läuft, und Harry C. macht: Ksch, ksch. Gustav und Nele sind ganz nahe dran, es ist Sommer, der Kuhstall ist leer. Die beiden sitzen still, von einer Tränke verdeckt, und halten die Luft an. Kater Puni kommt und schnurrt. Mit steil aufgestelltem Schwanz springt er die Treppe zum Heuboden hoch. Die Kinder folgen ihm. Sie hocken sich mit Kater Puni zwischen den Häckselschneider und die Holzwand der Scheune. Puni macht einen Satz und fängt eine Maus. Da sind Mäusenester. Da sind ganz junge Mäuse, die müssen dran glauben. Nele und Gustav helfen Puni und klatschen die blinden Kleinen gegen die Wand, während Harry C. weiter hinten zusieht, wie Lene auf der Heuleiter ins obere Balkenwerk klettert und dort oben ein Wäschetau festknüpft. Harry C. steht mit den Händen in den Taschen.

Nele und Gustav sehen ihn so stehen und stellen ihrerseits das Töten ein. Puni schleicht um die beiden herum und schnurrt.

Als Harry C. die Kinder in der Küche wiedertraf, klagte er über Mattigkeit. Er fragte: Habt ihr Mutti gesehen.

Kopfschütteln.

Ist mir ein Rätsel, sagte er und: Dann müssen wir sie suchen.

Oben fanden sie des Rätsels Lösung. Ein Strick hing vom Balkenwerk runter bis zu Lenes Kopf. Sie hatte nicht gewagt zu springen. Sie hatte den Kopf in die Öse gelegt, war die Heuleiter wieder runtergestiegen und war in die Knie gegangen. Als Dr. Pfennig sie abschnitt, entwich Luft, und alle, die es mit ansahen, dachten, sie lebt noch.

Nele kam nach Flensburg zu ihrer Tante. Da wohnte schon ihre Schwester Donna. Nele hatte ein paar Abschiedsgeschenke für Gustav: ein weißes Kreuz aus Perlmutt mit der Aufschrift Bethlehem; sie hatte es Anne nach dem Kinderkriegen im Knick aus der Schublade des Telefontisches im Flur geklaut. Außerdem gab sie Gustav zwei Hefte aus ihrer Sammlung von Boni, dem Effka Negerlein: Das Märchen vom lieben Wald und das Märchen von der unruhigen Lokomotive. Gustav schrieb ihr ins Poesiealbum:

Frohes Leben ohne Plage,
Glück bei jeglichem Beginn,
viele hochbeglückte Tage,
frischen Körper, frohen Sinn:
Alles das mit vollen Händen
möge dir die Zukunft spenden.

Harry C. musste Affegünt seinen Gläubigern überlassen. Es reichte gerade noch für ein Haus in Solsbüll-Mühle, das Brase ihm im Eichenhof am Stammtisch verkaufte. Da zog er oben ein, während Hinrich und Johanna unten wohnten.

Während ich hier

Streckenerkundung, das ist planbar und machbar und Glückssache. Im besten Fall kommt mir der Gedanke, dass ich wieder ein Kind bin oder wenigstens jung. Ich bin leichter und mutiger als sonst.

Es ist Februar. Es ist aber wie Ende März oder Anfang April. Krokus, Märzbecher, Schneeheide blühen. So warm ist es manchmal erst im Mai. So regnet es noch oft im Mai. Man höre, wie der Regen immer und leise auf die Frontscheibe regnet. Ich sitze im stehenden Auto und höre dem Regen zu, sehe zu, wie er in Tropfen und krummen Bächen die Scheibe runterläuft. Dahinter sehe ich nichts. Vom Mühlenbach, von Sankt Ursula, vom Eichenhof ist nichts zu sehen. Es ist da eine Ahnung vom Ende des Tages, vom Ende des Regens. Eine Ahnung vom Glück.

Ein Tag wie heute ist ein Tag, um eine Strecke abzufahren und vorzukosten für später. An einem Tag wie heute geht es um was lächerlich Einfaches, im Gegensatz zu sonst.

Das Wasser steht auf der Straße. Es soll bitte weiterregnen, es soll bitte noch schlechtere Sicht geben, noch mehr Wasser auf der Straße. Die soll ein Nebenfluss der Solsbüller Au werden. Das sind so Kinderwünsche. Ich fahre los, sehe die Kinder auf der Dorfstraße mit meinem Polizeigesicht an. Da hüpft ein roter Ball vom Friedhof her, wo die Kinder bei den nassen Rhododendren spielen. Der Ball, blank vom Regen, rollt unter mir durch und kommt auf der anderen Seite wieder raus, rund und schön. Die Kinder können sich nur freuen, vom Glück wissen sie nichts.

Welche Chaussee soll ich fahren. Welche Bäume soll ich zählen. Birken, Erlen, welche noch. Soll ich die Teichrosen im Mühlenteich fotografieren, oder heißen sie Mummeln. Mach Bilder von den vielen hundert kleinen Hügeln. Auch von den vielen hundert kleinen Wäldern. Die Wege laufen da wie Strohhalme rein, heute kann man daraus trinken. Zum Fotografieren ist aber zu wenig Licht.

Ich fahre nicht den direkten Weg, weil es den nicht mehr gibt. Ich wüsste den Weg von damals auch gar nicht mehr. Ich schöpfe aus meiner Unkenntnis. Ich spinne mir einen Weg zurecht. Hier stand die Wassermühle, da wohnte Uhrmacher Strohlich mit seinem Sohn, dem kleinen Brillenträger, der Geologe werden wollte und auch wurde. Von hier geht es einen kleinen gewundenen Weg längs, früher Kies, heute Asphalt. Es geht über die Eisenbahnbrücke, von wo man den Blick auf den Heidberg hat. Der ist kaum eine Erhebung, nur grün ist er. In Mooswatt dann der Laden von Elektromeister Storm, nun dem jungen Storm. Die Straße ist nicht mehr so wie früher, sie ist gerader und glatter. Die Knicks sind weg, die meisten Kurven sind weg, und die noch da sind, sind weniger eng.

Hier ist nun auch schon der Parkplatz an der Nordstraße, der Parkplatz unterhalb der Milchbar, die wie eine Kirche auf der Anhöhe steht. Wo ist die Milchbar. Auch im Licht der vorbeifahrenden Autos sehe ich sie nicht. Da steht keine Milchbar mehr. Das Milchtrinken kam aus der Mode. Die Milchbar wurde abgerissen. Ich will hier nur parken und im Auto sitzen bleiben. Du gehst keinen Schritt vor die Autotür, denn ich will keine Antwort auf Fragen wie diese: Haben sie den Brautsee hinter der Milchbar zugeschüttet. Wo ist Dr. Inges Kunsthütte geblieben. Stehen da noch die Birken und Erlen. Weht der Wind noch in den Birken und Erlen.

Es ist nun doch wieder Februar geworden. Schnee kommt in blauem Weiß auf die Fenster und bleibt liegen. Ist es das Weiß von Meggersees Arztkittel. Ist es das Weiß von Grets Wochenbettpackungen, die in der Bismarck-Apotheke zu holen waren. Es ist das Weiß von Dr. Inges Bluse, das Weiß von ihrem Plisseerock, den sie zur Bluse trug. Ihr gehörte auch die Hütte unten am Brautsee.

Und nun wollen wir ein wenig Musik hören, so Dr. Inge. Aus ihrem transportablen Plattenspieler erklingt: Innsbruck, ich muss dich lassen. Wir schneien ein, wir mögen das, wir mögen die Flocken. Wir denken oft aneinander, schreiben uns selten. Sie war meine liebste Lehrerin, sie war auch die schönste. In Kunst und überhaupt. Ich darf nicht sagen, wie alt sie ist. Aber dieses darf ich sagen: Mir hat sie gegeben zu sagen, was ich leide und was ich leiden mag. Sie lebt ganz mit sich alleine in Flensburg, ausgerechnet in der Duburger Straße. Vor ein paar Wochen fiel sie hin, schlug heftig auf. Sie sagte: Mein Körper wurde wie eine Ziehharmonika zusammengedrückt, ich habe mir aber nichts gebrochen, der liebe Gott hat mich gütig geschont. Sie musste sich dann doch operieren lassen. Mich wiedersehen will sie erst, wenn sie sich erholt hat. Und dann möchte sie, dass kaum Jahre zwischen uns verstrichen sind.

Warum bin ich überhaupt hier, ich meine: an diesem Parkplatz. Das Glück hat mich rausgelockt. Ich mag dieses Land. Die Ostsee ist nah. Der Himmel ist voller Sehenswürdigkeiten. Zum Beispiel voller Sterne, denn Regen und Schnee sind gegangen. Sternschnuppen fallen in die Ostsee. Wenn Rosa eine Sternschnuppe fallen sieht, dann sagt sie: Hitler sei verdammt. Im Februar fallen nicht so viele wie im Oktober oder November, die Ostsee ist ziemlich nah.

Die Straßen glänzen, kein Schuh glänzt so schön. Ich finde wieder die alten Schleichwege. Die Kilometer sind kürzer, die Kreuzungen kinderfreundlicher, die Katzenaugen wie früher.

Wenig später stehe ich am Wohnzimmerfenster. Hierhin könnten wir eigentlich den Schreibtisch stellen, meint Ruth, dann hast du immer deine Moorbirken vor Augen. Die sonnen sich jetzt im schönen Mondlicht. Ich lege den Terrassentürhebel waagerecht und schiebe die Terrassentür auf. Es sind keine dreißig Schritte bis zu den Moorbirken, aber es ist zu kalt und zu nass.

Verwegene Burschen

Es war im heißen Sommer 1954. Die Schule war mal wieder mies gewesen. Nur Erdkunde hatte Spaß gemacht, ferne Länder, fremde Völker. Gustav Hasse und Hans Siemsen, beide dreizehn, zogen ihre Räder aus dem Ständer, schwangen sich auf, fuhren die Bismarckstraße bis Ecke Bahnhofstraße runter. Dort machten sie erst mal Halt beim Bäcker. Jeder schob zehn Pfennig über den Tresen.

Einen spanischen Wind, bitte.

Lass uns am Heidberg längsfahren, sagte Hans Siemsen. Dieser Weg ging neben dem Bahndamm her, ein kohleschwarzer Streifen, nur für Eisenbahner.

Vermuten Sie ein Verbrechen, Colonel, so begann Gustavo und leckte sich die letzten süßen Schaumkrümel von der Oberlippe.

Sie schoben die Räder zum Bahndamm hoch und schauten sich um, kein Eisenbahner in Sicht. Dann horchte er mit dem rechten Ohr an der linken Schiene, kein Zug im Anmarsch.

Schätze, dass die Banditen als Geologen verkleidet waren, sagte Siemsen alias der Colonel.

Aber hier in Solsbüll gibt's doch gar keine Banditen, sagte Gustav. Allerdings gibt es Karnickeljäger am Heidberg, haufenweise. Er sah Siemsen an.

Karnickeljäger doch nicht, sagte Siemsen mit wegwerfender Hand. Hier geht's um Banditen, Mensch, lass uns anfangen.

Gustav fasste den Lenker fester und fragte mit heller Stimme: An welcher Stelle passieren wir die Grenze, Colonel.

Die beiden versuchten dort, wo die Solsbüller Au am Heidberg aus der Moränen- oder vielmehr Kordillerenlandschaft in die Ebene durchbricht, über die Grenze zu kommen. Aber da stand ein schmieriger mexikanischer Grenzer.

Bedaure, sagte er und wies sie ab.

Da stinkt doch was, sagte der Colonel zu Gustavo.

Caramba, da stinkt was, gewaltig stinkt da was, sagte Gustavo zum Colonel.

Die Freunde wichen zurück, lenkten ihre Pferde wieder vom Bahndamm runter und verschwanden in einer tiefen Talsenke. Was den beiden erst jetzt klarwurde: Der schmierige Mexikaner war gar kein Grenzer, sondern einer von mehreren Banditen im Auftrag des falschen Generals Don Sandro, des Narbigen. Die hatten die richtigen Grenzer überfallen und in ein dreckiges Kellerloch gesperrt. Der falsche General tyrannisierte die ganze Gegend und war insbesondere scharf auf die Ranch des reichen Ranchers Willy Wilson, dem auch der Heidberg gehörte.

Gustavo und der Colonel kamen langsam heraus aus dem tiefen Tal, erklommen und durchmaßen ein dürftig bewachsenes Vorgebirge, überquerten die Solsbüller Au, hier Rio Agava, auf einer schmalen Brücke, wo ein Feldweg rüberging, denn weiter oben war der Rio Agava zu reißend.

Schätze, dass wir das gründlich unter die Lupe nehmen müssen, sagte der Colonel.

Schätze das auch, sagte Gustavo.

Die beiden gelangten trockenen Fußes auf die andere Seite, wo die Sonne genauso erbarmungslos brannte. Es gab nichts zu trinken. Sie arbeiteten sich in der Ebene, immer parallel zum Agava, durch Sumpfdotterblumen, Disteln und Brennnesseln bis zur Wassermühle vor, die eine verlassene mexikanische Spelunke war und Don Sandro und seinen Banditen als Unterschlupf diente.

Da standen die beiden nun am Kellergeschoss der Mühle, umgeben von einem wilden, undurchsichtigen Gestrüpp. Durch ein kaputtes Fenster lugten sie in einen Raum. Sie sahen zuerst nichts als Spinnweben und Bretterhaufen, aber nach ein paar Blicken konnten sie zwei Gestalten auf einer Holzkiste ausmachen, vernahmen auch deren Stimmen, eine tiefe und eine hohe.

Der mit der hohen Stimme sagte: Teufel, die sind jetzt hier, der Trick an der Grenze hat nicht geklappt, die sind woanders rüber.

Der mit der tiefen Stimme sagte: Wir erledigen sie mit dem Messer.

Demnach hatten sich die zwei hier hinbegeben, um Gustavo und den Colonel rankommen zu sehen und kaltzumachen. Gustavo trat gegen eine leere Konservendose. Er und der Colonel bekamen von dem Geräusch einen Schreck und zogen sich im Schutz mannshoher Brennnesseln, die ihnen die Beine brannten, zurück, setzten sich unter die Brücke, wo der Wasserfall vor sich hin tröpfelte, auf einen Stein und beratschlagten und rauchten.

Am besten, wir nehmen Karl Kroghmanns Haus, sagte Siemsen. Von Kroghmann war es für die Freunde nur ein Katzensprung nach Hause, ein paar Meter für Siemsen, ein paar Meter für Gustav.

Also zu Kroghmann, sagte Gustav und stampfte auf.

Solsbüll-Mühle lag wie ausgestorben. In der Hitze wagte sich keiner auf die Straße. Einige betrunkene Mexikaner schliefen unter der Dachrinne des Eichenhofs ihren Rausch aus. Gustavo und der Colonel ritten am Friedhof und am Dorfteich längs und drehten noch ein paar Runden, dann band der Colonel sein Pferd am Kroghmann'schen Gartenzaun fest. Gustavo sah es und tat es ihm nach. Sie schlenderten zum schattigen Vorplatz des Hauses, wo der alte Kroghmann seinen Nachmittagsschlaf im Korbstuhl hielt. Ein mulmiger Ort, auf den sie jetzt zugingen, eine verqualmte Höhle voll von saufenden feigen Mestizen.

Wir brauchen einen Tisch, wo wir mit dem Rücken zur Wand sitzen können, stellte der Colonel fest.

Da trappelte Hufgetrappel in die lastende Stille. Gitarrenklänge aus der Ecke brachen schrill ab.

Meine Güte, flüsterte Gustavo, der falsche General Don Sandro.

Der kam mit gewichsten Stiefeln hereingestampft, gefolgt von seiner Leibwache.

Der Colonel sprang dem Bandenchef mit einer Beinschere entgegen, mähte ihn praktisch um, saß schon rittlings auf ihm und brüllte: Ich hab ihn, ich hab ihn.

Davon erwachte der alte Kroghmann, tastete nach seinem Hut, hatte aber dann doch gleich wieder den Kopf auf der Brust zum Weiterschlafen.

Von den Mischlingen verdrückte sich einer nach dem anderen aus dem gefährlichen Lokal. Die Pistoleros, die zum falschen General gehörten, fuchtelten mit ihren Waffen.

Caramba, so keuchte der unterlegene Don Sandro, los, Leute, auf sie, das hier wird mit Blut abgewaschen, nur mit Blut.

Einer der Seinen trat nun mit einem Revolver näher und spannte den Hahn, klack.

Jetzt kommt es darauf an, wer den kühleren Kopf und die stärkeren Nerven behält, sagte der Colonel.

Es herrschte atemlose Stille, nur der alte Kroghmann in seinem Korbstuhl unter den Kletterrosen gab ab und zu einen Ton von sich. Der Wirt lag hinterm Tresen. Die hübsch gekämmte Odelmann-Tochter Traute stand an den Regalen und sortierte die Whiskyflaschen.

Der mit der Pistole ließ sich von ihr erst mal einen doppelten Whisky einschenken, was Gustavo auf die Palme brachte. In der linken Hand das Glas, in der rechten die Pistole, so kam der Bandit näher, wollte den Colonel und ihn zwingen, die Arme hochzunehmen. Die beiden sahen sich kurz an, der Colonel nickte kurz.

Dann brüllte er kurz in die Kneipe: Nehmt *ihr* die Flossen hoch, alle hier in der Kneipe.

Und Gustavo brüllte mit seiner hellen Stimme noch mal: Ja, nehmt *ihr* die Flossen hoch, und wer die geringste Bewegung macht, ist ein Kind des Todes, claro.

Leichenblässe kam in die Gesichter der Pistoleros, sie streckten die Waffen und nahmen die Arme hoch. Der General lag noch immer keuchend am Boden, so hatte der Colonel ihn gewürgt.

Da stürmte einer herein. Der war durchs Kroghmann'sche Gartentor geritten gekommen, nun warf er sich auf den am Boden liegenden Don Sandro. Wohl ein Texaner, er kaute Kaugummi.

Dies ist für deine Viehdiebstähle, du verdammter Bandit, brüllte der Texaner, haute ihm links und rechts Ohrfeigen rein, deren klatschende Geräusche die Stille wie Peitschenhiebe durchschnitten. Und dies, sagte er, ist für den Tod von Percy Lammers, den du beim Uhrenklauen erschossen hast, du feiger Hund, und haute ihm noch eine runter.

Nun wieder Stille und Pulverrauch in der Kneipe. Oder es war gar nicht geschossen worden. Draußen schlichen die Mestizen-Mädchen unter Führung von Traute Odelmann, der es an der Bar zu bunt geworden war, aus dem Gehöft.

Da stand auch Gunde. Sie spielte nicht mit. Sie sah sich die Geschichte an, hatte einen Packen schmutziger Gardinen im Arm, oben auf den Gardinen saßen zwei junge Katzen.

Gustavos Blick fiel auf die Fahrräder am Gartenzaun.

Los, wir müssen hier weg, zischte der Colonel ihn an, in ein paar Minuten ist hier die Hölle los.

Gustavo kam aus einer Träumerei hoch. Mich laust der Affe, zischte er zurück, stieß Kroghmanns Gartentor, das als Schwingtür diente, mit einem mächtigen Tritt auf, schleppte den am Arm verletzten Texaner raus an den Straßenrand und half ihm aufs Pferd.

Das Mexikaner- und Mestizengesindel schielte aus den Vorgärten über die Zäune. Die hatten keine Ahnung, was gespielt wurde. Der Colonel und Gustavo gaben dem Verletzten einen freundschaftlichen Klaps, als er abritt. Übrigens ist er Brillenträger, stellte Gustavo jetzt erst fest. Die beiden bestiegen nun ihre Pferde und galoppierten die staubige, beiderseits mit verblühtem Flieder gesäumte Hauptstraße runter, raus aus Solsbüll-Mühle, dem nahen Gebirge zu, das in der Sonne glühte. Hinter ihnen fluchten und tobten die Pistoleros, aber sie waren schon außer Reichweite in einer dichten Staubwolke am Horizont.

Immerhin sind wir schwarz über die Grenze, so Gustavo.

Immerhin ein Grund für den falschen General Don Sandro, uns kaltzumachen, so der Colonel.

Immerhin kein Grund, den Schwanz einzuziehen, so Gustavo.

Tschüss, sagte Gustav zu Siemsen, als er zu Hause war.

Siemsen sagte: Wir brauchen einen dritten Mann, hast du ja selber gemerkt. Überleg dir mal was.

Gustav war zwei Stunden zu spät. Anne hatte immer schneller die Wäsche zusammengelegt, Gret hatte ihren

Mund immer fester zusammengepresst und ihre hektischen Flecken bekommen. Als es nichts mehr zum Zusammenlegen gab und Gret ihren Mund kurz zum Luftholen öffnete, sagte Anne: Wo bleibt bloß der Bengel. Gret machte Abendbrot für die beiden Wöchnerinnen, die im Entbindungsheim lagen. Sie schnitt Tomaten und Petersilie klein.

Da kam er durch die Tür, an der ein schwarz-weiß-rot bemalter Storch hing. Wen nehmen wir bloß als dritten Mann, überlegte er, als er zur Küchentür reinkam. Gret riss sich am Riemen und sagte nichts. Anne kuckte durchs Kinderzimmer auf ihren Wäscheberg in der Veranda. Gustav setzte sich auf die Kiste neben der Grude und zog seine Sandalen und Perlonsocken aus. Da bist du ja, du verdreihte Bengel, ach. Anne war bis zum Spülstein vorgekommen, sie fuhr sich mit dem Zeigefinger über die Nase, sie schnupperte etwas von der frischen Wäsche, sie freute sich, ihr Mund breitete sich zum Lachen aus. Alles war wieder gut.

Gustav bekam seine Abendbrothappen: dreieckige Leberwurstschnitten, feingeschnittene saure Gurken drauf, Quark mit Schnittlauch aus dem Garten, einen Tee mit zwei Teelöffeln Zucker. Er und der Colonel mussten sich noch rasch vor der nächsten Keilerei Riesenstücke getrocknetes Beef zwischen die Zähne schieben. Es schmeckte außerordentlich.

Nicht so hastig, du Vielfraß, so der Colonel zu ihm, kannst wohl wieder mal nicht genug kriegen.

Kümmere dich um deinen eigenen Mist, fauchte Gustavo zurück.

Gret drehte sich um: Was hast du gesagt. Aber sie hatte schon kapiert.

Gustav schob Teller und Tasse von sich. Halb aufgegessen, halb ausgetrunken, das Lager musste schnellstens geräumt werden, denn schwerbewaffnete Reiter waren aufgetaucht, die ihre Spuren sorgfältig untersuchten.

Als die Sonne sich anschickte, roter und roter hinter den Kordilleren zu versinken, musste Gret raus auf Wöchnerinnenbesuch. Anne übernahm das Regiment.

Du hast nun lange genug rumgedammelt und wieder nur die Hälfte gegessen, was machen wir bloß mit dir, also Schulaufgaben und dann schlafen.

Eigentlich wollten Siemsen und ich draußen noch was machen, log Gustav.

Du bist wohl mall, sagte Anne, ab ins Bett.

Gustav verschwand mit einer Widerrede im Maul, nahm zwei Treppenstufen auf einmal. Mathe, davon lass ich lieber die Finger, für Deutsch bin ich zu müde, Erdkunde schreib ich von Strohlich ab. Die Fenster waren offen, Sommerduft kam herein, er lehnte sich zum Fenster hinaus und sah auf den Birnbaum, wo eine Singdrossel saß und sang.

Wir nehmen Edgar Strohlich, so seine Überlegung vor dem Einschlafen. Schwer vorstellbar, Strohlich als Texaner, der den Banditengeneral fertiggemacht hat, aber er ist es gewesen, Gustav sah noch die Brille, roch noch Pfefferminz, der dem Mund des Texaners entströmte, hörte noch die Ohrfeigen. Kein Zweifel, es war Strohlich, der Brillenträger, der blasse Kaugummikauer. Er hatte einen Onkel in Lubbock / Texas, war Flüchtlingskind, sein Vater war der Uhrmacher in der Kate bei der Wassermühle, und als fleißiger Schüler hatte er einen Füller, der stets mit Tinte gefüllt war und nicht kleckste. Bei ihm begann Schreiben immer mit kurzem Händezittern und Mundspitzen und Luftholen, so genau nahm er es.

Edgar also der dritte Mann. Die drei ritten zum Wasserfall, der am Nachmittag nur getröpfelt hatte. Jetzt war der Rio Agava angeschwollen, fern in den Bergen hatte der Himmel jede Menge Wasser in den Fluss geschüttet. Sie mussten weiter nach unten, wo sich das Strudeln und Getöse in einer seeartigen Ausbuchtung verlor. Da ritten sie durch und gewannen das andere Ufer. Nach kurzer Beratung zogen sie den kleinen Mühlenberg hoch, wo mächtige Steinbrocken lagen, wie geschaffen zur Verteidigung. Von hier bot sich auch ein bombiger Blick auf die unten wuchernde Vegetation: Erlen, Palmen, Kakteen und Buchen, aber auch nackte Wüste und grünes Gras dazwischen.

Da sind sie, Amigos, sagte der Colonel. Keine halbe Stunde hinter uns, ich hab mir doch gleich gedacht, dass wir in die Schweinerei reinkommen, ehe wir die Ranch des reichen Willy Wilson erreichen.

Hab ich mir auch gleich gedacht, sagte Gustavo.

Aber keiner wusste genau, wo die Wilson-Ranch war, irgendwo Richtung nördlicher Horizont, vielleicht Pleistrup; hinter dem Mühlenberg, das wussten sie.

Nun musst du auch mal was sagen. Gustavo stieß Strohlich in die Seite, der gerade seine Brille putzte, mit einem sauberen Taschentuch.

Strohlich sah auf den Colonel, sah auf Gustavo. Ihr hättet mich zurücklassen sollen, sagte er, ich bin doch nur eine Last für euch.

Quatsch, so Gustavo und der Colonel wie aus einem Mund, du bist unser dritter Mann, wir brauchen dich.

Lasst mich zurück, sagte Strohlich matt, versucht allein, die Ranch zu erreichen.

Aber nur Strohlich wusste, wie man den Weg zu Willy Wilson fand, weil er sich hier auskannte und Landkarten lesen konnte.

Keine Diskussion, sagte der Colonel scharf.

Und Gustavo sagte: Du bleibst hier, Amigo.

Strohlich blieb. Der Colonel schickte ihn zur Wilson-Ranch, um Verstärkung zu holen. Strohlich klemmte sich sein Erdkundebuch unter den Arm und ritt los.

Jeden Augenblick mussten die Banditen auf der Bildfläche erscheinen. Gustavo suchte sich eine noch bessere Deckung und legte die Patronen noch griffbereiter auf sein Halstuch, damit kein Körnchen Sand rankam. Alles okay, flüsterte er.

Da kam Strohlich mit Verstärkung heran, da donnerten die Hufe. Strohlich donnerte allen voran und brachte einen Gruß von Willy Wilson. Er meldete: Die Banditen haben Rosalie, die Tochter von Willy Wilson, entführt, und zwar immer wieder an einen anderen Ort, immer höher in die Berge.

Verfluchte Scheiße, kombinierte der Colonel, das sind die Banditen vom falschen General Don Sandro, dem Narbigen. Das ist der, den du gestern vermöbelt hast, Strohlich.

Strohlich wehrte bescheiden ab.

Draußen wurde es dunkler und dunkler. Die Vögel hatten zu singen aufgehört, die Frösche hatten zu quaken begonnen. Es kam ein Klappern an Gustavs Ohren, ein Klappern von unten aus der Küche. Gret war wieder da und packte den Abwasch weg. Anne saß auf der Holzkiste neben der Grude, den Kopf auf der Brust, die ineinandergelegten Finger unter der Schürze. Es war noch Glut in der Grude, draußen war noch eine kleine Portion Helligkeit. Juni / Juli wird es nie dunkel. Die Wildtauben sitzen eine Weile ruhig in den Linden, die Linden stehen eine Weile ruhig ums Haus. Der Wegweiser nach Atzbüll unter der Doppeleiche ist gerade noch zu lesen. Zwei Babys schliefen in den mit bunten Blumen bemalten Kinderwiegen. Rosalie, die Tochter des reichen Ranchers, hatte braune Augen. Mit einer großen Sehnsucht nach ihr schlief Gustav ein.

Komm, Gustav, aufstehen, so weckte Anne ihn am nächsten Morgen um sechs. Gret war nachts zum Kinderholen rausgeklingelt worden, sie war nicht zu Haus. Anne hatte die Mütter im Entbindungsheim schon versorgt, sie lagen auf der Seite, stützten sich mit dem Ellenbogen auf, Hand am Ohr, sahen auf ihre Babys, dass sie die Brustwarze nicht verloren und schön saugten. Abwechselnd tranken sie Mischkaffee und Bohnenkaffee aus Schnabeltassen und aßen Marmeladenbrote.

Bei Anne musste es ruck, zuck gehen. Schon im Weckruf war die Prise Ungeduld. Grets Rufen war warm wie das Bett, das legte sich dann zu ihm hin, und er schlief noch mal ein. Also heute wieder das ungemütliche Erwachen und eiserne Aufstehen.

In die Klamotten, Katzenwäsche, Katzenfrühstück. Verschlafen holte er seinen Drahtesel aus dem Stall und fuhr die paar Meter zu Siemsen, der unter den beiden Pappeln auf ihn wartete. Mutter Siemsen stand im Bademantel in der Tür und winkte. Die Sonne war längst an der Arbeit. Das Gras war gemäht, die Wintergerste stand schon gelb zwischen den Knicks. Die Jungen fuhren den Weg von Solsbüll-Mühle nach Solsbüll, ein paarmal Berg, ein paarmal Tal, ein paar mal um die Ecken, dann schoben sie den großen Mühlenberg hoch, dann strampelten sie gegen eine Sommerbrise aus Osten weiter.

Wegen der Hausaufgaben müssen wir Strohlich rechtzeitig abfangen, sagte Siemsen.

Wir brauchen den sowieso als dritten Mann, sagte Gustav, und ihm war, als hätte er bereits alle Hausaufgaben gemacht, auch die für morgen, was aber nicht stimmte.

Strohlich saß schon auf seinem Platz, die Schultasche auf dem Tisch, die Unterarme auf der Schultasche. Die beiden schrieben ein paar Flüsse aus seinem Erdkundeheft ab. Du bist der Mann, sagte Siemsen und haute ihm zwischen die Schulterblätter. Strohlich wusste nicht, wie ihm geschah, und nahm das Heft wieder an sich. Es klingelte, und Mathematiklehrer Paul Zahl kam zur Mathestunde rein.

Zahl fehlten alle Finger seiner rechten Hand, vom Krieg. Er erzählte nie davon. Seine Rechte hielt er immer in der Hosentasche, mit der Linken schrieb er gestochen schön Gleichungen, Prozente, Bruchstriche. Er war ein scharfer Hund, bei ihm gabs keinen Pardon, und seine Fragen kamen angelegt, gezielt, geschossen. Hasse, sagte er, und sein Name schnitt Gustav ins Herz. Zahl wusste das und schnitt noch mal und tiefer, Hasse, man könnte dich hassen, sagte er und lachte mit den Zähnen. Gustav hatte weder Zeit noch Lust gehabt, die Mathe-Aufgaben abzuschreiben, nun musste er dafür büßen. Um ihn herum grinste und schwieg es. Zahl wollte rachedurstig wissen, wie viel elf mal fünfzehn ist. Siemsen flüsterte es Gustav zu, über die Bank in sein Ohr: hundertfünfundsechzig. Aber Gustav hörte nichts, war in fernen Wassern versunken, saß ohne Antwort da auf seinem Stuhl. Zahl nahm einen anderen dran und fuhr mit Zirkel und Kreide an der Tafel fort.

In der Pause sprach Gustav mit keinem, auch nicht mit Siemsen. Er kaufte sich eine Milch. Er stellte sich in der Schulhofecke in einen Schneeballbusch-Schatten, stieß einen Strohhalm durch den Stanniolverschluss und sah den Mädchen nach, die, zu dritt oder viert eingehakt, im Gleichschritt zwischen Zaun und Fahrradständer hin- und hermarschierten. Sie schnatterten was, kuckten was, lachten was. Wenn die einen ankucken, dann kucken die alle denselben an. Gustav bekam wieder Rosalie in den Kopf, und er sah alle Mädchen, die er nett fand, daraufhin an, welche von ihnen Rosalie sein könnte. Traute Odelmann war zu alt und hatte schon die Rolle der Bardame. Nele wohnte inzwischen in Flensburg, Esther Selken, die Müllerstochter, war zu klein und zu dick. Es blieb nur eine übrig, die Bärbel hieß und eine von den vier Mädchen war, die gerade auf Gustav zumarschiert waren und kehrt marsch gemacht hatten. Ja, Bärbel, die aus der Parallelklasse war es, die mit den kurz geschnittenen Haaren, den Haselnussaugen und den vielen Sommersprossen, Bärbel, ein Flüchtlingskind, ihre Eltern hatten ein Wollgeschäft in der Bahnhofstraße. Sie trug einen Faltenrock und einen roten Pullover, unter dem Pullover trug sie eine weiße Bluse, und darunter waren kleine Brüste.

Es klingelte zur letzten Stunde. Gustav rannte zum Fahrradständer, riss sein Rad heraus, ließ Schule Schule sein und Siemsen Siemsen. Strohlich saß schon wieder an seinem Platz. Gustav nahm den Weg am Bahndamm entlang, wie gestern, und machte sich aus dem Staub.

Dort, wo die Solsbüller Au am Heidberg die Moränen- oder vielmehr Kordillerenlandschaft durchbricht und ihren Weg in die Ebene findet, warf sich Gustav neben Ginster und Trümmerkraut ins Moos, um Rosalie, die Tochter des reichen Ranchers, zu retten. Hummeln und Bienen summten durch die Luft, zwei Kohlweißlinge schaukelten hinter dem Bahndamm. Der Schülerzug dampfte vorbei und entschwand im Taleinschnitt hinter der Brücke, wo der Damm eine Linkskurve macht, Richtung Kummerby. Da geht auch die Straße von Mooswatt nach Solsbüll-Mühle rüber. Nicht weit weg davon ist der Krug Boddelhoch, wo man draußen vor der Tür Bier trinken kann.

Der Sommer 54 brachte strahlende Tropenhitze: einen

nicht enden wollenden blauen Sommerhimmel mit hunderttausend Haufenwolken. Hier am Heidberg roch das Gras, es war auch noch der Geruch vom Schülerzug da. Pleistrup leuchtete, stand unter Palmen und seltsamen Manzanillobäumen, die es hier gar nicht gab. Während anderthalb Kilometer nördlich der falsche General Don Sandro Genugtuung für die Niederlage von gestern forderte, näherte sich von Süden Bärbel mit dem Fahrrad. Ihr Schutzblech schepperte, und die Klingel klingelte, ohne dass sie dran drehte. So wurden Don Sandro und alle seine Pistoleros vertrieben, und Strohlich und Siemsen mochten vom steinreichen Ludwig von Qualen alias Willy Wilson zu Kakao und Kuchen eingeladen worden sein. Gustav war allein in Moos und Heidekraut auf dem Heidberg, den die soundsovielte Eiszeit geschaffen hatte. Er hatte Bärbel vor der letzten Schulstunde im Gedrängel am Eingang einen Zettel zugesteckt. Sie hatte den Zettel genommen, er hatte ihre Hand gespürt und war sofort zum Fahrradständer gerannt. Nun war eine halbe Schulstunde um.

Bärbel schob ihr Fahrrad den Bahndamm längs. Gustav sah ihren Faltenrock, ihren roten Pullover. Er sah nun auch ihr Gesicht, er sah ihr Haar. Er ging ihr entgegen. Sie trafen sich, wo der Feldweg am Heidberg über die Solsbüller Au geht. Sie standen voreinander und berührten sich nicht. Bärbel war in der letzten Schulstunde plötzlich aufgestanden und hatte gesagt: Mir ist so schlecht. Davon erzählte sie aber Gustav nichts. Gustav hatte dünne Beine, er ging in die Knie und betrachtete die Speichen ihres Vorderrades.

Könntest du mal wieder putzen, sagte er.

Kannst du ja machen, sagte sie.

Gustav freute sich über die Antwort. Kommst du noch ein Stück mit, fragte er sie.

Ja, sagte sie, ich muss aber um drei Uhr zu Hause sein.

Dann waren sie auf der Straße von Mooswatt nach Sols-büll-Mühle, fuhren an Brombeer- und Himbeersträuchern, an Gras und Kälberkraut entlang. Es roch. Gustav hörte Bärbels Reifen durch den Sand rollen. Die beiden Mühlräder an der Wassermühle standen still, der Wasserfall tröpfelte nur. Sie bogen in den Mühlenwaldweg und lehnten ihre Fahrräder an den erstbesten Baum.

Wo gehen wir hin, fragte Bärbel.

Weil es immer nach oben und durch ein paar Kurven ging, sagte Gustav: Da rauf, wo der Wald zu Ende ist.

Sie mussten nahe nebeneinandergehen, aber sie fassten sich nicht an. Als der Wald zu Ende war, am Koppeltor, wo Thamsens Wintergerste begann, blieben sie stehen. Gustav pflückte drüben eine Ähre und rieb sich die Körner in die Hand. Dann pustete er das, was fliegt, heraus. Jeder bekam die Hälfte.

Bärbel sah ganz anders aus als Rosalie, aber auch sie hatte braune Augen, Sommersprossen, ganz viele, kaum zu sehen. Wenn sie lachte, sah Gustav ihre oberen Zähne und noch etwas vom Zahnfleisch. Er hörte sie atmen, als er mit seinem Gesicht ihrem Gesicht näher kam und ihren Kernseifeduft einzog. Sie hatte einen geraden Scheitel, und da oben roch es nach frischgewaschenem Haar. Sie schwiegen, weil es im Wald auch leise war und das Kornfeld still stand. Bärbel warf einen Blick auf ihre Armbanduhr. Gustav sah das, schloss Bärbel irgendwie in die Arme, und sie beugte sich irgendwie zurück und legte irgendwie ihren Kopf schief, zwei oder drei Sekunden lang.

Sie versprachen sich Blicke und kleingefaltete Zettel.

Und sonst, fragte Gustav.

Die wollen mich verschicken.

Wenn einer verschickt werden sollte, dann wusste man, warum. Wahrscheinlich hatte Bärbel es auf der Lunge.

Und wohin?

Nach Norderney. Ich weiß nicht, für wie lange, sagte Bärbel.

Dann fuhr sie nach Solsbüll, Gustav nach Solsbüll-Mühle. Am Friedhof warf Hinrich Goldschmidt Kränze auf einen großen Haufen. Am Friedhof war immer Betrieb. Gustav winkte vom Fahrrad, trat aber schneller. Hinrich winkte zurück, er hätte gern einen Klönschnack gemacht. Als Gustav die Küche betrat und Gret mit einem Baby auf dem Arm sah, legte er sich folgende Frage zurecht: Ich frag nur wegen Erdkunde – weißt du, aus welcher Eiszeit der Heidberg stammt. Mit dieser Frage fiel er ins Haus, er fragte Anne und Gret, damit ja niemand Verdacht schöpfte.

Die Tage sind nun mal so

Es scheint immer Nacht zu sein und auf ewig bleiben zu wollen. Die Tage sind nun mal so, haben wenig Luft und viel Eis. Gute und böse Kälteschauer jagen über Stadt und Land. Zwischen Himmel und Erde kein Horizont. Alles dreht sich, Glücks- und Unglücksträume branden, ein nasser Schwamm wischt unsere Köpfe aus. Fremd und herrlich liegt an diesem ausgehenden Januartag 1955 das Kaff Solsbüll-Mühle, wo die Kirche das höchste Bauwerk und der Friedhof das größte Flurstück ist, in der Gegend eines der größten Flurstücke überhaupt. Irgendwo fern wartet was. Niedersinken in offene Arme, Auge in Auge, warm sein vor Glück.

Der Tod kam am frühen Nachmittag ins Goldschmidt-Haus gekrochen. Harry C. Goldschmidt, seit fünf Jahren wohnhaft bei Sohn und Schwiegertochter, hatte sich erkältet: Fieber, Grippe und Lungenentzündung. Hinrich war dabei, als sein Vater im Sterben lag. Es lagen noch ein paar Körner Salz auf dem abgeräumten Tisch. Die letzte Fliege aß an einem Brotkrumen. Draußen marschierten Johannas Gänse und rupften den Rest Gras. Windlos der Tag. Feuer im Kachelofen, der bis zur Decke reichte und von oben herabsah. War es wirklich Januar. Die Welt schrak nicht hoch in dieser Todesstunde. Es war noch nicht Nacht. Zu früh fürs Abendbrot, zu spät zum Kaffeetrinken, alles in allem die Stunde des Atmens, nicht ungemütlich. Kein Posaunenklang vom Erzengel ertönte, auch kein Höllenfürstengesang. Der Tag ging einfach zu Ende.

Harry C. nahm es, wie es war. Du kannst noch hören,

aber die Augen sind schon zu. Du schluckst ein letztes Mal, legst ein letztes Mal die Lippen aufeinander, holst zum letzten Mal Luft. Hinrich wusste nicht, ob sein Vater beim Aus- oder Einatmen sterben würde. Musik, sagte sein Vater laut und deutlich. Darauf war Hinrich weniger gefasst gewesen als auf den Tod. Er legte den Kaiserwalzer auf, den sein Vater so gern mochte. Vielleicht sah Harry C. sich noch mal tanzen, im Solsbüller Hof, ein paar Zentimeter überm Parkett schwebend, mit irgendeiner Frau im Arm. Vielleicht sah er sich noch mal am Klavier sitzen und ein paar Akkorde ausprobieren. Vielleicht sah er aber auch gar nichts.

Fast gleichzeitig mit dem Klack, das den Plattenspieler ausschaltete, stand Harry C.s Gesicht plötzlich still, der Kopf sank zurück in die doppelten Kissen. Es flog ein wenig Staub ums Bett herum.

So wie das Leben aus Harry C. entwich, strömte Leben in Sohn Hinrich hinein. Es war, als würde ihm eine zentnerschwere eisenvernagelte Bretterwand vom Kopf gezogen, und Luft umflutete ihn, Frühlingsluft. Dann fingen Stimmen in ihm an. Eine rief laut und deutlich: Gott sei Dank. Eine andere nahm ihn bei der Hand, auf dass er schriebe: Bin ich untröstlich, Ihnen mitteilen zu müssen. Eine dritte sagte: Amen, während mehrere andere durcheinanderquatschten. Dann redete Hinrich selbst: Was mir bleiben wird. Unter diesem Motto standen seine Überlegungen, die er nun anstellte. Er gedachte des umfangreichen Hausrats inklusive Klavier, Marke Feurich; dann des Sommers und des Mohns, rot und angenehm. Es war auch Vorfreude auf die Schwestern Donna und Nele da, die nun aus Flensburg anreisen mussten.

Dann sagte er es seiner Ehefrau Johanna, die gleich zu weinen begann, sagte es seiner Tochter Hanna, die nicht weinte, aber mit ihren sieben Jahren schon eine Ahnung davon hatte, was Sterben und Begraben ist. Er ging es den Nachbarn sagen und erhielt Blick und Händedruck. Auch von Pastor Möller erhielt er dies sowie drei Tage frei. Und vom Beerdigungsunternehmer Winterfeld erhielt er eine Liste mit den gängigsten Särgen. Erst als er nach Todesanzeige und Abendbrot sein Flaschenbier gegriffen hatte, um sich in Filzpantoffeln vor den Fernseher zu setzten (Goldschmidts waren die ersten mit Fernsehen im Dorf), kam er zur Ruhe. Johanna pusselte noch in der Küche rum oder blätterte in den Lesemappen.

Als Hinrichs Schwestern kamen, legten sie mit ihrem Bruder die Gesichter aneinander und weinten unbeholfen. Dann ging Hinrich zum Friedhof.

Oh, lebendiges Leben, süßes und liebenswertes, immer bedenkenswertes Leben. Mit diesem Hymnus im Kopf und auf den Lippen betrat Kirchendiener Hinrich Goldschmidt den Friedhof der Sankt-Ursula-Kirche zu Solsbüll-Mühle. Da trennten sich Himmel und Erde, ein jahreszeitüblicher Sternenhimmel tat sich auf: die Milchstraße über Solsbüll, der Große Wagen mit Kopfstand am Horizont. Vom Mond, zwei Tage nach Neumond, war nichts zu sehen.

Hinrich stolperte über die Schwelle der Lebebude. An der Wand standen Spaten, Schaufel, Hacke; alles war da, Stühle, Tisch, die Brennhexe und alles Übrige. Fast fiel Hinrich vor die Hexe, aber er fing sich und sagte: Verfluchter Mist. Dann griff er nach den Streichhölzern. Er zündete den Docht der Petroleumlampe an und drehte ihn hoch, er goss einen Schuss Petroleum ins Tannenreisig und machte Feuer. Dann setzte er den Wasserkessel über.

Vorwärts marsch, so Hinrich halblaut. Es kam Wärme in die Bude. Die Stimmung stieg. Er bedachte noch mal die

Todesanzeige, die er seinen Schwestern zu lesen gegeben hatte: Nach einem langen, erfüllten Leben entschlief heute nach kurzer, schwerer Krankheit unser lieber Vater, Großvater, Schwager, Onkel und Vetter. In Liebe und Dankbarkeit nehmen wir Abschied. Das Trauergefolge wird gebeten, an der Kaffeetafel im Eichenhof teilzunehmen. Hinrich fand, dass alles gut war, und legte Feuerung nach. Er drehte den Docht runter und griff sich sein Werkzeug. Er ging raus und schloss die Tür.

Hinrich wollte im Mondschein das Grab für seinen Vater graben. Seit Kriegsende machte er das, Gräber graben. Zuerst nur vertretungsweise für den vermissten alten Kirchendiener. Längst kannte er jede Friedhofsecke und jede Erdschicht bis in zwei fünfzig Tiefe. Eigentlich stand sein Dienst dieser Tage wegen Trauerfalls nicht an. Aber wer sollte das Grab graben, wenn nicht er. Er hatte keinen Vertreter, und er beherrschte die Arbeit aus dem Effeff. Es machte ihm nichts aus, im Mondschein zu graben. Ja, es war ihm lieber jetzt als am helllichten Tag. Hinzu kam: Er grub dieses Grab gern, und irgendwas, er wusste nicht, was, hatte ihn schon heute Abend hergetrieben. Vater liegt in der Besten Stube neben dem Klavier aufgebahrt, übermorgen ist Beerdigung, dachte er, als er zum ersten Spatenstich im Familiengrab ansetzte, das er vor sieben Jahren für seine Mutter zum ersten Mal ausgehoben hatte.

Es scheint immer Nacht zu sein und auf ewig bleiben zu wollen. Alles dreht sich, Glücks- und Unglücksträume branden.

Hinrichs nachtfarbene Gestalt rückte Stufe um Stufe tiefer in die Erde. Ein Lächeln, scharf wie eine Scherbe, kam auf seinen Mund. Verrücktes Aas, flüsterte er, und er meinte seinen Vater. Hast schon Mutter auf dem Gewissen. Hast Affegünt versoffen. Jeder weiß es doch. Du mit deiner großen Klappe. Hast dich über meine Kirchendienerei mokiert.

Bessere dich, Hinrich, streng dich an, du ewiger Kindskopf, so Harry C., selber Kindskopf, in den letzten Jahren, in denen es mit ihm abwärtsgegangen war. Bei dir hat es bisher nur zum Totengräber gelangt, und auch unsere Mutter hast du auf dem Gewissen, hast sie zusammen mit deiner Johanna ins Grab gegrämt.

Hinrich hatte das immer abgetan: Komm, reden wir nicht davon, ich weiß es besser. Langsam kam es nun heraus, Hinrichs Hass – den ich laut Pastor Möller nicht haben darf. Die Sache mit Johanna werde ich nicht vergessen bis ans Ende meiner Tage. Die Sache mit Mutter werde ich noch behalten, wenn ich tot bin. Ich werde dir diesen Spaten zwischen die Rippen hauen, und wenn ich davon nicht tot umfalle, werde ich wieder senkrecht stehen, Kopf nach oben. Dann werde ich mich wieder bei Pastor Möller melden und seinem Silberblick standhalten auf den vielen Fotos, die Frau Pastor überall im Pastorat aufgehängt hat. Und nach Staubwischen und Kohlenholen für die Kirchenheizung, nach Heckenschneiden im Frühjahr, nach Blumengießen im Sommer, nach Blätterharken im Herbst, da komme ich zu Hause an und darf in die rot geweinten Augen meiner Johanna sehen. Warum weinst du, Johanna. Ach, es ist so viel, sagt sie.

Noch vor ein paar Wochen hatte Harry C. ihr die tollsten Sachen ins Gesicht gesagt, wenn ihm das Essen nicht schmeckte oder er sonst einen Grund brauchte. Du kannst nicht kochen. Du kannst nicht Schreibmaschine schreiben. Du bist eine Schlampe. Nur einmal, nur noch einmal hatte sie Hinrich betrogen, mit Freddy Dittmann, dem Friseur. Sonst war sie treu gewesen, was aber bis auf ein paar Körner Wahrheit gelogen ist. Als einige Jahre später das mit Freddy passierte, nahm Schwiegervater Harry C. es mit Atemnot und Griff ans Herz zur Kenntnis. Hinrich sagte: Ist nicht so tragisch, aber die Leere, die schon seit sechs Jahren in ihm war, die tat jetzt weh und ging nicht weg.

Hinrich rückte der kalten, aber hier unten nicht gefrorenen Erde mit scharfem Spaten und schwerer Hacke zu Leibe. Ab und zu spuckte er in die Hände, ab und zu blickte er auf und sah den Aushub zu einem mächtigen Haufen hochwachsen, und je höher der Haufen wuchs, desto rascher verschwand er selber in der Grube. Und wie er nun in der Grube verschwand, wie ihm unversehens das verrückte Aas über die Lippen kam, wie ihm plötzlich zwei Lieder von Liebe und Hass auf Leben und Tod aus der Seele flogen, wie er Halt suchend seine Stirn auf die Schaufel legte und sich krumm machte und mit einem Male seine Schleusentore öffnete und weinte und es strömen und strömen ließ – wo der Mond stand, wusste er nicht –, wie er nun sicher auf dem einzig sicheren Boden stand, wie er nun seinen Blick hochnahm, das Kreuz war hinterm Aushub verschwunden, wie er sich mit dem Handrücken Nase und Lippen abwischte, da sah er Freddy Dittmann, da sah er dessen Friseurgeschäft am anderen Ende von Solsbüll-Mühle. Er kam aus Mondnacht und Kälte und betrat den Damen- und Herrensalon.

Freddy, sagte Hinrich, mein Name ist Hiob, ich habe eine Botschaft für dich. Geh hinaus ins Dorf und in die umliegenden Ortschaften und vernasche sämtliche Frauen. Freddy war nämlich bekannt für seine Schwäche, keiner wusste, warum. Die Leute redeten von seinem weißen Friseurkittel oder von seiner Hände Arbeit an anderer Leute Kopf. Von der woanders unerreichten Dittmann'schen Wasserwelle redeten sie, die er für fünfzig Pfennig Aufschlag wie kein anderer zu legen verstand. Es war das Scherengeklapper. Es war die summende Haarschneidemaschine. Es waren die kleinen Wunden vom Rasieren, die er mit Höllenstein und Hansaplast behandelte. Es war der Friseurstuhl, in dem Vater Dittmann, der vom Foto herabschaute, noch Zähne gezogen und Löcher für Ohrringe in Ohrläppchen geschossen hatte. Haar- und Rasierwasserflaschen waren es, die fünf beliebtesten Illustrierten des Solsbüller Lesemappen-Zirkels waren es. Düfte, Bilder, Geräusche aus der großen weiten Welt in der kleinen engen Friseurstube waren es. Freddys fremder Gang war es, sein Humpelfuß vom Krieg war es. Nicht zu vergessen die grünlila Fromms-Reklame, die im Spiegel zu sehen war, und ein hingenuscheltes Wort des frischfrisierten und duftenden Kunden, kurz bevor er das Portemonnaie öffnete: Gib mir mal ne Packung. So war dann letzten Endes Johanna Freddy auf den Leim gegangen, und Hinrich konnte sie sogar irgendwie verstehen, nach alldem.

Hinrich knöpfte sich also Freddy Dittmann vor, weil er sich seinen Vater nicht so vorknöpfen konnte, während er das Grab grub, und in seinem arbeitenden Gehirn entwickelte sich nun alles mit der Logik des großen Kriminalfalles, von dem hier aber keine Rede sein kann, denn es handelte sich nur um zahlreiche Frauen, die gegen Freddy das Bein zückten, und auch solche zückten gegen Freddy das Bein, die es sonst keusch zurückhielten. Jede, die Freddy vor den Friseurkittel kam, war ihm recht, verfügte er doch über ein ungeheuer großes Gemächt, wie man es, so Detleffsen am Stammtisch, in dieser Ausführung nur bei Negern findet. Auf der Reeperbahn nachts um halb eins hatte Freddy ausgerufen: Ich liebe das Leben, das Leben liebt mich. Das hatte er mal in einem Anflug von Schwärmerei aus dem Café Keese nach Hause geschrieben.

Nun ließ Hinrich Freddy nicht mehr verheiratet sein, obwohl Freddys Frau Lisa nebenan den Damensalon bestritt. Und seinen Vater Harry C. ließ er nachträglich von Freddy umbringen. Harry C. hatte nämlich, verrückt und verliebt, Johanna auf dem Heuboden von Affegünt vernascht, hätte sie am liebsten für sich behalten, als sie ihm seine Tochter Hanna gebar, übrigens im Entbindungsheim von Solsbüll-Mühle. Aber das ging nicht, wegen der Leute, und so ging Hanna als Hinrichs Tochter über die Bühne. Bevor Harry C. nun durch Freddys Mörderhand fiel, durfte er seinem Mörder noch mal ins Gesicht spucken, sonst durfte er nichts. Dann war Harry C. ein für alle Mal tot. Ich hätte es auch getan: Morden lassen, dem Mörder ins Gesicht spucken und den Ermordeten begraben.

Das Kirchenschiff von Sankt Ursula, unter deren Augen Hinrich grub, geriet ins Schwanken. Er tröstete sich in letzter Sekunde mit einem unschuldigen Mädchen, Name spielt keine Rolle, welches er schon immer gemocht hatte. Sie mochte ihn auch. Sie setzte sich in letzter Sekunde zu ihm auf die Bank bei den Rhododendren am Ehrenmal und sang ihm längst Vergangenes ins Ohr. Wenn ich ein Vöglein wär und auch zwei Flügel hätt, flög ich zur dir; weils aber nicht kann sein, bleib ich allhier. An dieser Stelle erbrach sich Hinrich.

Er lehnte seine Schaufel an die Wand des Grabes, ging in die Knie, hielt sich die klein und glatt gewachsenen Ohren. Dann sah er hoch, links, vorn, rechts, hinten. Er hatte das schönste Grab seines Lebens gegraben. Alles Ebenmaß für Harry C., alles Glück für mich. Ich kann nun meine drei Kreuze machen, denn endlich kommt er unter die Erde. Er klopfte Schaufel und Spaten aneinander, Erdbrocken fielen; tritt sich fest. Dann stieg er mit Werkzeug in der Hand aus der Grube und ging zur Lebebude.

Dort saß er noch eine Weile frisch und munter an der Hexe und trank seinen verdienten Tee. Er wischte die beschlagene Fensterscheibe blank und sah den Himmelsjäger Orion über dem Kirchendach stehen. Wunderbar, sagte er, als er den sah und den dritten Schluck Tee nahm. Er sagte es in den Pfeifenqualm, der in schönen blauen Schwaden über den Tisch hinwegzog. Es war längst Nacht, Johanna wartete. Aber ich habe Zeit, dachte er. Dann gedachte er des Toten, der zu Hause lag. Er gab sich einen Ruck und stand auf. Morgen ist wieder ein Tag. Es war noch Glut in der Hexe. Es scheint immer Nacht zu sein und auf ewig bleiben zu wollen. Die Tage sind nun mal so.

Während ich hier

An der Christian-Albrechts-Universität zu Kiel besuche ich hin und wieder eine Philosophie-Vorlesung, um mich gewiefter zu machen. Ich brauche das, seitdem ich als Luftwaffenflieger frühpensioniert bin und beim Solsbüller Boten eine Stelle als freier Mitarbeiter habe. Nach Professor Hübners Ausführungen über Wahrheit und Mythos begab ich mich zur Nikolaikirche am Alten Markt, wo ich, wie so oft, vor dem Barlach'schen Geistkämpfer stehen blieb. Der schwerttragende Engel auf dem wolfsähnlichen Wesen zeigt die Erhabenheit des Geistes und dessen Sieg über das Böse. Gegen das Licht blinzelnd, trat ich auf den verlassenen Markt. Drüben bei Karstadt ging der Sommerschlussverkauf zu Ende. Dekorateure in weißen Kitteln nahmen die alte Sommermode raus und taten die neue Herbstmode rein. Einer streute gelbe Ahornblätter aus Kunststoff auf eine braune Kunststoffmatte, einer setzte einen Jägerzaun aus Pappe, wieder einer, mit Nadelkissen am Gelenk, steckte Noten und Text zu Bunt sind schon die Wälder an einem grünen Filzstreifen fest. Eine Schaufensterpuppe stand nackt, eine war halb angezogen, eine andere vollständig angezogen.

Traute Ehlers, geborene Odelmann, Tochter von Eberhard Odelmann und seiner Frau Agnes, trat aus dem Schaufenster oder kam sonst woher und lief mir in die Arme. Passender Hut auf dem Kopf, passende Halbschuhe an den Füßen, passende Handtasche am Arm, das registrierte ich mit einem Blick. Ich wollte an ihr, sie wollte an mir vorbeisehen und vorbeigehen. Wir beide wollten es, aber weil wir es uns anmerkten, blieb uns nichts anderes übrig, als voreinander stehen zu bleiben.

Wir taten überrascht. Der erste Windstoß im Jahr, kalt fegte er eine Ecke aus, stieß die große Preistafel vor der Eingangstür des Italieners um. Wir nahmen zuerst zum Wetter Stellung, dann zur Straßenbahn, die gestern das letzte Mal gefahren war, dann sagte ich: Wie die Zeit vergeht. Ich sah ihre Augen scheuen, meine Blicke hatten keinen Halt. Auch ich konnte ihren Blicken keinen Halt geben. Ich heftete meine Blicke an ihre Wangenknochen, an ihren Mund, den sie unauffällig mit einer Hand zu bedecken versuchte. Ich dachte: Sie ist arm dran, sie hat sich für teures Geld schneeweiße Zähne machen lassen, einen wie den andern. Ich erfuhr noch, dass sie ihren Zweitwagen am Kleinen Kiel gegenüber der Oper geparkt hatte. Im vergangenen Frühjahr war die Konfirmation ihres Jüngsten gefeiert worden, Gott sei Dank die letzte. Ich sah sie dann nebenbei auf die Uhr sehen, und sie schien froh, dass ich sagte: Du, es wird Zeit für mich.

Diesmal ging mein Blick nicht ins Leere, weil ihre Augen sich trauten und meine auch. Die Zappelei, die wir fürs tägliche Leben brauchen, hörte zwei, drei Sekunden auf. Ich sah sie an der Lippe bluten, und ich sog mir Blut aus meinem Zahnfleisch und schmeckte es, als wäre es ein Tropfen von ihr. Unsere Köpfe standen wie Schlüssel in Schlüssellöchern, jeder von uns musste seinen Kopf nur rausnehmen und ein wenig schief halten. Drüben, aus dem Plattengeschäft, das noch halb über den Bürgersteig quoll, kam der Gesang eines bekannten Minnesängers: Dein ist mein ganzes Herz. Ich ließ ihn für mich singen, für uns, nahm die Arme hoch, nicht allzu hoch, aber wir hatten uns schon verabschiedet.

Schläft ein Lied in allen Dingen

Hans Siemsen schwärmte von der Eichendorff'schen Formel: Schläft ein Lied in allen Dingen. Diese habe sich nun wissenschaftlich bestätigt und lasse sich mit gigantischen Verstärkern und großen Lautsprechern nachweisen und vorführen. Kein Witz, so Siemsen. Am Beispiel Bodensee erklärte er das: Der schwingt unvorstellbar geringfügig, kaum einen Hauch, du spürst es nicht, aber er schwingt hin und her. Eine Welle zittert von einem Ufer los, zittert rüber zum andern Ufer, zittert wieder zurück. Du hörst nichts, wenn du da stehst. Aber mit empfindlichen Messgeräten kannst du die Ton-Äußerung jedes einzelnen Gewässers aufnehmen, und mit einem simplen Kopfhörer kannst du sie hören. Es ist wie der Gesang der Wale, wenn die unter Wasser Töne von sich geben. Du könntest es hören. Nur findest du nirgends mehr die Stille, die du dazu brauchst.

In der Schule hatte Gustav zwar von Eichendorff gehört, aber von der den Seen und Teichen innewohnenden Unruhe wusste er nichts. Nun saß er vor der ausgebesserten Holzhütte bei den Fischteichen im Mühlenwald. Es war da wie immer am Montag, an einem Montag in den Herbstferien. Stille, nichts als Stille. Am Montag gab es keinen stilleren Ort. Die privaten Holzfäller, die in forstamtlichem Auftrag am Wochenende Bäume umlegen und die Stille verpesten, gingen ihrem bürgerlichen Beruf nach. Die beim Forstamt gemeldeten Sonntagsjäger saßen im Büro. Die naturliebenden Jugendlichen vom Vogelschutzverein, die überall Nistkästen aufgehängt hatten, kamen erst nach Feierabend.

Zu Füßen der Hütte lagen die Fischteiche, in Stufen hintereinander, einer ergoss sich in den anderen. Sie plätscherten nicht wie sonst, sie lagen in unvorstellbarer Stille. Gustav sah auf und sah durch die hohen Bäume, sah im stillen Himmel einen Habicht seine Kreise fliegen; der hatte sein Nest nicht weit von hier entfernt in einem der ältesten und höchsten Bäume des Mühlenwaldes. Die Teichrosen lagen schweigend auf dem Wasser. Forellen und Goldfische standen im Wasser und schwiegen ihn an.

Ewig betrunken, ewig verliebt, tönte es aus Siemsens Mund herüber. Er saß auf seinem von Jelängerjelieber bewachsenen Hochsitz, jenseits von Büschen und Teichen, hatte mit beiden Händen einen Trichter gemacht und da durchgerufen, hatte Gustav hochgeschreckt und aufgeweckt. Möglich, dass den die Teiche schläfrig gemacht hatten, denn er wusste nicht mehr, ob sie gar nicht aufgehört oder eben erst wieder angefangen hatten zu plätschern. Jedenfalls plätscherten sie. Höchstwahrscheinlich hatten sie, während er geschlafen hatte, unentwegt geplätschert. Als hätten sie nie damit angefangen, als hätten sie nie damit aufgehört, als hätten sie, ewig betrunken und ewig verliebt, schon ewig vor sich hin geplätschert, als wollten sie auf ewig so weiterplätschern.

Wachwerden an den Fischteichen ist was Schreckliches. Schrecklich auch, dass Siemsen ihm so was zurief. Nicht schrecklich, aber schrecklich traurig, dass Traute ihm nicht noch mal das Lied wie unter den Rhododendren am Ehrenmal vorgesummt hatte. Gustav mit einem Ohr an ihrer Brust und mit dem anderen im siebten Himmel. Hatte Hinrich Goldschmidt, hatte Gustav sie jemals in einen Apfel beißen sehen.

Siemsen biss gerade in einen Apfel. Er hatte immer Äpfel dabei. Siemsen lebte. Und wie. Ihn hatte Gustav oft essen, richtig reinhauen sehen. Er war da, hier und heute an den Teichen. Aber Traute war verschwunden.

Kurz ist das Dasein, rief Siemsen aus seinen hohlen Händen.

Du kannst mir im Mondschein begegnen, rief Gustav durch seine hohlen Hände zurück.

Siemsen zeigte sich nicht. Wo war er überhaupt. Gern hätte Gustav ihn gefragt: Hast du mal was von Bärbel gehört. Bestimmt hörte er gar nicht mehr zu, vielleicht legte er gerade seinen Kopf zu einem wohlverdienten Ruhestündchen auf weiches Moos, sein Lieblingspolster, und dachte sich wieder was aus.

Hinrich Goldschmidt, Kirchendiener und Totengräber auf dem Friedhof der Sankt-Ursula-Kirche zu Solsbüll-Mühle, hatte nach dem Tod seines Vaters Traute Odelmann geliebt. Zwei Paar Augen ineinander versunken, und es war um Hinrich, es war um Traute geschehen. Im Eichenhof am Kindergilde-Abend war das gewesen. Alles, was Hinrich in seinem Leben an Sitte und Anstand gelernt hatte, war beim Teufel, und er ließ dahinfahren Frau und Tochter, Recht und Ordnung, Treu und Redlichkeit. Nur dem eigenen Leben ließ er seinen Lauf, und es begann dahinzusprudeln. Kein Blick nach links, kein Blick nach rechts, den Blick nur immer auf sie gerichtet, von ihrem Anblick angezündet, so ging er seinem Tagewerk nach, und das Tagewerk war wunderschön.

Ich hab noch was zu tun, log Hinrich seiner Johanna vor, die dann mit Tochter Hanna aufblieb und strickte und auf ihn wartete. In seiner Lebebude brannte die Petroleumlampe, er rauchte Pfeife und trank einen Tee mit Schuss. In der Brennhexe knisterte und knackte die Feuerung. Er blätterte durch alte Illustrierte, ihn fröstelte. Ihn fröstelte noch mehr, als er Traute sah und hinausging und ihr, wie zufällig, am Steintor neben der Leichenhalle in den Weg trat und zu ihr sagte: Du bist ja völlig durchgefroren, komm, wärm dich auf. Traute war gar nicht durchgefroren, sie ging aber trotzdem mit ihm um ein paar Ecken Friedhof, vorbei an kniehohen Buchsbaumhecken und über frischgeharkte Erde. Obwohl sie sich nicht fürchtete, begann es sie nun doch zu frösteln, sie klapperte sogar mit den Zähnen, was Hinrich aber nicht mitbekam. Als sie an seiner Lebebude standen, schlug Sankt Ursula halb, und beide erschraken. Das letzte Stündlein hat geschlagen, so standen sie da, so umschlangen sie sich, und jeder schreckte in die Arme des anderen. Hinrich öffnete die Tür, drehte die Petroleumlampe aus, war leise und behutsam, machte keinen Fehler.

Zum ersten Mal in ihrem Leben hatte Traute zu einem Menschen gesagt: Ich liebe dich. Dass es Hinrich war, zu dem sie es sagte, war reiner Zufall. Aber nun, da es Hinrich war, konnte es niemand anderes sein. Sie wurde warm und still in seinen Armen, sich selbst auf natürliche Weise fremd. Hinter ihren geschlossenen Augen geschah eine Reise in ferne Länder und an ferne Küsten. Als sie wieder aufschrak, sah sie sich nackt, Hinrich saß fertig angezogen auf der Bank an der Brennhexe. Da wusste sie, dass sie irgendwann sterben musste. Wusste auch, dass sie nicht sterben wollte. Hinrich sagte: Du musst gehen, und ich muss gehen. Komm nächsten Montag wieder. Und Traute kam am nächsten Montag mit einem Foto von sich wieder. Hinrich kam mit einem Foto, von dem er seine Johanna abgeschnitten hatte.

Aber es war doch eigentlich Hinrich Goldschmidts viel jüngerer Freund Gustav, den es fröstelte, erst einmal fröstelte. Er saß auf dem letzten Steinpfeiler an der Straße Richtung

Sankt Ursula. Jeden Augenblick musste Traute von ihrer Großmutter, die ein Haus weiter wohnte, vorbeikommen. Es war dunkel, es war später Herbst, Gustav war allein. Die sechs Linden standen noch voll im Laub und hielten den Himmel fern. Westwind blies hinein und hinaus, ein Riesen-vorrat winziges Tosen war in der Luft. Gustav hatte Hinrich von Traute erzählt: Wie findest du sie. Er konnte Traute nicht genug in seinem Kopf herumgehen lassen. Hinrich hatte die Beine übereinandergeschlagen, seine Pfeife gepafft, die Ohren aufgesperrt, die Brauen hochgezogen. Schön, hatte er gesagt, aber die ist zu alt für dich, fünf Jahre zu alt.

Ein halbes Jahr davor, am Ostersonntag 1955, hatte es zum ersten Mal einen Augenblick warmes Rieseln bei Gustav gegeben, als er Traute sah. Sie hatte, von Pleistrup aus, ihre Großmutter besucht und war von ihrer Großmutter ins Hebammenhaus rübergekommen, um auch hier fröhliche Ostern zu wünschen, mit ernstem Gesicht und mit tiefer Stimme: Ich bin heute morgen schon um vier aufgestanden, und die Sterne waren noch am Himmel. Dann war sie an die Teppichstange gegangen und da rangesprungen. Hatte begonnen, sich um die Hüfte herum in kreisende Bewegun-gen zu versetzen, den Oberkörper gegen die Beine kreisen zu lassen, die Beine gegen den Oberkörper. Sie hatte ein lila Kleid an, ihr Haar flog. Gustav hatte in ihren Achseln schwarze Haare entdeckt, und besagtes Rieseln war ihm bis unten durchgefahren, und die Sehnsucht nach Traute war da gewesen.

Nun aber fröstelte ihn, wie er toll und hundeeinsam auf sie wartete. Schon eine Weile saß er auf dem Steinpfeiler und spitzte die Ohren. Da ging drüben die Haustürglocke. Stim-men flogen herüber, Trautes Stimme war dabei.

Gustav stand auf, und Traute nahm ihn mit. Schweigend

gingen sie an den gardinenverhängten Fenstern vorbei zum Friedhof. Dort reichte sie ihm die Hand und wollte sich verabschieden.

Danke, dass du mich noch ein Stück begleitet hast, sagte sie.

Ich kann dein Gesicht gar nicht sehen. Das wollte er sagen, er sagte es aber nicht, sondern: Keine Ursache, ich wollte mir sowieso noch die Füße vertreten.

Aber sie ging nicht. Zusammen gingen sie an den Rhododendren vorbei, kriegten den grünen Friedhofsabfall in die Nase, Rosen- und Lilienduft, gemischt mit Kiefernnadelgeruch, gingen Richtung Ehrenmal. Da setzten sie sich auf die Bank. Tagsüber waren Ehrenkreuz und Ehrentafeln von hier gut zu sehen, jetzt, in der Dunkelheit, sah man Gott sei Dank gar nichts. Er fühlte sich von Traute umarmt, spürte ihren Atem und hörte, wie sie Luft holte. Du, Kind, hörte er sie sagen, sie nahm seinen Kopf in die Hände und zog ihn zu sich heran. Sie roch nach Mantel, Haut und Atem. Er dachte: Ich bin kein Kind mehr, und sagte: Liebste Traute. Küsste sie und fuhr mit seiner Zunge über ihre unebenen Zähne, sie tat dasselbe. Der Nachthimmel sauste, Gustavs Beine zitterten. Der Friedhof war kein Friedhof, das Ehrenmal kein Ehrenmal, Solsbüll-Mühle nicht Solsbüll-Mühle. Nur Traute war Traute, sie war das alles selber, auch das, was Gustav war, war sie, und er war eine Wolke Glück, nach der wir lechzen, wenn wir ein Haufen Unglück sind. Gustav hatte nun eine Ahnung davon, Traute wusste es schon richtig. Still, sagte sie, obwohl er nichts gesagt hatte, obwohl niemand in der Nähe war, auch Hinrich nicht. Sie summte leise mit ihrem schwachen Sopran ein kleines Lied, das sie immer summte, wenn sie von Glück summen konnte. Gustav legte ein Ohr an ihre Brust, das andere hielt er zum Lauschen nach oben.

Wenn ich ein Vöglein wär und auch zwei Flügel hätt, flög ich zu dir. Er nahm ihre Hände, sie gingen, es war halb gehen, halb tanzen, bis zum Kreuz am Ehrenmal.

Was Gustav auch ohne Licht im Dunkel sah: Trautes Gesicht, etwas jenseits von Ehrenmal und Tod. Etwas, das den Gefallenen, also auch Gustavs Vater und allen anderen, die hier in Stein gemeißelt waren, guttat und sie aufatmen ließ. Für einen Augenblick sah er Trautes Gestalt. Leuchtend stand sie vor ihm. Er wollte sie greifen. Komm, hörte er sie sagen, aber sie sagte es nicht, sie stand nur da, mit ihrem Haar, in der Nacht.

Auf dem Boden der Tatsachen

Nördlich von Affegünt und südlich von Düttebüll ist es am schönsten. In den ersten Septembertagen flimmert die Luft in der Sommersonne. Die Blätter sind groß und schwer und still. Das Kartoffelkraut ist gelb und schon gebrechlich. Die Rübenzeit ist noch in weiter Ferne. In den Knicks hängen hellrote Hagebutten. In den Fliederbeeren sammelt sich der süße dunkelrote Saft. Die Hügel sind von Händen geformt, die nur einmal und dann nie wieder so zärtlich waren.

Es ist ein Zögern zwischen Sommer und Herbst. Keiner stirbt, im Gegenteil: Kinder erblicken das Licht der Welt. Das Herzklopfen beginnt.

Die Solsbüller setzen Schritt vor Schritt, sie täuschen keine Eile vor, dabei ist die Ernte noch nicht drin. Der Wecker schrillt um vier Uhr morgens. Ohne Frühstück ab in den Stall. Nach dem Kaffeetrinken tauchen die Kornfelder aus der Dämmerung auf. Zwei Pferde ziehen eine klappernde Mähmaschine, einen Mähbinder. Der auf dem Sitz ruft die Pferde beim Namen und lässt die Peitsche knallen. Garben rutschen aus dem Garbenbinder und fallen zu Boden. Sie bleiben auf den Stoppeln liegen, tagsüber, abends, nachts, bis der Tau kommt.

Der gute Solsbüller Bauer lässt sie aber nicht so liegen, er sammelt sie gleich auf, lehnt sie gegeneinander, sodass sie schon vor Nacht und Tau in Hocken stehen. Der Erntewagen fährt vor, eine Garbe nach der anderen fliegt hoch, und der Erntewagen schwankt zum Hof zurück.

Dünn und schwarz pufft es aus einem Trecker, der zwei

Felder weiter die Stoppeln umpflügt. Er kriecht einen Hügel hoch. Braunblau schält sich die Erde aus der Pflugschar und kippt zur Seite; ein Möwenschwarm fliegt mit. Unten am Knick hebt sich der Pflug aus dem Boden. Der Trecker fährt einen Kreis, der Pflug senkt sich wieder in die Erde und pflügt eine neue Furche neben die vorhin gepflügte.

Wer hat Angst vor dem Winter. Wer will den lieben Gott was fragen. Wer will die Wolken zählen. Wer will den Wind messen, der gegen die Bäume bläst und sie schief macht. Wer will den dahinpuffenden Zug anhalten, Lokomotive, Gepäckwagen, drei Personenwagen von Kiel über Solsbüll nach Flensburg. Wer will in Kummerby auf dem Bahnsteig stehen und den Dampf riechen. Wer will in die Abteile gehen, wo ehrliche Fahrgäste und Schwarzfahrer nahe aneinandergepackt schlafen. Wer will ihnen das Haar von den Ohren nehmen und ihnen was zuflüstern. Wer will von den kleinen Laubwäldern erzählen und von den Herbstzeitlosen an der Kummerbyer Au, von dem Wehr, das in die Au gemauert ist, von dem Wasser, das flach und schnell über den zementierten Grund fährt. Die Stichlinge stehen auf der anderen Seite an einer ruhigen Stelle, sie sind mit den Händen nicht zu fangen.

Da grub Gustav Primeln aus, die zum zweiten Mal blühten. Er pflanzte sie zu Hause wieder ein, hinter den Johannisbeerbüschen, sie blühten gleich weiter.

Verblüht waren sie aber, als Dr. Meggersee – September, Oktober, November 1956 waren verstrichen – bei Anne und Gret aufkreuzte. Er war vierzehn Tage auf der Zugspitze gewesen und hatte eine Ansichtskarte geschrieben: Liebe Hasse-Damen, ich bin ja von Haus aus kein Skifahrer, aber die Liebe zur geschwinden Bewegung gehört wohl zu den tiefsten menschlichen Trieben, und die lautlosen Schwünge im g'führigen Schnee befriedigen sie in einzigartiger Weise.

Es war ein Tag nach dem zweiten Advent. Bleiben wir auf dem Boden der Tatsachen. Unter diesem Motto standen heute Meggersees Ausführungen. Er war mit matten Humpelschritten die zwei Stufen hochgekommen und hatte mit beiden Händen Grets ausgestreckte Rechte ergriffen. Gret zog ihn immer wieder an: Da nähert man sich der Haustür und bekommt einen frisch atmenden Menschen zu Gesicht.

Sie empfing ihn in ihrer weißblauen Hebammentracht unter dem Glasdach. Vielen Dank für die Karte, Herr Doktor. Sie hatte, was Meggersee betraf, ihr Haus bestellt. Es hatte mal Versuchungen gegeben, nun war bloß noch alte Treue da.

Großmutter Anne war oben geblieben. Sie war zerknittert und erbittert. Einmal war es Meggersee, der in ihr stets ein kleines Gewühl erzeugte. Zum anderen war es das Wetter, das wieder einmal nicht wusste, was es wollte, mal so, mal so. Und es war diese unangenehme Krankheit – kannst weder sitzen noch gehen. Vor ein paar Tagen hatte Meggersee ihr Schachtelhalm-Sitzbäder verschrieben und sie ermahnt, sich auch wirklich eins anzurühren und hineinzusteigen. Als er unten ins Haus trat, schloss sie oben die Zimmertür, setzte sich in ihren Stuhl am Fenster und sah, dass es schneite. Schnee trieb über Thamsens Scheunendach. Aber dann kam etwas Sonne, und Anne sah die Kirchturmspitze von Sankt Ursula.

Unten in der Küche gab es erst mal einen Teller frische Suppe mit Fleischklößchen.

Köstlich, sagte Meggersee. Er war kleiner, weniger gut rasiert als sonst.

Er sieht irgendwie ab aus, die Zugspitze hat ihm nicht gutgetan, dachte Gret und machte schmale Lippen.

Meggersee schlüpfte in seinen Kittel. Im Heim lagen zwei Wöchnerinnen, die Elektrikerfrau Heidi Storm aus Mooswatt und die neunzehnjährige ledige Monika aus Esens / Ostfriesland, die ihr Kind wegen zu Hause nicht haben durfte und zur Adoption freigeben musste. Sie war einer von den Schandflecken, die Gret seit Jahren von ihrer Freundin Trudi aus Jever vermittelt bekam.

Wir wollen mal die Naht besehen, sagte Meggersee, der bei Monika vorsorglich den Damm geschnitten und genäht hatte. Es war mal wieder Maßarbeit, stellte er fest. Lieber vorher schneiden.

Vielleicht wäre es ja auch ohne Schnitt gegangen, dachte Gret.

Wie lange bleibt sie noch, fragte Meggersee.

Noch zehn Tage, sagte Gret.

Monika hatte weißblondes Haar und lackierte Fingernägel. Sie sprach wunderbares Hochdeutsch. Sie rollte das R nicht, sondern sprach es auf himmlische Weise normal. Sie war Pastorentochter. Während der letzten drei Monate Schwangerschaft hier im Hebammenhaus hatte sie Gustav Schach beigebracht und von den langen geraden Straßen Ostfrieslands erzählt. Sie hatten voreinander gesessen – Gustav hatte sich in sie verliebt. Wenn er von der Schule kam, ging er als Erstes ums Haus und warf vom Garten aus einen Blick ins Wöchnerinnenzimmer. Er sah sie an, sie sah ihn an.

Aber heute fiel sein Gang durch den Garten aus, denn Meggersees Mercedes im Hof war stärker als jede andere Lockung. Er trabte eine ehrfürchtige Runde um ihn herum, dann eine zweite, weniger ehrfürchtige, bei der dritten zog er mit dem Zeigefinger eine Spur in die hauchdünne Schneeschicht, die auf dem Dach lag. Er wischte die Seite an der Fahrerseite frei und sah hinein: rote Ledersitze, Armaturenbrett aus Palisanderholz, Knöpfe aus Elfenbein. Sofort erkannte er seine zukunftlose Lage: Woher sollte er das Geld für so ein Auto nehmen. Folgende Eingebung, die von plötzlicher Sonne auf dem Haupt rasch erblühte, half ihm aber aus der Klemme. Er zählte sich jede Menge Hunderter in die eigene Brieftasche; ein Erbfall war eingetreten: Reicher Unbekannter vermacht begabtem Findelkind sein gesamtes Barvermögen. So gerettet, ging er ins Haus.

Der sperrhölzerne Klapperstorch scheuerte an der Scheibe hin und her. Gustav huschte durch die Speisekammer, lief die Treppe in den Keller runter und stibitzte Dosenmilch und Würfelzucker. Im Vorbeigehen legte er seine Schultasche auf die Holzkiste neben der Grude und nahm sich seinen Silberlöffel aus der Geschirrschublade. Das Advent-Gedicht aus der Deutschstunde ging ihm durch den Kopf. Rilke, nicht schlecht. Deutsch, nicht schlecht. Leise ins Kinderzimmer an den Kachelofen, die Ohren spitzen, den Löffel mit Dosenmilch volllaufen lassen und ein Zuckerstück darin versenken, alles zusammen im Mund zergehen lassen; süßes Glück. Gustav dachte weder an Monika noch an Traute, noch an Bärbel, noch an Meggersees Mercedes. Oh, du fröhliche Dosenmilch. Oh, ihr seligen Zuckerstücke.

Meggersee saß auf der anderen Kachelofenseite in der Besten Stube. Der Marmortisch stand vor ihm und war wie jedes Jahr gedeckt. Wie Weihnachten 45, als er plötzlich fromm geworden war und meinte, Gret und er könnten gemeinsam, aber Gret sich fürs Heidnisch- und Alleinsein entschieden hatte. Und wie Weihnachten 46, als er ihr zu verstehen gab, er arbeite an seinen Erinnerungen, weswegen sie schmale Lippen machte. Oder wie Weihnachten 47, als Güldenholm abgebrannt war und er nicht praktizieren durfte. Oder wie Weihnachten 48, als er wieder praktizieren durfte und Güldenholm wieder prachtvoll dastand und Gret ihr Entbindungsheim vergrößert hatte, klein, aber mein. Und wie alle Weihnachten seitdem. Der Doktor war immer noch von Adel und Bildung, dem hatten Hasses nichts entgegenzusetzen. Gustav musste ihn bewundern, wenn er redete, musste von seinem Auto träumen, von seinem Haus und Hof, von seinen Arbeitern und von seinem Araberhengst. Aber in Grets Augen saß Meggersee schon weit unten, alt und arm.

Dass die Partei mich, trotz Frontbewährung in Frankreich, noch 1944 ausgeschlossen hat, war, von heute aus gesehen, nicht übel. Übel und gemein aber war der Fragebogen nach dem, Gott sei's geklagt, verlorenen Krieg. Der Fragebogen war eine meiner schwersten Kränkungen. Denn nach wie vor sage ich, und ich wiederhole mich da gern: Als Idee war der Nationalsozialismus nicht schlecht, bloß die Ausführung ließ zu wünschen übrig.

Gret lauschte ihm stumm, den Zeigefinger an der Hebammenbrosche. Nach dem verlorenen Krieg hatte Meggersee nun den ungarischen Volksaufstand beim Wickel. Er nahm die Russen unter Beschuss.

Die sind meiner Ansicht nach schon immer so gewesen: Mörder. Er habe aus alten Beständen fünfzig Wolldecken abgegeben und tausend Mark für Ungarn gespendet.

GRET Wir haben kein Fernsehen.
MEGGERSEE Dieses menschliche Elend an der Grenze hätten Sie sehen müssen.
GRET (Räuspernd, verstimmt.) Kann man uns damit nicht endlich in Ruhe lassen. Schon deswegen ist mir das Fernsehen zuwider. Wo bleibt bloß der Junge.
MEGGERSEE Gret, ich kann nur immer wieder sagen: Wären

wir damals, zusammen mit den Engländern und Amerikanern – die Franzosen können wir getrost außen vor lassen, ich war ja den Krieg über dort –, wären wir mit denen weitermarschiert, das Problem Russland hätte sich erledigt, und heute stünden wir nicht vor diesem Trümmerhaufen Europa, von Ungarn ganz zu schweigen.

GRET (Aufgestanden, Türgriff in der Hand.) Ich muss mal nach dem Jungen sehen. Aber was haben die Franzosen und Engländer in Ägypten gemacht. Die sind auch nicht besser.

MEGGERSEE Liebe Gret, diese Dinge müssen wir haarfein auseinanderhalten. Engländer und Franzosen haben da unten eine Aufgabe zu erfüllen, leider wissen sie nur nicht, wie. Wir waren damals auf Kreta doch so erfolgreich.

Es war früher Nachmittag, das Wetter immer noch gemischt. Wann Gustav wohl endlich da ist. Meggersee wollte nämlich mit ihm im neuen Mercedes eine Spritztour machen. Da war er endlich. Schularbeiten gab es laut Gustav keine. Dann mit Schwung aufs rote Lederpolster und den Geruch nach neuem Auto tief einziehen. Wie herrlich klang der riesige Motor.

Sechs Zylinder unter der Haube, das ist Musik, mein Junge.

Ja, das ist wirklich Musik, sagte Gustav.

Und nun haben wir volles Orchester, sagte Meggersee und trat kräftig aufs Gaspedal.

Als sie bei Siemsens und Thamsens vorbei waren, verflogen die Wolken; unendlich blau und tief war der Dezemberhimmel bis weit über die weißhaarig blumengeschmückte Ostsee.

Richtung Ostsee fahren wir, sagte Meggersee, mehr verriet er nicht.

Sie fuhren an der Mühle vorbei, wo eine kleine Schneewehe vor der geschlossenen Tür lag. Das Wasserrad stand still.

Hier hatte ich damals meinen Motorradunfall, sagte Meggersee.

Das hat bestimmt weh getan, sagte Gustav höflich.

Meggersee nickte.

Ich finde, dass die Heizung verdammt schnell warm wird, und man sitzt hier auch verdammt gut auf den Ledersitzen, sagte Gustav.

Das stimmt, sagte Meggersee. Er schwieg. Hier in Mooswatt, sagte er nach einer Weile, hier in Mooswatt, wo die Storm herkommt, hab ich mal mit Gret ein Kind geholt. Mannomann, Steißlage, und das alles in der Küche. Über dem Herd tropfnasse Windeln von den anderen Schreihälsen, darunter die dünne Suppe, kein Deckel auf dem Topf.

Ich komm hier immer längs, wenn wir über den Heidberg von der Schule nach Hause fahren, sagte Gustav.

Wo die Kommunisten hausen, soll man schnell vorübersausen, dichtete Meggersee.

Der Mercedes preschte über die bucklige Chaussee nach Stutebüll, wo die neue Betonstraße begann, die wegen der unrentabel gewordenen Kleinbahn innerhalb von drei Jahren in den Boden gestampft worden war: 45 Kilometer lang, neunhunderttausend Kubikmeter Beton reingekippt; der Rest Kies und Steine. Heute wurde die Straße dem Verkehr übergeben. Vorzeiten war es Meggersee gewesen, der bei solchen Gelegenheiten Reden gehalten, Hände geschüttelt, Bänder durchgeschnitten hatte.

Nun wollen wir doch mal sehen, wie die das heute machen, sagte er zu Gustav und parkte das Auto auf dem Parkplatz Sophienhöh zu Füßen der neuen Milchbar, die oben wie eine kleine Kirche stand.

Gustav hatte gar nicht so große Lust. Er mochte nicht aus den Ledersitzen und aus dem neuen Autogeruch heraus. Er hätte lieber das Radio ausprobiert, bei laufendem Motor und aufgedrehter Heizung. Aber nun hatte Meggersee sich das so ausgedacht, da musste er wohl mit. Ein paar Autos parkten abseits, alle eine oder zwei Nummern kleiner als Meggersees. Viele sind ja nicht erschienen, stellte Meggersee laut und deutlich fest.

Die aus der hinteren Reihe drehten sich um, und Gustav sah in ein gutes Dutzend Gesichter mit und ohne Hut. Zwei Düsenjäger, wahrscheinlich Royal Air Force Westerland, flogen wie bestellt über die Zeremonie. Gustav erkannte sie: zwei Gloster Meteor. Meggersee sah auf. Der Landrat musste eine Weile gegen den Lärm da oben anreden.

Wir blicken in die Zukunft und nicht in die Vergangenheit. Alle sollen es doch schön haben. Wir wollen unsere Heimat doch schöner und schöner machen. Diese Straße erschließt in großzügiger Linienführung bisher unbekannte Fernblicke in die Landschaft und auf die Ostsee.

Schnipp, schnitt der Landrat ein rotes Trassenband durch, dann trottete die kleine verfrorene Schar hinter ihm her hinauf in die Milchbar, wo es auf Kreiskosten einen Käseimbiss gab.

Unten begaben sich Meggersee und Gustav auf einen Besichtigungsgang.

Erst mal per pedes apostolorum, sagte Meggersee, der humpelnd und schwankend den jungfräulichen Beton abschritt. Da waren schon Risse und Abbröckelungen unter den Füßen, sodass er sagte: Sieh mal einer an, die Firma Brase aus Solsbüll-Mühle. Brase war zu meiner Zeit Getränkehändler, ich kenne ihn noch als Hein Selter. Kennst du Brase. Na, ist ja auch egal. Weil der Herbst warm gewesen war, hatte sich schon während der Bauzeit Moos in den Rissen gebildet, und zarte Grasspitzen waren herausgewachsen.

Ich finde das auch nicht gut, sagte Gustav.

Meggersee begann einen Kurzvortrag. Wir müssen uns vorstellen, Jahrtausende lag das Land unter einem gewaltigen Eispanzer. Dann riefen Natur und Mensch tiefgreifende Veränderungen hervor. Die Straßen führen nach Norden, überwinden alle Entfernungen. Hier in der Gegend gibt es den romantischen Namen Totengrund. Er blieb stehen. Nicht so schnell, Junge.

Gustav wollte eigentlich noch viel schneller gehen und warm werden.

Nun bauen wir wieder, endlich, rief Meggersee aus zwei Meter Entfernung. Sieh dir diese gewaltigen Bagger an. Moor bis in vierundzwanzig Meter Tiefe haben sie damit ausgebaggert.

Brase kenn ich, sagte Gustav. Der hat bei uns an der Solsbüller Au Torf gestochen, gleich nach dem Krieg. Er hatte eine kleine Diesellok. Neulich hat er ein großes Grundstück ganz in unserer Nähe gekauft, von Thamsen. Gustav warf einen Blick auf die Milchbar. Die Leute kamen wieder heraus.

Nun sieh mal an, sagte Meggersee, die Herrschaften wollen schon wieder nach Hause. Gustav, ich glaube, jetzt sind wir dran. Also, diese Milchbar gehört einer gewissen Dr. Inge Hansen. Die hat hier am Brautsee ein Wochenendhaus, ihre Kunsthütte. Sie ist eine Schwester meines gewesenen Güldenholmer Verwalters, trinkt keinen Tropfen Alkohol, findet Milchbars wichtig.

Gustav hielt sich dicht hinter Meggersees Kamelhaarmantel, der nach Mottenpulver roch. Die Straße lag grau und glatt. Die meisten Rücklichter zogen Richtung Flensburg, nur drei, vier Richtung Solsbüll. Der Nachmittagsmond stieg aus der Ostsee auf. In der Milchbar brannte Licht.

Frau Dr. Hansen kenne ich auch, sagte Gustav. Die gibt bei uns auf der Goethe-Schule Kunst. Ich habe sie aber nicht.

Dr. Inge räumte persönlich Teller, Tassen und Gläser weg. Meggersee nannte sie nur Dr. Inge. Es gab eine kurze Begrüßung. Meggersee kannte sie vom Sophienhöher Kunstzirkel, dem sie vorstand und wo er gelegentlich ein Bild kaufte. Sie lud regelmäßig zu Ausstellungen und Diskussionsrunden ein. Zur Eröffnung ihrer Milchbar hatte sie Arbeiten von Tobias Thordsen aus Flensburg aufgehängt: Öl-Ergebnisse seiner letzten Griechenlandreise. In der kleinen Küche heulte der Elektromixer auf und stellte zweimal Erdbeermilch her.

In ihrer Kunsthütte am Brautsee, hier gleich übern Berg, wimmelt es von jungen Flensburger Malern, sagte Meggersee.

Das konnte Gustav gut verstehen. Das sah er sofort. Diese schöne schlanke Frau mit dem lila Kleid, den roten Sandalen und den Lederriemen um die Fesseln. Ihr gerolltes R, das so vertraut klang, weil er es auch so rollte und sich deswegen schämte. Nicht zu vergessen das kastanienbraune Haar und die zu Kleid und Schuhen passenden Lippen.

Meggersee unterbrach Gustavs Gedanken: Was der Landrat gesagt hat, das mit der Erschließung der Landschaft und den Fernblicken auf die Ostsee, ist natürlich Humbug. Die Leute sagen einfach nicht mehr die Wahrheit. Hier geht es um Strategie.

Ja, das glaub ich auch, sagte Gustav und nickte.

Dr. Inge kam mit hohen Gläsern und langen Löffeln. Interessiert sich der junge Mann für Kunst, oder will er nur Milch trinken. Sie sah Gustav an, sie sah Meggersee an.

Nein, liebe Dr. Inge, mir ist nicht Angst um die Zukunft der Kunst, sagte Meggersee ins Ungefähre.

Also ich bin nicht sehr gut in Kunst und so was, sagte Gustav und kriegte Grets rote Flecken ins Gesicht. Ich kann bisschen Klavier spielen, und ein paar Gedichte von Rilke finde ich gut.

Oh, sagte Dr. Inge mit wunderbar tiefer Stimme, das ist doch schon was. Welches zum Beispiel.

Also zum Beispiel das Advent-Gedicht. Gustav fasste Mut: Es treibt der Wind im Winterwalde die Flockenherde wie ein Hert, weiter weiß ich jetzt gerade nicht.

Ach, wunderschön, aber Hirt, mein Lieber. Das muss man genau sprechen. O ja, ich erinnere mich genau. Es kam aus ihrer Kehle wie Angst, es kam gepresst; möglicherweise sagte sie etwas Verbotenes. Sie hätte weitersprechen müssen, aber Dr. Inge sprach nicht weiter, sondern schüttelte den Kopf, dass ihr Bubikopf flog. Sodann fuhr sie mit flachen Händen an ihren Seiten entlang. Da war eine Verletzung am Zeigefinger. Sie ließ die Hände an der Hüfte und hatte die roten Schuhe etwa dreißig Zentimeter auseinander.

Die Frau war kess. Wie sie da stand. Gustav prüfte mit der Rechten, ob sein Gesicht einigermaßen in Ordnung war, die roten Flecken sahen sicher furchtbar aus.

Der Junge hier, sagte Meggersee mit Blick auf Gustav, ich habe seinen Vater und seinen Großvater gekannt; beide sind gefallen. Wie oft denke ich an die vier Wochen, als sein Großvater und ich und die anderen für eine kurze Strecke zusammengeschweißt wurden. Leider trennten sich unsere Wege auf schicksalhafte Weise. Er seufzte: Ach Gott, Rilke, der Dichter. Meggersee nahm den Faden wieder auf: Bleiben wir auf dem Boden der Tatsachen. Meine Kenntnisse sind da, zugegeben, dürftig, obwohl ich mich schon früh fürs Theater interessiert habe. Als Kind hatte ich Marionetten, die ich ganz gut bedienen konnte. Er sah nach draußen, wo nichts zu sehen war. Wo sind die geblieben. Vielleicht in Güldenholm auf dem Dachboden.

Ist wenig Verkehr, Herr Doktor, sagte Gustav, weil er Meggersee missverstanden hatte.

Wie alt bist du eigentlich, fragte Meggersee.

Fünfzehn, aber ich werde sechzehn, sagte Gustav schnell zurück. Er nahm einen Schluck Erdbeermilch, köstlich – jeder Schluck eine Frau seines Herzens in seinem noch nicht so langen Leben: Nele Goldschmidt, Bärbel Richter, Traute Odelmann, Monika aus Esens und nun Dr. Inge, Akademikerin, Kunstgeschichtlerin. Dr. Inge kannte er nicht so genau, aber das würde schon werden.

Sterne und goldblonde Gewänder fielen herab und drangen als goldenes Licht durchs Fenster. Meggersees Gesicht wurde aber nicht vergoldet, sondern mit Fahlweiß angestrichen, weiße Streifen liefen über seine behaarten knochigen Hände. Gustav hingegen kletterten kostbare goldene Strickleitern aus den Tiefen des Solsbüller Moores in die Hand. Es roch nach frischgewaschener Wäsche, es roch nach frischgeborenen Kindern, Katzen und Hunden, es roch nach Dr. Inges frischgewaschenem Haar.

Eine Militärkolonne, rief Meggersee und richtete sich auf, die flache Hand über den Augen. Nichts als Lichter. Nichts als Dröhnen und Militär. Das werden wohl Engländer sein oder vielleicht ein alliierter Verband, also mit Dänen und Norwegern. Vielleicht sind auch schon deutsche Einheiten dabei.

Es vibrierte in der Milchbar. Über der Theke schlugen die Gläser aneinander. Dr. Inge hielt den Tresen fest.

Gustav und Meggersee waren schon draußen vor der Tür. Unten zog es vorbei, Panzer, Panzerspähwagen, Transporter, Gulaschkanonen, Jeeps.

Warte nur, sagte Meggersee, was meinst du, warum sie die Straße so nah an die Ostsee gebaut haben. Warum es an bestimmten Stellen sogenannte Parkplätze gibt. Wunderbares Schussfeld. Da können ganze Bataillone. Nato-Partner, warum nicht.

Draußen dröhnte es. Es dröhnte in Gustavs Kopf. Endlich war es still.

Gib mir die Hand, gib mir die Hand. Kaum hatte er dieses Stoßgebet heraus, schon geschah es. Dr. Inge gab Gustav die Hand, und er ließ ihr seine so lange, wie sie wollte. Stirb nicht, ich liebe dich so, das wollte sie wohl noch sagen. Sie sagte es nicht.

Auf der Rückfahrt schneite es wieder kleine dünne Flocken. Gustav durfte das Radio anmachen. Caterina Valente sang: Wo meine Sonne scheint. Die Valente war seine Lieblingssängerin. Sie hatte ein absolutes Gehör, das wusste Peter Pankok, sein Klavierlehrer. Gustav wollte sich mit der Valente verabreden, das heißt eigentlich nur mit Dr. Inge. Große Flocken kamen nun herangeflogen und zerstoben auf der Scheibe. Ihm wurde schwindlig, er schloss die Augen. Meggersee nahm die Abkürzung über Kattbek, die auf der Karte nicht eingezeichnet ist. Er kam bei Güldenholm raus, fuhr aber an Güldenholm vorbei. Er fuhr in die Senke von Affegünt, er fuhr die Kummerbyer Au runter und rauf, dann kamen Goldacker und Brases neue Koppel, dann, an der Weggabelung nach Atzbüll, das Hebammenhaus unter den Linden.

Die Lampe unterm Glasdach brannte. Schnee trieb im Licht. Gret stand in der Tür, Anne dahinter, es sah aus wie Gret mit zwei Köpfen.

Na, ihr beiden, rief Gret, wir haben uns schon gewundert.

Mit ihrem Hebammenblick sah sie sofort, dass etwas nicht stimmte. Meggersees rechte Hand steckte in der Hosentasche. Sein Gesicht schneite von rechts ein und wurde kalt. So helft mir doch, schien er zu rufen, aber er rief es nicht. Die beiden Frauen stürzten herbei, als er mit einer kurzen Rechtsdrehung in den Schnee fiel.

Ruf an, ruf an, schrie Gret, ja du, Gustav, ruf den Krankenwagen und Dr. Pfennig, und steh hier nicht so rum.

Schon lag Meggersee mit dem Kopf in ihrem Schoß, wie eine arme Steißgeburt. Er brabbelte unverständliches Zeug, das nur Gunde verstand, die Dorfverrückte. Gunde war den Atzbüller Weg mit ihrem Fahrrad längsgekommen. Wie üblich ohne Bereifung, wie üblich im Mantel mit Kapuze, in der zwei Katzen mitfuhren. Um den Kopf hatte sie einen schwarzen Schal wie einen Turban. Da stand die Himmelshorcherin, Schneetreiberin, beugte sich mit ihren zwei Katzen runter und wollte ihrem Meggersee in die Augen sehen. Aber Gret bedeckte Meggersees Augen mit den Händen.

Was brabbelt der. Ist was verkehrt, so Gunde.

Anne sagte: Es ist dunkel, Gunde, deine Katzen frieren, du musst nach Hause.

Gustav stand im offenen Flur, rief Dr. Pfennig an. Mitten im Gespräch bekam er eine tiefe und ruhige Stimme, denn drüben, ein Haus weiter, sah er Traute Odelmann an der Tür ihrer Großmutter stehen.

Gunde sagte zärtlich: Hau ruck, ab geht die Post, dann saß sie schon im Sattel, und ihre Katzen setzten sich wieder in der Kapuze zurecht.

Mit Hauruck schlug das Wetter um. Norwegischer Föhn blies warme Nordlandluft über Solsbüll und Solsbüll-Mühle und machte den Schnee nass und schwer. Schmelzwasser rann vom Mercedes, der Lack glänzte wie die Nacht im Licht. Gunde, Clownin, Törin, Narrenblut, klingelte zum Abschied. Stille, Tropfen, Wind.

Dr. Pfennig versorgte Meggersee mit einer intravenösen Spritze. Der Puls geht so, sagte er zu Gret. Meggersee sagte nichts, aber er lebte. Gret fuhr im Krankenwagen an seiner Seite mit, Anne übernahm Grets Arbeit im Entbindungsheim. Gustav musste helfen. Er trug schmutzige Bettwäsche und nasse Windeln in die Waschküche, er trug einen Armvoll gewaschener Windeln auf den Boden und hängte sie zum Trocknen auf; er nahm die trockenen Sachen mit runter zum Bügeln. Die Arbeit verschönte er sich mit Gedanken an Monika, die zwei Zimmer weiter im Wochenbett lag, und mit schönen Gedanken an Traute, die ein Haus weiter bei ihrer Großmutter am Tisch saß und in den Lesemappen blätterte. Im Kinderzimmer zog er den Heimbügler hinter dem Vorhang hervor, steckte den Stecker in die Steckdose, drückte auf den Schalter. Dann nahm er die Mondscheinsonate aus dem Schrank neben dem Klavier und legte sie auf den Plattenspieler, den Gret bei Storm in Mooswatt gekauft hatte. Nun lässt er seine Frau schon das zweite Kind bei mir kriegen, da muss man sich doch erkenntlich zeigen, hatte sie Anne erklärt. Und zu Storm hatte Gret gesagt: Unser Sohn ist so musikalisch, woraufhin Storm ihr zehn Prozent gegeben hatte. Als nach Rauschen und Knacken Quasi una fantasia, gespielt von Wilhelm Kempff, aus dem Lautsprecher über dem Klavier erklang, als Gustav mit geschickten Händen eine klamme Windel nach der anderen durch die Maschine laufen ließ, da sah er sich selbst in Wien an einem Bösendorfer-Flügel im Musikvereinssaal. Tante Rosa saß gleich vorne in der ersten Reihe unter ihrer Festtagsperücke, neben ihr der Wiener Oberbürgermeister, dahinter zahlreiches Publikum, das jedes dritte Achtel mitnickte.

Gustav hatte zwei Stühle mit Herzen in der Lehne Rücken an Rücken gestellt – wie geschaffen für einen Besenstiel zum Durchstecken. Auf dem Besenstiel sammelten sich inzwischen Windeln für dreimal Mondscheinsonate. Es wurde also ziemlich spät, und Gret war immer noch nicht da. Die beiden jungen Mütter hatten ihre Kinder zur letzten Mahlzeit an der Brust. Monika hatte zu viel Milch und musste abpumpen; die Storm hatte zu wenig, sodass Anne den kleinen Storm mit Monikas Milch nachfütterte.

Gustav kroch in Meggersees Auto auf den Rücksitz. Das rote Sitzleder roch himmlisch nach Saffian. Gustav wusste aber gar nicht, wie Saffian riecht. Er wollte auf Traute warten. Traute kam nicht. Er wollte auf Monika warten. Monika stillte oder pumpte ab oder war müde und wollte schlafen.

Gerade noch Glückspilz und dann Pechvogel, aber sofort wieder Glückspilz, denn Gustav hörte sich selber den neuen Namen flüstern: Dr. Inge. Warten in Meggersees Auto kam nicht mehr in Frage, er musste weit weg von Traute und Monika, er wollte kein Schuft sein. Darum lief er mit heißem Kopf und pochenden Schläfen los, immer die Dorfstraße runter, immer weiter in die Nacht, die nun voll schöner norwegischer Föhnlüfte war. Frost und Kälte waren weg, der Winter war in weiter Ferne, es patschte an den Schuhen, Gustav würde eine Erkältung bekommen und heißen Fliederbeersaft trinken müssen. Da stand er am Brückengeländer des Wasserfalls, um zu verpusten.

Unten tobte das modrig riechende Wasser, es knallte auf die Findlinge und fing zu brennen an; die Gischt erhellte die Nacht. Gustav schrie zu Dr. Inge ins Paradiesfeuer hinunter: Stirb nicht, ich liebe dich so. Nichts ist schöner als das Warten mit der Geliebten auf den Lippen. Dann trat er dreimal gegen das Geländer: dreimal klopfen, und sie, die Kunstgeschichtlerin, erschien. Es war ein neues Gefühl, in eine Akademikerin verliebt zu sein. Sie flüsterte zuerst, Gustav reagierte beherrscht und sprach mit fester Stimme: Frau Doktor, bleiben wir auf dem Boden der Tatsachen. Aber seine Ausführungen nützten ihm nichts, er hatte sich schon vergafft. Vergafft in Dr. Inge, in ihren kastanienbraunen Bubikopf. Lieb und teuer geworden waren ihm ihre kehlige Stimme und ihre zugegeben unebenen Zähne, aber er hatte auch unebene Zähne. Oh, du liebe, ewige Liebe unter der Nacht über dem Wasserfall.

Genug fürs Erste, sagte Dr. Inge, als das Rauschen am schönsten war, sonst merkt mein Mann was. Hier schwindelte sie, oder sie versprach sich, denn sie war gar nicht verheiratet.

Ja, ich muss auch nach Hause, die machen sich bestimmt schon Sorgen, antwortete Gustav.

Sie war verschwunden, aber nicht verloren.

Solsbüll liegt am Meer

Solsbüll liegt am Meer. Mit diesem Gedanken erwachte Anne am Morgen ihres Sterbetages, dem 27. Juli 1957: Augen zu, der Mund in einem runden Loch verschwunden. Sie hörte Musik, so will es die Legende. Es wehten Gedudel und Geleier vom Solsbüller Markt ins Solsbüller Krankenhaus herüber. In den letzten vier Wochen hatte sie eine stattliche Strecke Angst gehabt. Wird die Krankenkasse zahlen. Gibt es ein Leben nach dem Tod. Und wie sieht dieses Leben aus. Wer bekommt die Taschenuhr. Schließlich: Das eine sage ich Ihnen, Herr Doktor, keine Wiederbelebungsversuche, ich will auch nicht, dass man später an mir rumschnippelt.

Anne lag allein in der Besenkammer der Inneren, zweiter Stock, letzte Tür rechts, Chefarzt Dr. Brickenstein. Es roch nach Sagrotan und Bohnerwachs, aber Anne hatte Schiffe, Häfen, Ozeane in der Nase. Von ihrem Kopfteil, das zu einer Klippe hochgestellt war, sah sie über ein weiß schäumendes Meer, und aus dem Meer ragten am Fußende zwei blaue Felsen. Der Schrank dahinter gehörte zum Ausflugsdampfer Alexandra. Es kommt ein Schiff, geladen bis an den höchsten Bord, beladen mit Bettwäsche und leeren Flaschen. Der Besenstiel, der am Schrank lehnte, war der Mast, und der Wäschekorb schwebte als Auskuck zwischen Horizont und Himmel. Anne sah das kleine Mädchen Anne am Flensburger Hafen, wo es bunt durcheinanderging.

Die Tage um das Solsbüller-Markt-Wochenende sind kalt und zugig. Hagelschauer hängen am Himmel. Einer hing an Annes Sterbetag, zwei Tage nach Jacobi, lange überm

Solsbüller Krankenhaus, ließ nicht ab von dem alten Kasten. Hagelkörner prasselten aufs Dach und rutschten als Eisbrei in die Dachrinne, die schon vom vorigen Schauer überquoll und den Brei in Klumpen unten rausfallen ließ. Blitze zuckten am Besenkammerfenster vorbei, sodass es um Anne herum krachte, knisterte und stank. Das Trafohäuschen am Parkplatz hatte einen abgekriegt.

Zum ersten Mal in diesen vier Wochen fühlte Anne sich ernst genommen: endlich Hagel, endlich Donner und Blitz. Sie mochte das. Sie hatte das ihr ganzes Leben lang gemocht. Ihr Kopf lag ruhig auf der Klippe, die Hände lagen ruhig am Kai, die Füße lagen ruhig am Fußende. Der Schüttelfrost war weg. Die Tür ging einen Spalt auf, und eine weiße Haube kam herein. Anne drehte ihre Augen dahin. Ach, da liegt sie auf ihrer Klippe und lässt sich vollhageln, hörte sie die Haube sprechen. Die Haube drehte sich wieder um und machte die Tür zu.

Einmal drei Atemzüge, und du bist auf dem Schiff, kleine Anne. Die alte Anne begann, Luft zu holen. Es war ein wieder und wieder sich unterbrechendes Luftholen, bis die kranke Lunge voll war, so voll, wie es ging. Halt, Anne, du stirbst noch nicht. Der Hagel fällt noch aufs Dach. Blitz und Donner sind noch da. Die Alexandra fährt erst nach dem Gewitter ab. Der Kapitän ist noch nicht an Bord. In Annes Bauch floss ein Strom Wärme und drückte die Sehnsucht nach dem ewigen Leben aus der Brust, es blieb ein Vertrauen auf den Tod. Die Wärme drang bis in die Ohren, sodass sie den Hagel auf die Klippe prasseln hörte.

Der Flensburger Hafen war ein tiefer See aus klarem Hafenwasser, mit bunten Muscheln am Grund. An den Holzplanken der Seite an Seite liegenden Schiffe schmatzte es. Fischernetze hingen in der Sonne und verströmten ihren nasenbetäubenden Geruch. Die kleine Anne ging an der Hand ihres Vaters. Die alte Anne ließ Brackwasser aus ihrer Lunge laufen, das die Haube absaugte, so wie Anne das Fruchtwasser bei Neugeborenen abgesaugt hatte. Das klare Hafenwasser lief über die Füße der kleinen Anne und plätscherte in den Hafen, wo die Fische badeten und schnappten.

Anne sah auf ihre Füße. Die Füße sind ein Haufen blauer Muscheln und bunter Steine. Nein, man steht mit den Fußsohlen auf Muscheln und Steinen und muss beim Gehen aufpassen. Immer mit den Füßen über blaue Muscheln und bunte Steine, immer das frische Hafenwasser plätschern hören, immer in glatter Haut stecken, immer warme Ohren haben, nie aus der Puste sein, nie ohne frischen Wind leben; dabei warm sein vor Glück.

Jetzt ist es aber genug, sagte Vater Harms zur kleinen Anne, du hast nur noch einen Wunsch frei. Dieser Wunsch war der Ausflug mit dem Dampfer Alexandra. Die Alexandra lag da, wo die Zigeuner an der Anlegebrücke kampierten. Sie hatte einen langen Schornstein und Bullaugen. Und hinter den Bullaugen war ein Restaurant, wo es Kaffee und Kuchen gab. Nicht zu den Zigeunern, sonst darfst du nicht mit, sagte Annes Vater. Ein Ausrufer lief da umher. Was er ausrief, war nicht zu verstehen. Wenn das ein Zigeuner ist, dann fährst du nicht mit. Der Vater hielt Annes winzige Hand fest, und Anne hängte sich beim nächsten Schritt mit ihrem ganzen Gewicht an seinen Arm.

Du hast es mir versprochen.

Das musst du geträumt haben.

Der Ausrufer schlug eine Trommel und machte Reklame für die Seereise Flensburg–Solsbüll. Er war kein Zigeuner. Seit Menschengedenken fuhr die Alexandra einmal die Woche diese Strecke. Die Trommel erdröhnte. Anne trat im Trommeltakt auf der Stelle. Auch möglich, dass sie eine Trommel schlug, während ihr Vater sie immer noch hielt.

So wirst du nie erwachsen.

Ich will gar nicht erwachsen werden.

Als von einem der Eishügel, die der Hagel inzwischen aufgeschüttet hatte, kalter Wind fiel und die letzten Fahrgäste scheuchte, klappte sich Vater Harms den Jackenkragen hoch. Das war der Moment, in dem die kleine Anne ihm entwischte. Sie lief ein paar Schritte im Zickzack und betrat das Schiff. Endlich alle da, sagte der Kapitän, der auch endlich da war. Kapitän war der Kaiser in Marineuniform. Anne trug sich in die Passagierliste ein. Taue wurden von den vereisten Pollern gehoben, in die Luft geworfen, da rollten sie sich erst aus, und dann fielen sie an Bord zusammengerollt auf die Planken. Vater Harms versuchte, die Taue wieder einzuholen, aber er stand am falschen Poller und zog an falschen Tauen.

Mit Glockenschlägen und Rumpeln wurde das Wasser aufgewühlt, die Alexandra legte ab. Die alte Anne sah die kleine Anne an der Reling. Die alte Anne und die kleine Anne sahen Vater Harms an Land; er winkte nicht. Er stand wie ein abgesägter Baum mit den Händen in der Tasche, an seinem versteinerten Gesicht zählte Anne die Jahre. Sie verzählte sich und musste immer wieder von vorn beginnen. Es war das Abgesägte und Versteinerte, was Annes Tränen laufen ließ. Es waren die Tränen, die Vater Harms noch mehr versteinerten. Die kleine Anne war ein kleines Mädchen ohne Handtasche, ohne Brille und Taschentuch. Sie hielt das Kleingeld in der rechten Hand fest umschlossen. Es wurde heiß in der Hand. Mit der linken Hand umklammerte sie die Reling. Es war Bewegung ins Schiff gekommen, und das Schiff bewegte Anne mit.

Die kleine Anne trug ein Matrosenkleid, das zur Uniform

des Kaisers passte. Ihr Haar hing in Zöpfen bis auf den Po und war ganz aus der Mode. Was bist du wieder pusselig, wir wollen uns doch noch abnehmen lassen, rief ihre Mutter über den kleiner und kleiner werdenden Vater hinweg. Eigentlich hätten die drei ins Fotoatelier F. Arndt gewollt. Ihre Mutter war an dieser Stelle zum ersten und einzigen Mal zu sehen und zu hören. Dass du pünktlich wieder zurück bist, wir essen um sechs.

Die Heizer legten ein paar Schaufeln Kohle zu. Es quoll dick und schwarz aus dem hintenübergeneigten Besen. Der Kaiser kommandierte so, dass die Alexandra nirgends anstieß: Maschine stopp. Glockenschlag und Rumpeln gingen durch das Bett. Dr. Brickenstein war irgendwo anders unabkömmlich, sodass er Anne diesmal noch nicht für tot erklären konnte.

Wie kriegen die nun bloß den Dampfer von Flensburg nach Solsbüll oder gar nach Solsbüll-Mühle, fragte sie sich. Maschine halbe Kraft voraus. Erst mal Kurs Ochseninseln, sagte der Kaiser, und aus der Förde raus, und wenn Düttebüll in Sicht ist, sehen wir weiter. Er zwirbelte an seinem Bart, dann hob er seine dunkelblaue Marinemütze in den ebenso blauen Marinehimmel und strich sich mit angelegten Fingern übers Haar. So nahm der zärtliche Tag seinen Lauf und hinterließ grünweiß wirbelndes Heckwasser.

Im Bordrestaurant saßen Lotte und Mine, Annes Halbschwestern aus der Duburger Straße in Flensburg. Sie tranken Kaffee und aßen Kuchen, hatten schon die Zeitung mit den Todesanzeigen von übermorgen vor der Nase und sprachen in ihrem Flensburger Deutsch.

Ich ssoll so notwendig die frischen Toten ssehn.

Oh, sseh mal zu Anne, aber sie war ja auch so schiet zupass.

Es ging an der Ziegelei in Kielseng vorbei, auf der anderen Seite lag Wassersleben. Auf dem Achterdeck brannte noch ein helles Johannisfeuer. Annes Ehemann Gustav, Möbeltischler aus Joachimsthal, dann Schiffszimmermann auf der Flensburger Werft, erholte sich nach dem Volltreffer in der Schlacht von Soissons, Januar 1915, an den lebenspendenden Flammen. Er hatte seine kaputten Knochen gesucht und gefunden, alle Einzelteile zusammengefügt und mit Spucke geklebt. Er fragte die kleine Anne: Hüpfst du mit mir übers Feuer.

Das Meer schäumte in ihrer Bettdecke auf. Der Kaiser stand mit dem Fernrohr am Auge und sah weit voraus. Die Besenkammertür ging einen Spalt auf, die weiße Haube schaute wieder herein. Hinter ihr fuhr ein frischoperierter achtunddreißigjähriger Magenkrebs vorbei, auch er des Todes. Steuerbord kam Glücksburg in Sicht, backbord die beiden Ochseninseln. Der vom Kaiser gefahrene Kurs stimmte also.

Chefarzt Dr. Brickenstein trank an seinem Schreibtisch Kaffee und unterschrieb Post. Seine Sekretärin feilte an ihren Fingernägeln, dass es staubte. Ich hatte gedacht, dass du heute Abend Zeit für mich – den Rest des Satzes blickte sie ihn an. Er sie auch kurz, bevor er weiter unterschrieb. Es regnete nur noch. Donner und Blitz nahmen ein Ende. Anne kniff ihre Augen zusammen, bis die weiße Haube wieder aus dem Türspalt verschwunden war.

Der Kaiser hatte die Alexandra inzwischen aus der Flensburger Förde und um die Nase bei Habernis gesteuert. Düttebüll kam in Sicht. Im Fernrohr suchte er die Mündung der Solsbüller Au. Unruhig trat er von einem Bein aufs andere; er bereitete sich auf die Wachablösung vor. Unten, ganz unten bei den Kesseln, scharrte der Führer mit den Hufen. Er band sich das Schweißtuch um die Stirn wie ein Heizer, kam langsam, Schritt für Schritt, die tausend Treppenstufen hoch, und was der Kaiser nicht gefunden hatte, fand er. Er kommandierte und bugsierte die Alexandra unter dem Jubel der Passagiere in die Mündung, in die seit der Steinzeit oder der Eiszeit kein Schiff hineingepasst hatte. Die Solsbüller Au stand offen wie ein Scheunentor. In Solsbüll legte der Führer millimetergenau vor dem Solsbüller Hof an, und Hanne Detleffsen, der mit auf der Kommandobrücke stand, rief: Passt, wackelt und hat Luft. Es gab Erbsensuppe. Es gab Tränen der Bewegung. Auf den Schultern seiner Getreuen wurde der Führer zu den Altvordern getragen, die ihn in den Tiefen des Solsbüller Moores erwarteten und in einer unterirdischen Ehrengasse zum Heidberg brachten, wo er zwischen den Gold- und Silbervorräten dieses eiszeitlichen Gebirges eine vorläufige Bleibe fand. Zu seinen Füßen saß der Kaiser mit Marinemütze und Fernrohr.

Hanne Detleffsen hatte sich beim Führer abgemeldet; er stand dreißig Minuten nach dem Anlegemanöver in Tante Goos' Festzelt am Zapfhahn und spielte mit dem Bierschaum.

Ach, für eine Woche war es schön mit dir, Detleffsen, nachdem wir uns auf dem Markt begegnet waren. Anne sah seine Narbe am Hals, da, wo sie ihn später gebissen hatte. Ja, Detleffsen, Rache ist süß.

Du, Oma, bist du damals auch in der Partei gewesen, meldete sich nun Enkel Gustav.

Anne hatte zwar auf ein Wort ihres Enkels gewartet, aber nicht auf dieses, und erst nach einer Weile schoss sie zurück: Ich doch nicht. Sie war auch nicht in der Partei gewesen, aber nun war ihr doch, als wenn sie in der Partei gewesen wäre. Warum fragst du das. Seh ich so aus. Bin ich so.

Dr. Meggersee mischte sich aus Güldenholm ein. Ich kann dazu aus meinem Erfahrungsschatz beitragen. Was deine Großmutter sagen will, ist Folgendes, mein Junge: Der Frauen Amt war nicht Parteimitgliedschaft, sondern, sagen wir, tausend Jahre deutsche Jugend aus den Leibern freudig gebären, nicht wahr, Frau Hasse. Er saß zusammengefallen und wie nach einem Brand gelöscht im Lehnstuhl, in dem vor dreißig Jahren seine Mutter genauso gesessen hatte, todgeweiht.

In gewissen Berichten treten an der Todesschwelle Geräusche auf. So auch bei Anne. Denn nachdem es vom Schiff gebimmelt und vom Markt gedudelt hatte, erfüllte, ekelhaft dröhnend, ein neuartiges Hupen die Besenkammer. Anne hatte so ein Gefühl, als müsste sie mit dem Kopf voraus in etwas Dunkles, wo sie nur ohne das ein wenig auftragende Gebiss hineinpasste. Hier waren schon andere, auch sie selbst war schon da. Zum ersten Mal sah sie sich von dieser Seite: Herzstillstand. Keine Haube kam gelaufen, um laut und energisch den Tod aus der Besenkammer hinauszuschreien. Kein Brickenstein kam, um die weiten Pupillen und den unlesbaren Puls festzuhalten. Der saß noch immer bei Kaffee und Keks und empfing über seiner erledigten Unterschriftenmappe die Blicke seiner Sekretärin.

Gustav, komm her, lass dich besichtigen.

Gustav kam.

Anne sah seine zusammengewachsenen Brauen, die hat er von seinem Großvater. Dann die großen blauen Augen, die hat er von seinem Vater. Und die kleine Nase, die hat er von mir. An dieser Stelle begrub sie ihre letzten Zweifel. Gustav, also vergiss nicht, du bist mein Enkel, und ich bin deine Großmutter, hörst du.

Das weiß ich doch. Und wo ich schon mal hier bin, Oma. Ich finde dein Zimmer so schön, und deinen Sekretär finde ich auch schön. Ob ich mir das einrichten darf.

Später ja. Aber vorläufig wird kein Tüttel geändert, erst wenn ich tot bin.

Grelles Licht kam aus der Besenkammerfunzel.

Mach das Licht aus, Gustav.

Anne verfärbte sich aschgrau. Der Chefarzt betrat mit seinem Tross die Kammerszene.

Eine Luft ist das hier. Wird denn hier niemals gelüftet. Er schritt zum Fenster, die weißen Kittelschöße wehten. Er drehte den Knebel und stieß beide Fensterflügel auf. So, sagte er mit einer Freundlichkeit vom anderen Stern: Frische Luft und Gesundheit, die gehören doch zusammen. Der Schwester, die Annes Lunge ein letztes Mal absaugen wollte, wehrte er. Es ist wohl nicht mehr nötig. Wir wollen es nicht übertreiben. Wer ruft bei der Familie an.

Das Unwetter über Solsbüll hatte den Betrieb eingestellt. Anne warf keinen Schatten mehr. Fliegen flogen durch sie hindurch. Sie war nur noch eine kleine runde Ladung an der Innenseite eines durchsichtigen Balls. Es könnte auch eine Kapsel oder Kugel gewesen sein. Jedenfalls etwas Helles, porzellanweiß. Vielleicht eine körperlose Vase oder Schale mit einem Hauch von Anne drin. Man kann darüber streiten. Unstrittig ist das Licht, das, wie vielfach beschrieben, grau und nebelhaft anging; nicht so grell wie früher vermutet.

Es war da noch irgendwo eine Perlenpforte, die durchschritten werden musste. Anne durchschritt sie aber nicht. Sie sah, nun schon etwas unter sich, den Ausflugsdampfer Alexandra, der gerade ablegte. In dem Gewimmel an Bord waren Gret und Rosa. Gret mit schmalen Lippen und mit ihrem Blick. Rosa blass und mit ihrem Wiener Blick, extra aus Wien mit einem schwarz umrandeten Gruß von Schwiegersohn Hermann angereist.

War die kleine Anne noch auf der Alexandra. Nein. War

Ehemann Gustav noch drauf. Nein, der war für den Kaiser gefallen. War Sohn Gustav überhaupt drauf gewesen. Wahrscheinlich ja, aber nun war er nicht mehr an Bord. Er war für den Führer gefallen.

Die Bordkapelle spielte ein Lied, das in Tante Goos' Festzelt aufgekommen war. Dazu sang der Stammtisch im Solsbüller Hof, und man hörte den dünnen Tenor von Hanne Detleffsen, während Meggersee schwieg und ein betretenes Gesicht machte.

Der Kaiser ruft, der Führer ruft,
sie rufen uns aus ihrer Gruft:
Ein jeder ist ein Haufen Mist,
der seine deutsche Pflicht vergisst.

Nein, schrie Anne, nein und nochmals nein. Wer sitzt denn dort unten am Mast im Wäschekorb, verflixt noch mal.

Wer da saß und nach der Mündung der Solsbüller Au, nach Inseln, Kontinenten Ausschau hielt, das konnte Anne nicht mehr ausmachen. Vielleicht saß da gar keiner.

Enkelsohn Gustav war als blonder Semmelkopf im Dachfenster des Hebammenhauses zu sehen. Von dort sieht man schön auf die Linden und auf die Doppeleiche von 1871. Der Blick geht nach Goldacker. Eigentlich geht er bis Düttebüll. Heute, zur Feier des Tages, geht er weit über die Ostsee hinaus.

Die Vernebelung der Ostsee

Wer weiß, wohin die Reise geht. Alle Blicke des ernsthaften Abschieds künden vom Tod. Der Wind fließt über die Kornfelder. Im Kornfeld sind Wellen und Schatten, die von Nordwesten nach Südosten laufen. Es rauscht in den Ähren und Halmen. Die am Rande haben einen Taumel im Kopf. Eine Schar wilder Gänse fliegt über die Ähren, zieht gegen den Wind. Mit den Flügeln schlagen sie einen singenden Ton an. Es ist der Ton, den ihre Jungen machen, wenn sie gefüttert werden.

So ist die Zeit um den Solsbüller Markt. Kälberrohr steht millionenfach an beiden Seiten des Atzbüller Wegs. Das Gras im Mühlenwald trägt lange Rispen. Im Mühlenteich blühen Seerosen, gelbe und weiße, Mummeln, gelbe und weiße. Weiden und Pappeln werfen mit ihren Silberschöpfen das Sonnenlicht weit zurück. Die Kühe trotten nach Hause. Sie kacken die Wege voll. Ihre Euter schlagen hin und her, verspritzen kuhwarme Milch. Alles riecht. Marie Thamsen stößt Tierschreie aus und ruft ihre Tiere mit den Mädchennamen aus der Nachbarschaft. Traute Odelmanns Großmutter sitzt nebenan mit Strickzeug im Schoß vor der Haustür. Käthe Siemsen hatte neben ihr gesessen, sie geht über die Straße nach Hause; es wird kühl. Hans Siemsen büffelt schon seit zwei und macht für Mathe und Chemie noch was extra. Gustav kann eigentlich nur Musik. Deutsch: noch befriedigend, die Besinnungsaufsätze müssen besser werden. So ein Tag vergeht schnell.

GUSTAV Gret, wie hoch ist eigentlich der Himmel.

GRET Ich denke, unendlich, aber ich weiß es nicht.

GUSTAV Warum schweigen wir eigentlich immerzu.

GRET Also, ehrlich gesagt, ich finde deine Fragerei nicht gut.

Da konnte man nichts machen. Mit dem Reden war es wieder nichts, also ging Gustav nach oben, und Gret fuhr nach Atzbüll zu einer Geburt.

Das Schweigen steckt tief. Es steckt in den Muscheln. Es steckt in der Erde. Es steckt auch in den Sternen. Es steckt im Mond. Es steckt in der Ostsee. Es steckt in den Linden. Es steckt im Hebammenhaus. Es steckt im Jelängerjelieber an der Hausecke. Nun wissen wir für immer, was Schweigen heißt.

Da schrillt das Telefon. Gustav warf Kapitän Bontekoes Schiffsjungen auf den bayerischen Flickenteppich vor seinem Bett. Der rüstige Bontekoe hatte gerade bei günstigem Wind und vollen Segeln einen der hässlichen Dampfer überholt. Bontekoes Schiffsjunge, kein anderer als Gustav selbst, stand mit einem Tau am Heck und wirbelte es durch die Luft, sodass den Dampfer-Leuten die Haare zu Berge standen. Mit roten Rubinen, grünem Pfeffer und haselbraunen Kokosnüssen beladen, fuhr Bontekoes Viermaster übers himmelblaue Meer von Java nach Holland. Gustav nun aber mit full speed die Treppe runter, denn unter Deck hatte es sich wie Alarm angehört. Möglicherweise mussten noch die alten vergammelten Reservesegel aus der Bilge geholt werden. Dann stand er vor dem Gong, vor dem Spiegel, vor dem Telefon, vor Grets Notizen auf der Flurgarderobe: Verwandtschaft anrufen, Wochenbettpackungen, Trudi Bescheid sagen. Gustav nahm den Hörer ab.

Solsbüll 283.

Hier ist das Krankenhaus Solsbüll. Könnte ich mit Gret Hasse sprechen.

Sie ist nicht da. Sie hat eine Geburt in Atzbüll.

Wissen Sie, wann sie wieder zu Hause ist.

Sie können ruhig du zu mir sagen. Ich bin der Sohn.

Also nun hör mal gut zu und sei ganz tapfer. Deine Großmutter ist heute Nachmittag gestorben.

Ist gut, ich werde es meiner Mutter sagen.

Gret war mit Dr. Pfennig in Atzbüll bei der Dachdeckerfrau, die ihr drittes Kind erwartete. Das dritte Kind kommt meistens schnell, aber diese Geburt kam nicht voran; war schon nicht vorangekommen, als Anne noch im Sterben lag. Gret fragte den Doktor: Soll sie nicht lieber ins Krankenhaus. Pfennig schob die weißen Kittelärmel hoch.

Gret hatte bei der Dachdeckerfrau einen tiefen Querstand festgestellt. Pfennig war innerhalb von zehn Minuten da gewesen. Er sah auf seine Tasche, auf Gret und auf die Uhr, dann sagte er mit seiner dunklen Stimme: Narkose. Gret setzte die Maske auf und träufelte Äther. Ich glaub, sie ist weg, sagte Gret. Pfennig untersuchte mit der ganzen Hand. Zange, sagte er. Und während Gret oben die Maske bediente, ging Pfennig unten vorsichtig zu Werke. Der Muttermund war vollständig geweitet, es konnte losgehen. Unter dem Schutz der Finger seiner linken Hand praktizierte Pfennig die Zange mit der Rechten um den Kindskopf. Er musste die Zange mehrmals ansetzen, da sie immer wieder abglitt. Pfennig machte schmale Lippen, während er arbeitete, atmete kaum. Dann war es so weit.

Einen Eimer Wasser, sagte er.

Gret stand auf.

Froschkopf, sagte Pfennig, was ganz Seltenes.

Es fehlten Schädeldach und Gehirn, kein Hals, denn der

Kopf saß unmittelbar auf dem Rumpf und hatte hinten ein sackartiges Geschwulst. Übermäßig breit waren die Schultern, die Augen glotzend. Das Kind lebte, es würde bald sterben. Gret kam mit dem Eimer Wasser, und Pfennig tauchte das Kind kopfüber hinein.

Wir tun ein gutes Werk, sagte er.

Und Gret sagte zum beduselten Dachdecker, der in seiner frisch gestrichenen Einbauküche unter der Kuckucksuhr bei Bier und Korn saß: Ihr Kind kam tot zur Welt.

Das tote Kind und die lebende Dachdeckerfrau im Kopf, so kam Gret zurück. Gustav sagte: Die haben angerufen, Oma ist gestorben. Sie verzog keine Miene, ging die Treppe hoch und verschwand in ihrem Zimmer.

Das Bestattungsunternehmen Winterfeldt, nun auch mit Sohn und Zweigniederlassung in Kummerby, brachte Anne im Sarg nach Hause und bahrte sie unter Blumen und angenehmen Gerüchen in der Besten Stube des Hebammenhauses auf. Es brannten zwei Kerzen auf Ebenholzständern am Kopfende. Anne lag in einem weißen Nachthemd; Winterfeldt hatte sie gewaschen und ihre Finger schön ineinandergelegt. Gret zog leise und so langsam wie möglich die Rollos runter. Es wurde dunkler, die Kerzen brannten heller. Die Nachbarschaft stand bereit. Hans Siemsen ging als Liekfolgbeder von Haus zu Haus und sagte das Liekbott auf: Ick schull gröten vun Fru Hasse, ehr Modder wer inschlapen. Das brachte ihm fünf Mark ein. Hans Thamsen putzte die Pferde Max und Lisa, Marie rieb das gute Pferdegeschirr mit Lederfett ein und polierte es. Aus Flensburg reiste Verwandtschaft an: Tante Lotte, Tante Mine und andere Tanten, die alle ihren Hut aufließen, verschiedene Onkels und drei Cousinen. Rosa in schwarzem Kostüm und mit goldenem Armband war schon seit einer Woche da. Der Onkel, sagte sie zu Gustav, muss sich schonen und unsere kleine Wohnung hüten. Ihren Hermann konnte nämlich jeden Augenblick ein kleiner Windstoß umpusten.

Alwine Kroghmann übernahm ein leises Regiment im Hebammenhaus. Sie machte Frische Suppe und rollte Fleischklöße, die auch Anne wunderbar geschmeckt hätten. Jeder, der da war, kriegte im Vorbeigehen einen Teller voll, aß stehend an der Grude oder sitzend am Kachelofen im Kinderzimmer. Gret, die Gustavs Klavierunterricht bei Peter Pankok für eine Woche abgesagt hatte, führte ihren Betrieb am anderen Ende des Hauses weiter. Wenigstens standen weder Heim- noch Hausgeburten an. Da sie aber außerhalb Wochenbettbesuche zu machen hatte, fand sie kaum Zeit, guten Tag zu sagen, geschweige denn, sich mit den Gästen zu unterhalten. Keiner nahm ihr das krumm.

Es gab Tränen der Freude über das Wiedersehen, Tränen der Trauer über Annes Tod, Tränen der Angst vor dem eigenen Tod.

Man sieht sich ja nur bei Beerdigungen, sagte Tante Lotte, Annes Halbschwester.

Anne war doch, man mag sagen, was man will, eine tüchtige Frau, so Joochen Harms, Annes einer Halbbruder.

Sie hätte gut noch ein paar Jahre leben können, nun ist sie tot, der arme Stackel, so Lulu Harms, Annes anderer Halbbruder.

Anne im Sarg kriegte von nebenan all dies Schmeichelhafte mit, sollte sie auch. Dann brach Grets und Rosas Klagegeschrei herein. Die Töchter wollten noch einmal mit ihrer Mutter allein sein, Winterfeldt wollte aber den Sargdeckel zuhaben und festschrauben. Gustav, der an der Ofenklappe saß, hatte noch nie so ein Klagegeschrei gehört, Gret mit Norddeutsch und Rosa mit angelerntem Österreichisch in der Stimme. Sie zogen wohl an Annes Armen, wollten sie wohl aus dem Sarg rausholen, oder Anne hielt die beiden noch mal fest gepackt, zog wie in alten Zeiten an ihren Haaren, und die beiden konnten sich nicht losreißen. Ach, die Stackelskinder können ja nichts dafür, sagte Tante Lotte unter ihrem schwarzen Hut und wischte sich mit ihrem Spitzentaschentuch über die Augen. Das Geschrei wäre noch in alle Ewigkeit weitergegangen, wenn nicht Winterfeldt die beiden Schwestern wegkomplimentiert hätte: Wir müssen ja irgendwie weiterkommen. Der Sargdeckel kam drauf, passt. Winterfeldt drehte die Holzschrauben hinein, Gustav hörte, wie sie sich im Sargholz festfraßen.

Draußen standen Max und Lisa mit gesenkten Köpfen vor dem Leichenwagen. Hans Thamsen war der Kutscher. Hans Siemsen, mit einem schwarzen Holzkreuz, an dem der Familienkranz hing, saß neben ihm auf dem Kutschbock. Die sechs stärksten Nachbarn, unter ihnen Karl Kroghmann, der schon eine Woche vor Annes Tod gesagt hatte: Ich trag auf jeden Fall mit, bugsierten den Sarg aus dem Haus, stellten ihn auf den ausgezogenen Leichenwagenboden, schoben den, mit dem Sarg obenauf, wieder hinein und verriegelten ihn. Dann kamen die Kränze, an die Seite und auf den Sarg. Schade, dass Anne das nicht mehr sehen kann, sagte Alwine, so viele schöne Kränze, da sind auch teure bei. Dr. Meggersee, der stumm und rechtsseitig gelähmt mit einer Wolldecke über dem Rollstuhl in Güldenholm saß, hatte den teuersten geschickt, Lilien und Rosen.

Der Trauerzug ging ab, alle zu Fuß und mit Hut und in Schwarz hinter dem Leichenwagen her, der sich langsam dem Unterdorf näherte, wo die Neugierigen hinter den Gardinen saßen, um die Leute und die Kränze zu zählen. Autos stoppten und fuhren an die Seite. Radfahrer stiegen ab und nahmen die Mütze vom Kopf. Sankt Ursulas Kirchturm teilte die Wolken. Hinrich Goldschmidt läutete die Glocken. Er hatte auch das Grab gegraben.

Hans Thamsen zog am Zügel; Max und Lisa blieben stehen, schnaubten leise, bewegten den Kopf hoch und runter, kauten auf dem Trensengebiss, grasgrünen Schaum auf den Lippen. Hans Siemsen kletterte lässig vom Bock und ließ sich von Hans Thamsen den Familienkranz runterreichen. Pastor Möller stand neben seinem verblühten Jasminbusch am kleinen Pastoratseingang und wartete auf den richtigen Augenblick. Dann das Beffchen gerade gezupft, Bibel und Gesangbuch fest unter den Arm geklemmt, den Kopf nach links, los. Am Leichenwagen verteilte er ein paar organisierende Blicke und setzte sich an die Spitze. In der Kirche waren schon welche, die mit der einsetzenden Orgel aufstanden, um Pastor, Sarg und Trauerzug eine Gasse zu machen.

Sankt Ursula war fast drei viertel voll. Die Trauergemeinde sang und betete entsprechend. Gustav flüsterte zu Gret: Haben die alle Oma gekannt. Gret nickte, dann schüttelte sie den Kopf. Möller predigte: Fürchte dich nicht vor dem Tode, gedenke, dass er Vor- und Nachfahren in gleicher Weise trifft. Und als er Annes Einfachheit rühmend hervorhob, sprach er: Weh dem, der auf hohem Kutschbock fährt, wobei Hans Thamsen und Hans Siemsen, trotz ihres Altersunterschieds, brüderlich feixten und sich in die Augen sahen.

Gustav hatte sich zusammennehmen können. Er war immerhin sechzehn und der einzige Mann in der Familie Hasse. Aber als der Sarg ins Grab abgeseilt wurde, als die Träger was in den Hut murmelten, als Asche zu Asche gesagt wurde, da war er doch bloß wieder ein kleiner Knirps, und die Tränen liefen. Hundert Leute standen hier unterm Himmel, der von vorne bis hinten zugezogen war. Milde Luft zog in die

Lungen der Trauergäste. In der grauen Windstille hallten Möllers Worte weit ins Dorf, über Buntmachers Laden, über Feuerwehrhaus und Dorfteich, wo die Enten in ihren Federkähnen schwammen und waakwaak herüberriefen. Gustav warf seine drei kleinen Schaufeln voll Muttererde auf den Sarg; es hörte sich sehr nahe an. Dann las er auf dem Grabstein zweimal Gustav Hasse. Aber nicht deswegen weinte er, sondern wegen Anne. Kein Auftritt mehr bei ihr zweimal in der Woche mit Besenstiel quer über den Rücken und durch die Armbeugen. Du musst dich gerade halten, Junge. Das war immer was zum Grinsen und Schauspielern gewesen.

Damit war es nun also aus. Damit und mit Weihnachten, mit Annes wie Lametta blitzendem Mutterkreuz, mit Ihr Kinderlein kommet, das brachte Gustavs Heulerei noch mal ordentlich in Gang. Er drehte sich um, weil er Gret suchen und haben wollte. Er lief aber in Pastor Möllers Arme, der ihn in dem Glauben, er wolle zu ihm, an sich zog. Gustavs Kopf gehörte nun also dem Pastor. Der legte seine Hand darauf und sagte: Gott segne dich. Gott segne dich war aber ganz verkehrt, denn nun ging die Heulerei erst recht los, und zwar von ganz unten und sechs Kilometer tief aus der Erde.

Aber als er den Friedhof durch das doppelte Steintor zum ewigen Frieden verließ, sah die Welt wieder besser aus. Überall kamen die Taschentücher in die Taschen, und kurze praktische Gespräche wurden angezettelt. Ach ja, Wien ist fast zwei Tagesreisen von hier entfernt und liegt ganz im Süden, antwortete Rosa auf eine Frage. Und mein Mann, fügte sie an, hat eine grazile Gesundheit, muss sich schonen und darf nur drei Stunden am Tag arbeiten. Er ist der Justiziar des Donaueuropäischen Instituts.

Im Hebammenhaus hatte Alwine Kroghmann duftenden Kaffee gekocht, die Tische im Kinderzimmer und in der

Besten Stube ausgezogen, weiße Tischdecken aufgelegt und gutes Geschirr gedeckt. Es war ähnlich wie damals bei der Konfirmation, als fünf verschiedene Sorten Gebäck durchzuschmecken gewesen waren. Heute gab es Bäcker Sprengers Beerdigungskuchen, auch nicht schlecht, und Tante Lotte sagte: Oh, was für schöne Traktemente. Als Cognac ausgeschenkt wurde, überlegte Gustav, ob es nicht Zeit sei für so eine Rede, wie er sie anlässlich der eigenen Einsegnung auf allgemeinen Wunsch gehalten hatte. Alternativ kam die Ungarische Rhapsodie Nr. 2 in der erleichterten Bendel-Bearbeitung in Frage, die ihm auf dem letztjährigen Schulfest freundliche Erwähnung im Solsbüller Tageblatt eingebracht hatte. Den Artikel trug Klavierlehrer Peter Pankok stets in seiner Brieftasche. Also die Nr. 2 runterrasseln und mit Pedal und überhaupt die schwierigen Stellen irgendwie meistern, damit Pankok auch in Solsbüll die Ohren klingelten.

Aber es kam weder zur Rede noch zur Ungarischen Rhapsodie, denn Onkel Joochen begann aus der Kinderzeit zu erzählen: Wie wir zu sechst in der Duburger Straße oben in der Küche saßen und Lieder sangen.

Joochen war immer der Witzbold, sagte Tante Lotte.

Joochen war immer der Witzbold, äffte Cousine Loni nach.

In einer Pause zwischen Joochens witzigen Erzählungen sagte Gustav mit tiefgesprochenem Tenor: Es spricht seine Kondolenz Gustav der Dritte: Unsere liebe Verstorbene ist heute in den verdienten Ruhestand hineingetreten. Er machte kreisrunde Augen und schielte Richtung Rosa, denn die fand er nett.

Rosa aber wich zurück und rief und lachte: No ja, der Gustl. Schade, dass der Onkel nicht dabei sein kann.

Der Gustl verdrückte sich nun aber doch lieber in die Küche, wo Alwine ganz mit sich allein bei Kaffee und Cognac saß. Sie hatte seine Ansage von nebenan gehört.

Wat büst du doch för'n Briet, sagte sie, lachte und nahm die Hand vor den Mund, denn es fehlte ein Zahn. Mit der anderen Hand kniff sie Gustav schnell in die Rippen, um nur irgendeinen Fetzen von ihm zu erhaschen; denn Drücken, das ging hier und unter diesen Umständen nicht. Du hest jo gar nix op de Rippen, Jung, sagte sie.

Er drehte eine Pirouette, warf Alwine Kussmund und Kusshand zu: Immer zu Diensten, gnä' Fru, was sie ganz aus dem Häuschen brachte.

Oh, wat sind wi doch dwallerig, prustete sie und haute mit der flachen Hand auf den Küchentisch, dass Kaffee und Cognac schwappten.

Dann war plötzlich Stopp und Stille. Es hatte zu tröpfeln begonnen, die ersten Tropfen liefen schon die Verandafenster herunter. Anne hatte Rosa das Stichwort gesagt. Rosa kam mit dem Stichwort in die Küche: Es regnet. Ach, Gustl, ich glaub, jetzt ist es vorbei.

Die Leberwurstbrote, belegt mit sauren Gurkenschnitten, die Schinkenbrote und die Käsebrötchen wurden aufgetragen. Wer möchte Bier, wer möchte Sprudel. Es war doch schön, dass wir uns alle einmal wiedergesehen haben. Ein trauriger Anlass, ja. Ich fehl Anne jetzt schon, sagten die Halbschwestern in ihrem Flensburger Deutsch. Wo ist eigentlich Gret die ganze Zeit.

Gret hatte sich die ganze Zeit im Schutze von zwei Wöchnerinnen und zwei Babys hinten im Heim aufgehalten. Sie dachte: Lass die man prusten.

Gustav mit frischen Pflichten: Rechnungen schreiben betreffend Normalgeburt, betreffend Heimkosten, betreffend

Fehlgeburt, betreffend Totgeburt. Wochenbettbesuche zusammenzählen und Kilometergeld ausrechnen. Schließlich auch: Nachgeburten vergraben. Schwammig und rotbraun lagen die im Steckbecken in der Waschküche. Manchmal lag die raue, manchmal die glatte Seite oben, wo die fingerdicke Nabelschnur aus ihrem Aderwald hervorkam, ein kurz unter der Krone abgeschnittenes Baumstämmchen mit gewaltigem Wurzelwerk. Damit ging Gustav zum Misthaufen. Da roch es aasig, aber so aasig roch es nun auch wieder nicht. Mit dem Spaten zweimal kurz und tief in den Küchenabfall und anderen Kram gestoßen und die Nachgeburt samt Flüssigkeit reingekippt, uax. Hier, unter der letzten Linde und unter den Holunderbüschen, war die Luft voll mit blau und violett schimmernden Viechern, die gar nicht richtig fliegen konnten, eher wie Würfel durch die Luft kullerten. Zwei Spaten schwarze Erde aus Hans Thamsens Knick geholt, auf den Mutterkuchen gestreut, bisschen festgeklopft, das Becken in der Waschküche unter der Pumpe ausgespült, fertig.

Er erbte Annes Zimmer mit Inventar: Waschbecken und Wasserhahn, natürlich nur für kaltes Wasser, Sofa und Tisch, Schrank mit Glastür und Gardine, darin eine weiße Suppenterrine, ehemals Annes Eierversteck. Vor allem aber war da der Sekretär am Fenster, mit Blick über das Verandadach, über den Birnbaum und auf den Thamsen-Hof. Ein runder Schließdeckel schloss das Möbelstück ab; drinnen waren zweimal drei Schubfächer mit Elfenbeinknöpfen, und gewusst wie, war da auch noch ein Geheimfach.

Annes Erbstück im Rücken, ein Fensterflügel halb auf, draußen der Birnbaum – so mochte er es, kurz vor dem Einschlafen, nach der Schule, nach dem Essen. Weiße Wolken fuhren von Südwest nach Nordost. Die Sonne schien. Das Schieferdach glänzte. Der Springbrunnen plätscherte aus zwei von vier Öffnungen. Roswitha, das neue Hausmädchen, hängte Windeln und Stillbüstenhalter an die Wäscheleine. Sie sang: Es war kein reicher Mann, es war kein armer Mann. Thamsens Hühner scharrten im Dornenzaun und klagten matt ihr Wohlbefinden. Im Birnbaum schmetterte ein Buchfink: Ich bin doch noch nie und nimmer in Australien gewesen. Er flog Richtung Australien. Eine Singdrossel kam, setzte sich auf seinen Platz und fing an zu singen.

Es klingelte. Es war nicht der Wecker. Es war nicht morgens. Es war nicht der Gott, der in der Mittagsstille ruft. Es war Siemsen mit seinem Fahrrad. Auf dem Gepäckträger hatte er eine Wolldecke eingeklemmt.

Steh auf, keine Müdigkeit vorschützen. Ich warte doch schon die ganze Zeit.

Die Erde um Solsbüll-Mühle schwankte, die Linden drehten ihre Kronen. Gustav wurde es schwarz vor Augen, er hielt sich am Fensterbrett fest, damit Siemsen das Schwarze nicht sehen konnte. Dann schritt er kerzengerade hinunter und hinaus, nahm die Viergang-Victoria, sein Konfirmationsgeschenk, auf deren Gepäckträger nun Badesachen und was zum Lesen eingeklemmt waren.

Der Weg ging an Affegünt vorbei.

Gustav sagte: Die neuen Affegünter kann ich nicht ausstehen.

Du kennst sie ja gar nicht, sagte Siemsen.

Stimmt, sagte Gustav, aber ich kann sie trotzdem nicht ausstehen.

Kummerby blieb links liegen, Güldenholm erkannte man weit hinten an den Bäumen. Die 1947 abgebrannten Güldenholmer Scheunen waren auf den alten Fundamenten wieder aufgebaut worden. Nun gab es einen modernen Kuhstall und einen modernen Schweinestall. Das Herrenhaus war neu verputzt, neu gestrichen, neu gedeckt.

Gustav und Siemsen fuhren über die Chaussee, die Kattbek und Goosholm verbindet, sie überquerten die Nordstraße, von da waren es nur noch vier Kilometer bis Düttebüll und die völlig verschilfte Mündung der Solsbüller Au.

Wie das Wasser riecht, sagte Gustav, als sie über die letzten Hügel kamen und die Ostsee sahen, die weit hinten mit dem Horizont zusammenstieß.

Wasser riecht doch immer so.

Wenig später lagen sie auf ihren Wolldecken gleich hinter den Heckenrosen am Kiosk, der nach frisch gestrichen roch. Siemsen hatte die Logarithmentafel und das Matheheft mit, Gustav den Roman Schau heimwärts, Engel. Es war nicht viel los. Da waren Stimmen. Da war Wind. Am Kiosk wehte eine blau-weiße Nivea-Fahne. Es gab Eis, Lakritz und warmen Sprudel. Siemsen strich immer Sand aus seiner Logarithmentafel.

SIEMSEN Vielleicht sehen wir ja welche von unseren Weibern.
GUSTAV Wen denn.
SIEMSEN Na, vielleicht Bärbel oder so.
GUSTAV Was heißt oder so.
SIEMSEN Vielleicht Traute Odelmann.
GUSTAV Die ist doch in Kiel.
SIEMSEN Na ja, vielleicht sonst eine.
GUSTAV Ach, ist doch egal.
SIEMSEN Ich brauch ne Abkühlung

Siemsen stand auf. Gustav sah, wie Siemsen sich gut aufbaute und zum Badesteg ging, wo sich die Mädchen in seine

Badehose verliebten. Er machte einen Köpper, es spritzte kaum, sodass die Mädchen nicht nass wurden. Siemsen war ein guter Schwimmer, er war DLRG-Mitglied und hatte ab und zu einen Wasserball gerettet, der rausgetrieben und schon abgeschrieben war. Jetzt schwamm er wohl wieder so einem Ball hinterher; möglicherweise war er aber auch auf dem Weg nach Dänemark, oder er wollte zu dem Ausflugsdampfer draußen am Horizont, da anschlagen und wieder zurückschwimmen.

Es war heiß. Flimmerluft lag über der Ostsee. Lag die Ostsee über oder unter der Flimmerluft. Gustav döste. Wer hat noch nie so eine Muschel gesehen, der soll mal herkommen. So sprach Biolehrer Sonne in sächsischem Dialekt. Der war also auch am Düttebüller Strand. Sonne hatte die dicksten Brillengläser und dahinter die liebsten Lehrer-Augen, die es auf der Welt gab. Gustav wollte seine Nase in die Muschel halten. Von wegen schnuppern, mal aufgepasst und hergehört und hingesehen. Einen Strand weiter saß Klassenlehrer Petott, Chemie und Erdkunde, und erzählte, wie sich seine Leute in Russland und anderswo an den schweren MG-Kästen abgeschleppt hatten und wie er sich selbst mal einen Bruch gehoben hatte und untauglich geworden war. Noch einen Strand weiter saß Mathelehrer Zahl mit der beschädigten Hand und plauderte über seine Geheimverwendung betreffend deutsche Atombombe, was aber in Wirklichkeit nicht stimmte. Dann erzähle ich mal was vom schweren Wasser und vom Kriegsgefangenenlager in Texas. Teufel, war das heiß. Die Hitze hier ist ja nichts dagegen. Dr. Schroeder, Gustavs und Siemsens Deutschlehrer, war am Strand weit und breit nicht zu sehen; aber Gustav sah ihn in der Schule die Treppe hochjapsen und sich seine wenigen Haare von einer Seite auf die andere streichen.

Mein Gott, Gustav, Sie schreiben Gedichte, das hab ich ja gar nicht gewusst; das finde ich aber schön. Aber im Kollegium sagen wir lieber nichts davon.

Das finde ich auch lieber nicht.

Unvorstellbar süß zog es Gustav jetzt bis in die Zehenspitzen: Er sah den tausendmillionenfach geliebten Menschen aus der Muschel in Herrn Sonnes Hand herausspazieren. Oh, du Schutz und beglückende Zierde mir, sprach es aus der Muschel. Also darum hatte Herr Sonne gesagt: Mal aufgepasst, hergehört und hingesehen. Dr. Inge kam in weißem Plisseerock und Seidenbluse, eine Kette mit dicken Perlen um den Hals. Einmal rauskommen war aber Gustav nicht genug, sondern: Das Ganze noch einmal, die Komparsen stehen bitte nicht so blöd rum, Wind an, Sonne wie beim ersten Mal, Klappe, Kamera. Dr. Inge trat zum zweiten Mal hervor. Diesmal in Baumwollbluse und bunt karierter Hose mit schmalem Gürtel, die Schuhe schwarz und flach und leicht, die Haare dunkelblond, ein Bubikopf. Während Gustav Komparsen, technisches Personal und die nicht billige Ausstattung wegschaffen ließ, kam Dr. Inge näher heran, und er sagte: Noch ein bisschen näher. Gustav sagte aber gar nichts, sondern er flog in Dr. Inges weit geöffnete Augen. Sie fiel um, Gustav auch, und nun lagen sie nebeneinander.

DR. INGE He du, was machst du mit deinem Daumen im Mund, mein Kleiner.

GUSTAV Es ist wirklich nett, dass wir uns hier sehen, Frau Doktor. Was wir in den letzten Tagen doch für ein schönes Wetter haben, finden Sie nicht auch.

DR. INGE Warum so förmlich. Aber merkwürdig ist das schon mit dem Wetter. Mein Freund hat mir am Telefon erzählt, dass die in Dänemark seit drei Tagen Nebel haben. Er ist da auf Geschäftsreise.

Mein Freund, wie vernichtend das auf Gustav niederfuhr. Ein Unglück für Dr. Inge, einen zu haben, der nach Dänemark fährt, um das schlechte Wetter durchzutelefonieren. Ich werde das alles hier mit dem Nebel aus Dänemark einnebeln. Ich werde Dr. Inge einnebeln, ihre Milchbar, die Kunsthütte und den Brautsee. Darüber hinaus werde ich die ganze Welt einnebeln. Soll Mein Freund doch im Ausland bleiben und vom Nebel verschluckt werden und nie wiederkommen. Gustav duzte ihn nun und rief über die Ostsee Richtung Dänemark: Werde dort platt gewalzt, verblute und krepiere dort.

Er erwachte, rieb sich die Augen, richtete sich auf. Seit einer halben Stunde war nichts als große Stille gewesen. Nur die Wellen platschten kraftlos an den Strand. Ach, Oma, alles Scheiße, sagte er leise und trotzig in die warme Luft.

Er packte seine Sachen. Siemsen sollte allein nach Hause fahren. Gustav wollte einen Umweg machen. Er wollte über Sophienhöh, vielleicht war die Milchbar offen. Vielleicht kriegte er eine Bananenmilch umsonst. Vielleicht fragte sie ihn wieder was. Vielleicht zeigte er ihr eins von seinen Gedichten.

Aber die Milchbar hatte zu. Freitags war Ruhetag. Gustav hatte keinen Pfennig in der Tasche. Die Gedichte lagen zu Hause im Geheimfach.

Hinter der Milchbar war der Brautsee, der war das große Auge der Erde gleich hinter Sophienhöh. Wie tief mochte er sein. Es gab da verschiedene Meinungen. Gustav schob sein Fahrrad den Weg um den See herum. Erlen, Eschen und Weiden säumten ihn. Die Luft war erfüllt vom Laubgesang der Bäume. Die Erde roch. Das Schilf roch. Der Brautsee roch.

Da stand die Hütte am Brautsee, ein Holzsteg führte über Wasser zur Tür. Gustav sah Dr. Inge mit ihrem Freund im Atelier sitzen und Abendbrot essen. Eine Weinflasche stand auf dem Tisch. Sie aßen und tranken und sprachen miteinander. Der Freund war gar kein Fettwanst, gar nicht unsympathisch, aber zum Glück viel älter als Gustav. Sie aber war das Schönste, was es zwischen Oben und Unten gab.

Als Gustav wieder sein Fahrrad bestieg und losfuhr, begrub er die Pläne seines ersten Zorns. Er verzichtete auf die Einnebelung der Solsbüller Gegend und darüber hinaus. Er ließ seinen Lieblingslehrer Sonne weiterreden von den Muscheln. Er ließ Deutschlehrer Schroeder weiterreden von den Gedichten. Er ließ Chemielehrer Petott weiterspinnen von Russland und seinen MG-Kästen, er ließ ihn mit Nelke im Knopfloch sagen: Gustav, als Klassenlehrer muss ich Sie darauf hinweisen, es wäre besser, Sie kümmerten sich mehr um die Schule und weniger um andere Dinge.

Ich glaube, Sie haben recht, Herr Petott. In Zukunft. So Gustav auf seiner Viergang-Victoria, noch eine Stunde bis Solsbüll-Mühle.

Herz, Schmerz

Jetzt ist nicht mehr Sommer, jetzt ist November. Ein stiller sonniger Novembertag. Noch sind ein paar Blätter an den Bäumen, noch blüht Heidekraut, noch blühen Heckenrosen; Wassertropfen blinken an Gräsern. Regenschauer sind leise und langsam durchgezogen. Leise und langsam beginnt die Nacht. Der Himmel ist noch von blauem Seidenglanz.

An so einem Novembertag rief Peter Pankok die Pflicht. Er wohnte in der Mooswatter Straße in einer geklinkerten Haushälfte. An den Kaninchenställen vorbei ging er zum Schuppen, wo sein Angelzeug hing und sein Moped stand. Er zog Gummihose und Überschuhe an, hängte sich seine Ledertasche mit einem langen Riemen um die Schulter. Dann schnallte er sein 120-Bässe-Akkordeon auf den Gepäckträger. Er musste auf Klavierunterricht-Tour, seine Schüler abklappern. Aber erst musste er seinen Kaninchen was flüstern: Heute wollen wir wieder den Unterirdischen aufspielen. Die Kaninchen legten die Ohren flach.

Beeil dich, du bist mal wieder zu spät dran, rief Mine Pankok aus dem Küchenfenster. Sie kippte das Abwaschwasser ins Rhabarberbeet.

So, brabbelte Pankok, was weißt du vom weißen Pferd, das am Heidberg hin- und herläuft, Dampf schnaubt und durch die Luft staubt, auf und davon. Ich bin schon auf dem Weg, kümmere dich um deine Sachen.

Mine Pankok schüttelte den Kopf: Was ist bloß mit ihm los.

Pankok nahm nicht den kürzesten Weg, denn als er die

Bahnschienen überquerte und nach rechts sah, hörte er seine alten Kameraden von der SA-Kapelle, die, seitdem sie alle bis auf ihn gefallen waren, im Heidberg wohnten. Diesmal spielten sie Wir treten zum Beten, den Choral, der unter seiner Stabführung erklungen war, als die Goethe-Schule in Adolf-Hitler-Schule umbenannt wurde. Hier, bei der Musik also, bog er ab. Er fuhr den halben Kilometer zum Heidberg rüber. Dort legte er Moped samt Akkordeon ins tropfen-übersprühte Gras. Er ging durch den alten Schützengraben, der sich um den Berg wand. Die Unterirdischen vermutete er direkt unter sich, an schön gedeckten Tischen.

Als er oben den Überblick hatte, waren sie alle da, fiedelten und pfiffen durcheinander. Pankok hob die Hände, gebot Schweigen. Ein Kälberrohr gab das A. Es wurde gestimmt, Buchfinken und Grünlinge strichen über ihre Saiten, aus dem Lindenbruch ertönte das Holz der Birken, Erlen, Eschen. Pankok spitzte den Mund zur Stille. Die Stimmung war in Ordnung. Nur aus dem Lindenbruch kam es noch und wollte nicht aufhören. Leute, fertig werden. Es erklang der aus einer geschliffenen Kristallkaraffe gegossene Hohn und Hass Meggersees. Es erklangen die dunklen Paukenschläge aus Pankuweits Knobelbechern. Und es erklang Steigers Heldentenor: Uns interessiert nur, wenn mal einer totgeht.

Daraus mach mal Musik, flüsterte Pankok, aber er schaffte es. Der Schülerzug Solsbüll–Flensburg pfiff außerhalb der Partitur. Zwanzig Fahrschüler hingen aus den Fenstern, steckten die Nasen in den lauen Fahrtwind, winkten ihm. Er ließ das angeklebte Adagio aus der Abschiedssinfonie erklingen. Das Publikum freut sich über so 'n Quatsch. Pankok klopfte auf den Findling, Takt 45, leere Saite klingt wie Draht. Und einer hatte mit dem dritten statt mit dem vierten Finger gegriffen. Ach, sagte Pankok und sank zu Boden, ich setz 'n paar Rillen zurück, das Ganze noch mal.

War Pankok etwa auf dem Heidberg eingeschlafen. Er fuhr mit seinem Kopf in den wässrigen Novemberhimmel und glaubte sich zunächst in einer Schreckpause: Zwei Düsenjäger mit dem Balkenkreuz säbelten über den Heidberg von Ost nach West, hatten schon den Kirchturm von Sankt Ursula im Visier. Er lief den Heidberg hinunter. Die Pflicht ruft, murmelte er. Er packte seine Zündapp mit dem aufgeschnallten Akkordeon und schob los. Die Düsenjäger hatten Stille hinter sich hergezogen, die sank nun vom Himmel herab. Die Stimmen im Lindenbruch stumm, die Blumen verblüht, bis auf einige Heckenrosen. Pankok arbeitete sich am Bahndamm hoch, um die Abkürzung zu nehmen. Oben schob er weiter, die Reifen knirschten in der gemahlenen Schlacke des Bahndamms. Auf der Mooswatter Bahnbrücke trat er seine Zündapp an.

Pankok kriegte weder die Wassermühle noch die Kirche mit. Er war erst wieder richtig da, als ihm Freddy Dittmanns silberner Friseurteller in die Augen blitzte – er zog Kupplung und Bremse und hielt mit ausgestellten Beinen an. Da standen Freddy Dittmann und Hinrich Goldschmidt an der Mabeco, die acht Jahre im Affegünter Hühnerstall und fünf Jahre bei Hinrich im Holzschuppen vor sich hin gegammelt hatte.

Heute war Montag, Hinrich machte blau, Freddy hatte geschlossen. Gerade hatten die beiden letzte Hand an das alte Stück gelegt. Gustav, der wegen Klavierunterrichts längst hätte zu Hause sein sollen, stand bei den beiden. Er wusste inzwischen, dass die Maschine seinem Vater gehört hatte, viel genauer wusste er es nicht. Derzeitiger Fahrzeughalter war Hinrich. Aber wenn wir sie wieder flotthaben, sagte der, sollst du auch mal fahren, denn irgendwie hast du ja Aktien drin. An deinem achtzehnten Geburtstag gehört sie dir sowieso. Der 749-ccm-Zweizylinder-V-Motor war bei der Zylinderschleiferei Jürgensen in Flensburg gewesen, alles Übrige hatte Majunke, genannt Professor, in Ordnung gebracht. Die Mabeco stand fahrbereit auf dem Ständer und wartete, dass Hinrich sie runterschob und den Kickstarter trat.

An diesem Novembertag herrschte eine Stille, die jeden gern mit dem Nachbarn ein Wort wechseln lässt.

Wie schön es heute noch geworden ist, die Herren Nachbarn, sagte Pankok mit einem Grashalm im Mund. Dann spuckte er den Grashalm aus und sagte: Ach du lewe Jette, was wollt ihr denn mit dem alten Ding. Ihr sollt wohl auf Spritztour.

Wollten Sie noch zu uns kommen, Herr Pankok, fragte Gustav, dessen Fahrrad an Dittmanns Buchsbaumhecke lehnte.

Hinrich überhörte Gustavs Frage, weil er fand, dass Gustav hier nicht als Erster dran war, Mabeco hin, Mabeco her. Auch Freddy wollte sich nicht von dem siebzehnjährigen Bengel in die Ecke stellen lassen. Pankok spürte sofort das Ungemütliche und legte die Antwort erst mal in den Akkordeonkasten.

Hinrich sagte: Von wegen Spritztour, Herr Pankok, das wird eine Jungfernfahrt, das Ding hat dreizehn Jahre im Stall gestanden.

Nun, da Hinrich das Wort gehabt hatte, konnte Pankok auf die Frage antworten. Schließlich kostet die Klavierstunde zehn Mark, schließlich trägt Gustav zu meinem Lebensunterhalt bei. Ja, natürlich, ich bin auf dem Weg zu euch.

Jetzt musste sich Freddy doch äußern. Also, wie Hinrich schon sagte, keine Spritztour, sondern eine Jungfernfahrt. Erst mal wollen wir über die Nordstraße und sehen, wie schnell die Maschine noch läuft. Und dann, das ist die Hauptsache, wollen wir nach Güldenholm und Meggersee besuchen, dem geht es gar nicht gut, der sitzt immerzu im Rollstuhl. Der wird Augen machen, wenn er seine alte Mabeco wiedersieht.

Gustav nickte, Hinrich nickte, Pankok nickte. Damit war der Punkt erreicht, wo man sich verabschiedet und auseinandergeht.

Es folgte aber noch ein gemeinsamer Blick in den Himmel. Hinrich hatte einen kreisenden Bussard entdeckt. Der Herr der Lüfte, sagte er halb grinsend. Er wunderte sich über die Menge Tränen und Sehnsucht in seiner Brust, konnte die Augen nicht von dem majestätisch dahinsegelnden Raubvogel nehmen. Höher als die Kirche, stellte er fest. Da fällt mir ein, heute ist Kinotag, Leute, Johanna will unbedingt ins Kino. Wir müssen los, Freddy.

Mit zwei Stunden Verspätung begann Gustavs Klavierunterricht. Klavierunterricht war es eigentlich nicht. Pankok brachte die neuesten Schlager für kleines Orchester mit, um für kommende Feuerwehrfeste und Erntebälle zu üben und Gustav in die Kunst des Musizierens zu zweit einzuweihen. Er nahm aus dem Akkordeonkasten die Noten zum Caterina-Valente-Film Das einfache Mädchen, gab Gustav den Klavierpart, legte die Akkordeonstimme auf den Notenständer, zog sich das teure Hohner-Instrument auf die Knie und nahm die G- und A-Taste unter die Finger. Gustav schlug am Klavier ebenfalls G und A an.

Woher hast du das gewusst, fragte Pankok.

Kann ich hören.

Mit Pankok zu musizieren machte Spaß. Pankok zählte

ein oder zwei Takte vor, indem er mit dem rechten Fuß auf den Boden klopfte. Dann war Gustav allein mit vier oder acht Klaviertakten dran, dann erst setzte Pankok mit dem Akkordeon ein. Er legte seinen Kopf schief über dem größer oder kleiner werdenden Blasebalg und sang mit, hin und wieder falsch, aber immer im Rhythmus. Es gibt noch Märchen, die in Erfüllung gehn, die aus dem Wunderland der Träume auferstehn. Na ja, sagte Pankok, der Text ist büschen dösig, aber Caterina Valente ist ein Genie. Wir dürfen den Refrain ruhig etwas schneller nehmen, also noch mal. Gustav verlor nie den Überblick, wusste immer, wo Pankok war, und wenn Pankok woanders war, pirschte er sich mit seinen Lauschern im Nu wieder an ihn heran, der Schluss bereitete sich zweihundert Jahre vorher vor und kam entsprechend: ein großer, zuckersüßer Sahnehaufen. So, das hätten wir intus für nächsten Sonnabend.

Ob Pankok wohl diesmal fragte: Hast du nicht Lust, nächsten Sonnabend Solsbüller Hof, Abtanzball Tanzschule Angelika Döring, ich meine, für den Pianisten einspringen. Gustav hatte die Antwort auf der Zunge: Also, ich hätte Zeit, und ich darf auch. Aber Pankok fragte nicht. Er packte Akkordeon und Noten wieder in den Kasten, zog sein Gummizeug an, ließ sich nach draußen bringen und knatterte davon. Ein kleiner halbleerer Sack hinter großem Akkordeonkasten, so sah es von Gustavs Warte aus. Blau kamen die Kringel aus dem Zweitakter-Auspuff der Zündapp. Nie im Leben werde ich mir einen Zweitakter kaufen. Gustav hörte im Geist den herrlichen Mabeco-Klang daneben. Zündapp gegen Mabeco, das war wie Feuerwehrkapelle gegen Wiener Philharmoniker.

Er nahm die Arme, die er über dem von Gret gestrickten Norwegerpullover gekreuzt hatte, runter, vergrub die Hände als Fäuste in den Hosentaschen, malte ein paar Kreise mit der Fußspitze in den Sand. Keiner braucht mich. Das Hebammenhaus, in dem es gerade mit drei gesunden Müttern und drei gesunden Babys vor Leben wimmelte, war ein Totenhaus: Gret schmierte Leberwurstbrote für die Abendmahlzeit anlässlich Gustavs Beerdigung, Hausmädchen Roswitha bügelte im Kinderzimmer sein Totenhemd, Hausschwangere Sunde aus Ostfriesland, bei der es jeden Augenblick losgehen konnte, saß am Kachelofen und blätterte die Todesanzeigen in den Lesemappen durch. Entschlief unser über alles geliebter Sohn. Hans Siemsen übte auf seinem Bass den Trauermarsch, Käthe Siemsen kullerten Tränen des aufrichtigen Beileids. Hans und Marie Thamsen molken schwarze Milch aus schwarzen Kühen in schwarze Eimer. Es war ein endloser Novembertag, der nie enden würde. Nie würde aufhören, dass niemand käme, nie würde aus dieser eingefallenen Nacht ein heller Morgen hervorkriechen. Wiedergänger gingen über Land und jagten den Leuten Angst ein. Unterirdische hauten oberirdisch auf den Tisch und verlangten mehr Silber. In Hinrichs Rhododendren herrschte Totenstille. Die verrückte Gunde stand am Dorfteich und spuckte den Fischen was, die waren auch alle tot, die trieben bauchoben.

Dieser Tag war gelaufen. Kein Engagement bei Pankok und oben die unerledigten Hausaufgaben, die auf Herz und Nieren drückten. Zahls Additionstheoreme lagen auf dem Sekretär. Was sind Additionstheoreme. Gustav hatte das nicht begriffen und würde das nie begreifen. Kleists Marionettentheater, das auf Schroeders Rat zweimal, nein dreimal gelesen werden sollte, blieb ungelesen in seinem Lesebuch Die Silberfracht. Sonne wollte morgen nach der Bienensprache fragen. Alles nicht uninteressant, aber Gustav stand in einem tiefen engen Loch, wo man sich nicht auf den Hosenboden setzen konnte. Überall würde er morgen passen müssen, es würde ein schrecklicher Tag werden. Nur bei Petott, der vertretungsweise Geschichte gab, war Luft, der würde wieder vom Krieg erzählen und nicht fragen.

Gustav holte sich aus dem Keller eine kleine Dose Glückskleemilch und aus der Küche seinen Teelöffel und eine Handvoll Würfelzucker. Damit ging er nach oben, setzte sich an den Sekretär, schob alle Schulsachen beiseite und fing mit einem Löffel Dosenmilch und einem Stück Würfelzucker an. Er öffnete das Geheimfach. Er nahm die Schreibkladde heraus, in der ein gespitzter Bleistift lag. Er schrieb binnen dreißig Minuten ein Gedicht, das oben mit Mond und Nachbar begann und unten folgendermaßen aufhörte:

Vernimm des Schwälenden Ruf,
und die ersterbenden Münder
singen im schmachtenden Gras.

Gustav spitzte den Bleistift wieder spitz, malte damit eine liegende Acht unter das Gedicht und sagte, indem er die Kladde um den Bleistift schloss: Ja, das ist es. Zwei Zentner leichter war ihm jetzt. Ach, wie leicht es nun fiel, die Hausaufgaben liegenzulassen nach diesem mit pochenden Schläfen geschriebenen Gedicht, in dem das eigene Leben wortwörtlich abgeschrieben stand und von jedermann, bitte schön, betrachtet werden konnte, vorausgesetzt, er kam an das Geheimfach und fand den Schatz.

In dieser rauschenden Minute wusste Gustav auf einmal, was Gret meinte, wenn sie sagte: Man soll keinem weh tun, denn weiß man, wie dieser oder jener es in seinem Leben gehabt hat, man weiß es nicht, wir schon gar nicht. Aus dieser rauschenden Minute schöpfte er die Kraft, niemandem weh zu tun und sogar Zahl und Petott liebzuhaben, die im

Kollegium von ihm sagten: Ein verzärtelter Unterwürfling, ein unmathematischer Taugenichts, aus dem nie ein Kerl wird. Aus dieser rauschenden Minute kam dann auch der Entschluss: Heute Abend gehe ich ins Kino. Freddy und Hinrich würden auch da sein. Im Vorbeigehen einen Blick in die Gaststube werfen und Minna Boye Gläser spülen sehen, Zigarrenrauch und Bierduft riechen, wer weiß.

Nach einem Leberwurstbrot und zwei Tassen süßem Tee log Gustav: Meine Güte, die Hausaufgaben, das war mal wieder was, fast wäre ich nicht mit Mathe zurechtgekommen, aber ich habe dann doch noch die Additionstheoreme gelöst.

Gret lehnte sich zurück mit einem Gesicht, das auch nach erledigten Hausaufgaben aussah, also ungetrübter Blick und wunschlose Lippen. Sie sagte: Stell dir vor, was der Dachdecker aus Atzbüll heute über mich zu seiner Frau gesagt hat: Se is klöker as'n Professer. Die Dachdeckerfrau kriegt wieder ein Kind.

Gustav packte die Entspannung beim Schopfe und sagte: Ich glaub, ich geh heute ins Kino.

Muss das sein.

Damit war das Gespräch beendet, Gustav musste. Da war ein Unsichtbarer, ein Wiedergänger, ein Unterirdischer, der ihn ins Kino zog, zu einer Erbschaft, einer Musikerkarriere, einer Frau, zu etwas Unermesslichem, Unendlichem. Was waren Annes Sekretär, was waren Kachelofen und Veranda des Hebammenhauses gegen die weitläufigen Fluchten, getäfelten Speisesäle und vom Kaminfeuer gewärmten Bibliotheken eines seit Jahrhunderten von derselben Adelsfamilie bewohnten Schlosses im Gebirge. Hoch aufgetürmt, für das gemeine Volk unerreichbar, ragte es auf zerklüfteten Felsen und trotzte den Meeren der Finsternis, während sich Gustav auf einen der Gartenstühle im Eichenhofsaal drückte. Es fing mit der Tochter des Vogelhändlers an. Die saß vor einem der drei Vogelkäfige und sang: Wenn ich ein Vöglein wär.

Wo war eigentlich Hinrich, als dies Lied erklang. Und wo war Freddy, als ein Rudel höfisch gekleideter Damen nach dem Don-Giovanni-Menuett seine Verbeugungen und Verdrehungen machte. Gustav kam ein Stück vom Film ab. Der glühende Eisenofen heizte mit schwachen Kräften gegen den Novemberabend an. Früher war im Kino mehr los gewesen, inzwischen hockten die meisten vorm Fernseher. Aber dann schlug die Turmuhr von Sankt Ursula vorläufig ein letztes Mal.

Ein Adler in majestätisch ruhigem Flug. Im Sturzflug stürzte der große Raubvogel nieder, um einen Fuchs zu schlagen. Aber der Fuchs entkam unter den auf- und zuklappenden Augen eines gutmütigen Uhus. Der lebte in einer abgestorbenen Tanne im Forst des aus seiner ungarischen Heimat vertriebenen Barons Hörtvany. Dieser Hörtvany ging an einem leise murmelnden Bach entlang, er wollte nach Hause. Ungeachtet der Solsbüller Novemberkälte herrschte Julihitze. Der Baron war von seiner letzten Krankheit gezeichnet, ließ sich aber von den Leutascher Jägern nichts vormachen. Tagein, tagaus pflegte er der Ruhe in seinem gemütlichen Tiroler Waldhaus, das ein reicher Wiener Vetter ihm zur Verfügung gestellt hatte. Bei dem um die Ecke wohnte ein unvergesslich schönes Mädchen. Zitherklänge in E-Dur trennten den Abend vom Morgen. Vor Tau und Kaffee war der Baron dann wieder unterwegs, um mit seetiefem Blick das unvergesslich schöne Mädchen zu schauen, das ihn, wie er sagte, an ein Böcklin-Gemälde erinnerte.

Hier nun übernahm Gustav die Rolle des Ungarn, denn es war ein Wetter aufgezogen, das Unheil versprach. Gott bewahre Euer Gnaden. So war er noch nie angeredet worden. Gustav erlegte erst mal einen Hirsch, der im Nebel umherstakste, mit einem Blattschuss und trat sodann an den Siebensee, wo die Schöne in ihrem Siebensee-Haus wohnte.

BARON GUSTL Sind Sie Künstlerin.
DAS MÄDCHEN Warum fragen Sie.
BARON GUSTL Nur ein Künstler kann hier wohnen. Wie glücklich müssen Sie in Ihrer reichen Einsamkeit sein. Hier möchte ich wohnen. Darf ich.
DAS MÄDCHEN Ich möcht Sie bitten, mich vorerst zu entschuldigen. Ich habe zu tun. Ich male.

Es kam wieder ein Zither-Zwischenspiel, diesmal in Es-Dur und B-Dur. Der Wind wechselte entsprechend den Tonarten, und ein Unglück nahm seinen Lauf. Jemand zündete aus Eifersucht den Wald an, die Flammen sprangen in die richtige Richtung und ergriffen die Schöne, die sich Lo nannte. Baron Gustl aber hob sie auf und löschte sie im See.

BARON GUSTL Wie sehr müssen Sie gelitten haben.
LO Ja, das habe ich.

So kam die Wahrheit ans Licht. Lo war niemand anderes als die siebzehnjährige Inge, die hier oben ihre ersten Semesterferien verbrachte, um in Siebenmeilenstiefeln auf ihre Doktorarbeit loszugehen. Während der Wald abbrannte, entlockte Baron Gustl seiner Angebeteten das Jawort. Der eifersüchtige Nebenbuhler erhielt seinen Lohn und kam in den Flammen um. Gustav saß am Bett der rauchverletzten Inge und hielt ihr die Hand. Der Puls ging flau, aber sie atmete normal. Störend war, dass sie Gustav mit Heinz anredete.

Wie beglückend das Ende dann doch noch war. Wie locker die Tränen in Bereitschaft saßen und ins Taschentuch liefen. Wie gefühllos die letzten Zentimeter Film Krach machten und Geflacker auf der Leinwand erzeugten. Die Saalfunzel ging an. Die Gartenstühle schrapten übers Parkett.

Es war wie Erwachen an einem schrecklichen Morgen. In diesem Fall: dem morgigen Morgen. Gott sei Dank war aber noch heute Abend. Gustav knotete sich den langen Wollschal fest unters Kinn, warf noch einen Blick ins Gastzimmer, wo der Fernseher lief, wo der Stammtisch saß, wo Minna und Johann Boye sich hinterm Tresen anhassten und angifteten. Von Sankt Ursula schlug es zehn. Stabil stand der Mond über Atzbüll. Wo war der große Wagen. Gustav wollte irgendwann noch mal den Himmelsjäger Orion finden. Stille und Dunkelheit bei Thamsens und Siemsens. Grets Schatten am Fenster des Wöchnerinnenzimmers. Die fünf Linden wie Schneebesen. Der Fiat 500 in der Garage. Die eigenen Schritte auf dem Plattenweg. Die Angst, von hinten gepackt zu werden.

Leise betrat er das Hebammenhaus. Mit Katzenbuckel und Füßen, die kaum auftraten, lief er die Treppe hoch, öffnete die Tür, schloss sie schnell, damit nicht noch einer mit hineinschlüpfte. Er legte den Kopf auf die grüne Filzwiese des Sekretärs. Es roch nach Tinte und Radiergummi. Aus Sundes Kammer hinter dem Herr-bleibe-bei-uns-Bild kam Wehengestöhn. Ihr Bett knarrte und knackte, sie wälzte sich auf drei Rosshaarmatratzen-Teilen, denen seit Gustavs Menschengedenken eine Hakenkreuzfahne als Matratzenschoner diente. Sunde war dran. Gustavs Ohren wurden größer und größer. Die Wehen gab es seit Millionen Jahren. Es klopfte mehrfach dreimal drüben, Fingerknöchel an der Wand, Fingerknöchel am Bett, Fingerknöchel am Fußboden. Sunde stand nicht auf, ließ sich nicht entbinden. Gustav schlich barfuß zu ihr. Mondlicht fehlte in ihrer Kammer, die nur ein Klappfenster im Schieferdach hatte. Sunde mochte Gustav.

Ich brauch nur jemand, sagte sie. Ich bin so allein, und es tut so weh.

Gustav streckte die Hand aus, Sunde hatte ihre schon ausgestreckt. Dann gingen sie beide die Treppe runter, Sunde ganz krumm. Gustav gab sie bei Gret ab.

Morgens um halb sieben, als Gustav in die Küche kam, stand da Karl Kroghmann mit einer Tasse Kaffee in der Hand und berichtete, dass Hinrich Goldschmidt und Freddy Dittmann sich auf der Nordstraße totgefahren hatten.

Und was ist mit der Mabeco, fragte Gustav.

Wie kannst du so was fragen, rief Gret.

Heute war alles zusammengekommen – keine Hausaufgaben, Goldschmidt und Dittmann tot, die Mabeco im Eimer, Sunde hatte ein Mädchen bekommen. Es wurde beschlossen: Geh man nicht zur Schule, aber dass du ja an die Hausaufgaben denkst. Gustav sagte: Ich fühl mich sowieso nicht gut. Er ging wieder hoch, kroch wieder ins Bett, war schnell bis in die Haarspitzen voller Wärme und Gewissensbisse. Annes Sekretär und das Geheimfach hatte er in greifbarer Nähe, November war draußen, Thamsens Gänse schrien auf Martini. Dann seid ihr fällig, dachte Gustav. Unten an der Haustür sagte Roswitha zu Hans Siemsen: Er kommt heute nicht, er ist krank.

Oben absolvierte Gustav mit Pankoks weitgereistem Orchester die letzte Probe vor der Generalprobe, weil er Pankok krankheitshalber vertreten musste. Die Streicher sechzehn Takte nach Buchstabe B noch mal allein, schön alle zusammen und weich im Ansatz.

Er sagte: Als ich so alt war wie Sie, kannte ich die Partitur auswendig, meine Herren.

Die Sekretärin, im Kostüm, kam ans Pult und flüsterte: Maestro Hasse, Sie müssen jetzt bitte kommen, die Presse wird ungeduldig.

Wir unterbrechen hier kurz, meine Herren. Ein Sonderlob noch unserer jungen Solistin, die in seinem Alter war und Ähnlichkeit mit Dr. Inge, Sunde und Bärbel hatte. Ich habe ein großes Haus in Boston, sagte Gustav dann vor der Presse. Natürlich hatte er auch schon eine Sinfonie geschrieben, die demnächst uraufgeführt werden sollte, es waren nur noch die Seiten etwas durcheinander. Eine Mischung aus Valente- und Fronttheater-Melodien mit Horst Fischer, Trompete, und Helmut Zacharias, Violine. Am Pult Gustav Hasse alias Kurt Edelhagen.

Gret öffnete die Tür und zeigte das Bündel mit Sundes Tochter. Überleg mal, wie sie heißen soll, sagte sie. Wir behalten sie bis zur Adoption. Sag mal, willst du nur faul im Bett liegen. Dafür haben wir dich aber nicht zu Hause gelassen. Strenger konnte Gret nicht. Sie schloss die Tür.

Gustav tauchte wieder unter, bekam noch Riesenbeifall für die Sinfonie, rief Gret den Namen nach, den er für Sundes Kind gefunden hatte, über die vielen Treppenstufen, die sie hinuntergehen musste, und war gleich wieder im Sonderflugzeug unterwegs mit Pankoks Orchester, Sinfonie und Sekretärin. Was ist in Rio auf dem Programm, Fräulein Richter, ich darf doch Bärbel sagen, oder.

Ja, Maestro Hasse, in Rio geben wir Tschaikowski.

Mohrungen, ach Mohrungen

Genau am Frühlingsanfang 1985 haben wir den alten Eberhard Odelmann begraben, auf dem Friedhof zu Solsbüll-Mühle.

Im Februar hatten wir noch eine Sitzung im Verschönerungsverein. Wir sind da beide Mitglied, er nun ja nicht mehr, ich bin Schriftführer. Wir tagten wie üblich im Eichenhof und hatten an diesem sonnigen Sonnabendvormittag gerade unseren Dreijahresplan verabschiedet, hatten beschlossen, in Solsbüll-Mühle alles grüner und schöner zu machen. Wir wollten zum Beispiel eine Birkenallee pflanzen, auch eine Doppeleiche an der Stelle, wo die alte Doppeleiche von 1871 gestanden hatte. Gegen Ende der Sitzung fing ich Odelmanns Bitte-bitte-Blick auf und ließ mich von ihm rumkriegen, nickte ihm zu.

Habt ihr was, fragte Siemsen, unser Vorsitzender.

Nur eine Verabredung für nachher.

Der Grund: Ich sollte Odelmann mal wieder von seiner Polenreise erzählen.

Nach der Sitzung gingen wir rüber ins Blumenzimmer, bestellten ein Kännchen Kaffee und ließen uns vor den sonnenüberfluteten Blumen am Fenster nieder, jeder in einem Sessel des neutapezierten Raums, Odelmann mit einem hörbaren Seufzer und mit den Händen auf der Lehne. Die Sonne schien uns in die Haare, durch die Ohren, aufs Hemd. Odelmann tat beide Stücke Zucker in die erste Tasse. Ich steckte den Zucker ein, um für meine Älteste gerüstet zu sein; sie sammelt so was. Odelmann fing schon an zu genießen, dies war seine Stunde.

Eberhard Odelmann, Ostpreuße, war mit seinen beiden Schwestern im Spätsommer 1945 nach Solsbüll-Mühle gekommen. Im Januar 46 hatte er wieder eine Melkerstelle, auf Pleistrup-Hof. Seine Frau Agnes und seine Tochter Traute hatten im Flüchtlingslager Oxbøl, Dänemark, gelebt, bis er sie übers Rote Kreuz fand und im Sommer 48 rausholte. 1980 ging er in Rente. Immer, wenn wir uns sahen, all die Jahre, musste Odelmann mir erzählen, und ich musste zuhören.

Sein großes Erlebnis im Ruhestand, sein größtes Erlebnis überhaupt, war 1982 seine Polenreise. Von der Polenreise hatte er mir mehrmals erzählt; inzwischen kannte ich mich da besser aus als er. Er war allmählich müde aufs Erzählen geworden, und nun erzählte ich ihm seine eigene Geschichte. Anstrengend, aber Odelmann spendierte entweder eine Runde oder einen Kaffee, manchmal sogar einen Kaffee und eine Runde.

Da saß er nun, Kinn auf der Brust, Finger lang, erste Tasse halb ausgetrunken. Seine Ohren glühten feuerrot; er wartete darauf, dass ich anfinge und er ein Nickerchen machen könne. Mohrungen, ach Mohrungen, so musste ich beginnen, so begann das Ritual, auch diesmal, und Odelmann versank noch ein Stück tiefer im Sessel. Zuerst kam der dämliche Anfang, die Ansprache vom Personalchef des Solsbüller Schlachthofs, wo Odelmann, nachdem Pleistrup-Hof verkauft worden war, seine letzten Arbeitsjahre als Pförtner und Telefonposten verbracht hatte. Sie, lieber Herr Odelmann, so zitierte ich, treten heute aus unserem Kreis heraus und gehen in den wohlverdienten Ruhestand hinein. Nur ungern sehen wir Sie scheiden. Nehmen Sie unsere wärmsten Wünsche mit auf den weiteren Lebensweg. Odelmann lächelte mit herabgezogenen Mundwinkeln dazu, vor dem Blumenfenster im Blumenzimmer des Eichenhofs.

Mohrungen, ach Mohrungen, so wiederholte ich, und Odelmann schien eingedöst. Wie oft ist mir schon Mohrungen über die Lippen gekommen. Wie vertraut ist mir Mohrungen. Wie schön ist es, Mohrungen in die Schreibmaschine zu schreiben. Auch Odelmann findet Mohrungen schön und sagt es in seinem Schlummer leise vor sich hin, das R auf Ostpreußisch gerollt: Mohrungen.

Gleich nach der Verabschiedung aus dem Betrieb hatte er beschlossen, Mohrungen wiederzusehen, seine Schwester dort zu besuchen, zusammen mit der anderen. Mohrungen, früher Ostpreußen. Beide Schwestern waren noch vor der Währungsreform aus Solsbüll verschwunden und, wie sich herausstellte, nach Halle / DDR gegangen. Adelheid, die ältere, hatte dort einen von der Reichsbahn gefunden und geheiratet. Edeltraut, die jüngere, hatte es in Halle nicht ausgehalten, auch in Halle nicht. Sie brannte eines Nachts durch und fuhr auf einem Güterzug in die Königsberger Gegend, wo sie absprang. Auf Strumpfsocken kam sie, krank und ausgemergelt, in Mohrungen an. Mohrungen hieß nun Morag. Im roten Backsteinhaus wohnten Polen, im Stall standen zwei polnische Kühe, auf dem Teich schwammen polnische Gänse. Edeltraut schluchzte am Eingang, die Polen öffneten, sprachen ihr in gebrochenem Deutsch gut zu und pflegten sie gesund. Dann heiratete sie den Sohn des Hauses, der fünf Jahre älter war als sie.

Adelheid kam aus Halle per Eisenbahn nach Danzig gereist und traf sich da mit Bruder Eberhard, dessen Solsbüller Reisegesellschaft zwei Tage Aufenthalt hatte, um Krantor und Kirchen zu besichtigen. Diese zwei Tage waren in dem lange ausgeheckten Plan der Geschwister Odelmann das Eigentliche. Der Reiseleiter, der die Fahrgäste immer wieder in den Reisebus Der Große Claus einzusammeln hatte, sagte: Herr Odelmann, fahren Sie, aber fahren Sie auf eigene Verantwortung. Odelmann dachte: Wie könnte ich auf deine Verantwortung nach Mohrungen fahren, du Dammelskopp.

Eberhard Odelmann stand also morgens um halb acht, Arm in Arm mit Adelheid, auf dem Bahnhofsvorplatz. Er sprach einen Taxifahrer an und verhandelte mit Händen und Füßen. Der nannte den Fahrpreis mit siebeneinhalb Fingern, und Adelheid kramte ihr Portemonnaie aus der Handtasche. Sie blätterte 750 Złoty hin, was ein guter Preis ist für einen Tagesausflug Danzig—Mohrungen und zurück.

Nichts Neues, was die zwei Geschwister sich zu erzählen hatten, als sie im Taxi saßen und losfuhren. Sie hatten sich regelmäßig geschrieben und wussten alles, was sie sich hätten sagen können, fast alles. Es war ein wunderschöner Morgen, alles in Blüte, der Flieder weiter als in Solsbüll um diese Jahreszeit. Es lag noch Tau auf den Fliederbuschblättern, es war noch morgenfrisch, und die Fenster im Taxi blieben erst mal zu.

Odelmann sagte: Agnes konnte nicht mitkommen, sie hat es mit der Hüfte, einfach Verschleiß, man kann noch nichts machen, in fünf Jahren vielleicht. Tochter Traute ist in Kiel verheiratet, die Kinder sind gut in der Schule.

Adelheid wusste längst alles, und auch er bekam lauter Sachen zu hören, die er längst wusste. Dass Adelheid allein lebte, dass ihr Mann vor zwei Jahren an Lungenkrebs gestorben und sie nun auf Rente war. Nur was sie in der Lebensmitteltasche hatte, sagte sie nicht, das sollte eine Überraschung sein. Zigaretten, Kaffee und eine Flasche Cognac aus den Westpaketen, durchwachsener Bauchspeck und Thüringer Leberwurst in der Dose aus einem HO-Markt in Halle.

Eberhard war siebenundsechzig, Adelheid ging auf Mitte

sechzig zu, und wie es unter Geschwistern so ist, sie wussten voneinander die Geburtsdaten und anderes aus dem Familienleben. Gemeinsam vertraut war ihnen der Sommerhimmel, wie in Halle, so in Solsbüll. Es musste nur noch ein wenig wärmer werden, es musste nur noch was kommen, was sie zusammen irgendwann einmal gesehen und gehört hatten, es musste die Brücke kommen, von der sie als Kinder runtergespuckt hatten, es musste der Garten kommen, wo sie Erdbeeren geklaut hatten und dann weggelaufen waren. Es mussten die Kastanien kommen, es mussten die Kirschbäume kommen.

Also, die Straßen sind gut, alle asphaltiert, die meisten jedenfalls, sagte Odelmann.

Die Bäume waren aber höher gewachsen, viel höher standen sie in vollem Grün, das Taxi fuhr untendurch wie durch eine ewig lange Laube. In den Dörfern machte der Taxifahrer langsam, einmal hielt er an und stellte den Motor ab. Häuser links, Häuser rechts, jedoch keine Menschenseele. Odelmann kurbelte das Fenster runter, und seine Schwester tat dasselbe. Endlich kam Durchzug, warm, es roch nach Flieder, der hier noch weiter war als selbst in Danzig, lila und weiße Dolden. Eine Glucke mit sieben Küken überquerte die Straße und ließ sich Zeit.

Kuck mal, sagte Adelheid.

Als der Taxifahrer weiterfuhr, zwischen Kornfeldern hindurch, sagte der Bruder: Der Roggen steht aber gut.

Drei Stunden nach der Abfahrt, gegen elf, kamen sie in Mohrungen an.

Wir sind noch bisschen früh, sagte Odelmann.

Er lotste den Fahrer, der sich hier nicht auskannte, erst mal durch die Stadt; am Herder-Denkmal ließ er ihn halten. Er stieg aus und sprach einen an, der sich als ehemaliger

Deutscher entpuppte. Der hatte Heinrich Preuß geheißen, war nun aber Pole und hieß Hendryk Pruszkowski. Er war so alt wie Odelmann, hatte einen Sohn im Alter von Traute, also Mitte vierzig.

Als ich polnisch wurde, musste ich auch einen polnischen Namen haben, willst ja nicht ewig das deutsche Schwein bleiben, sagte er zu den zwei Odelmanns, die das nicht gern hörten und den Blick des Taxifahrers suchten, der aber nichts verstanden hatte. Pruszkowski lachte und sagte: Mir geht es gut, ich will hier nicht weg.

Da lachten auch die zwei Odelmanns, und sogar der Taxifahrer, der alles von Pruszkowski erzählt bekam, lachte.

Der Taxifahrer weiß nicht so recht, was er mit euch anfangen soll, sagte Pruszkowski nun zu den zwei Odelmanns. Was sind das für welche, was wollen die und so weiter. Pruszkowski durfte nun seinen Landsmann aufklären und ihm auch sagen: Sie haben Ihre Sache gut gemacht, Sie sind gut gefahren.

Da klemmte sich der Taxifahrer zufrieden hinters Steuer, und sie fuhren los. Pruszkowski blieb am Herder-Denkmal stehen und winkte.

Nun ist Mittagessenszeit, da können wir in Mohrungen nicht stören, sagte Odelmann.

Sie ließen den Taxifahrer den Narien-See ansteuern und dort im Wagen warten. Der Wald war voller Glockenblumen links und rechts vom Fußweg zum See. Die Blätter standen still. Die zwei Odelmanns nahmen eine Bank und schauten auf das blankpolierte Wasser. Am anderen Ufer stand das große Erholungsheim, das schon vor Jahren von einer schwedischen Baufirma unter der Leitung eines schwedischen Architekten gebaut worden war, für die Werftarbeiter aus Danzig. Ein paar Bänke weiter Richtung Alleinsein saß ein

Sommerfrischler. Ein Fischreiher flog mit weit zurückgebogenem Hals über die Kopfweiden, die mit ihren ungepflegten Bürsten in den Himmel starrten, strich über sie hin und verschwand. Es roch nach Schilf und Kalmus.

Was Adelheid dachte, wusste Odelmann nicht. Vielleicht dachte sie an Seerosen, gelbe und weiße, an Mummeln, gelbe und weiße. Vielleicht dachte sie ans Barfußlaufen, genau wie er gerade, ans Frühjahr, wenn das aufbrechende Eis der Weichsel wie von Schüssen knallte oder wie Donner donnerte und das Wasser aus den Eisrissen hervorsprudelte. Das hatten sie als Kinder gehört und gesehen, wenn sie bei ihrer Tante auf dem Deich standen und Ostern früh war. Vielleicht dachte Adelheid auch an den Mohrunger Heiligabend, als der später im Krieg vermisste Bruder im Posaunenchor mit dem Waldhorn dritte Stimme gespielt hatte. Jedes Jahr waren die Instrumente eingefroren, und die Lippen froren an den Mundstücken fest. Aber wenn Sommer war, dann war wirklich Sommer. Nicht so wie in Solsbüll. Was hab ich geschwitzt, dachte nun sicherlich Adelheid, denn sie nahm ein Taschentuch aus der Handtasche und wischte sich über Mund und Stirn.

Die zwei Odelmanns fuhren mit dem Taxi Richtung Vorstadt weiter, da waren sie geboren, da waren sie aufgewachsen.

Wär der Labommel immer da eingebogen, wo ich gesagt habe, wär es kürzer gewesen, sagte Adelheid zu ihrem Bruder, als sie hielten.

Na, was tut das schon, Schwester, antwortete er, nicht mehr ganz bei diesem Problem.

Sie stiegen aus.

Es war nachmittags kurz vor vier, denn Odelmann sagte: Nun sind wir gerade richtig zum Kaffee.

Da standen sie nun, wo sie früher mal gewohnt hatten,

und sahen den unkrautüberwachsenen Weg bis hin zur rot geklinkerten Treppe vor der Haustür.

Odelmann baute seiner Schwester im Hinblick auf das Unkraut eine goldene Brücke: Was wächst, das wächst.

Im Fenster zeigte sich der Kopf einer jungen Frau, mal verschwunden, mal nicht verschwunden. Die zwei Odelmanns wagten sich nicht näher ran. Der Taxifahrer saß am Steuer hinter einer polnischen Bildzeitung und scherte sich um nichts. Vielleicht sind wir falsch, dachten die zwei Odelmanns. Aber sie waren nicht falsch, sie kannten sich doch aus.

Da kam Edeltraut mit einer Kuh am Strick um die Ecke und sagte: Wir haben euch schon zum Mittagessen erwartet. Sie war auf dem Feld gewesen, um die Kuh zu holen.

Prächtiges Tier, sagte Odelmann, der sich aus Mohrunger und Pleistruper Zeiten auskannte. Dann freuten sich die Geschwister aneinander und fielen sich in die Arme. Die Schwestern weinten, der Bruder schluckte nur, schließlich war er ein Mann. Nun kam die junge Frau aus dem Haus, nun wussten sie Bescheid.

Edeltraut sagte: Das ist unsere Tochter.

Sie sieht genauso aus wie du, als du so alt warst, sagte Odelmann.

Edeltraut ging sich waschen und umziehen. Adelheid öffnete die Tasche mit den Lebensmitteln und schaute als Erste rein. Sie gab ihrer Nichte, deren Namen sie nicht aussprechen konnte, das Pfund Kaffee, das Odelmann von Solsbüll nach Halle geschickt hatte. Die mahlte gleich Kaffee für acht Tassen, kochte ihn, Kuchen waren schon gebacken. Dann tafelten sie im Garten unter den Fliederbüschen, die drei Frauen tief im Kaffeeduft, während Odelmann auch den Flieder und einen Rest Stallgeruch aus Edeltrauts Kleidern roch.

Habt ihr alles schön hier, sagte er.

Hat alles mein Mann gemacht, sagte Edeltraut.

Aber nun fang du an, Eberhard, sagte Edeltraut, erzähl von Solsbüll.

Odelmann erzählte von Agnes und von Traute und von den Enkeln. Und von ein paar Solsbüllern, die sie gekannt hatte.

Und wie geht es Hasses. Lebt die alte Frau Hasse noch.

Nein, die ist schon vor über zwanzig Jahren gestorben.

Und die Tochter.

Ja, die hatte das Entbindungsheim in Solsbüll-Mühle und ist nun auch auf Rente.

Und der Junge, dem du die Uhr beigebracht und von unserer Flucht erzählt hast.

Ja, dem geht es gut, wir treffen uns ab und zu im Verschönerungsverein. Er ist da Schriftführer.

Hier, an dieser Stelle der Erzählung, prosteten Odelmann und ich uns immer zu. Neulich auch, aber diesmal, nachdem er die Tasse nur mit Mühe auf der Untertasse abgesetzt hatte, so zitterte er, wollte er nicht, dass ich weitererzähle. Er musste etwas nachtragen, was er bisher nie erzählt hatte. Er brachte es nicht richtig heraus, aber ich hatte schon kapiert und sagte: Herr Odelmann, Ihr Geheimnis ist bei mir gut aufgehoben, Ehrenwort.

Das Gespräch der drei Odelmann-Geschwister muss so verlaufen sein:

ODELMANN Also, was ich euch noch fragen wollte.

EDELTRAUT Wir wollten dich auch noch was fragen. Ist eigentlich die verrückte Gunde ins Gefängnis gekommen.

ODELMANN Wieso Gunde ins Gefängnis. Die fährt seit ewigen Zeiten Fahrrad.

ADELHEID Muss das wirklich sein, dass wir davon reden.

EDELTRAUT Lass man, nach so langer Zeit dürfen wir doch wohl.

ODELMANN Ich meine den Brand von Güldenholm. Schreiben tut man so was ja nicht. Seid ihr deswegen nie von der Polizei ...

EDELTRAUT (Unterbricht, zu Adelheid.) Ich finde, wir sollten es ihm sagen.

ADELHEID (Nickt.) Aber erst muss Eberhard schwören.

ODELMANN Ich schwöre.

ADELHEID Du musst schwören, dass niemand was erfährt, bevor die verrückte Gunde tot ist. Außer du selber ...

ODELMANN Ich schwöre, aber nun will ich es wissen.

ADELHEID Sag du's ihm, Edeltraut.

EDELTRAUT Also, wir haben das gar nicht getan, dieses Häuseranzünden damals. Wenn Adelheid nicht gewesen wär, dann hätt ich es getan. Sie hat es mir immer ausgeredet. Aber immer, wenn wieder was brannte, haben wir uns heimlich gefreut, das schon.

ODELMANN Und in Wirklichkeit hat etwa die Gunde ...

ADELHEID und EDELTRAUT Ja.

ODELMANN Und warum hat es dann nie mehr gebrannt, als ihr in die Ostzone rübergemacht habt.

ADELHEID Gunde hatte es nur auf Güldenholm abgesehen. Da war irgendeine alte Geschichte, genau verstanden haben wir die nie. Sie muss vor dem Krieg bei dem reichen Doktor gearbeitet haben. Gunde hat so lange Zündeln geübt, bis sie sicher war, dass sie es in Güldenholm konnte. Als Güldenholm abgebrannt war, war Schluss.

EDELTRAUT Und ich wollte sowieso weg.

ADELHEID Und ich wollte Edeltraut nicht allein gehn lassen.

EDELTRAUT Und Gunde hatte gut davon.

ADELHEID Und irgendwie mochten wir sie mit ihren Katzen.

Das war nun allerdings ein starkes Stück. Da fährt die verrückte alte Gunde rum, und man meint, sie könnte kein Wässerlein trüben. Hildegunde Steinbeiß alias Gunde, die zusammen mit anderen Ostpreußen-Flüchtlingen nach Solsbüll gekommen war. Geistig verwirrt von unerfüllter Liebe, ansonsten harmlos.

Plötzlich war Odelmann sehr erschöpft, mehr als sonst. Ich sollte ihm aber noch den Schluss erzählen, der gehörte ja dazu. Es war schon Mittagszeit, und ich wollte nach Hause. Darum sagte ich ihm schnell den Schluss her, mit Blick nach draußen auf die vorbeifahrenden Autos: Adelheid konnte ein paar Tage in Mohrungen bleiben, aber Odelmann musste mit dem Taxi zurück nach Danzig, weil er das dem Reiseleiter versprochen hatte. Da, wo er auf der Hinfahrt gesagt hatte: Der Roggen steht aber gut, suchte er mit der Hand die Hand seiner Schwester, aber sie saß nicht mehr neben ihm, sondern in Mohrungen neben Edeltraut und sagte: Nun wird unser Eberhard bald in Danzig sein.

Tausend Krähenfüße in Odelmanns Gesicht, ein paar hundert auch schon in meinem. Da saß er in der Februarsonne, am Blumenfenster im Solsbüller Hof. Und ein paar Wochen später war er tot.

Schnauze, Kitty

Wie dünn und weiß es in der Adventszeit 1959 vom Himmel fiel, von Flocken keine Spur. Fein kam es von oben, wo der glatzköpfige Bäcker Sprenger auf den Wolken saß und Zwiebackbrösel durch sein Schüttelsieb streute. Oh, es grieselt. Anne saß in Sprengers Nähe und schabte mit ihrem Teigschaber ebenfalls feines Zeug von der hohen Kante ab. Die Zwiebackkrümel und das feine Zeug legten sich auf Bäume, Dächer und Fernsehantennen und grieselten über die Fernsehschirme von Solsbüll-Mühle. Im Eichenhof saß das Trio Boye, Brase, Detleffsen bei Grog, Nachmittagsprogramm und Skat. Es lief die Serie vom treuen Hund Lassie und rührte insbesondere Detleffsen zu Tränen.

Ach, sagte er in seinen Null ouvert, den er gerade spielte, so ein Hund kann doch was Treues sein.

Hunde sind mir egal, sagte Boye, der sich mehr für Mädchen in Petticoats und weißen Blusen und mit Hula-Hoop-Reifen um die Taille interessierte.

Brase, dessen Vater hier schon Bürgermeister gewesen war, war gerade zum zweiten Mal mit großer Mehrheit zum Bürgermeister gewählt worden. Er sagte: Leute, ich weiß nicht. Wenn man die Sachen so vor Ort selber erleben kann, dann kann mir das Fernsehen gestohlen bleiben. Und schon war er bei seinem Thema, während Lassie einen Bösewicht verbellte. Diesen Sommer war er mit Frau Johanna und Stieftochter Hanna im Siebengebirge auf Urlaub gewesen, auch am Rolandseck und auf dem Drachenfels, er hatte Adenauer und Eisenhower im offenen Mercedes 300 gesehen. Also, wir haben da an der Kreissparkasse gestanden, man hätte hunderttausend Mark rausholen können, keiner hätte was gemerkt. Ihr glaubt ja nicht, was das für ein Erlebnis ist. Beinahe hätte Adenauer mir die Hand gegeben. Er sah nach draußen: Was ein Scheißwetter, es grieselt, sagte er und nahm einen Schluck.

Detleffsen wiegelte ab: Also, ich finde das Wetter gar nicht so schlecht, und Adenauer, ja, der hat es faustdick hinter den Ohren, der hat in Moskau auf den Tisch gehauen, und keiner hat ihn da untern Tisch getrunken.

Boye hatte schon mittags mit dem Grog angefangen und sagte mit glasigen Augen und kaum angehobener Zunge: Also, ich bin schon eine Ewigkeit nicht mehr draußen gewesen, ich weiß schon gar nicht mehr, was Wetter ist und wo Adenauer immer hinfährt.

Zur Lassie-Zeit begann die Besuchszeit im Entbindungsheim. Die Leute schleppten den Dreck rein. Der Straßenmatsch war nur überfroren, unter den Füßen gab er nach, und braune Brühe spritzte aus irgendwelchen Löchern heraus, spritzte an Strümpfe und Hosenbeine. Tritte, Wasser, Matsch, die Fußabtreter schafften es nicht, es gab mehr Dreck als Fußabtreter. Die Leute machten sich auch nichts aus Fußabtretern und latschten einfach drüber. Das Hausmädchen Roswitha feudelte jeden Tag ein paarmal.

Sunde war immer noch die Hausschwangere. Sie hatte aber nun ihr Kind, eine Tochter, für die Gustav den Namen gefunden hatte: Minne-Sunde. Sunde war schon fast dreißig. Sie durfte noch nicht nach Hause. Gret hatte ihr Annes Rezeptbuch in die Hand gedrückt, irgendwie ärgerlich und mit roten Flecken im Gesicht. Sie sollte braune Weihnachtskuchen backen. Wieso kannst du die Schrift nicht lesen. Sunde konnte die Schrift lesen, sie hatte aber nicht backen gelernt, sie musste das Rezept Punkt für Punkt durchgehen und eins nach dem anderen machen, es würde noch eine Ewigkeit dauern, bis der Teig fertig war und in den Backofen kam.

Seit der alte Bäcker Sprenger zusammen mit seiner verstorbenen Kundschaft, zum Beispiel mit Anne, da oben über den Wolken saß und zu Pastor Möllers Erstaunen das feinkrümelige Zeug runtersiebte, war es aus mit der Privatbäckerei im Backhaus. Im Dorf war auch sonst nicht viel los. Gustav verkroch sich nach der Schule meistens mit Anna Karenina ins Bett, Vorschlagsband der Deutschen Buchgemeinschaft für das vierte Quartal. Oder er saß damit an seinem Sekretär. Oder er glotzte auf den Birnbaum, auf Siemsens Pappeln oder auf Thamsens Dach. Oder er schlief vor seinem Geheimfach ein.

Ein einziges Mal machte er den Versuch, Gret für den neuen Inhalt von Annes Schreibtisch zu interessieren. Ein furchtbarer Augenblick, in dem er Gret ein Gedicht beichtete. Sie stand in der Tür mit einem Wäschebündel und mit Sundes Kind im Arm, und Gustav verlas die neueste Errungenschaft aus seinem Geheimfach. Das Gedicht hat eigentlich zwei Titel, so fing er an. Gret runzelte die Stirn und nahm das Bündel fester. Ich wollte mal ganz was Neues versuchen, sozusagen einen Doppeltitel, was es, glaube ich, noch nicht gibt. Also, es heißt: Schnauze, Kitty, drei Bier. Gret wich nun mit dem Bündel ein oder zwei Zeilen zurück, machte ihren schlimmen Mund, sodass er nicht weiterlesen konnte. Sie sagte: Also ich finde das *nicht* gut, Gustav, und schloss die Tür. Sundes Gör musste nun wegen des Gedichts schreien, Gustav hielt sich die Ohren und dachte: Schade, dass ich nicht zu den Wiener Sängerknaben gegangen bin, Rosa hätte das schön gefunden. Ich hätte bei ihr im Gästezimmer geschlafen, umgeben von teuren Möbeln, wie die Prinzessin auf der Erbse. Ich wäre natürlich inzwischen Tenor mit einem anderen Notenschlüssel. Vielleicht sogar schon Dirigent.

Gret lebte mehr in der Waschküche, als ihre Hebammenpflichten es verlangten. Im Waschküchendampf war sie von niemandem zu sehen, und sie sah auch keinen. Im Waschkessel brodelte es über einem Brikettfeuer. Im Holzbottich drehte der Waschmaschinenmotor die Wäsche mit einem vierarmigen Rührwerk um und um. In Gummistiefeln und Gummischürze, in Dampf und Maschinenlärm, vergaß sie Anne, Gustav, Roswitha und Sunde. Nicht ganz aber vergaß sie Güldenholm. Sie schrumpfte zu einem winzigen Haufen Glück, praktisch zu einem Haufen Unglück. War Meggersee da noch eine Hoffnung, zum Beispiel beim diesjährigen Weihnachtsbesuch, den sie ihm in Güldenholm abstattete.

Sie kam mit Sundes braunen Kuchen.

GRET Die braunen Kuchen hat dieses Jahr unsere Hausschwangere gebacken. Wie geht es Ihnen, Herr Doktor.

MEGGERSEE (Im Rollstuhl, schreibt mit Kugelschreiber in der linken Hand.) Vielen Dank. Immer dasselbe. Aber wie geht's bei Ihnen.

GRET Gustav macht mir Sorgen, Herr Doktor.

MEGGERSEE (Schreibt.) Soll Landwirtschaft studieren. Bin am Überlegen, ob wir ihn hier in Güldenholm lassen sollen.

GRET Ob das was für ihn ist. Er hat ja so viel anderen Kram im Kopf.

MEGGERSEE (Schreibt.) Ich möchte das wohl abwarten, Gret. Aber mein Leben.

GRET Geht es Ihnen nicht gut, Herr Doktor.

MEGGERSEE (Schreibt.) Müde, Gret. Was ist aus uns geworden. Und dann, drüben. (Er deutet mit dem Kugelschreiber aus dem Verandafenster auf den Horizont. Da Gret nicht versteht, was er meint, schreibt er es hin.) Jenseits.

GRET (Erschrickt.) Ich glaube, Sie haben sich nichts vorzuwerfen.

MEGGERSEE (Schreibt.) Sie wissen vielleicht nicht, dass ich in den Jahren 35 bis 38 –

GRET (Unterbricht ihn.) Doch, ich weiß, Herr Doktor. Aber Sie haben doch andererseits. Also, ich würde.

MEGGERSEE (Sieht Gret flehentlich an, schreibt.) Möge man mir die göttlich verordnete schwere Stunde sanft …

GRET Also, ich weiß nicht, Herr Doktor. (Sie bekommt ihre Flecken ins Gesicht, blickt ihm aber gerade in die Augen.) Ich glaube, ich würde das durchgehen lassen.

Meggersee, getröstet, vergisst das Thema Gustav. Er greift mit der linken Hand einen braunen Kuchen, beißt hinein, Kekskrümel rieseln über Lippen und Kinn. Mechthild Grün betritt die Veranda und bittet Gret, den Besuch zu beenden.

Darum die Waschküchentür gut abschließen, sterile Watte in die Ohren stopfen, im Dampf verschwinden, den Dampf aus dem aufgeklappten Waschküchenfenster strömen lassen, in den Hof hinaus, zwischen den kahlen Linden hindurch, weiter nach oben, wo Anne und der alte Bäcker immer noch sitzen und aus den Dampftröpfchen feine Krümel machen. Gret rubbelte die Wäsche über die Waschbrettriffeln. Hinein mit dir in die Zinkwanne, du Wäsche, wo das Plumpern mit der Waschglocke namens Halbzeit beginnt. Zuerst heiß, dann lauwarm spülen. Sie weinte nicht. Diese paar Tränen, die da, in Millionen kleinste Wassertropfen verwandelt, als Dampf in der Waschküche umher- und zum Fenster hinaustrieben. Das war nichts. Je besser geplumpert, desto heller und weicher die Wäsche. In dieser heiligen Halle mit der niedrigen Decke und viel zu viel Dampf, der in den Himmel ging: Ach, Mensch. Gret wischte sich mit dem Unterarm über die Augen.

Es war ein Brief von der Schule gekommen. Petott hatte Gustav in Chemie beim Schummeln erwischt. Gustav hatte sein Chemieheft auf den Knien gehabt und war ganz in Gedanken gewesen. Petott zog das Heft weg, Gustav merkte es kaum. Erst als Petott es hochnahm und der Klasse zur Belehrung und Warnung zeigte, wurde ihm klar, was los war. Spöri, Siemsen, Strohlich, alle sahen kurz auf, schrieben dann weiter. Auch Petotts Liebling Bärbel Richter, die immer Einsen schrieb, sah auf und bekam die Schamröte ins Gesicht, die sich bei Gustav nicht einstellen wollte. Es gab nur Flecken an der Nase, schließlich auch Flecken an den Ohren und am Hals. Gustav kippte nach links und war tot. Doch leider, er hörte die anderen noch weiterschreiben, hörte die Stille, wie sie in Höllen üblich ist. Hörte Petott seinen Füller aufschrauben und das Klassenbuch aufschlagen. Hörte ihn was reinschreiben. Dachte, hoffentlich muss ich nie mehr aufstehen, hoffentlich habe ich einen Anfall, hoffentlich bin ich krank, hoffentlich komme ich gleich ins Krankenhaus. Weiter als Krankenhaus kam Gustav nicht. Petott hatte ihn mit dem Abfall aus dem Chemikalienraum zugeschüttet. Es stank nach Schwefelwasserstoff. Da ging es also längs. Petott mit seinen welken Blümchen im Knopfloch, mit seinem fetten Arsch in der Hose, mit seinem Stiftenkopf hinter der Theke, frisch vom Friseur, mit seinen breiten Zähnen im Mund.

Gustav trabte ab. Mit den Pferden Max und Lisa und mit Hans Thamsen ging es zurück an diesem grieseligen Vorwintertag. Max und Lisa tasteten sich das letzte Stück abschüssigen Weges zur Wassermühle runter. Hans Thamsen ließ den Wagen dicht am Knick entlangfahren. Max und Lisa aber schritten in der Straßenmitte, der schiefe Winkel bremste. Sie traten vorsichtig auf, weil es überfroren und rutschig war, sie sahen aber das gute Ende kommen. Diesen Augenblick der Gefahr hatten sie vollkommen begriffen, sie wären des Todes gewesen, denn Pferde mit gebrochenen Beinen werden erschossen. Wie glücklich sie waren, als die Gefahr überstanden war. Wie sie schnaubten und prusteten und wie Hans Thamsen sie mit einer Stimme lobte, als wäre auch er des Todes gewesen.

Ach, wäre ich ein Pferd, dachte Gustav, als er nachher in Lisas Box stand und ihren Kopf auf der Schulter hatte. Weiche Lippen, warmer Atem aus den Nüstern.

Er hatte nicht gewagt, das Missgeschick mit Petott zu beichten. Gret hatte nicht gewagt, ihm von dem Brief zu erzählen. Nun, da er einen ewig langen Nachmittag bei den Pferden gewesen war, nun, da Gret die Wäsche ewig lange gespült hatte, nun, da ihre Frauen im Heim riefen und Abendbrot und ein aufgeschütteltes Bett wollten und die Babys aus den dreckigen Windeln mussten und dann an die Brust, da ergab sich in der Küche ein Treffen. Gustav befand sich gerade auf dem Weg in den Keller, zu Glücksklee und Würfelzucker, während Gret der Veranda zustrebte. Sie sahen sich nicht an. Sie sahen gemeinsam auf Sunde, aber auch noch ein wenig an Sunde vorbei. Sunde knetete ihren Teig, dachte, aber sagte nicht: Glotzt nicht so.

Gret sah also Gustav nicht an. Den Ärger hatte sie nicht wegwaschen können, aber den Mut, ihren Mund aufzumachen, den hatte sie herbeigewaschen. Die Schule hat einen Brief geschrieben, sagte sie, die Tür zum Kinderzimmer in der Hand.

Ach, haben die jetzt geschrieben, sagte Gustav, der die Tür zum kleinen Flur in der Hand hatte und Gret gern in die Veranda hätte verschwinden sehen.

Gret bat um ihr Leben: Du tust es doch nicht wieder, oder.

Gustav hörte, wie sehr sie um ihr Leben bat. Er sagte: Natürlich nicht, und schloss hinter sich die Tür.

Sunde backte nicht nur für Weihnachten. Sie backte auch für die Taufe ihres Kindes, das Pastor Möller auf Minne-Sunde taufen sollte, noch vor Weihnachten im Hebammenhaus. Gret hatte Möller darum gebeten. Wir sind doch so wenige, und die Leute müssen ja nicht unbedingt was mitkriegen, also lieber nicht in der Kirche. Minne-Sunde hatte schon Adoptiveltern in Aussicht, in Ostfriesland, und die wollten nur was Getauftes. Darum also, Herr Pastor.

Es war ein kleiner Kreis, der sich am Sonnabend vor dem dritten Advent in der Besten Stube versammelte. Pastor Möller zog seinen Talar im Flur an, kämmte sich im Garderobenspiegel und kam rein. Sunde hielt Minne-Sunde, die in einem geliehenen Taufkleid auf einem geliehenen Taufkissen lag. Gustav war Pate und stand daneben. Gret und Roswitha rahmten die heilige Familie ein, Pastor Möller stand ihr gegenüber mit der Bibel in beiden Händen. Dir, Herr, sei dieses Kind anempfohlen. Die eine Strophe war schnell gesungen. Möller sang laut und richtig. Während des Singens wanderten seine Augen von Sundes kleinem Bündel zur Wohnzimmerdecke, zu Gustav, zu Gret, zu Roswitha, zur brennenden Kerze und zur wassergefüllten Silberschale. Er begoss Minne-Sunde. Gustav sprach als Pate sein Ja. Es war nur eine Formsache, er würde Minne-Sunde nie wiedersehen. Aber im Buch des Himmels war das keine Formsache.

Vor dem gemeinsamen Kaffee und Kuchen sangen sie noch

das Lied Nummer 152: Ich bin getauft auf deinen Namen. Kurz vor dem Ende der sechsten Strophe klingelte das Telefon, und Gret musste los. Der Rest der Gemeinde nahm sich von Sundes selbstgebackenen braunen Kuchen, die von Möller und Gustav gelobt wurden, von Roswitha nicht. Sunde warf einen Blick auf ihre Tochter, die auf Gustavs Schoß lag.

Wie sie ihren Kopf schon hebt, sagte Sunde.

Ich finde das sehr früh für ihr Alter, sagte Gustav.

Nun tat auch Roswitha ihren Mund auf: Sagt mal, findet ihr den Namen Minne-Sunde nicht bisschen komisch.

Damit war die Unterhaltung beendet, denn der Pastor, der inzwischen seinen Talar abgelegt hatte und wieder in dunklem Anzug und silbernem Schlips zum Vorschein gekommen war, musste auch los. Meine Konfirmanden rufen, und heute Abend hab ich noch einen achtzigsten Geburtstag in Atzbüll. Er stieg in seinen VW-Bus, und ab. Oh, es schneit, Minne-Sunde, es schneit, Minne-Sundes erster Schnee. Sunde freute sich, während Roswitha sagte: Weihnachten ist doch wieder schlechtes Wetter.

Weihnachten 59 war aber kein schlechtes Wetter. Der Schneefall hatte seit der Taufe nicht aufgehört. Trudi aus Jever kam, um Minne-Sunde nach Ostfriesland zu holen. Sie wollte über Weihnachten bleiben. Sunde wollte gern noch eine Weile länger bleiben. Gustav saß am Heiligabend als einziger Mann zwischen fünf Frauen bei Kartoffelsalat und Würstchen. Zählt man Anna Karenina dazu, dann waren es sechs, mit Minne-Sunde sogar sieben. Trudi sagte: Ach, wie ist eure Kirche schön, wie hat euer Pastor gut gepredigt. Aber ihr müsst unbedingt mal kommen und die Jeveraner Kirche sehen. Im Radio kamen Weihnachtschöre und Nachrichten. Das Alte Kaufhaus in Lüneburg war abgebrannt und kokelte immer noch.

Minne-Sunde lag in der untersten Wiege und schlief. Sunde saß davor und pumpte ab. An den Fenstersimsen wuchs der Schnee. Die Steinpfeiler hatten Schneehauben. Von den Linden fielen kleine Ladungen herunter. Ich feg mal Schnee, mir ist so langweilig, sagte Roswitha. Bei der alten Odelmann und bei Siemsen brannte Licht. Gret und Trudi saßen versunken und betrachteten den Weihnachtsbaum mit den runtergebrannten Kerzen. In der Küche dampfte der Glühweintopf in der Grude. Nelkengeruch zog in die Nase. Sunde trinkt keinen Alkohol, solange sie stillt und abpumpt, sagte Gret. Sunde hatte viel Milch. Sie aß Mandarinen, eine nach der anderen, sie hatte schon gelbe Finger. Ja, sagte Trudi, Mandarinen kann man viel besser abpulen als Apfelsinen. Gustav saß mit Anna Karenina im Ohrensessel. Er mochte nur Kitty. Kitty, bist du wieder Schlittschuh gelaufen. Kitty, hast du wieder den neckischen Kopf träumerisch in der eigenen Hand. Ach, der schöne teure Müßiggang. Die Damen in den schönen teuren Pelzen. Die Diener in der schönen teuren Livree. Aber achthundert Seiten sind zu viel. Er hatte noch nicht einmal die Hälfte. Hier spielte die Musik. Hier waren die Nachrichten. Hier roch es nach Glühwein. Sunde gab einem fremden Kind die Flasche mit ihrer abgepumpten Milch. Roswitha kam mit nassen Haaren rein. Trudi erinnerte sich an die gemeinsame Zeit mit Gret in Kiel.

Weißt du noch, wie lächerlich und gackerig wir waren, Gret.

Ja, weiß ich noch.

Und weißt du noch, wie wir den einen Oberarzt mit dem Lied Die Fahne hoch geärgert haben, weil der immer betrunken war. Ein wilder Nazi war das, er kam in Uniform zur Prüfung.

Also, das weiß ich nicht mehr. Ich kann mich aber an seine Frau erinnern. Und an ihre Frühgeburt, ein Mädchen, es wog 1700 Gramm, ich konnte es so in der Hand tragen. Der war doch Trinker. Und dann ging die Ehe in die Brüche, das Kind war nur ein Jahr zu Hause. Ein Mädchen, es ist zu Verwandten gekommen, hier in die Gegend, daher weiß ich das. Sie ist nun zwanzig und nichts als unglücklich gewesen und nun auch an einen Trinker geraten und nun auch schwanger, im siebten Monat.

Ach Gott, wie schrecklich, sagte Trudi, nun lass uns aber auch noch was Lustiges hören. Gustav, komm, du sitzt da so bedrüppelt mit dem dicken Buch rum.

Gustav kam an den Tisch, und da kam auch Sunde herüber. Sie hatte was Wichtiges zu sagen. Sie wollte nun doch ihr Kind behalten, und sie wollte es nur noch Minne nennen.

Du hättest uns viel Arbeit erspart, wenn du das von Anfang an gewusst hättest, du Tüffel, sagte Trudi.

Ein paar Tage nach Trudi reiste Sunde mit Minne ab. Gustav, der seit kurzem den Führerschein hatte, brachte die beiden im Fiat zum Bahnhof. Minne lag auf dem Rücksitz in einer Tragetasche und schlief. Gret und Roswitha kamen nicht mit. Es war, als hätte es nie geschneit. Es war, wie es immer im Januar war. Regen klatschte gegen die Windschutzscheibe, die Scheibenwischer schafften es kaum. Der Hahn auf Sankt Ursula hielt seinen Schnabel nach Nordwest. Die Linden am Friedhof bogen sich nach Südost. Am Eichenhof standen Brases Auto und Detleffsens Moped. In der Kurve um die Wassermühle war es rutschig. Sunde, die im Kleppermantel und ohne Hut auf dem Beifahrersitz saß, nutzte die Kurve und legte ihren Kopf in Gustavs Schoß.

Schade, dass ich wieder nach Hause muss.

Sie waren an der Solsbüller-Au-Brücke, wo es den Berg hochging und man in den zweiten Gang schalten musste.

Du, ich kann so schlecht schalten, wenn du deinen Kopf auf meinem Schoß hast.

Zwischen Gustav und Sunde war Folgendes gewesen: Er war, als alles schlief, zu ihr rübergeschlichen und hatte an ihrer Brust Muttermilch getrunken. Muttermilch schmeckt ganz gut. Als Sunde dann Minne nicht mehr hergeben wollte, war ein Schmerz in ihm gewesen, kein großer.

Ob wir uns wohl wiedersehen, fragte Sunde aus dem Abteilfenster am Solsbüller Bahnhof.

Gustav hielt ihren Blick nicht aus, er spielte mit dem Zündschlüssel in der Tasche, las die Zahlen am Eisenbahnwagen und wusste ihre Bedeutung nicht. Wir wollen doch Trudi in Jever besuchen, dann.

Zu mir ist es dann aber noch ein Stück, sagte Sunde. Sie wischte sich Wolken aus den Augen, vielleicht war es auch der Dampf, der ihr einen Moment Hoffnung gemacht hatte.

Der Zug fuhr ab.

Gustav ging langsam zum Abendbrot runter in die Küche. Er sagte kein Wort. Gret sagte auch nichts. Da sagte Roswitha: Ich weiß genau, was du mit Sunde gemacht hast. Sie lachte und hielt sich die Hand vor die Zähne. Gret wusste es auch, aber sie wusste es auf eine für Gustav völlig neue Weise. Sie kreischte, wie er es noch nie gehört hatte: Kannst du den Jungen nicht in Ruhe lassen. Dann war es, als wollte einer ihr die Luft abdrehen, aber es war keiner da, und sie fing sich wieder und legte die Lippen nach vorn, damit Ruhe war. Den Schrecken verschob sie an eine ungefährliche Stelle im Kopf.

Für Gustav ergab sich wieder eine nähere Verbindung zu Bärbel Richter. Irgendwie hatte Petott da seine Hand im

Spiel gehabt und Bärbel einen Tipp gegeben; oder Bärbel hatte sich den Tipp besorgt. Gustav besuchte sie zweimal die Woche in der Waldstraße. Mutter Richter machte Reis mit Kalbsfleisch in weißer Soße, und Tochter Richter gab Nachhilfe in Chemie. Petott war möglicherweise genauso in Bärbel verliebt wie Gustav, aber natürlich anders. Er holte sie gern an die Tafel. Er schob sie da gern zur Seite. Er hatte sie gern als Babysitter. Er brachte sie abends gern nach Hause. Gustav aber mochte es am liebsten so: Bärbel saß irgendwo und wartete auf ihn. Wenn Frau Richter nach dem Mittagessen mit Tellern und Töpfen in der Spüle klapperte, saß das Chemie-Pärchen auf der Couch in Bärbels Zimmer, und Bärbel malte ein paar Elemente und ein paar Ionen ins Chemieheft. Wenn sie zu fragen begann, vergrub Gustav sein Gesicht in ihrem Hals. Kein Hals roch besser als Bärbels Hals. Immer die schöne Seife. Immer die schön nach Wollgeschäft riechenden Pullover. Bärbel rutschte ein Stück, wollte entkommen und weitermachen, aber Gustav rutschte mit falschen Antworten hinterher, bis beide am Couchende waren. Am Couchende bog Gustav Bärbel um. Sie war stark, sie war eine gute Turnerin, sehr gute Weitspringerin, sie ließ sich nur schwer umbiegen. Aber manchmal ließ sie sich doch umbiegen. Die Elemente und Ionen lagen dann wer weiß wo. Wenn Frau Richter klopfte, mussten sie aufräumen und rauskommen. Zum Abschied spielte Gustav auf dem verstimmten Klavier etwas für Mutter und Tochter, Sweet Georgia Brown oder die Stelle mit den leichten Des-Dur-Läufen aus Aufforderung zum Tanz. Bärbel hockte sich am Klavier zu Gustavs Füßen, umschlang mit beiden Armen ihre Knie, legte den Kopf drauf. Frau Richter, die in Gustav den künftigen Marine-Offizier sah, machte ein Gesicht, als sollte er doch nicht zur Marine gehen. Gustav hätte Bärbel gerne mal mit nach Hause genommen, aber es ging nicht, weil er Gret nicht zu fragen wagte. Und Gret war froh, dass er nicht fragte. Sie hatte Angst vor der Frage: Kann ich sie nicht mal mit nach Hause bringen.

Alle Pläne mit Marine und Musik fielen ins Wasser; auch der Traum, adelig einzuheiraten, um den eigenen Nachnamen zu tilgen, war ausgeträumt. Gustav hing mit der rechten Hand an einem Garderobenhaken, letzter Stock, letzter Flur vor dem Klassenzimmer. Sein Gesicht lag an seinem langen schwarzen Schal, die Linke hing schlaff runter. Es hörte sich so an, als wenn Petott ehrliche einfühlsame Worte hervorzauberte, sodass Gustav aufhorchte und nicht sagen konnte, was er schon oft gedacht hatte: Petott ist rott, Petotten von den Hottentotten. Petotts Worte hallten durch den gebohnerten Flur. Und hinter der geschlossenen Klassenzimmertür lauschten die zwölf erfolgreichen Klassenkameraden, das konnte Gustav regelrecht hören. Petott sagte: Also, die Chemieprüfung war eine glatte Sechs, und wegen Mathematik wissen Sie ja sowieso Bescheid. Es mag ein kleiner Trost für Sie sein, Siemsen hat es in Deutsch nicht geschafft. Er hat das mit dem Marionettentheater nicht so richtig begriffen. Die Sache ist aber nicht hoffnungslos. Ich verspreche Ihnen, dass Sie beide in einem halben Jahr noch mal probieren dürfen.

Wie nett Petott war. Gustav zog seinen olivgrünen Snowcoat an. Den hatte er an einem US-Army-Stand auf dem Solsbüller Markt für fünfzig Mark gekauft. Die Dinger sahen flott aus. Siemsen hatte auch so einen. Siemsen war zehn Minuten vor Gustav abgefertigt worden und schon nach Hause gefahren. Gustav zog seinen langen Wollschal fest um die Kehle, uax. Dann ging er am Geländer den langen

Treppenweg runter, immer links rum, immer einen Schritt vor den anderen, immer am beneidenswerten Leben vorbei.

Zahl kam als Pute verkleidet und mit einem Stapel Heften unter den Federn ihm entgegen. Gustav sah Zahls Schlaganfallgesicht mit dem Hackschnabel und dachte: Nächstes Weihnachten bist du dran. Dann wirst du geschlachtet.

Zahl sagte: Na, Hasse, wie fühlen Sie sich.

Wie soll ich mich fühlen, ziemlich bescheuert.

Ja, das glaub ich, Hasse, und was machen Sie jetzt.

Herr Petott sagt, Siemsen und ich dürfen in einem halben Jahr noch mal.

Und was haben Sie vor, wenn Sie es geschafft haben.

Gustav suchte nach einer Antwort, mit der er Zahl eine Freude machen konnte. Also Luftwaffe, fliegen, Pilot, so in der Richtung.

Ach, Hasse, das schaffen Sie doch nie. Wann fangen Sie endlich an, schlau zu werden.

So latschte Gustav die Treppen in der Goethe-Schule runter. Im Kartenraum tranken die Putzfrauen Kaffee. Sie luden ihn nicht ein, weil er so komisch aussah.

Der Kaffee duftete bis zum Haupteingang. Hier nun, an dieser Stelle, brach Gustavs erwünschter Hass aus, ein Hass, wie ihn die Welt noch nicht gesehen hatte. Er holte sein Taschentuch hervor und weinte hinein, als er über den Schulhof ging. War da was. Nichts, gar nichts war da. Ich meine Hass oder so. Sehnsucht oder so. Liebe oder so. Die Muttermilch hatte nichts genützt. Das Umbiegen bei Bärbel hatte nichts genützt. Anna Karenina war unglücklich. Roswitha hatte schlechte Zähne. Gret hatte Angst vor Gedichten. Gustav zog den Zündschlüssel aus der Hosentasche und startete den Fiat, den Gret ihm zur Feier des Tages geliehen hatte.

Gustav fuhr die Nordstraße in Richtung Brautsee zu

Dr. Inge, um seinen letzten Trumpf auszuspielen. Stirb nicht, ich liebe dich so. Gustav sagte es nicht, keiner da. Die besorgte Mitwelt begann nach ihm zu suchen. Gret erfuhr Gustavs Unglück von Hans Siemsen. Sie fing an, eine kalte Platte mit Leberwurst- und Tomatenschnitten, mit Käsehappen, Salzstangen und Petersilie zu machen. Als das Telefon dann zum zweiten Mal klingelte, sagte sie zum ersten Mal eine Geburt ab, sie wollte die Kollegin aus Solsbüll um Vertretung bitten. Aber die schwangere Frau wollte keine Vertretung; sie wollte Gret und sonst niemand. Es war das Frühchen von damals, Kiel 1937, 1700 Gramm, das Gret vor gut zwanzig Jahren auf der Hand getragen hatte. Dann müssen Sie aber ins Heim kommen, ich hab kein Auto, sagte Gret.

Das Frühchen von damals kam, und nun hatte das Frühchen von damals ebenfalls eine Frühgeburt. Die kommen schneller als Neunmonatskinder. Gerade als Gustav in den Hof einfuhr, war das Frühchen geboren. Es war blau, es wollte nicht schreien, es wollte nicht richtig atmen. Aber es atmete doch irgendwie. Und weil Gret jedes atmende Kind so behandelte, dass es noch ein schönes, langes Leben vor sich haben würde, bekam Gustav das rosa verpackte Frühchen in den Arm. Hier, fahr los, bring ihn weg, Krankenhaus Solsbüll, ich ruf da an. Keine Rede vom verpassten Abitur. Der Fiat war noch warm. Gret rief: Ich hab dir eine kalte Platte gemacht.

Das Kissen mit dem Frühchen rutschte auf dem Rücksitz in den Kurven hin und her. Gustav nahm die Kurve an der Wassermühle wie im Traum. Als er über den Huppel an der Solsbüller Au kam, fing das Frühchen zu schreien an. Er schaltete in den zweiten Gang. Der ist sein Fruchtwasser los, diagnostizierte er und gab Vollgas. Eine Schwester nahm das rosa Bündel in Empfang: Na, denn man her mit der Kleinen. Gustav wusste es schon besser: Es ist ein Junge.

Ich unter Birken

Die Tage sind nun mal so. Für dieses Jahr sind es die letzten Sommertage. Ich unter Birken und in der Heide, einen Meter aus dem Birkenschatten herausgerückt, mit Sonne im Haar und Wärme auf der Haut. Ich zähle immer drei Birken, obwohl es nur zwei sind. Die eine hat einen kurzen dicken Stamm, aus dem zwei Teilstämme sprießen, einer gerade hinauf, der andere schräg zur Seite. Neben dieser Birke steht eine zweite Birke, schlank und schief. In den ersten Jahren kränkelte sie, weil sie im Schatten der größeren stand. Nachdem ich der größeren einen Ast abgesägt habe, hat die kleine sich gut erholt. Sie ist eine Augenweide in Sonne und Regen.

Die Birken haben ein gemeinsames dichtes Blätterdach – da werde ich nicht nass, wenn es regnet, da habe ich Schatten, wenn die Sonne scheint. Wenn ich Sonne will, rücke ich aus dem Schatten, so wie jetzt, in einer kleinen Pause vor dem Mittagessen. Von hier aus sehe ich unser Haus. Neubau am Ortsende oder vielmehr Ortsanfang von Solsbüll-Mühle, keine hundert Meter vom alten Hebammenhaus. Gret wohnt nicht mehr dort. Sie wohnt in Flensburg in einer Seniorenresidenz, Zimmer an Zimmer mit ihrer Schwester Rosa, die es nach dem Tod von Onkel Hermann wieder in den Norden gezogen hat.

Unsere Jüngste liegt auf dem Liegestuhl, sie erholt sich vom Vormittag in der Schule. Die beiden Großen sind noch weit weg und erholen sich vom Semester. Wir könnens kaum erwarten, euch wiederzusehen, schreiben sie. Die Terrassentür ist offen. Das gemusterte Tischtuch liegt auf dem Tisch.

Drei Stühle mit abnehmbaren Polstern stehen da. Wolken ziehen über die Astern und die Dahlien. Weiß und blau ist der Himmel, grün ist das Gras, rot sind die Blumen. Die Rosen sind verwildert, da habe ich alles Unkraut stehen lassen. Die Blattläuse waren am Werk. Ich habe zweimal gespritzt; es hat nichts genützt, die Läuse sind wiedergekommen, die Biester sind zäh. Aber die Rosen sind auch zäh. Sie blühen bis Dezember. Sie sind schon auf einen halben Meter zu riechen. Die Heide blüht besser und schöner als die Jahre vorher. Die Kastanie ist weitergewachsen, die Linde auch. An den Bäumen sind ein paar tote Äste, die ich noch absägen muss, im Winter. Obwohl auch was eingegangen ist, ist es hier schöner als anderswo.

Siemsen hat sich für elfhundert Mark einen Schredder gekauft. Er schreddert fast jeden Tag, will nun einen ganz großen für den Verschönerungsverein anschaffen. Er möchte, dass das ganze Dorf schreddert. Jeder soll seine Gartenabfälle durch den Schredder jagen und im Garten behalten. Der Torf-Abbau in den Mooren soll endlich der Vergangenheit angehören. Er hat schon einen Brief an die größte Torf-Firma geschrieben. Die haben aber abweisend geantwortet. Die kommunale Müllkippe wird stillgelegt und landschaftsgerecht umgestaltet. Aus Altglas wird Neuglas, aus Altpapier wird Neupapier, Plastik soll laut höheren Orts zur Wiederverwertung nach China kommen – so Siemsen, der auch Gemeinderat ist und als pensionierter Offizier keine schlechten Chancen hat, hier Bürgermeister zu werden. Es bleibt ein wenig Küchenabfall, sodass die Müllabfuhr jedes Mal ein wenig misstrauischer den Mülleimer anhebt, dann wieder hinstellt und die Klappe aufmacht, um zu sehen, ob überhaupt was drin ist.

Siemsen hat sich mit dem Verschönerungsverein ziemlich viel Arbeit aufgehalst und sich damit ziemlich beliebt gemacht. Der Verein hat zum Beispiel den heruntergekommenen Garten eines Hauptstraßen-Anliegers kostenlos umgekrempelt und hergerichtet: Naturrasen mit Wildblumen, heimische Hölzer. Die gespendeten Birken zur weiteren Ausgestaltung der Birkenstraße sind allerdings von den Anliegern nicht angenommen worden. Grund: Wir müssen dann im Herbst das Laub fegen, und das wollen wir nicht, wir wollen Nadelhölzer. Nadelhölzer verstoßen aber in diesem Fall gegen die Satzung. Nun stehen die Birken woanders – da, wo die Anlieger bisschen weiter weg sind. Ich für mein Teil lasse jedes Jahr das Laub unter den drei Birken liegen. Mich stören die abgefallenen Blätter nicht. Es liegen sogar noch welche vom letzten Jahr da.

Warum haben wir vor zwanzig Jahren an dieser Stelle Birken und Heide pflanzen lassen. Es war der Gärtner aus Mooswatt, der sagte: Das ist der richtige Boden dafür, das passt hierher. Ich habe damals nicht gewusst, nicht gesagt, dass wir auf diesem Boden ja eigentlich von morgens bis abends Angst haben müssen. Wenn man weiß, was hier passiert ist.

Vor kurzem war ich zum Fotografieren am Heidberg. Durch den Sucher ging der Blick in den Lindenbruch. Auch da stehen Birken, auch da blüht Heide. Da sind Steigers Befehle, da sind Pankuweits Stiefeltritte und sein rührseliges Schluchzen, da sind Vater Siemsens Schmerzensschreie. Heute höre ich das zwischen Birken und Heide heraus. Damals hatte ich noch keine Ohren dafür, folglich keine Angst.

Ich habe mir einen Trost zurechtgezimmert, einen schwachen: Es hätte keinen Zweck, was anderes zu pflanzen oder woanders hinzuziehen. Aus einem anderen Boden, zwischen anderen Bäumen heraus, käme die dortige Angst. Übrigens ist das Land hier billig zu haben gewesen. Abgelegen. Phantastische Quadratmeterpreise. Da konnte man für ein Nasenwasser Baugrund kaufen. Und schließlich sind wir nun einmal hier zu Hause.

In der Terrassentür erscheint Ruth. Sie hat den weißen Pullover und die Jeans an; sie ist mal wieder strümpfig, trägt wie immer die schwarzen Schwänze mit Haargummis zusammengehalten. Sie ruft herüber: Also in fünf bis zehn Minuten sollten wir los.

Wir machen heute bei Nele Goldschmidt einen längst fälligen Gegenbesuch. Nele wohnt seit vier Jahren wieder in Solsbüll. Sie kommt manchmal zu uns herüber, wenn sie Brases besucht. Johanna Brase ist ihre Schwägerin. Johannas Tochter, Hanna Goldschmidt, ist offiziell ihre Nichte, in Wahrheit ihre Halbschwester. Kleine Schwester, sagt Nele. Johannas zwanzig Jahre jüngeres Kind Robert ist überhaupt nicht mit ihr verwandt, aber sie ist großmütig und liebevoll und nennt ihn Kleiner Bruder.

Übrigens: Robert singt nicht mehr. Er geht nicht mehr zur Schule. Nach wie vor holt ihn der Bus morgens ab. Er arbeitet in der Behindertenwerkstatt, montiert Telefone. Abends bringt ihn der Bus wieder nach Hause. Todmüde betritt er das Haus. Todmüde fällt er in den Fernsehsessel, haucht da sein Leben aus, jeden Abend.

Irgendwo scheckern Drosseln. Irgendwo schreien Gänse. Ab und zu klappert eine Klappergrasmücke, klappert wie ein Mühlrad.

Auf der Straße klappert die verrückte Gunde vorbei. Uralt muss sie sein. Sie fährt immer noch Fahrrad, immer noch mit den Katzen auf der Schulter oder, wenn es kalt ist, in der Anorakkapuze. Mit dem Geld, das ihr das Amt alle zwei Tage in die Hand zählt, kauft sie ein, umschichtig bei Buntmacher

junior und beim Solsbüller Bäcker. Solsbüll-Mühle ist ge-
spalten in der Frage: Soll sie ins Heim, oder soll sie nicht ins
Heim. Die einen sagen: Erst wenn sie krank ist, die anderen:
Je früher, desto besser. Ich bin da schwankend, in Wahrheit
weiß ich es überhaupt nicht.

Zu Siemsen sage ich immer: Solange sie so leben kann,
lass sie doch. Das Gunde-Geheimnis, das mir Odelmann an-
vertraut hat, verrate ich auch Siemsen nicht. Ich werde es
hüten, bis Gunde tot ist.

Wenn sie beim Solsbüller Bäcker das Fahrrad ans Schaufenster stellt und das junge Kätzchen um ihren Hals streicht
und mit dem Schwanz ihren Mund streichelt, dann kommt
eine von den Verkäuferinnen mit prallgefüllter Plastiktüte
rausgelaufen. Die wollen Gunde wegen der Leute nicht drin-
haben. Gunde sieht das auch ein. Sie hängt die volle Tüte an
den Lenker und fährt nach Solsbüll-Mühle zurück. Neulich
hörte ich sie noch mit der Verkäuferin reden, und laut und
klar, als sei sie plötzlich wieder zu Verstand gekommen, sagte
sie: Ihr könnt ganz beruhigt sein, den nächsten Winter über-
leben wir nicht.

Da, wo sie bei Raiffeisen zu ihrem Schuppen abbiegt, traf
ich sie erst gestern im Gespräch mit meiner ältesten Tochter.
Die tauschte mit Gunde das Fahrrad, denn Gunde hatte einen Platten. Tochters Fahrrad war teuer gewesen, ein leichtes
Tourenrad, sehr funktionstüchtig. Ich ging auf Gunde zu.
Gunde wich zurück, das Kätzchen fauchte aus der Anorakkapuze.

Gunde fragte: Ist was verkehrt.

Ich log: Nein, Gunde, aber das Fahrrad bringst du uns
doch wieder, oder.

Gunde sagte: Sowieso.

Zu Hause machte ich meiner Tochter Vorwürfe. Meine

Tochter wehrte sich aber: Wer hat gesagt, dass wir freundlich zu Gunde sein sollen, wer hat gesagt, wir sollen den Armen helfen.

Ja, das habe ich gesagt, aber schrei bitte etwas leiser, Tochter. Ich fürchte nur, dass Gunde mit dem teuren Rad abhaut, die hat doch nicht alle Tassen im Schrank, und wir können uns ein neues nicht einfach so aus den Rippen schneiden.

Es folgte eine längere Pause, weil ich die Lippen fest aufeinanderlegte, bis meine Tochter sagte: Ja, hoffentlich kriegen wir das Rad wieder.

Aber Gunde brachte das gute Stück zurück nach ihrer nächsten Fahrt zum Solsbüller Bäcker. Danach war folgendes Tochter-Versprechen einzulösen: Gunde, mein Vater flickt dir das Fahrrad. Unser Flickzeug war lückenhaft, es fehlten die Flicken und die Gummilösung. Also morgen.

Macht nichts, sagte Gunde, dann fahr ich wieder platt. Und sie entschwand um die Wildrosen herum mit klapperndem Schutzblech.

Ich komme gleich, rief ich zu Ruth, ich lege nur noch mal eben meinen Kopf auf ein blühendes Heidebüschel, damit ich nach oben sehen kann.

Was kann schöner sein als dieser Himmel. Er summt aus Bienen und Libellen. Er schweigt aus den schön sitzenden Vögeln.

Nur noch einen Augenblick.

Nele trägt seit einiger Zeit stets ein schmal um den Kopf gebundenes Tuch, dessen Zipfel ihre Wunde am Hals verdecken, Krebs. Nele ist ein Leichtgewicht, sie wiegt, sagt sie, achtundneunzig Pfund.

Ich stelle mir Folgendes vor: Ich trage Nele in der Solsbüller Au auf dem Arm, gehe knietief im Wasser mit ihr, hinten der Heidberg, rechts die Wassermühle, vorn die Brücke. Sie legt ihren Kopf mit der wunden Seite an meine Brust, ich atme über ihr frischgewaschenes Haar und sage nichts, und sie sagt auch nichts.

Letztes Mal, als Nele hier war, kam sie auf ihren Vater Harry C. Goldschmidt zu sprechen, obwohl ich nicht nach ihm gefragt, nur an ihn gedacht hatte. Ach, sie habe wenig von ihrem Vater gewusst. Übrigens wisse man ja überhaupt nicht, wer oder was einer sei. Auch nicht, wer man selber sei, zu wie vielen man sei, wie nahe oder fremd zueinander, wie glücklich oder unglücklich und warum. Von ihrem Vater wisse sie nur eins: Er habe nicht anders gekonnt, also habe er auch keine Schuld, also brauche sie ihm auch nicht zu vergeben. Er hat ihr in seinen furchtbaren fünf Minuten alles, was heiß war, an den Hals gekippt, Kaffee, Tee, Wasser, Milch und so weiter, immer an dieselbe Stelle, und geschrien und getobt.

Oh, Nele, das wusste ich ja gar nicht. Das ist ja ein Abgrund.

Nele sagte: Der Abgrund ist mein Dom. Genau an dieser Stelle am Hals ist die Krankheit ausgebrochen. Manchmal habe sie schlimme Schmerzen, neulich acht Wochen lang. Aber das sei nicht so wichtig, dann gehe ihr Verstand eben mal nicht weiter als Bettkante. Nun gehe er aber wieder weiter.

Das war das letzte Mal, um Jacobi. Heute, am 1. September 1988, werde ich den Mut haben, sie zu bitten: Zeig mal deine Narbe. Ich möchte die Stelle sehen, wo sie ihre unheilbare Krankheit besiegt hat. Da sind noch Spuren des Kampfes. Nach dem Kampf wurde die Stelle heilig. Wie hast du das geschafft.

Ich stelle mir vor, es ist ganz einfach und logisch. Der Haifisch, der einem von innen Stück für Stück wegreißt, der muss raus. Nele hat ihren Haifisch durch die Stelle am Hals hinausbugsiert. Jeden Tag hat sie keine Angst.

Also, jetzt müssen wir wirklich los. Es gibt da noch einiges, aber ich denke, ich lasse alles so liegen.

ANHANG

Solsbüll-Verzeichnis

ABRAHAM, Kriegskamerad von Gustav 1 im Versprengtenlager
Jambes-Vélaine

ADAM, EVA, geb. 1918, Freundin von Riewert Erichsen alias Rivert
Edison, Geliebte von Heinrich Steiger, gestorben am 5. Mai
1945

AFFEGÜNT, Besitz der Familie Goldschmidt bis 1950, zwischen
Solsbüll-Mühle und Kummerby gelegen

ALEXANDRA, Flensburger Ausflugsdampfer

ALIBABA, Meggersees Araberhengst

ALSTERDORFER ANSTALTEN, siehe NEUSTADT

APPEL, Druckereibesitzer in Solsbüll, Zeuge Jehovas

ATZBÜLL, Kirchdorf drei Kilometer westlich von Solsbüll-Mühle

AUF WALDESGRUND, GEGEN WETTER GEFEIT (S. 56), Gedicht aus
«Schlachten des Weltkriegs»

AXIUS, HERBERT, Dr. med. in Pillau / Ostpreußen, Studienkollege von Meggersee sen., Patenonkel von Meggersee jun., For-
schungsarbeit über «Die Verwurmung Ostpreußens»

BERNBURG / SAALE, siehe NEUSTADT

BOCK, Kriegskamerad von Gustav 1 im Versprengtenlager Jambes-
Vélaine

BODDELHOCH, Wirtshaus bei Mooswatt

BOYE, JOHANN und MINNA, Wirtsleute des Eichenhofs in Solsbüll-Mühle

BRANDENBURG, Ort der ersten Vorführ- und Probevergasung

BRASE, HEINRICH SEN. alias HEIN SELTER, Getränkehändler in
Solsbüll-Mühle, Mitbegründer der NSDAP-Ortsgruppe

BRASE, HEINRICH JUN., Bauunternehmer in Solsbüll-Mühle,
Bürgermeister, heiratet 1960 Hinrich Goldschmidts Witwe Johanna, geb. Fuchs

451

BRASE, ROBERT, geb. 1968, Kind von Heinrich Brase jun. und Johanna Brase, geb. Fuchs, verwitwete Goldschmidt

BRICKENSTEIN, Dr. med., Chefarzt im Solsbüller Krankenhaus nach 1945

BRINKMANN, BERND-DIETER, Dr. med., Arzt und Chefarzt im Solsbüller Krankenhaus 1934–1945, Euthanasie-Gutachter

BUNTMACHER, BONI, Kaufmann in Solsbüll-Mühle, seine Frau VICTORIA ist Schwester von Marie Thamsen

BRUCH, Kapitän zur See a. D., Redner und Marinegeschichtler

BÜLL, meist als Wortende -büll: Wohnung; auch -bel, -boel, -bellig; Bestandteil vieler Ortsnamen

CHRISTA aus Köln, mit Gret Hasse auf der Hebammenschule in Kiel

CHRISTIANSEN, HANS, Gastwirt in Solsbüll, Besitzer des Solsbüller Hofes

CLASSEN, WILMA, Dienstmädchen bei Meggersee zur Zeit der Hildegunde Steinbeiß

CUY, Ort bei Lassigny, Nordfrankreich, Ruhelager des RIR (Reserve-Infanterie-Regiments) 86 von Oktober 1914 bis Oktober 1915

DETLEFFSEN, HANNE, geb. 1885, Pantoffelmacher aus Kummerby, später Parteibote, Hausmeister, Geflügelzüchter und Eiersammler. Anne Hasses zeitweiliger Lebensgefährte

DER KAISER RUFT, DER FÜHRER RUFT (S. 382), Stammtischvers

DIE MÄNNER DRAUSSEN NICHT MEHR STREITEN (S. 69), Anzeige in den Flensburger Nachrichten vom 14. 12. 1918

DIERCKS, DETLEV, Dr. rer. nat., geb. 1894, Oberstudiendirektor der Goethe-Schule, später Adolf-Hitler-Schule in Solsbüll, vermisst seit Stalingrad, Vater von GUDRUN Diercks

DITTMANN, FREDDY und LISA, Friseurgeschäft in Solsbüll-Mühle, 1958 tödlicher Motorradunfall Freddys auf der Nordstraße, zusammen mit Hinrich Goldschmidt

DÖRING, ANGELIKA, Tanzschule Solsbüll

DÖNITZ, KARL (1891–1980), Großadmiral, Träger des Goldenen Parteiabzeichens, Führer-Nachfolger, in diesem Amt zuletzt tätig bis zum 23. Mai 1945 in Flensburg

DÜTTEBÜLL, Badeort an der Geltinger Bucht, dort mündet die Solsbüller Au

ECKSTEIN, FRIEDEL, Dr. phil., Kriegsteilnehmer 1914/18, Hauptmann a. D., EK-2-Träger, Vorgesetzter von Heinrich Steiger (Wildschwein-Steiger), Opfer der Euthanasie

EDISON, RIVERT, siehe ERICHSEN, RIEWERT

ELISABETH aus Altona, zusammen mit Gret Hasse auf der Hebammenschule in Kiel 1937/38

EMMA, leitende Hebamme der Hebammenschule, Universitätsfrauenklinik Kiel

ERICHSEN, MORITZ, geb. 1885, Fabrikant in Solsbüll, Häftling im KL (Konzentrationslager) Lindenbruch 1933, emigriert 1936 mit seiner Familie in die USA

ERICHSEN, RIEWERT alias EDISON, RIVERT, geb. 1915, Sohn von Moritz Erichsen, Zierfischhändler in Phoenix / Arizona, USA, Eva Adams Freund

FRACZEK, MARIAN, polnischer Kriegsgefangener im Lindenbruch, erschossen im Mai 1945 am Wasserfall bei Solsbüll-Mühle

FRIEDEL, FRIEDEL, DU VERRECKE (S. 126), frei nach dem Deutschlandlied

FROHES LEBEN OHNE PLAGE (S. 315), in Nele Goldschmidts Poesie-Album eingetragen von Gustav Hasse 3

FROMMES ZWIEFALTEN, siehe NEUSTADT

FUCHS, JOHANNA, geb. 1930, mit ihren Eltern geflüchtet und in Affegünt gestrandet. Hat eine außereheliche Tochter von Harry C. Goldschmidt, Hanna, geb. 1949. Sie heiratet Harry C.s Sohn Hinrich Goldschmidt 1950, heiratet später Heinrich Brase jun. 1968 Geburt ihres Sohnes Robert

V. GEILO, Oberstleutnant, Kommandeur von Gustav 1 in der Schlacht von Soissons, Januar 1915

GIROT, Gefreiter im RIR 86

GOLDACKER, Anhöhe im nördlichen Ortsteil von Solsbüll-Mühle

GOLDSCHMIDT, DONNA, geb. 1930, Tochter von Harry C. und Lene

GOLDSCHMIDT, GOTTFRIED, geboren und gestorben 1944

GOLDSCHMIDT, HANNA, geb. 1949, Tochter von Harry C. und Johanna, geb. Fuchs

GOLDSCHMIDT, HARRY C., 1896–1955, Besitzer von Affegünt

GOLDSCHMIDT, HINRICH, 1925–1958, Sohn von Harry C. und Lene, Kirchendiener von Sankt Ursula, verheiratet mit Johanna Fuchs

GOLDSCHMIDT, LENE, 1900–1948, geb. Toffolo aus Offenbüll, Nordfriesland, Ehefrau von Harry C.

GOLDSCHMIDT, NELE, geb. 1943, Tochter von Harry C. und Lene, Kindheitsfreundin von Gustav 3

GOOS (Tante Goos), Schankwirtin auf dem Solsbüller Markt

GOTTFRIED, Schwan von Güldenholm

GOTTKE, MATTHIAS, Milchkontrolleur in Solsbüll-Mühle

GRASHOFF, Admiral a. D. in Flensburg, bei dem Rosa Hasse Hausmädchen war

GRÜN, MECHTHILD, Sprechstundenhilfe bei Meggersee, Nachfolgerin von Hildegunde Steinbeiß

GÜLDENHOLM, Besitz der Meggersees bei Kummerby

GUNDE, siehe STEINBEISS, HILDEGUNDE

HADAMAR, siehe NEUSTADT

HALLGREN, METE, Hausmädchen bei Anna Hasse während des Ersten Weltkrieges und in den Jahren danach, in Liebe verbunden mit dem russischen Kriegsgefangenen Josef

HANSEN, HANNES, geb. 1901 in Schwedeneck / Dänischer Wohld, Gutsverwalter von Güldenholm, Bruder von Dr. Inge Hansen

HANSEN, INGE, Dr. phil., geb. 1917, Kunsthistorikerin, Kunsterzieherin an der Goethe-Schule in Solsbüll, Besitzerin der Kunsthütte und Milchbar am Brautsee, gestorben in Flensburg 1990

HARMS, HANS, Baumeister mit Baugeschäft in Flensburg, Anne Hasses Vater

HARMS, JOOCHEN und LUDWIG (Lulu), Annes Halbbrüder

HARMS, LOTTE und MINE, Annes unverheiratete Halbschwestern in Flensburg

HARRIS, Luftmarschall der Royal Air Force

HARTHEIM, siehe NEUSTADT

HASSE, ANNE, geb. Harms, 1890–1957, Hebamme in Flensburg, ab 1916 in Solsbüll-Mühle, Ehefrau von Gustav 1, Mutter von Rosa, Gret und Gustav 2

HASSE, BETTINA, 1907–1943, geschiedene Rollwagen, geborene Immendorf, Ehefrau von Gustav 2, Mutter von Gustav 3, stirbt Ende Juli 1943 während des Bombenangriffs auf Hamburg (Operation Gomorrha)

HASSE, GRET, 1911–2002, geboren in Flensburg, Tochter von Anne und Gustav 1, Hebamme in Solsbüll-Mühle ab 1945, Ziehmutter von Gustav 3

HASSE, GUSTAV 1, geb. 1878 in Joachimsthal / Brandenburg, Anne Hasses Ehemann, Möbeltischler, Schiffszimmermann, Vater von Rosa, Gret und Gustav 2, gefallen im Januar 1915 in Frankreich

HASSE, GUSTAV 2, geb. 1915 in Flensburg, Sohn von Anne und Gustav Hasse, Autoschlosser, Ehemann von Bettina Hasse, Vater von Gustav 3, gefallen in Russland im August 1941

HASSE, GUSTAV 3, geb. am 3. April 1941 in Hamburg, Sohn von Gustav 2 und Bettina, Enkelsohn von Anne, Neffe und Ziehsohn von Gret, verheiratet mit Ruth, drei Töchter; der Erzähler

HASSE, ROSA, siehe ZITTER, ROSA

HASSE, RUTH, Malerin, Ehefrau von Gustav 3, Mutter seiner drei Töchter

HEIDBERG, eiszeitliche Erhebung aus Sand und Steinen im Urstromtal der Solsbüller Au, heute Naturschutzgebiet

HEILIGE QUELLE, Quelle in Solsbüll, machte Solsbüll schon früh zum Wallfahrtsort

HÖRST DU DIE GRANATEN FEGEN (S. 217), Gedicht aus dem Tagebuch von Gustav 2

HÖRSTEL, WALTER, Landwehrunteroffizier im Versprengtenlager Jambes-Vélaine, geboren in Thorn, Westpreußen, Vorgesetzter von Gustav 1

HÜBNER, KURT (1921–2013), Professor der Philosophie an der Christian-Albrechts-Universität zu Kiel, Verfasser von «Die Wahrheit des Mythos»

ICH HAB EINEN SCHATZ (S. 270), Schatzlied

ILSKEFALLE, berühmtes Wirtshaus, am Fischereihafen von Pillau (heute: Baltijsk / Russland) gelegen

IMMENDORF, Kriegskamerad von Gustav 2, Bruder von Bettina Immendorf, verh. Hasse

JAMBES-VÉLAINE, Schloss bei Namur, Belgien, Versprengtenlager im Ersten Weltkrieg. Gustav 1 ist hier stationiert von Ende August bis zum 7. Dezember 1914

JANOPOULOS, GIORGOS und LILY, griechisches Ehepaar in Athen, das Rosa und Hermann Zitter in der Zeit von 1938 bis 1941 mit Unterkunft und anderer Hilfe versorgt

JENSEN, Postsekretär in Solsbüll

JEPPESEN, dänischer Wanderzirkus

JERICHOW, siehe NEUSTADT

JOACHIMSTHAL / Brandenburg, Geburtsort von Gustav 1

JOSEF, russischer Kriegsgefangener bei Bauer Thamsen in Solsbüll-Mühle, in Liebe verbunden mit Mete Hallgren

KARIN, Hebamme, entbindet Gustav 3 von seiner Mutter Bettina Hasse in einem Hamburger Krankenhaus

KAUFBEUREN-IRSEE, siehe NEUSTADT

KEIN FEUER, KEINE KOHLE (S. 96), Volkslied, u. a. im «Zupfgeigenhansl» überliefert

KLAGENFURT, siehe NEUSTADT

KLEINSORGE, Leutnant, Vorgesetzter von Gustav 2

KREUZER, Oberpfarrer, Redner

KROGHMANN, KARL und ALWINE, Solsbüll-Mühle, Eltern von KARL Kroghmann, dem Freund von Gustav 3

LARIBOISIÈRE, Krankenhaus in Paris

LASSIGNY, Kleinstadt in Nordfrankreich, Graben- und Bunkerstellung des RIR 86 von Oktober 1914 bis Oktober 1915

LAUSEN, Düttebüll, Medizinalpraktikant im Krankenhaus Lariboisière

LEHMANN, LOTTE, Diplom-Gymnastin in Solsbüll

LINDENBRUCH, ein Moor nördlich von Solsbüll, früher eine religiöse Stätte der Landschaft Solsbüll, Ort vorgeschichtlicher

Funde, Konzentrationslager 1933/34, Kriegsgefangenenlager 1941/45, heute Erholungspark

LOHSE, HINRICH (1896–1964), ab 1925 Gauleiter der NSDAP in Schleswig-Holstein, ab November 1941 Reichskommissar Ostland, Sitz Riga, stirbt in seinem Geburtsort Mühlenbarbek bei Kellinghusen (Schleswig-Holstein)

LUCKNER, FELIX GRAF, Seeabenteurer, Kommandant des Hilfskreuzers Seeadler im Ersten Weltkrieg, Schriftsteller, Redner

LUBINUS, JOHANN GEORG, Dr. med. (1893–1973), Chirurg, Chef der Lubinus-Klinik in Kiel

MABECO, Motorrad-Fabrikat der Firma Max Bernhard & Co., gebaut in den zwanziger Jahren mit Motoren von Siemens & Halske

MAGANT, FRITZ, Dr. med., Oberarzt am Semmelweis-Krankenhaus in Wien, Oberjäger im Ersten Weltkrieg, begabter Zeichner

MAJUNKE, LEO, genannt Professor, Schlosser und Schmied, flüchtete im Januar 1945 nach Solsbüll-Mühle, Erfinder der Solsbüller Brennhexe

MALINOWSKI, MICHAIL, russischer Kriegsgefangener im Lindenbruch, erschossen im Mai 1945 am Wasserfall bei Solsbüll-Mühle

MANDOLINCHEN, zusammen mit Gret Hasse auf der Hebammenschule in Kiel

MARQUISE, Herrin des herzoglichen Gutes Jambes-Vélaine bei Namur

MARSCH, Lehrer in Solsbüll-Mühle, Flüchtling aus Elbing/Ostpreußen

MAY, Hauptmann im RIR 86, der erste Offizier im Regiment, der fällt

V. MEGGERSEE, MARIECHEN (1870–1922), adoptierte v. Qualen, Stiefschwester des Ludwig v. Qualen jun., Ehefrau des Otto v. Meggersee sen., Adoptivmutter von Otto v. Meggersee jun.

V. MEGGERSEE SEN., OTTO, Dr. med. (1862–1925), Adoptivkind der Meggersees auf Güldenholm, leibliches Kind von Annette v. Qualen, Pleistrup, und einem dänischen Offizier

v. MEGGERSEE JUN., OTTO, Dr. med. (1896–1965), geboren in Berlin-Johannisthal, Sohn einer jüdischen Sprachlehrerin und eines preußischen Sanitätsrats jüdischer Abstammung, adoptiert durch Vermittlung des Reichstagsabgeordneten Ludwig v. Qualen jun., Pleistrup. Besitzer von Güldenholm, Arzt im Solsbüller Land

METAXÁS, JOÁNNIS, General, Griechenlands Ministerpräsident 1941

MISTINGUETT (1875–1956), Revue-Star in Paris

MOHRUNGEN, Kreisstadt in Ostpreußen, heute Morag, Polen, Heimatstadt der Familie Odelmann

MÖLLER, KAY und WIEBKE, Pastorsleute in Solsbüll-Mühle von 1945 bis 1960, Eltern der Söhne ULF, ALF, RALF, ROLF

MONIKA aus Ostfriesland, Hausschwangere im Entbindungsheim Solsbüll-Mühle 1956

MOOSWATT, Dorf vier Kilometer östlich von Solsbüll-Mühle

MÜNCHEN, Hauptstadt der Bewegung bis 1945

MÜNCHMEYER, Pfarrer a. D., NS-Redner

NATHAN, ALICE, Ehefrau von Julius Nathan, Sterbeort unbekannt; als Todesdatum gilt der 8. Mai 1945, 24 Uhr

NATHAN, JULIUS, Viehhändler in Solsbüll, Mitglied des Stahlhelm seit 1925, Motorradfahrer (Mabeco), Häftling im KL Lindenbruch; nach Einzug des Führerscheins kommt sein Viehhandel zum Erliegen

NATHAN, SARAH, Tochter von Julius und Alice Nathan, Sterbeort unbekannt; als Todesdatum gilt der 8. Mai 1945, 24 Uhr

NEUSTADT, Stadt in Schleswig-Holstein an der Ostsee; von der Heil- und Pflegeanstalt Neustadt führte Friedel Ecksteins Weg über folgende Orte der «Euthanasie»: Alsterdorfer Anstalten / Hamburg, Jerichow / Mecklenburg, Bernburg / Saale, Hadamar / Sauerland, Kaufbeuren-Irsee / Bayern, Zwiefalten / Bayern, Hartheim / Österreich, Klagenfurt / Österreich; in Klagenfurt wurde er ermordet

ODELMANN, ADELHEID, geb. 1919 in Mohrungen / Ostpreußen, Lehrerin, Flüchtling

ODELMANN, AGNES, geb. 1915 in Kleinort, Masuren / Ostpreußen, verheiratet mit Eberhard Odelmann seit 1935

ODELMANN, EBERHARD (1915–1988), geboren in Mohrungen / Ostpreußen, Bruder von Adelheid und Edeltraut Odelmann, Melkermeister, verheiratet mit Agnes Odelmann, Flüchtling

ODELMANN, EDELTRAUT, geb. 1920 in Mohrungen / Ostpreußen, Schwester von Eberhard und Adelheid Odelmann, Flüchtling

ODELMANN, TRAUTE, geb. 1935 in Mohrungen / Ostpreußen, Tochter von Eberhard und Agnes Odelmann, verheiratete Ehlers, lebte zuletzt in Kiel

O HERR, GIB UNS DEN MOSES WIEDER (S. 250), choralartig gesungenes Lied, erinnert von Kristof Wachinger

PANKOK, PETER, Musiker, Klavierlehrer von Gustav 3, Leiter der SA-Kapelle, nach dem Krieg des Solsbüller Orchesters, verheiratet mit MINE PANKOK, eine gemeinsame Tochter: RITA PANKOK

PANKUWEIT, OSWALD, Landarbeiter, SPD-Mitglied, NSDAP-Mitglied, SA-Polizist, Aufseher im KL Solsbüll (Lindenbruch), Polizist in Solsbüll-Mühle bis 1945, Zuchthaus 1946–1949

PANKUWEIT, MARIA LOUISA, Ehefrau von Oswald P., kommt einmal die Woche als Waschfrau zu Anne Hasse

PETOTT, PETER-OTTO, Oberstudienrat am Goethe-Gymnasium Solsbüll, Chemie, Klassenlehrer von Gustav 3

PFENNIG, BODO, Dr. med., Arzt aus Kummerby, Vertreter Meggersees während dessen Praxisverbots

PHILIPPI, Prof. Dr. med., Gynäkologe, Kiel

PHILIPPSEN, ANTON, Schlachter in Solsbüll-Mühle

PILLAU / Ostpreußen, heute Baltijsk / Russland, Hafenstadt an der Frischen Nehrung, Heimatstadt von Dr. med. Herbert Axius

PINGEL, Herr und Frau, ausgebombte Hamburger, seit 1943 wohnhaft bei Siemsens in Solsbüll-Mühle, erschossen im Mai 1945 am Wasserfall bei Solsbüll-Mühle

PLEISTRUP, Besitz der v. Qualens, an der Bahnlinie zwischen Solsbüll und Kummerby

POPPE, Bürgermeister in Flensburg 1918

PÖRTSCHACHER, Dr. med., leitender Arzt in der Heil- und Pflegeanstalt Klagenfurt

PRUSZKOWSKI, HENDRYK, Pole, lebt in Morag / Polen, früher nannte er sich Heinrich Preuß

V. QUALEN, ANNETTE (1840–1914), Tochter des Reichstagsabgeordneten Ludwig v. Qualen sen., aus ihrem Liebesverhältnis mit einem dänischen Offizier geht ein Sohn hervor, adoptiert von den Meggersees auf Güldenholm: Otto v. Meggersee sen.

V. QUALEN JUN., LUDWIG (1860–1925), jüngster Bruder der Annette v. Qualen, Patenonkel des Otto v. Meggersee jun.

RABE, Gastwirt in Solsbüll

REGINA, Hausmädchen bei Harry C. Goldschmidt zur Zeit seines 40. Geburtstags

RICHTER, BÄRBEL, geb. 1941 in Regenwalde / Pommern, Schulfreundin von Gustav 3, ihre Eltern haben ein Kurzwaren- und Wollgeschäft in Solsbüll

RIEHL, Mühlenarbeiter, Solsbüll

RILKE, HANS-JOACHIM, Oberstleutnant, 1933 Kommandeur der Solsbüller Garnison

RÖHM, ERNST (1887–1934), SA-Stabsführer, wird am 30. Juni 1934 im Hotel Hanslbauer in Bad Wiessee am Tegernsee, wo er mit anderen SA-Führern gefeiert hat, mitten in der Nacht von Hitler und einer kleinen Gruppe von NS-Führern aus dem Bett geholt und in die Strafanstalt Stadelheim gebracht, wo ihn SS-Leute zwei Tage später wegen «Revoluzzertum» erschießen, nachdem er sich geweigert hat, Selbstmord zu begehen

ROLAND, Hund, Promenadenmischung, muss von Gustav 2 auf Steigers Geheiß erschossen werden

ROLLWAGEN, Bettina, siehe HASSE, BETTINA

ROSA, siehe ZITTER, ROSA

ROSWITHA, Hausschwangere im Entbindungsheim Solsbüll-Mühle

SANKT URSULA, Kirche von Solsbüll-Mühle

SCHNEIDER, Milchmann in Solsbüll

SCHRÖDER, KARL, Dr. phil., Deutschlehrer an der Goethe-Schule Solsbüll

SELKEN, CLAUS, Pächter der Wassermühle in Solsbüll-Mühle

SIEMSEN, HANS, geb. 1941, Freund und Schulkamerad von Gustav 3, Nachbar von Hasses

SIEMSEN, KÄTHE, Ehefrau von Siegfried S., Mutter von Hans S.

SIEMSEN, SIEGFRIED, Weltkriegsteilnehmer, EK-2-Träger, Häftling im KL Solsbüll, 1944 vom Volksgerichtshof zum Tode verurteilt und am 25. Juli hingerichtet

SILLMANN, Kriegskamerad von Gustav 2

SOLSBÜLL, Kleinstadt mit etwa 20 000 Einwohnern an der Bahnstrecke Kiel–Flensburg, Garnison, Gymnasium, Krankenhaus. Berühmt für die Heilige Quelle und für den Solsbüller Markt, erstmals 1321 erwähnt

SOLSBÜLLER AU, kleiner Fluss im Urstromtal nördlich von Solsbüll, früher schiffbar, mündet bei Düttebüll in die Ostsee

SOLSBÜLLER MARKT, seit 400 Jahren jährlich wiederkehrendes Ereignis in Solsbüll, bedeutungsvoll für das ganze Solsbüller Land, beginnt am ersten Sonntag nach Jacobi (25. Juli)

SONNE, RUDI, Oberstudienrat an der Goethe-Schule Solsbüll, Biologielehrer von Gustav 3

SOPHIENHÖH, Erhebung an der Nordstraße, Standort von Dr. Inges «Kunsthütte» und Milchbar

SPÖRI, ANDRÉ, Sohn von Reinhard Spöri, Schulkamerad von Gustav 3

SPÖRI, REINHARD, Flüchtling, Gemischtwarenhändler in Solsbüll-Mühle, früher Regenwalde / Pommern

SPRENGER, JAKOB, SEN. und JUN., Bäcker in Solsbüll-Mühle

STEIGER, HEINRICH (1896–1945), «Wildschwein-Steiger», Soldat im Ersten Weltkrieg, Gründungsmitglied der NSDAP Solsbüll, Rechtsanwalt und Notar in Solsbüll, Bürgermeister und Kreisleiter bis 1945

STEINBEISS, HILDEGUNDE, geb. 1901, Sprechstundenhilfe (Hilde) bei Meggersee sen. und jun., später in Ostpreußen bei Dr. med. Herbert Axius, 1945 Rückkehr nach Solsbüll-Mühle (nun: Gunde), geistig verwirrt

STROHLICH, EDGAR, Uhrmacher in Solsbüll-Mühle

STROHLICH, EDGAR, Sohn von Edgar S., Schulkamerad von Gustav 3

STRUBEK, JADWIGA, Pflegerin in der Heil- und Pflegeanstalt Kaufbeuren-Irsee

SÜDERMARKT, Marktplatz in Flensburg, Ort der Begrüßung des
zurückkehrenden RIR 86 am 13. 12. 1918

SUNDE aus Ostfriesland, Hausschwangere im Entbindungsheim
Solsbüll-Mühle

TALBOT, AEG-Ingenieur, Redner

THAMSEN, HANS, Bauer in Solsbüll-Mühle, Nachbar von Hasses,
drei seiner Brüder sind gefallen im Zweiten Weltkrieg

THAMSEN, MARIE, Ehefrau von Hans Thamsen

THAMSEN, SÖNKE, geb. 1946, Sohn von Hans und Marie Thamsen

THERÈSE, Rosas Freundin in Wien

THORBERG, TETE, Schmied in Solsbüll-Mühle

TRAULSEN, TRAUL, Lehrer in Solsbüll-Mühle während des Ersten
Weltkrieges und danach, verheiratet mit TÜNDE Traulsen

TRUDI aus Jever, war mit Gret Hasse Hebammenschülerin in Kiel,
vermittelt Hausschwangere von Ostfriesland nach Solsbüll-
Mühle

TUTENSEN, THEO, Friseurobermeister, Gründungsmitglied der
NSDAP Solsbüll, Vater von IRMGARD

UHL, Kriegskamerad von Gustav 1 im Versprengtenlager Jambes-
Vélaine

VERNIMM DES SCHWÄLENDEN RUF (S. 407), drei Gedichtzeilen
von Gustav 3

VOSS, AXEL, Studienrat an der Goethe-Schule Solsbüll, erster Ortsvorsitzender der NSDAP Solsbüll, abgelöst wegen homosexueller Handlungen, Gegner Meggersees

WAS ICH VERLOREN (S. 279), Findelied

WENN ICH EIN VÖGLEIN WÄR (S. 344), Volkslied

WER WILL MARMELADE HABEN (S. 30), Abzählvers, frei nach dem
Spiel «Kaiser, Kaiser wieviel Schritte darf ich tun»

WENZEL, SCHANDOR und ZINNA, Zigeuner-Ehepaar, Eltern von
BILI

WINTERFELDT, ANTON, Bestattungsunternehmer in Solsbüll und Kummerby

WUNDERWELT, Kaufhaus in Solsbüll

ZAHL, PAUL, Oberstudienrat an der Goethe-Schule in Solsbüll, Mathematik und Physik, Lehrer von Gustav 3

ZITTER, ROSA (1910–1995), geb. Hasse, Tochter von Anne und Gustav 1, Schwester von Gret und Gustav 2, verheiratet mit Dr. HERMANN ZITTER, lebte ab 1933 in Wien, 1938–1941 in Athen, 1941–1945 in Palästina, ab 1945 in Wien und Flensburg

Plattdeutsch-Verzeichnis

So manch einer sucht Arbeit und dankt Gott, wenn er keine findet

Zur Geschichte dieses Buches
Ein Nachwort von Kristof Wachinger

Ein Bericht über den Roman «Solsbüll» von Jochen Missfeldt muss mit Sarah Kirsch beginnen. Unser Verlag Langewiesche-Brandt hatte sich seit 1969 für diese Dichterin en-
gagiert, hier im Westen. 1976 wurde sie endlich beachtet, in
der ZEIT, in der «Frankfurter Anthologie» der Frankfurter
Allgemeinen Zeitung. Alle Welt las ihre Gedichte – und bei
uns stapelten sich die Manuskripte von Dichtern, die genau
so schön herausgebracht werden wollten. Wir schauten sie
uns alle an. Die vielen schlechten waren schnell aussortiert.
Das Problem waren die vielen guten.

Kein Problem war ausgerechnet die Einsendung von einem Offizier der Luftwaffe. Diese Gedichte klangen frischer
als alle andern und waren unabhängig vom Zungenschlag
des Jahrzehnts. Sie enthielten kaum Militärisches (wenn,
dann eher ironisch), etliches Fliegerische (aufregend großartig), viel nördliche Landschaft, sie sprachen ein nicht unschön saloppes Deutsch, und sie hatten einen Unterton, den
wir, nur unter uns, Herzton nannten.

Der Major Jochen Missfeldt war 1976 in Neubiberg süd-
östlich von München stationiert. Dort befand sich die Of-
fiziersschule der Luftwaffe. Von dort zu uns ins Isartal ist es
nicht weit. Er besuchte uns. Diesen Besuch hat er heiter poe-
tisch dargestellt in seinem Text «Heller», für unsere Biblio-
graphie der Jahre 1954–1989.

Wir fanden uns beiderseits angenehm – richtiger gesagt:
dreierseits, denn meine Frau Helga, Hamburgerin, mochte

den nördlichen Fast-Landsmann spontan, und er mochte sie auch, und dat bleev so bi, dabei ist es geblieben.

1979 brachten wir ein Bändchen Missfeldt-Gedichte heraus: «Mein Vater war Schneevogt». Dafür erhielt der Autor 1980 den Friedrich-Hebbel-Preis.

Schon damals hatte ich das Gefühl, dass dieser Mann zum Erzähler geboren ist. In seinen Gedichten steckten immer wieder kleine Geschichten oder Teile von Geschichten. Und deren Anschauung und Benennung brachte im Leser oder Zuhörer mehr in Bewegung, als es Gedanken und Gefühle vermögen.

Auf einem Spaziergang sagte ich zu Jochen Missfeldt: Wer Ihre Gedichte liest, freut sich wahrscheinlich an ihnen. Aber es gibt nur wenige hundert Leser Ihrer Gedichte. Es gibt zu viele gute Gedichte auf der Welt. Wenn Sie die Geschichten-Partikel und Szenen, die Bilder und das Vokabular, Ihre Sprechweise und Ihr poetisches Ingenium in Prosa-Erzählungen einbrächten, würden wahrscheinlich ein paar tausend Menschen Ihre Bücher lesen.

Jochen Missfeldt hat zwar nie aufgehört, Gedichte zu schreiben, aber er hat damals angefangen, Erzählungen zu schreiben. Die sind gut. Das wird man in noch mal einigen Jahren allgemein wissen. Zunächst bemerkten es immerhin ein paar Kritiker und ein paar Buchhändler, und so ging meine Prognose «ein paar tausend Leser» einigermaßen in Erfüllung. Der Erzählband «Zwischen Oben, zwischen Unten» bewirkte, dass unsere Branche den Autor zur Kenntnis nahm.

Uns gegenüber schüttelten manche friedliebenden Kollegen den Kopf: Ein Oberstleutnant der Luftwaffe? Bei Ihnen?

Wir sagten: Lesen Sie doch seine Geschichten!

Wir besuchten Jochen Missfeldt mehrmals im Norden. In der Nähe des Fliegerstandorts Leck war sein Haus und wohnte seine Familie, und es war schön dort, und Missfeldts blieben da wohnen, auch als er 1982 pensioniert wurde (mit 41 Jahren, wie es in diesem verschleißenden Fliegerberuf sein muss).

Bei unserem Besuch 1984 eröffnete er uns auf einem Spaziergang: Ich habe angefangen, einen Roman zu schreiben.

Mich freute das erst mal gar nicht. Ich verstand nichts von Romanen, wir hatten keinen einzigen in unserem Verlag. Seit 1956 gab ich, erst im eigenen Haus, ab 1972 für den Deutschen Taschenbuch Verlag, die zweisprachige Reihe heraus, in der, zusammengezählt, mehrere hundert Kurzgeschichten aus Europa und Amerika erschienen sind. Deren Übersetzungen zu lektorieren war mein hauptsächliches Handwerk, also: Kurzgeschichten «konnte» ich. Aber einen Roman?

Beim Tee sagte Jochen Missfeldt: Ich habe einen Plan gezeichnet.

Er hatte auf ein quergelegtes DIN-A4-Blatt verschieden breite Kästchen nebeneinander notiert, und immer nach ein paar Kästchen war eine Lücke, da hinein kam von unten ein Pfeil, und am unteren Ende jedes dieser Pfeile war ein andersfarbiges Kästchen, in dem stand: «Während ich hier ...» Die oberen Kästchen waren auch beschriftet, ob mit oder ohne Pfeil, weiß ich nicht mehr. Da standen Namen, die mir völlig fremd waren: Gustav 1, Anne, Siemsen, Meggersee, Goldschmidt, Gret, Gustav 2 – und Ortsbezeichnungen: Solsbüll / Solsbüll-Mühle, Flensburg, Flandern, München, Klagenfurt, Ostpreußen.

Ja, wahrscheinlich muss man einen Roman so angehen.

Und dann gab er uns alle paar Monate Geschriebenes zum Lesen.

Was tut der Lektor? Er passt auf, dass die Abschnitte, die Partien ordentlich zusammenpassen.

Es gab einiges zu fragen. Was ist Geschehnis, was ist Vermutung oder Erwägung oder Phantasie? Und: Was ist direkte Rede, was ist innerer Monolog, was ist weder das eine noch das andere, sondern ein mehr oder weniger leiser Zwischenruf des Autors?

Das lässt sich manchmal nicht entscheiden.

Ist es Ihnen nicht wichtig, dass der Leser es genau gezeigt bekommt?

Nicht sehr. Eigentlich gar nicht. Der eine Leser darf eine Wendung als wörtlich gesagte Rede verstehen, ein anderer dieselben Worte als inneren Monolog oder als Einwurf des Autors.

Wie wollen wir es mit den Satzzeichen halten? (Verräterisch, dass der Lektor bereits «wir» sagt.)

Ist mir eigentlich egal.

Sollen wir nicht einfach alle Anführungszeichen weglassen?

Ja, das fände ich gut.

Und die Fragezeichen? Wenn man nicht weiß, nicht zu wissen braucht, ob die und die Worte eine Frage sind oder ein Zwischenruf oder so was?

Dann lassen wir doch einfach auch das Fragezeichen weg.

Es gab auch Gespräche zur Komposition.

Fast von Anfang an war klar: Das große Kapitel «Verloren, gefunden», das 1939 beginnt und 1945 endet, steht in der Mitte des Buches. Alles davor geschieht rings um Gustav 1 und Gustav 2, alles danach rings um Gustav 3. Manche Gestalten agieren über «Verloren, gefunden» hinaus, zum Beispiel Anne, zum Beispiel Meggersee.

Einmal gestand der Autor dem Lektor, dass ihm während des Schreibens der Doktor von Meggersee immer wichtiger werde. Er verselbständige sich sozusagen.

Na ja, sagte der Lektor, das gibt es in der Literatur oft. Passen Sie nur auf, dass er nicht die anderen an die Wand spielt.

Der Lektor versucht, die Fülle, die der Autor vor ihm ausbreitet, zu bändigen. Er lässt auch Passagen gelten, die für den Fortgang des Romans nicht nötig sind. Hier zum Beispiel das Riech-Festival des kleinen Gustav 3. Oder später die Abenteuer des nämlichen Helden in der Solsbüller Au, die zu einer Pampa in den Kordilleren umfunktioniert wird. Nötig sind solche Passagen nicht, aber die Leser werden sie zusammen mit dem Autor genießen.

Nicht alle Fäden müssen exakt zu Ende genäht werden. Nur: Insgesamt soll ein Patchwork entstehen, eine Decke, die man sich umlegen mag. Darauf hinzuwirken ist der Lektor den Lesern schuldig. Sie sollen das Buch schließlich verstehen.

Ein Buch soll auch schön anzusehen sein. Nicht alle, aber doch viele Autoren mögen da gern mitdenken, mitreden. Die Schrift, der Schutzumschlag, der Einband. Für «Solsbüll» war der Lektor zugleich Hersteller: eine praktische Kombination.

Und ein Buch soll möglichst etwas bewirken: mehr Klugheit, mehr Menschlichkeit, mehr Freude, mehr Tapferkeit. Können Romane so was leisten? Nicht alle, aber viele. Und Lektoren können versuchen, solche Potenziale schön zur Geltung zu bringen und auf diese Weise «mitzuwirken am Bau der Welt» (Antoine de Saint-Exupéry). Nicht immer und überall geschieht das, aber oft und vielerorts, so im vorliegenden Idealfall.

Im real existierenden Literaturbetrieb bringt ein Idealfall gar nichts. Von einem Roman erwarten die Leute, erst mal die Buchhändler, dass er in einem Romanverlag erscheint. Wieso erscheint «Solsbüll» bei dem kleinen Lyrikverlag Langewiesche-Brandt?

Wir hatten engagierte Verlagsvertreter, und im Norden hatte das Buch einen gewissen Heimspiel-Vorteil, darum waren die im Sommer 1989 gedruckten fünftausend Exemplare tatsächlich vor Weihnachten verkauft. Wir hatten das typische Verleger-Hochgefühl: Das geht nun so weiter. Wir druckten weitere fünftausend Exemplare.

Das war verkehrt. Denn die ersten waren ja noch nicht an die Leser gelangt. Die hätten nun durch Buchbesprechungen angeregt werden müssen.

Es kamen wirklich Besprechungen, gute, und sie brachten auch Nachfrage in Gang. Aber das Buch war doch nur ein sogenannter Achtungserfolg.

Die schönste und beste Besprechung stand in der ZEIT. Ihr Autor war Hans Daiber (1927–2013). Als wir uns bei ihm bedankten, antwortete er: Er habe ausführlicher und noch engagierter geschrieben und gemeint, die Besprechung eines so wichtigen Buches würde groß auf eine rechte Seite kommen. Sie kam aber nur mittelgroß auf eine linke.

Hans Daibers Rezension begann mit den Worten: «Dieses Buch rückt Maßstäbe zurecht. Was heutzutage sich so alles ‹Roman› nennt. Dies ist einer», und endete mit den Worten: «Vier Jahre Arbeit stecken in diesem Buch. Es wird bleiben.»

Da dies ein Rowohlt-Buch ist, gehört noch mitgeteilt, dass in der Zeit, da Michel Naumann dort Geschäftsführer war, «Solsbüll» als rororo-Taschenbuch erschien.

Ich war viele Jahre lang mit dem Deutschen Taschenbuch Verlag verbunden, wie schon gesagt: als Herausgeber der zweisprachigen Reihe. Bei meinen meist wöchentlichen Besuchen dort lernte ich Alexander Fest kennen, der im dtv wenige Lehr- oder Wanderjahre lang Mitarbeiter im Klassik-Lektorat war.

Aus gelegentlichem Smalltalk wurde eine freundschaftlich-kollegiale Verbindung. Alexander Fest bekam «Solsbüll» noch vor dem Erscheinen zu lesen. Er war fortan ein Bewunderer von Jochen Missfeldt.

Wir im Verlag dachten darüber nach, ob wir den zweiten Roman, an dem Jochen Missfeldt inzwischen arbeitete, bei Langewiesche-Brandt bringen sollten, tapfer, eben doch, oder ob es besser für das Buch und den Autor sei, wenn ein richtiger Romanverlag sich seiner annähme.

Alexander Fest hatte vor, einen eigenen Verlag zu gründen.

Etwa einen Romanverlag?

Ja, vielleicht nicht nur, aber jedenfalls auch.

Wäre nicht Jochen Missfeldts zweiter Roman ein Buch für Sie?

Ja, wenn Sie das wollen sollten und wenn der Autor es will.

Wir besprachen es mit dem Autor – und so geschah es.

Der Roman «Gespiegelter Himmel» erschien 2001 in dem 1996 gegründeten Alexander Fest Verlag. Und zwar in dessen letztem Halbjahresprogramm, denn:

Für den Rowohlt Verlag wurde damals ein neuer Geschäftsführer gesucht. Wer wäre dafür besser geeignet gewesen als ein junger Verleger, der mit seinem jungen Verlag gezeigt hat, dass er was von Literatur und vom Büchermachen versteht? Fest ging zu Rowohlt, und die Bücher seines Verlages wurden bei Rowohlt eingegliedert.

Kurz vor Weihnachten 2001 wurde das Buch «Gespiegelter Himmel» mehrfach gut besprochen, in der ZEIT auf einer rechten Seite, von Rolf Vollmann. In dieser Besprechung ist wiederholt von «Solsbüll» und Missfeldts anderen frühen Büchern die Rede. Vollmann schreibt: «Gott erhalte uns solche wunderbaren Verleger! [Langewiesche-Brandt hat den Autor] jetzt an Alexander Fest abgegeben, hoffentlich größerer Auflagen halber. ‹Solsbüll› ist ein herrliches Buch» – und so weiter.

In den folgenden Jahren erhielt Jochen Missfeldt den Wilhelm-Raabe-Literaturpreis, den Kunstpreis des Landes Schleswig-Holstein (zusammen mit Feridun Zaimoglu), den Italo-Svevo-Preis. Es war vernünftig gewesen, mit dem zweiten Roman zu einem richtigen Romanverlag zu gehen.

Vollmanns Stoßgebet wurde erhört: Es gibt noch solche wunderbaren Verleger, und immer wieder wachsen welche nach. Aber wir haben, nach sorgsamen Überlegungen mit unseren Söhnen, unser Verlagsschiffchen auf Sand gesetzt (ganz seriös). Unser Programm samt den Autorenverträgen konnten wir 2010 in den Verlag C. H. Beck einbringen. Auch «Solsbüll» ging mit dorthin.

Die noch vorhandenen Exemplare der zweiten Auflage wurden im Lauf einiger Jahre verkauft. Eine Neuausgabe würde, das lag nahe, am besten von Rowohlt gemacht werden, wo der Autor Jochen Missfeldt mit den Romanen «Gespiegelter Himmel» und «Steilküste» und nun mit seinem neuen Roman «Sturm und Stille» (über das Leben von Theodor Storms zweiter Ehefrau Doris Jensen) ordentlich zu Hause ist.

Es gibt abertausend Romane, die ihre Leser bewegen. Sie müssen spannend sein, und man muss sich mit einer der

Gestalten, vielleicht auch mit mehreren, identifizieren können. Und das Gute und Schöne soll entweder geschehen oder, wenn das leider nicht sein kann, als dasjenige betrauert werden, das eigentlich zu wünschen gewesen war. Der Leser weiß recht genau, was gut und schön und eigentlich richtig ist oder wäre. Nebenbei kann es ihm Freude machen, eine vertraute oder eine grad extra nicht vertraute, eine neue Welt gezeigt zu bekommen, er darf sich über drollige oder verrückte Charaktere amüsieren, er darf vor verruchten oder ekelhaften erschauern – aber irgendjemanden muss er lieben können. Sonst lässt ihn das Buch kalt. Es gibt Autoren, auch Verlage, denen es darauf nicht so sehr ankommt. Wohl auch Leser. Aber wenn ein Buch den Leser mutiger oder gewitzter oder froher oder gar besser machen soll, dann, glauben wir, muss es zu Herzen gehen.

«Solsbüll» ist so ein Buch.

Dank

Fast dreißig Jahre nach seinem ersten Erscheinen liegt «Solsbüll» nun in einer überarbeiteten Neuausgabe wieder vor. Dass dies geschehen konnte, ist bei weitem nicht allein mein Verdienst als Autor.

Kristof Wachinger, der den Roman zuerst herausbrachte, und Alexander Fest, der meine Romane «Gespiegelter Himmel» und «Steilküste» verlegte, waren hier jahrelang die treibenden Kräfte. Die beiden und Helga Wachinger haben an «Solsbüll» fest geglaubt.

Barbara Laugwitz, die Rowohlt-Verlegerin, ließ sich von diesem Glauben anstecken. Entschlossen hat sie die Neuausgabe auf den Weg gebracht.

Ulrike Schieder machte mit Leidenschaft und Liebe und mit ihrem fabelhaften Können das Lektorat.

Ilse Clausen richtete ihr unbestechliches Auge auf das Solsbüll-Deutsch und sorgte dafür, dass nichts verloren ging.

Allen, die die Neuausgabe möglich gemacht haben, danke ich sehr.

Solsbüll, im Februar 2017

Jochen Missfeldt

Inhalt

ANHANG